福州大学哲学社会科学学术著作
出版资助计划项目

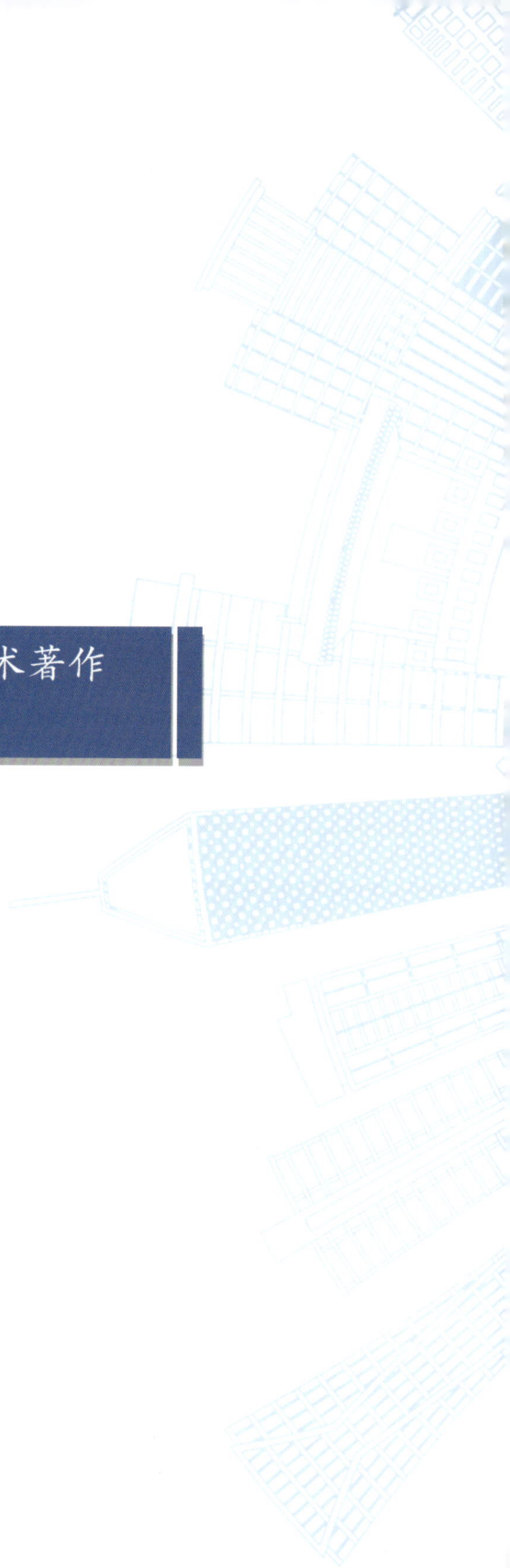

福州大学 福州大学哲学社会科学文库
FUZHOU UNIVERSITY

当代印尼棉兰华人社会发展研究：

基于华人社团与社团领袖的田野考察

杨宏云 ● 著 A Field Study of the Development of Chinese Community

in Medan, Indonesia:

Based on the Organization and the Leadership of Chinese Association

厦门大学出版社 国家一级出版社
XIAMEN UNIVERSITY PRESS 全国百佳图书出版单位

图书在版编目(CIP)数据

当代印尼棉兰华人社会发展研究：基于华人社团与社团领袖的田野考察/杨宏云
著.—厦门：厦门大学出版社，2018.12
ISBN 978-7-5615-7276-4

Ⅰ.①当… Ⅱ.①杨… Ⅲ.①华人—社会发展—研究—印度尼西亚
Ⅳ.①D634.334.2

中国版本图书馆 CIP 数据核字(2018)第 301808 号

出 版 人	郑文礼
责任编辑	章木良
封面设计	张雨秋
技术编辑	朱 楷

出版发行 厦门大学出版社

社 址	厦门市软件园二期望海路 39 号
邮政编码	361008
总 编 办	0592-2182177 0592-2181406(传真)
营销中心	0592-2184458 0592-2181365
网 址	http://www.xmupress.com
邮 箱	xmup@xmupress.com
印 刷	厦门市万美兴印刷设计有限公司

开本	720 mm×1 000 mm 1/16
印张	20.75
插页	2
字数	350 千字
印数	1～1 000 册
版次	2018 年 12 月第 1 版
印次	2018 年 12 月第 1 次印刷
定价	76.00 元

本书如有印装质量问题请直接寄承印厂调换

厦门大学出版社
微信二维码

厦门大学出版社
微博二维码

前　言

　　东南亚的华侨华人从来不是同质的。一定程度上,他们都是按照方言、阶级、职业、地域、环境,甚至少量的宗教因素分化并立的。不仅各国华人差异明显,而在一国之内不同地域的华人群体,也各具特征。其中,印尼华侨华人最为典型。

　　印尼作为一个群岛之国,地理的破碎、交通的不便导致其素有地区主义的传统。生活在印尼各岛屿的华侨华人,作为各地众多族群的一部分,同样也存在着地区差异。这种现象既源自群岛地理破碎而导致的交通与交流障碍,也与华侨华人移民先后差异、原籍地不同,各地移民置身于迥异的人文历史、宗教与族群文化、地理环境,甚至与周边不同区域华社影响等有关。因此,印尼华人按地域而存在着相似性与相异性。印尼棉兰华侨华人即是其中的具体案例。

　　从历史看来,印尼棉兰旧称日里,地处马六甲海峡,为古代海上丝绸之路沿线港口之一。在19世纪中期之前,这里就已有华侨华人活动的痕迹。19世纪中期后,日里烟草种植园因殖民政府的措施而大规模兴起,以华工为主体的华人移民掀起移居的高潮,并带动华商的陆续移入和周边地区华人的再移民,催生了华侨华人社会的形成和发展。与此同时,棉兰,因适应殖民种植经济发展和华人移民人口迅速增长的需要,在原属日里地区的基础上,依托自身的地理优势,崛起为印尼北苏门答腊岛的政治、经济与文化中心。由此,华侨华人在印尼苏门答腊岛北部的历史掀开了新的一页。

　　在行政隶属上,棉兰原属苏东省,后又改为苏北省的首府。其崛起既与适应殖民者开发种植园经济有关,更得益于四面八方华人新客移民的集聚。这也奠定了棉兰华侨华人与新加坡、吉隆坡以及泰国南部一带华社的深刻渊源和密切联系，亦能够深刻感受到与祖籍国——中国的各种联系。因而，棉兰华侨华人立足于在地发展的同时，也积极与周边华社交往，并与中国在政治、经济与文化方面始终保持着跨国互动。一直到苏哈托（Haji Suharto）上台后，棉兰华侨华人在经历了残酷的政治打击和剧烈的暴力冲击后，逐渐切断对中国的政治情结，全面转向印尼国家认同。虽则有着艰苦的努力和痛苦的挣扎，但受因于苏哈托严厉的限制华人政策，棉兰华人的政治无力感愈益深重，不得不埋首于壮大经济实力，由此而导致其政治权益长时间未在印尼社会得到彰显。因而，不堪窘境的棉兰华人采取了许多适应性的抵制、抗争，甚至对抗。与此同时，适应、融合、变迁乃至结构重构，成为当代棉兰华人的真实写照。

当然，无论怎样，棉兰华人借助的方法、呈现的路径皆离不开华社重要支柱——华人社团组织。1998年，经历苏哈托下台时期"5·30"事件的棉兰华人，对自身在印尼的命运和未来也陷入苦苦思索。融合发展、承续华族文化、彰显印尼公民权益、重构华社未来、再造传统社会组织等，遂成为民主化转型以来印尼棉兰华人的共识，而这又深刻映射在解禁后恢复的棉兰华人社团与社团领袖上。因此，本书力图透过对当代棉兰华人社团、社团领袖的深刻分析，解读棉兰华社在当代急剧变化的社会背景下如何传承与变化、解构与重构、融合与再造，从而把握棉兰华社在当代的新发展和新态势，以此为观察当代印尼华社乃至东南亚华社变迁与发展趋势提供有益参考。

循此，本书将通过棉兰华人社团、社团领袖的田野考察，深入分析当代（始自20世纪80年代）印尼华侨华人政策变化、跨国主义潮流影响，以及中国崛起的巨大张力，印尼棉兰华人社会如何传承与变迁、融合与再造，以适应时代发展需要，由此思考印尼棉兰华人社会未来发展趋势，探讨其服务于中国海外发展、服务于"一带一路"建设的可能。

本书将分为七章来展开论述。

第一章导论，主要是就本书研究的意义和思路展开分析；第二章则为学术史回顾；第三章则是通过印尼及印尼棉兰华侨华人形成与发展的概要性介绍，在共性之中阐述棉兰华侨华人历史成因特殊性；第四章立足于对华人社团组织结构与功能的透视，以考察当代印尼棉兰华人社会的传承与变化；第五章依据对华人社团领袖的考察和深入分析，阐述了当代印尼棉兰华人社会的传统沿衍与权力重构的社会现实；第六章基于对社团与社团领袖的、综合考察,深入分析了当代印尼棉兰华人社会所涌现的新发展与新态势,并以印尼(棉兰)菩提心曼荼罗基金会作为实例进行分析;第七章则是结论。

全书通过传承、变迁、融合与重构的视角,借助华人社团与社团领袖的媒介,审视当代印尼棉兰华人社会的发展特质和未来趋势。由此,本书提出,在中国"一带一路"倡议推进、东盟区域共同体建设的大背景下,印尼棉兰华人未来将如何发展,如何定位,如何构建与中国的联系和发展?而这又将对其在印尼命运带来何种影响?这将是本书的思考和题解。

在此需要说明的是,本书基本依托作者博士论文内容而成。书中大量采用作者于 2008 年赴印尼棉兰田野调查获得的访谈、深度观察和文献资料。文中诸多看法和观点,多是依据作者学术研究的视角审视和判断,力图真实呈现社会景象,并不存在道德审判,也无评判是非对错之意;且书中阐述事实多是基于第三者观察,非局中人,难免有失偏颇,或者存有学者不必要的个人主观判断。但不管怎样,笔者郑重声明和强调,书中研究和观点形成、观察、推理和个人判断,无批评、责难之意,力求科学和客观的心态,真实描述华社现实,并在此基础上有所总结和提炼。书中内容和观点难免有谬误,或者欠缺公允,唯望指正并借此完善。

匆匆十年,物是人非。本书的许多记录和描述在现实中已发生翻天覆地的变化,故本书的观点和判断可能存在较大误差。但笔者认为,学术研究重在记录、研究和反思,开放式讨论是研究的本质。因而,本书仍秉持还原当时事实的本意,并以此探讨华社未来发展态势。诸多观点因时过境迁可能过于陈旧,但也不乏启迪,欠妥之处,还望各界批评、评价和指正。

目   录

图表目录

第一章

导　论

一、题解与思路

在当今全球化浪潮席卷世界的趋势下,地方化作为全球化的悖论而蓬勃兴起,而民族问题是地方化勃兴的一个重要表征,也成为当今时代主题之一。作为社会复杂问题的一部分,民族问题的形成、发展与动态受政治、经济、历史、文化等领域的牵连,并影响和制约着上述领域的发展。因而,加强各国各民族问题的研究在当代十分必要。

华人作为东南亚地区少数民族的一支,受各国政治、经济、历史与文化等的影响,一直是多数国家民族问题的一个突出而又敏感的现象。尤其是随着当今中国崛起,日渐释放出巨大辐射力,东南亚地区的华人或多或少受到影响。他们是否再次会成为中国与东盟国家关系互动的显性要素,或者成为影响东南亚局势的正能量,抑或成为中国利益在东南亚的媒介和桥梁,需要加以关注和厘清。因此,加强华人族群研究成为国内外学者探讨中国与东南亚各国关系的一个重要选项。

二战后,东南亚各国华人社会已经逐步开始从移民社会向定居社会转变。虽然各国完成情况不同,但无论主动还是被动,至 20 世纪 70 年代末 80年代初,华侨华人绝大多数已在政治上完成认同的转向,成为所在国(除新加坡之外)的一个少数民族,称华族或华人。而且,作为一个移居历史悠久、大分散、小集中的少数民族,因各国历史、文化、资源的差异,东南亚的华人群体如同兼具整体性与多样性的东南亚地区一样,实则是多元多样。故要了解和研究东南亚的华人,既要明了华人自身的内在发展,也要研究华人与土著民族之间,华人与所在国家乃至区域社会之间等方面的互动关系,甚至中国及亚洲视野考察也有必要,并需要从多角度、多学科、多层次的方法探讨,才能得出科学、客观的认识。

印尼的华人群体,数量居东南亚各国之首,既是东南亚华人群体的一部分,但也有自己的特殊性。相对于近2.5亿多人口的印尼来说,华人占比较少,属少数族群;然而,华人在印尼的经济优势却十分明显。但尴尬的是,华人在政治上一直属绝对弱势群体。这种矛盾与尴尬兼具的特殊性,是与印尼独特的历史发展密切相关的,也是某些政治家的特意安排。作为少数民族的印尼华人,经济上居于相对优势地位,文化上保持一定的独特性,政治上却处于社会边缘的现象,导致了其经济活动的脆弱性;而华人经济地位的相对耀眼遂又使其屡屡成为土著民族攻击的靶子和政治斗争的替罪羊。在独立后的东南亚国家中,印尼华侨华人是被歧视最严重,被排斥、限制、打压最多的少数族群,其中尤以1998年的五月排华骚乱为最。

本书研究对象是印尼的华人或华族,但并不是对华人的宏观性阐述,或就事论事,而是试图从独具个性的区域华社内部结构入手,即华人社团、社团组织结构的变迁与功能演绎,及其带来的变化与发展,由此透视华社当代的发展趋势和未来指向。且本书并不是局限于印尼社会,而是将华人置于国家环境变化、东南亚区域融合,以及中国与世界发展趋势之下所作的论述。

自20世纪80年代之后,印尼对华侨华人严格限制的高压政策渐渐松动。华侨华人转变为印尼华人后,华人的族群意识也开始渐次恢复。直到1998年苏哈托下台,印尼进入民主化转型的快速发展时期。政府为应对全球化与社会民主化发展需要,力图发挥各族群的力量。而华人因有经济、文化与社会网络优势,又能适应全球化与中国崛起需要,遂成为印尼政府不得不倚重的力量。印尼政府的华人政策也趋向大步调整、完全变化并充分利用的转向。一系列消除歧视、促进族群平等的政策逐步颁布;相应地,印尼华人的合法身份、法律地位及政治行动也逐步获得承认。华人保持族群特性的文化活动得以复兴,利用文化推动经济的网络联结行动也得到允许。与此同时,华人自我认同的族群意识也日渐增强。这种政治认同与文化认同的背离现象遂成为当今华人研究中的热点问题。

　　当然,华人能在印尼社会进程中发挥较大作用,依靠的并不是个人,而是有组织的群体力量,即社团来完成的。他们利用社团构建的自治机制,积极参政、议政、助政,并将其作为中介、桥梁,内引外联,为华社发展、印尼国家建设提供财力和智力支持。社团对推动华社在地存续、所在国家的现代化起到广泛而积极作用,由此提升了本族群地位,延续了族群文化,保持了族群特性,维持了一定程度的"族裔经济"。"对于身在海外的华人来说,社团组织一直以来都是重要的。这些社团为新移民提供协助,也为属下会员促进社交生活与人际交往,并在需要时给予他们紧急援助。除了作为建立商业联系的管道,在促进华社、当地政府与中国的沟通上,华人社团都扮演了桥梁的角色"①,并以此起到维系华人社会正常运作的作用。

　　加拿大学者魏安国(Edgar Wickberg)在谈到华人社团时曾说道:"组织是民族感情的表示器。因此,通过研究华人组织的发展、衰落的趋向,或在活动方面的变化,我们能够在某种程度上洞悉特定的海外华人社会及其中的个人的种族特性。"②因此,本书基于印尼社会转变、中国崛起、东盟一体化的发展背景,试图探究当代③印尼棉兰地区华人社会的承续、变迁与重构。本书主要选取印尼华人社团、社团领袖作为介质,借助"社会学的概念操作化方法,人类学的从观察现象开始,继而挖掘现象存在的显在和潜在功能,解释其文化特质和社会意义的方法,以及其他的互惠、交换、借助、互动、网络分析等概念体系和方法"④,通过社团之间的关系与社团组织结构分析,以及社团领袖的类型与特质解剖,从而透视印尼棉兰华人社会的内外关系、政治环境和相关经济情况,论证社团的作用,进而达到解析棉兰乃至整个印尼

---

　　① 潘翎主编,崔贵强编译:《海外华人百科全书》,香港:三联书店(香港)有限公司,1998年,第83页。

　　② Edgar Wickberg, Notes on Some Contemporary Social Organizations in Manila Chinese Society, China, Across the Seas/ The Chinese as Filipino, Philippine Association for Chinese Studies, Manila, 1992, p.44.

　　③ 本书所指称的"当代",起于20世纪80年代末。此时因国内外形势变化,印尼对待华人的严厉限制政策有所松动,华人的族群性活动渐次恢复,华人的族群意识开始重新萌发,华社的适应性变化和融合再造也有序推进。其发展演变一直在进行之中。故而以此作为当代的起始,下限则到笔者开展调查的2008年止。

　　④ 王颖、折晓叶、孙炳耀:《社会中间层:改革与中国的社团组织》,北京:中国发展出版社,1993年,第17页。

华人社会的目的。

循此思路,本书贯穿有三条线索:一是探讨印尼棉兰华人社会的传承与变迁。本部分主要从华人社团组织发展与社团功能变迁的视角,分析印尼棉兰华人社会在被压制30多年后,受内外环境影响,出现哪些适应性的变化与变迁,反映了棉兰华社的哪些需求。二是立足于社团组织与社团领袖的历史脉络,了解印尼棉兰华社重新恢复社团组织的动因,剖析社团领袖在变化的内外环境下怎样运作社团组织,平衡华社发展与个人需求,推动华社文化再造,从而适应印尼社会转型、东南亚一体化运作,以及加强与中国联结的环境。三是透视社团组织的传承、变迁与再造,运用跨国主义理论分析社团领袖如何构建内外关系与权力网络,阐述二者的变化与重构如何相互影响、相互促进,引领华社发展变化。从根本上说,研究思路是和问题的提出与解决密切相关的。本书围绕着笔者所思考的问题,基于印尼棉兰华社的个案分析,冀图透视印尼及至东南亚华社的新未来。

当然,本书之所以选择印尼棉兰作为分析案例,既源于机缘巧合,也因笔者深入了解后认识到棉兰华社的独有特性。笔者在研究华人问题的过程中,发现学者们在按国别叙述东南亚华人时,能够较为深入、详细地描述该国华人概貌,但对各国内部不同地域华人的差异性甚少提及。如泰国南部与中北部华人受人口分布、祖籍地以及族群文化影响存在一定差异;马来西亚新山与槟城华人有所区别;印尼华人又可分为爪哇华人、泗水华人、加里曼丹华人、棉兰华人与亚齐华人等。这些各具特色的华人社会,目前学界的研究还不细致深入,鲜少论及。因此,笔者提出审视印尼华人应秉持多元分立的理念,须对各地域华人群体分别探讨,才能为印尼华人的整体、系统研究找到一条适合之路。本书第三章对印尼及印尼棉兰华侨华人历史脉络的分析即缘于此。

研究华人地域群体,需把他们看作一个族群分支,并从华人自身、土著民族,或者第三者视角着眼,多角度地审视才更接近真实。本书充分运用实地考察、与华人各阶层的访谈,结合相关理论,以社会学、人类学的方法,来解析棉兰华人社会在内在转型与外在环境形塑的共同作用下发生的变迁,以及隐隐呈现的发展趋势,从而思考中国、印尼与印尼华人的未来。而考察这些变迁,若是只有全面性的描述则显得空洞。故本书以华人社团组织这一显性且具有重要地位的社会结构体作为媒介,解读它们为什么历经30多年的沉寂之后,仍会重新蓬勃发展,以及新复兴的华人社团在运行机制、形态与特征上又有什么新的变化,它所发挥的文化、教育、经济等功能又是如何映射华人社会的承续与变迁内涵。这是本书第四章试图回答的问题。

纵观华人社团的发展史,可以发现,其都是"强有力的领袖,或是族人在工商业腾达辉煌的时候创立"①。而社团的持续与发展,或是消沉与萎靡也都是与社团领袖紧密相关。当然,这与华人社团组织制度不完善,社团领袖遴选机制缺乏,以及社团运作经济基础薄弱导致对社团领袖的高度依赖有关。因而,本书第五章对华人社团的核心因素——社团领袖进行了详细分析与分类阐释,试图揭示社团结构之下的社会关系网络构成与权力来源,揭示华社适应环境变化在自我管理机制下的承续与建构。而通过分析引领华社前进的华社领袖的类型与特质,亦可解释华人社会在变化了的形势下如何解构与建构,甚至再造,从而应对所在国家变化、东盟一体化及中国崛起的形势。

华人社团、社团领袖作为华人社会的内在构成因子,三者怎样互动,并在适应社会环境变化后发生了什么转变,这种适应性的变化对棉兰华人社会在印尼的发展具有哪些指向意义,是本书第六章的主要内容。在此基础上,本章还在总结印尼棉兰华人社会特点的基础上,展望了其未来发展的新态势,从而前后呼应,反映棉兰华人社会的传承、变迁与重构并不是单线条、内向型的,而是与印尼国家变化、东盟区域发展及中国崛起大趋势息息相关的。因而,全书总结认为,把握当今华人、华社发展大势,必须宏观与微观结合,因地制宜结合分析,才能科学掌握变化了的华社,也才能为中国发展提供针对性的政策建议,服务于海外华人利益,服务于中国海外发展利益。

二、研究的意义

"全球化时代也是民族主义复兴的时代。"②民族问题成为当今世界最具普遍性的问题之一。各种民族问题既是现实的反映,又与历史有关。其中,

---

① ［菲］施振民:《菲律宾华人文化的持续——宗亲与同乡组织在海外的演变》,李亦园、郭振羽主编:《东南亚华人社会研究》(上册),台北:正中书局,1985年,第119页。

② ［美］曼纽尔·卡斯特著,曹荣湘译:《认同的力量》,北京:社会科学文献出版社,2006年,第29页。

东南亚民族众多、文化复杂的地区更甚。华人作为东南亚各国诸多民族之一，因历史与现实的原因，在该地区成为一个较为特殊的族群。尤其是在印尼，因其基于"种族认同"而立国的传统，印尼华人呈现经济强势、政治弱势的相悖状态，由此导致了许多反华、排华事件的发生。华人，作为印尼特殊的少数民族群体，其在地生存一直受到印尼殖民历史、宗教文化，以及独立以来印尼的政治与经济发展的影响，甚至明显地受到国际形势的干扰。因而，相对于东南亚其他国家的华人，印尼华人的命运尤为波折和坎坷。故观察印尼华人的发展和命运，内外形势结合考察实为必要。在当今全球化、民主化时代，印尼的国家命运处于何种境地，印尼所处的国际关系形势如何，决定着华人在印尼的未来发展机遇和境遇，值得从各种角度分析与研究。

但是，分析和研究印尼华人，又不能笼统地按照一种视野审查，必须要注意到印尼地理破碎和文化多元造就的各地区华人辩证统一的事实。事实上，学界早已认识到东南亚的华人从来不是一致的。"他们在相当程度上按照方言、阶级、职业、地域、环境，甚至少量的宗教因素分化并立。"[1]不仅各国华人差异明显，一国之内不同地域的华人群体也各具特征。印尼因是一个群岛之国，破碎的地理阻碍了各区域之间的有效交流，华人社会形成各具地方特色的社会情境，所以印尼各地域华人更是多样化。印尼棉兰即是其一。华人作为棉兰当地主要民族之一，因处于边缘性的地理区位，以及多民族、多元文化的社会环境形塑，具有如下特殊性：一是区域联系紧密。与周边华人集中的聚居地，如马来西亚的槟城、泰国的合艾、缅甸的仰光及新加坡等，人员和经济往来频繁。二是棉兰华社历史较短，商业文化浓厚。因棉兰是以华工移民和经商华人再移民而迁居发展起来的城市，华人落地生根意识不强，多保持"中国人""祖籍地"意识，故历史上的政治认同主要面向中国。三是棉兰华人因移居历史较短，与周边国家华人社会交流颇多，中华传统文化保存较好，"华人日常使用的交际用语一般是福建话（闽南话）"[2]，普通话在当今棉兰华人中也很流行。四是与土著民族的关系较好。历史上棉兰及

① John Clammer, *Diaspora and Identity：The Sociology of Culture in Southeast Asia*, Selangor：Pelanduk Publications (M) Sdn Bhd, 2002, p.164.

② 周南京、陈文献等编著：《印度尼西亚华人同化问题资料汇编》，北京：北京大学亚太研究中心，1996年，第729页。

其周边地域的排华不像爪哇等地那么激烈。而且,因为棉兰没有经历过土生华人和新客华人的分化对立,故新客华人自移居以来就面临印尼化、西方化,或是双重进程,即土生化和印尼化齐头并进。因而,以新客华人为主的棉兰华人,既受到周边国家浓厚的华人文化氛围影响,又融入土生化、印尼化或西方化的过程,同时又为避免失去族群意识而不断强化华人文化和共同力量的塑造。因此,研究棉兰华人群体,不仅具有本地(棉兰)的意义,而且具有全国(印尼)乃至次区域、区域的意义。

随着全球化、区域化的发展,印尼华侨华人政策的不断调整和改变,国内民族关系趋于缓和。同时,印尼华人也因应政策变化在不断调适与融入,甚至再造,这种转变是一种双向互动的过程。未来印尼华人发展方向如何,是像菲律宾或泰国式的文化融合,还是像马来西亚华族同化于国族建设中,但保留华族的族群特性?是执行印尼政府一直推进的强制同化之路,还是另辟新模式?这是印尼华人需要探讨和逐渐厘清的。依此想法,本书采取个案研究与微观分析的方法,选取具有地方特点的印尼棉兰华人,以华人社团作为切入点,分析作为传统华侨社会支柱的社团,今天为什么仍要发展?尤其是历经 30 多年的压制之后,为什么仍会蓬勃发展?这是一种文化"内衍"[①],还是有新的功能与趋势?它为华人社会带来何种利弊?它反映了棉兰华社何种社会现实?这些探讨都具有很大的实际意义。

因历史和政治需要而诞生的华人社团,既代表着一个团体的意志,又体现了一个族群的利益。它们对于华人敦亲睦族、救弱济贫,启迪后人、催人向上,维护宗族和整个社会的稳定具有十分重大的作用。对内,华人通过它的上联下牵,可以实现华人社会阶层的交融,保持华人文化,维护华人族群意识;对外,它则成为华社利益的代表,在与当地外在社会互动中起到维护华人权益的功用。某种程度上,在更为广阔的区域和国际背景中,它们参与互动,起到联系东南亚区域华社、联结中国,发挥着华人社会网络节点的作用。因此,本书根据结构功能论的视角,立足华人社团的角度分析华人社会的承续、变迁与再造,既能以"由外而内"的视角审视不同层次的华人社会,也能以华人自身的眼光,"由内及外"地观察华人社会对现实的需求与反应,

---

①　[菲]施振民:《菲律宾华人文化的持续——宗亲与同乡组织在海外的演变》,李亦园、郭振羽编著:《东南亚华人社会研究》(上册),台北:正中书局,1985 年,第 166 页。

能更真切地透视华人实际。

本书以棉兰华人社团、社团领袖为主要研究对象，探究自 20 世纪 80 年代后，在印尼社会从缓慢变化到民主化急速改革的内在推力下，以及东盟区域一体化建设加快、中国崛起的强大辐射力影响背景下，印尼棉兰华人社会有哪些承续、变化与重构，又有哪些适应性调整。这些变迁与重构透视出印尼华人社会乃至东南亚华人社会的哪些新态势，是本书试图厘清的部分。而正确、客观把握华人社会，对中国认识当代印尼华人变化、东南亚华社发展趋势将大有裨益，由此可以针对性地提出华侨华人政策，服务于中国海外发展和华侨华人利益。这是本书研究的实践价值所在。

三、研究的理论与方法

本书在分析社团的结构、变迁与社会关系联结的过程中，主要运用了组织理论、认同理论、冲突理论、社会资本理论等。

当今社团的建立是自为性还是他为性，即究竟是群体本身所具有的聚合性质导致了群体组织的行为，还是外在的事实及构建活动"发明"了社团组织，或者是二者的相互作用导致的结果？这是社团研究需要澄清的方面。据此，本书在研究社团的动力、结构与管理时，主要运用美国社会学家霍曼斯（George Homans）的组织结构理论，即：关于群体的一些活动、互动和情感是在环境的影响下发生的，由此而形成了群体的外部系统；而群体的另一些活动、互动和情感是超出环境限制而发生的，这时活动、互动和情感所构成的联系被称为内部系统。群体的外部系统，不是指群体之外建立什么系统，而是指受外部环境影响而产生的内部结构。群体的内部系统，是群体成员在工作之余可以摆脱劳动环境的种种限制，开展一些消遣性的社会活动，进而建立的成员之间更密切的、非功利性的活动、互动和情感关系；以及在劳动过程中，超出生产规章制度限制范围而发生的，旨在加强友谊、密切相互关系的活动、互动和情感关系。任何一个群体都有外部系统和内部系统，并且两个系统始终相互影响、相互作用。无论哪一个系统发生了变化，都会直接影响另一个系统。①

---

① 刘少杰主编：《国外社会学理论》，北京：高等教育出版社，2006 年，第533～534 页。

　　根据认同理论,"所有的认同都是建构起来的。现实的问题是:它们是如何、从何处、通过谁、为了谁而建构起来的。认同的建构所运用的材料来自历史、地理、生物,来自生产和在生产中的制度,来自集体记忆和个人幻觉,也来自权力机器和宗教启示"①。在全球化与族群融合的进程中,华人社会产生了文化危机,不仅面临着需要填平华人社会的"代沟",还需要疏通"文化沟"问题,同时,还要维护"华人性"(Chineseness)②,任重而道远。"产生华人性认同——必须要有一种华人性的社会结构体系,个体被嵌入此组织中,有着自己合适的位置,扮演适当的角色,享有相关的权利和承担应尽的义务。"③社团,作为华人文化认同的工具,即适应这种需要而产生了。

　　本书在分析社团产生的原因时主要采用了冲突理论。笔者认为,社团的增加与裂变,是与社团面临的内、外冲突有关的。正是存在于族群之间的冲突,促使族群走向聚合以应对外部社会压力,而且这种冲突越多,压力越大,内聚性越有必要,所以社团组织的增加与组建的动力是与族群所面临的外部冲突有关的。同样,族群内由于有关社团发展道路、社团利益以及个人感情方面的因素,内部分歧从隐性走向显性,乃至公开的冲突,也是社团裂变、重组的原因。所以,冲突理论能为分析社团发展的动力之源提供借鉴。

　　在华人社会,社团的组建与领袖间的内部冲突是有关的,但领袖间的合作仍是主要方面。通过社团这一工具,各领袖之间能通过横向与纵向的网络联结构建起个人关系网,即社会资本。本书运用社会资本理论,为了解华人社会基于社团组织下的个人关系建构提供了学理性的分析,进而解释了华社领袖是怎样建立个人间关系,编织商业网络,从而获取网络社会资

---

　　① ［美］曼纽尔·卡斯特著,曹荣湘译:《认同的力量》,北京:社会科学文献出版社,2006年,第6页。

　　② 根据《海外华人百科全书》定义,华人性是指华人的种族文化与种族属性两个层面,第一层面指的是具有华人背景的个人或群体的文化层面。它是由一组重要的价值观与习俗组成,常在不知不觉中由个人或群体表现出来,构成了他们日常的生活,也正是华人移民带来的"文化包袱"。第二层面即华人的种族属性,是对自我与他人的有意识的文化界定,也包括种族上组合的联系。种族文化只是日常生活的华人意识;而种族属性却是"显露或维护的华人意识"。见潘翎主编,崔贵强编译:《海外华人百科全书》,香港:三联书店(香港)有限公司,1998年,第114页。

　　③ John Clammer, *Diaspora and Identity：The Sociology of Culture in Southeast Asia*, Selangor：Pelanduk Publications (M) Sdn Bhd,2002,p.157.

源的。

根据上述理论，本书以历史学、人类学、社会学以及政治学的方法，结合统计分析，运用以下资料来进行文章论述：

（一）报刊、网络资料：主要是笔者赴棉兰访问时查阅的华社三大报纸，即《棉兰早报》《印广日报》《讯报》，以及间或收集到的《国际日报》（属雅加达华社主办的中文报纸），它们以报道华人社会动态和印尼的政治经济情势，以及国外大事为主。这些报章资料对了解华社、华人社团组织都提供了较为丰富、多面的视角。此外还参考了《星洲日报》（马来西亚）、《联合早报》（新加坡）等。

（二）大量的访谈资料：本书在论述中主要的引用和分析的立足点。笔者对华人社团历史、社团领袖间关系的了解，都是通过与社团领袖本人，或会所办公人员的交谈中获取的。经过笔者全面斟酌，以及观察推测，从而形成论证的依据。这为笔者由内而外地了解华人社会提供了资料，同时也是笔者分析社团领袖时的主要参考依据。

（三）社团纪念专刊：此部分资料是笔者在访谈中，与口述资料相印证的主要文字材料。通过对社团纪念专刊的翻阅，笔者能够了解一些华人社团的历史沿革、主要活动以及社团的理事名单等。这为本书分析社团的结构、功能提供了依据，主要包括《第六届世界惠州同乡恳亲大会纪念特刊》《走过辉煌二十年——棉兰鹅城慈善基金会》《印尼苏北西河九龙堂林氏宗亲会世纪纪念特刊》《江夏公所百年庆典纪念特刊》等。

（四）有关印尼华人政治、经济与社团的专著、论文、资料汇编等：国内外论述华人、华人社会组织结构，华人文化适应、政治参与、社团发展等的论文、专著以及印尼华人本身的资料等，是本书多角度、多视野、多学科研究的主要参考依据。

（五）许多未刊行的第一手手稿：笔者的重要资料来源。由于有形记载的文字缺乏，笔者在每个社团的拜访过程中，通过拍照或复印获取了一些社团未对外公开的记录文字，这为笔者真实了解棉兰华人社会提供了较多信息，如一些针对社团财务的私人信件、社团领袖参选的文字公告、王氏宗亲会的助学金会议记录等。

四、研究概念的界定与说明

(一)华侨、华裔、华人与华族

"1980 年 9 月 10 日公布的《中华人民共和国国籍法》明确规定,中华人民共和国不承认中国公民同时具有双重国籍。据此,凡仍保留中国国籍的旅外侨民称为华侨,而已经加入外国国籍的原有华侨则自动丧失中国国籍,他们应称为华人或外籍华人或华裔。"①但在中国学术界或侨务界仍存在明确定义困难的问题。因为改革开放后的中国移民,主要去向是欧美发达国家,他们的居住国对加入国籍有着较为严格的限制,很多人生活多年仍未获得所在国国籍,以"华侨"称呼在海外定居谋生的中国公民并不为错。但是因东南亚的特殊历史,90％以上的华人②已经获得所在国国籍,称其为华侨则是概念的错误,这在学术界已有明确的说法。而一些侨务界习惯称呼的华侨,据笔者推测应是一种不以是否获得居住国国籍为区别的泛称。

华侨(Overseas Chinese)向华人(Ethnic Chinese/Chinese)的转变,意味着长期使用的华侨概念已经过时了。国内学术界通常使用华人华侨,而国外学者则通常把华侨归入华人之中,认为华人实际上包含了拥有中国国籍者和拥有所在国国籍者。就东南亚的特殊情形来说,笔者更愿意将已经完成国籍转变,政治上认同于所在国,但文化上和心理上认同于中华文化的移民称为华人,不赞成将其称作华侨或海外华人。如马来西亚籍著名华人学者陈志明教授认为,"不论被称为还是被指为 Overseas Chinese,我们都觉得受到侮辱"③。另外,"华裔是指华侨在侨居国所生并取得侨居国国籍的子女"④。

---

① 毛起雄主编:《华侨华人百科全书·法律条例政策卷》,北京:中国华侨出版社,2000年,第 2 页。

② 黄昆章:《印尼华侨华人史(1950 至 2004 年)》,广州:广东高等教育出版社,2005 年,第 190 页。

③ Tan Chee Beng, "Comments", Leo Suryadinata, *Ethnic Chinese as Southeast Asians*, Singapore: Institute of Southeast Asian Studies, 1997, p.25.

④ 曾少聪:《漂泊与根植:当代东南亚华人族群关系研究》,北京:中国社会科学出版社,2004 年,第 5 页。

独立前的相当长一段时间内，印尼华人国籍没有明确规定，生活在印尼的中国人统称"华侨"，这也是印尼独立后华人问题产生的原因之一。直到废除双重国籍之后，"华人"才作为一个政治上和法律上区别于"华侨"的概念出现。① 独立后苏加诺（Bung Sukarno）统治年代，对印尼华人而言，是从华侨向华人转变的时期，既有一部分的华侨存在，又有大量已加入印尼国籍的华人。继苏哈托统治后，推行强迫同化政策，尤其是一系列的国籍政策，到 20 世纪 70 年代末绝大多数华侨已加入印尼国籍，成为印尼公民，属于印尼 100 多个少数民族的一支，笔者称之为华人或华族。

本书研究 20 世纪 80 年代后的华社团体，但若涉及二战前的社团则以"华侨"冠名。这样称呼并不是说明战前没有华人，也不是说战后没有华侨。事实上，若无特定的范围和对象，在研究中要将二者严格区分开来较为困难。而且，在很多情况下，印尼华社的活动既有华侨又有华人参与。所以笔者习惯将 20 世纪 60 年代前的中国移民称为华侨华人或华人华侨，只是因"历史不能割断，承认华侨华人在历史上、血缘上、文化传统上和社会经济上存在的千丝万缕的现实，而丝毫无意在政治上和法律上混淆这两个不同的概念"②，之后则以华人称呼为主。

（二）社团、华侨社团与华人社团

关于社团的定义，各学者根据各自研究的侧重而有不同的看法。如政治学者刘镇强提出，社团是指公民自愿组成，为实现会员共同意愿，按照其章程开展活动的非营利性社会组织。社团具有民间性、组成的自愿性、内部的互益性、团体非营利性等四个基本特征。③ 历史学者朱英认为，社团是由一部分有着共同目的、共同关系、共同地位和共同行为的人组成的团体。④

---

① 毛起雄主编：《华侨华人百科全书·法律条例政策卷》，北京：中国华侨出版社，2000年，第 2～3 页。

② 毛起雄主编：《华侨华人百科全书·法律条例政策卷》，北京：中国华侨出版社，2000年，第 2～3 页。

③ 刘镇强：《关于社会主义市场经济体制下社团制度的思考》，《社会科学》1999 年第 4期，第 58 页。

④ 朱英：《辛亥革命时期新式商人社团研究》，北京：中国人民大学出版社，1991 年，第1～5 页。

社会学者王颖等认为,社团就是具有某些共同特征的人相聚而成的互益组织,具有非营利和民间化两种基本的组织特性。[①]　人类学者谢剑将社团定义归纳为五点:(1)是具有特定的目的和追求共同利益的正式组织;(2)成员的资格主要基于志愿而非强迫或者归属而来;(3)是非营利性的;(4)会员仅以部分时间无偿参与社会;(5)属私人性质,独立于政府机构之外。[②]

"历史学者关心社团组织形态的演变,社会学者重视社团结构映射的社会结构与阶层变动,法律学者强调社团的合法性,管理学者注意社团能力的建设。"[③]各类学者虽见解不同,但都公认社团具有一般的基本特征,即"具有一定需要达到的功能或目标;拥有一定范围的成员,这些成员又都在思想上明确他们是属于这个集体的;各成员的地位和角色有明确分工,并制度化;具有明确的规范和规则。它对成员的行为有制约作用,并为大家遵守;在一定时期内有其持续的可能性"[④]。就如学者康晓光对社团本质属性的概括:正规性、民间性、非营利性、公共性、代表性、参与性。[⑤]

关于华侨社团的定义,《华侨华人百科全书·社团政党卷》认为:"早期移居国外的华侨,为了团结互助、联络感情、共谋生存和发展,或以血缘宗亲,或以地缘同乡,或以业缘同行等为纽带,自发建立起来互助、联谊与自治的社会组织形式。它源于中国明清时代出现的秘密会社及以后的会馆,有其社会、政治和经济上的根源。"[⑥]当华侨社会演变为华人社会后,华侨社团也自然演变为华人社团。李明欢在《当代海外华人社团研究》一书中将其定义为"生活在中国本土之外的华侨、华人、华裔,为了达到一定目标、按一定

①　转引自娄胜华:《转型时期澳门社团研究——多元社会中法团主义体制解析》,广州:广东人民出版社,2004年,第16页。

②　谢剑:《志愿社团的组织原则:新加坡华人社团的个案研究》,李亦园、郭振羽主编:《东南亚华人社会研究》(下册),台北:正中书局,1985年,第124页。

③　娄胜华:《转型时期澳门社团研究——多元社会中法团主义体制解析》,广州:广东人民出版社,第16页。

④　[日]横山宁夫著,毛良鸿、朱阿根、曹俊德译:《社会学概念》,上海:上海译文出版社,1983年,第105页。

⑤　康晓光:《权力的转移——转型时期中国权力格局的变迁》,杭州:浙江人民出版社,1999年,第203页。

⑥　谢成佳主编:《华侨华人百科全书·社团政党卷》,北京:中国华侨出版社,1999年,第1~2页。

原则自行组织起来、以非营利为主要目的的合法团体"①。

本书所研究的华侨华人社团，主要参照谢剑所论述的社团概念。但囿于在资料收集过程中的实际困难，凡涉及宗教性的社团，尤其是伊斯兰教、基督新教与天主教的团体，基本不在本书探讨之中。同时，限于篇幅与资料，各地区的社团对比分析主要是概略性的说明。另外，由于印尼的政策限制，华人受到外在环境压力较多，为避免政治的敏感性，许多20世纪60年代前的华人宗亲、同乡或其他类型的社团，当今都冠以基金会或慈善基金会的名称，但大部分仍按照传统社团模式运作。不过，随着形势变化，它们也做出了一些调整。所以，本书中对冠以基金会或慈善基金会的社团，依循旧例称呼，如王氏慈善基金互助理事会，行文中称之为王氏宗亲会；江夏黄氏慈善基金会，称之为江夏黄氏宗亲会，又或惯称江夏公所等。

（三）族群（Ethnic Group）和族群性（Ethnicity）

"族群"是"一个由民族和种族自己集聚而结合在一起的群体。这种结合的界限在其成员中是无意识承认，而外界则认为它们是同一体，也可能是由于语言、种族或文化的特殊而被原来一向有交往或共处的人群所排挤而集居。因此，族群是一个含义极广的概念，它可以用来指社会阶级、都市和工业社会中的种族群体或少数民族群体，也可以用来区分土著居民中的不同文化和社会集团"②。它们"通常没有政治目标，并且在很多情况下没有公共文化，并不一定要拥有有形的历史疆域，因此它甚至没有疆域空间"③。

"族群性"则是现代社会中族群关系复杂化的产物，此概念最早于20世纪50年代出现于美国，70年代初传到欧洲。香港中文大学人类学系教授吴燕和认为，族群性是指"族群认同或一个族群的特性"④。荷兰人尼科-基尔斯特拉指出族群性包含有三种含义："一是指那种声称其境内居民拥有共同起源、共同语言和文化，并以此作为维护其统一的国家意识形态；二是指某

---

① 李明欢：《当代海外华人社团研究》，厦门：厦门大学出版社，1995年，第4页。

② 吴泽霖总纂：《人类学词典》，上海：上海辞书出版社，1991年，第308页。

③ 叶江：《解读安东尼·D. 史密斯相关著述中的几个关键性术语》，《世界民族》2006年第5期，第3～4页。

④ 周大鸣：《论族群与族群关系》，《广西民族学院学报（哲学社会科学版）》2001年第2期，第15页。

个地区内占主导地位而又生活在一个更大的,他们在其中不占主导地位的政治单元内的居民的文化认同;三是指通常由移民或难民组成的,分散了的人们群体的文化认同。"①《麦克米伦人类学词典》则将族群性定义为"族群间的互动的可识别性"②。本书采用了这样的"族群性"概念,即"指人群之间的文化差异,通常建立在与共同的血缘或特定的地域有关的语言、宗教、服装、生活方式和思想之上"③。

（四）认同、政治认同、文化认同

认同,原是一个心理学术语,指一种心理操作,一个人据此有意或无意地将另一个人或群体的特征归属自己。④ 这一概念最早是由威廉·詹姆斯（William James）和弗洛伊德（Sigmund Freud）所提出,是指个人向另一个人或团体的价值、规范与面貌去模仿、内化并形成自己的行为模式的过程。⑤

当认同这一概念引入政治学领域,并与政治结合为"政治认同"这一概念时,根据《中国大百科全书·政治学》的解释,"是指人们在社会政治生活中产生一种感情和意识上的归属感,它与人们的心理活动有密切的关系。人们在一定的社会中生活,总要在一定的社会联系中确定自己的身份,如把自己看作某一政党的党员、某一阶级的成员、某一政治过程的参与者或某一政治信念的追求者等等,并自觉地以组织及过程的要求来规范自己的政治行为,这种现象就是政治认同"⑥。它是人们在社会政治生活中产生的一种感情和意识上的归属感,其核心是国家认同,主要体现为个人对国家所持有

---

① 高崇:《族群与族群性:两个概念的再认识》,《中南民族学院学报（人文社会科学版）》2001 年第 3 期,第 131～132 页。

② 周大鸣:《论族群与族群关系》,《广西民族学院学报（哲学社会科学版）》2001 年第 2 期,第 14 页。

③ 高崇:《族群与族群性:两个概念的再认识》,《中南民族学院学报（人文社会科学版）》2001 年第 3 期,第 132 页。

④ [美]阿瑟·S.雷伯著,李伯黍等译:《心理学词典》,上海:上海译文出版社,1996 年,第 387 页。

⑤ 梁丽平:《中国人的宗教心理——宗教认同的理论分析与实证研究》,北京:社会科学文献出版社,2004 年,第 11～12 页。

⑥ 中国大百科全书出版社编辑部:《中国大百科全书·政治学》,北京:中国大百科全书出版社,1992 年,第 501 页。

的情感和认识。

印尼华人政治认同的转变，开始于 20 世纪 50 年代初期，至 20 世纪 70 年代末苏哈托加快解决华人入籍问题的步伐，才最终完成这种转变的过程。目前，绝大多数华人政治认同对象已从中国转为印尼，但仍保留有自己族群文化特性，处于一种"双重认同"状态，即政治上认同于印尼国家，文化上则坚持民族文化特性，我们称之为文化认同，即"个体对不同社会组织和不同文化传统的归属感"[①]，目的是寻求生存方式的持续性。

(五)同化与融合

美国学者阿诺德·罗斯（Arnold M. Rose）将文化适应看作是同化的同义词，表述为"一个人或群体对另一个社会群体文化的采纳。这种采纳程度是如此彻底，以至于没有任何特征可以把这个人或群体与其原先文化联系起来，对其原来的文化也不再有任何特别的忠诚。导向这种采纳的过程即是同化"[②]。美国学者米尔顿·M. 戈登（Milton M. Gordon）将同化分为七个阶段：(1)文化或行为的同化：文化模式朝着居住地社会文化模式转化；(2)结构同化：大量进入居住地社会网络与社会结构之中；(3)婚姻同化：大规模的族际通婚；(4)认同同化：发展基于居住地社会的民族意识；(5)态度接受同化：族际偏见的消失；(6)行为接受同化：族际歧视的消失；(7)公共生活的同化：权利以及价值观冲突的消失。[③]

独立后的印尼国家认为，"同化是实现印度尼西亚民族统一的方法"[④]，并从文化上、教育上以及日常生活中实行彻底的同化政策，使印尼华人受到不公正的对待，被迫从形式上同化于印尼社会，成为"弹性公民"。后苏哈托时代，政府逐步放弃了同化政策，提倡融合，即"不同的民族与文化在相互交

---

① 韩震：《全球化时代的华侨华人文化认同问题研究》，《华侨大学学报（哲学社会科学版）》2007 年第 3 期，第 87 页。

② 曹云华：《变异与保持——东南亚华人的文化适应》，北京：中国华侨出版社，2001 年，第 13 页。

③ Milton M. Gordon, *Assimilation in America*，Oxford：Oxford University Press，1964，p.71.

④ 周南京、陈文献等编：《印度尼西亚华人同化问题资料汇编》，北京：北京大学亚太研究中心，1996 年，第 404 页。

流的过程中,结合产生一种新的民族和文化,这种新的民族与文化区别于原先的母民族与文化,而包含了各民族与文化的要素"①。受此影响,华人也在积极主动地融入主流,不仅为建设印尼国家的未来继续发挥经济才能,也渐次介入政治领域,为印尼政治现代化做出贡献。

---

① 朱东芹:《冲突与融合:菲华商联总会与战后菲华社会的发展》,厦门:厦门大学出版社,2005 年,第 29 页。

第二章

学术史回顾

一、东南亚华侨华人社会研究述评

近二十年来，海外华人的研究在资料、方法上都有了新的发展，涉及历史学、人类学、经济学、社会学、民族学等多学科，包括"海外华人与侨乡的联系、海外华人与居住国其他民族的融合与互动、海外华人的文化认同以及近来备受注意的海外华人的跨国网络"①等领域。而这些跨学科、多视野的海外华侨华人探讨，不乏华人历史与社会的开创性研究成果，本书将对此做一鸟瞰。

中国人移居南洋各地，大多聚族而居，持中华文化传统，并与各民族融洽相处，各取所需。他们在东南亚的社会生活状况，可从中国早期的著作中窥其端倪。如南宋赵汝适《诸蕃志》，元朝汪大渊《岛夷志略》、周达观《真腊风土记》，明朝张燮《东西洋考》、马欢《瀛涯胜览》，清代陈伦炯《海国见闻录》、李钟钰《新加坡风土记》和张荫桓的《三洲日记》等，都为了解早期的南洋华人提供了参考。

20世纪初至二战前，中国学者对东南亚华人的研究成果逐渐增多。但受政府政策，以及亚洲民族主义兴起高潮的影响，这些研究多以中国本位、

---

① 刘宏、张慧梅：《比较视野下的海外华人研究——记"亚洲散居者：华人与南亚人的经历之再探"国际研讨会》，《华侨华人历史研究》2004年第3期，第77页。

华侨本位为基础而立论。如张相时《华侨中心之南洋》(1927 年)、刘继宣和束世澄的《中华民族拓殖南洋史》(1935 年)、李长傅的《华南华侨史》(1929 年)与《中国殖民史》(1966 年重版)、温雄飞《南洋华侨通史》(1929 年)等,其中影响较大的是《中华民族拓殖南洋史》和《中国殖民史》。这些著作主要是对华侨华人移民的历史、概念,以及华侨华人政治地位形成与发展演变的阐述,对东南亚华人社会的描述较为简单,观点亦值得商榷。此外,这一时期也出现了有关华侨研究的组织和出版物。"如 1928 年上海暨南大学成立南洋研究所(原名为南洋文化事业部),并出版《南洋研究》刊物,另外还有《侨务月报》(1933—1937)和《华侨半月刊》(1932—1936)等。"①而对华侨与侨乡的人口、婚姻、家庭、生活习惯等的研究,并探讨二者的互动,则以陈达的《南洋华侨与闽粤社会》(商务印书馆,1938 年),以及《华南移民社会:向海外移民及其对生活水平的影响及社会变化的研究》(纽约,1940 年)最为生动详细,可视为开创性的研究。

"第二次世界大战结束之后,因为行为科学研究的趋势所致,一些先前以中国社会文化为研究对象的学者转变其目标于东南亚的华侨。华侨社会的研究遂成为区域研究中的一个热门题目。"②尤其是 1949 年之后,因中国大陆的隔绝,研究汉人社会的海外人类学和社会学学者,除了台湾、香港之外,无法深入中国大陆从事田野调查研究。为了解中国的社会情况,他们纷纷走向东南亚的华人社会,期望通过对海外华人社会的田野调查,间接了解中国。受"结构功能论"影响,该时期的研究大部分集中在华人的社会组织、家庭、认同等方面,主要有 M. 弗里德里曼(Maurice Freedman)的《新加坡华人的家庭与婚姻》③。施坚雅的《泰国华人社会:分析的历史》④进行集中探讨,并指出华人社会结构促成了族群意识,以及集体心理固化,使得华人成为一个不易同化的族群;另外,他还以《海外华人文化的变化与持续:泰国和

① [澳]王赓武:《中国历史著作中的东南亚华侨》,王赓武、姚楠编:《东南亚与华人——王赓武教授论文选集》,北京:中国友谊出版公司,1987 年,第 236 页。
② 李亦园:《人类的视野》,上海:上海文艺出版社,1996 年,第 363 页。
③ [英]M. 弗里德里曼著,郭振羽、罗伊菲译:《新加坡华人的家庭与婚姻》,台北:正中书局,1985 年。
④ G. William Skinner, *Chinese Society in Thailand:An Analytical History*,New York:Cornell University Press,1957.

爪哇华人的比较研究》，①对两国华人同化问题进行了对比分析。Amyout
则开展了"菲律宾华人的家族与适应研究"。② 威尔莫特（W. E. Willmott）
《联合和社团：柬埔寨金边华人社区的政治结构》③一文，提出柬埔寨金边华
人社区组织结构与殖民统治政权天然结合的论断，对了解柬埔寨华人提供
了借鉴。而研究西班牙统治时期菲律宾华人社会、经济情况的，则以魏安国
的《菲律宾生活中的华人（1850—1898）》为代表。④ 另有对东南亚华人社会、
经济的综合性分析，如吴元黎等的《华人在东南亚经济发展中的作用》⑤和
李·E. 威廉斯（Lea E. Williams）的《东南亚华人的过去与现在》⑥，其中尤以
英国学者巴素（Victor Purcell）的《东南亚之华侨》⑦为研究东南亚华侨的代
表性著作。

　　"这些学者的突出特征，就是全方位探索环绕着华人社会的传统主题，
如血缘关系、礼仪和精神信仰等。"⑧"在相当程度上，他们研究东南亚华人的
基本立场与态度，大多是将该地区的华人社会视为中国本土社会的延伸，或

　　① G. William Skinner，Change and Persistence in Chinese Culture Overseas：A
Comparison of Thailand and Java，*Journal of the South Sea Society*，Vol. 16，1960.

　　② J. Amyout，"The Chinese Community of Manila：A Study of Adaptation of Chinese
Familism to the Philippine Environment"，Philippine Studies Program，Dept. of
Anthropology，University of Chicago，1960.

　　③ W. E. Willmott，Congregations and Associations：The Political Structure of the
Chinese Community in the Phnom-Penh，Cambodia，*Comparative Studies in Society &*
History，Vol. 11，No. 3，1969.

　　④ Edgar Wickberg，Notes on Some Contemporary Social Organizations in Manila
Chinese Society，China，Across the Seas/The Chinese as Filipino，Philippine Association for
Chinese Studies，Manila，1992.

　　⑤ ［美］吴元黎等著，汪慕恒、薛学了译：《华人在东南亚经济发展中的作用》，厦门：厦门
大学出版社，1989 年。

　　⑥ ［美］李·E. 威廉斯著，康涛译：《东南亚华人的过去与现在》，陈碧笙选编：《华侨华
人问题论文集》，南昌：江西人民出版社，1989 年。

　　⑦ ［英］巴素著，郭湘章译：《东南亚之华侨》，台北：正中书局，1974 年。

　　⑧ Stephanie Po-yin Chung，The Transformation of an Overseas Chinese Family——
Three Generations of the Eu Tong Sen Family，1882—1941，*Modern Asian Studies*，Vol.
39，No. 3，2005，p. 603.

是了解中国社会文化的窗口,再不然就是将华人社会视为其'侨居地'社会中的社会。"①作为第三方的研究者,他们的研究提出了一些合理的建议和看法,但亦有许多地方值得继续探讨。至于东南亚本土出生长大的华人学者,他们基于语言优势,结合感性认识与理论基础,对华人的社会组织、文化传承、族群认同等的解剖更为客观与合理。如菲律宾华人学者洪玉华在《菲律宾华人的参政、融合和认同》②中指出,华人融入所在地社会的最高指标即是积极参政,借助广泛的参政实现文化的融合。而对华人文化的探讨,马来西亚林开忠在《建构中的"华人文化":族群属性、国家与华教运动》③一书中,以马华独立后开展的华教运动为线索,提出运动的发生与获得响应反映了华人自身对文化与政治权益的追求,也是华人适应本地化而在文化方面的调适与重构的过程。另外,刘宏的《战后新加坡华人社会的嬗变:本土情怀·区域网络·全球视野》④则将华人置于本地化、区域化与全球化的环境中,剖析新加坡独立后华人从"族群社会"向"公民社会"的转变过程。书中指出,在文化与社会生活等面临冲击时,华人社团能适应变化的新功能,即扮演国家与社会互动的中介体。其他还有田英成的《砂捞越华族社会结构与形态》⑤与颜清湟的《新马华人社会史》⑥等著述,以作者亲身体会,并基于所在国华族立场而对华人在各国历史进程中的社会结构问题的分析,既有详细的史料提供论证,又有作者现实的经历与感受,对华人问题提出了新的解

---

① 赵树冈:《东南亚华人的人类学研究:以区域及主题为分析焦点》,《华侨华人历史研究》2003 年第 3 期,第 62 页。

② [菲]洪玉华:《菲律宾华人的参政、融合和认同》,马尼拉:马尼拉菲律宾华裔青年联合会,1995 年。

③ [马来西亚]林开忠:《建构中的"华人文化":族群属性、国家与华教运动》,吉隆坡:马来西亚华社研究中心,1999 年。

④ [新加坡]刘宏:《战后新加坡华人社会的嬗变:本土情怀·区域网络·全球视野》,厦门:厦门大学出版社,2003 年。

⑤ [马来西亚]田英成:《砂捞越华族社会结构与形态》,吉隆坡:马来西亚华社资料研究中心出版部,1991 年。

⑥ [澳]颜清湟著,粟明鲜译:《新马华人社会史》,北京:中国华侨出版公司,1991 年。

读。而王赓武教授的《东南亚与华人》①与《社会纽带与自由：移民社会的选择问题》②，则主要阐释华人问题的由来与解决方法，论证有力，引人深思。廖建裕的英语论文集《华人与东南亚国家建构》③与吴文焕《华人文化的二重性和发展》④则是结合社会与历史特征，分析了华人在东南亚国家建构中的角色与地位，是对东南亚华人政治、社会问题的全局性思考。在综合前人研究基础上，潘翎主编的《海外华人百科全书》对东南亚各国华人的历史与发展进行了概要性的描述，是一部较为完整与理性的综合性著作，值得参考。

二战后至 20 世纪 70 年代末，对于研究东南亚的中国大陆学者来说，受特殊社会形势影响，有关东南亚华人华侨的研究主要是一些对华侨史料的整理和收集，学术性著作几乎没有。同期的台湾和香港学者，纷纷去到东南亚华人集中地进行田野考察，并结合历史学、人类学、社会学等方法，写出了一批较有分量的著作。

从田汝康 1948 年的《砂捞越华人社会结构研究》作为开端以来，陆续有一系列的论著出版。如李亦园《一个移殖的市镇：马来亚华人市镇生活的调查研究》⑤，是他于 1963—1967 年间前后三次往马来西亚砂捞越田野调查的结晶，"成为第一本中文发表的人类学者对东南亚华人研究的专著"⑥。继之，台湾学者纷纷进入东南亚华人社会研究领域，其中有文崇一《新加坡华

---

① ［澳］王赓武、姚楠编：《东南亚与华人——王赓武教授论文选集》，北京：中国友谊出版公司，1987 年，第 236 页。

② ［澳］王赓武著，王望波译：《社会纽带与自由：移民社会的选择问题》，《南洋问题研究》2001 年第 1 期。

③ Leo Suryadinata, *Chinese and Nation-Building in Southeast Asia*, Singapore: Marshall Cavendish International Private Limited，2004.

④ ［菲］吴文焕：《华人文化的二重性和发展》，世界华商经济年鉴编辑委员会主编：《世界华商经济年鉴 1998—1999》，北京：世界知识出版社，1999 年。

⑤ 李亦园：《一个移殖的市镇：马来亚华人市镇生活的调查研究》，台北："中央研究院"民族学研究所，1970 年。

⑥ 赵树冈：《东南亚华人的人类学研究：以区域及主题为分析焦点》，《华侨华人历史研究》2003 年第 3 期，第 62 页。

人社会的变迁》①、戎抚天《泰国华人同化问题的研究》②、谢剑《志愿社团的组织原则:新加坡华人志愿社团的个案研究》③、麦留芳《方言群认同:早期星马华人的分类法则》④,以及李威宜的《新加坡华人游移变异的我群观:语群、国家社群与族群》⑤等著作,体现了港台人类学学者对海外华人社会生活与社会结构方面的持续关注。其中尤以李亦园与麦留芳在研究华人社会组织与结构问题上的成就较突出。但由于他们"是一种建立在静态基础上的华人社会整体性分析"⑥,难免陷入结构功能理论的逻辑陷阱。另外,较为突出的是黄枝连的《东南亚华族社会发展论——探索走向二十一世纪的中国和东南亚的关系》⑦一书,以中国与东南亚国家关系中的华族作为分析点,阐述了东南亚华族发展历史与未来趋向,具有一定的开创意义。

此外,有关东南亚华人历史方面的著作,台湾也有贡献。比较著名的有李锐的《马来亚华侨》(台北,1954 年)、《华侨海外开发史》和《海外名人传》,1945 年出版的《华侨志》等。其中陈烈甫在《东南亚洲的华侨、华人与华裔》⑧提出了世界华侨中心在东南亚的看法,并对东南亚各国华侨、华人与华裔之所以取得成功与做出的贡献进行了分析,也对台湾当局的侨务政策有所检讨,是一部比较全面概述东南亚华侨、华人与华裔的书。20 世纪 90 年代,为配合台湾的"南进政策",在台湾"中央研究院"院长李远哲的大力推动之下,"中研院"成为台湾研究东南亚与东南亚华侨华人的中心。民族所于

---

① 文崇一:《新加坡华人社会的变迁》,李亦园、郭振羽主编:《东南亚华人社会研究》(上册),台北:正中书局,1985 年。

② 戎抚天:《泰国华人同化问题的研究》,李亦园、郭振羽主编:《东南亚华人社会研究》(下册),台北:正中书局,1985 年。

③ 谢剑:《志愿社团的组织原则:新加坡华人志愿社团的个案研究》,李亦园、郭振羽主编:《东南亚华人社会研究》(下册),台北:正中书局,1985 年。

④ 麦留芳:《方言群认同:早期星马华人的分类法则》,台北:"中央研究院"民族学研究所,1985 年。

⑤ 李威宜:《新加坡华人游移变异的我群观:语群、国家社群与族群》,台北:唐山出版社,1999 年。

⑥ [马来西亚]林开忠:《建构中的"华人文化":族群属性、国家与华教运动》,吉隆坡:马来西亚华社研究中心,1999 年,第 23 页。

⑦ 黄枝连:《东南亚华族社会发展论——探索走向二十一世纪的中国和东南亚的关系》,上海:上海社会科学院出版社,1992 年。

⑧ 陈烈甫:《东南亚洲的华侨、华人与华裔》,台北:正中书局,1979 年。

1994 年成立东南亚区域研究中心，出版了《东南亚区域研究通讯》、"东南亚区域研究论文系列"，并有萧新煌主编的《东南亚的变貌》[①]论文集，朱浤源、张存武主编的《台湾地区华侨华人著述资料目录（1950—2000）》[②]，以及徐斌编的《华侨华人研究中文书目》[③]等，贡献颇多。

　　1978 年，中国实行改革开放后，政府开始重视对华侨资本的利用，人文社科方面也相应地兴起海外华人华侨研究热潮。一批研究华侨华人的学者如黄昆章、朱杰勤、陈碧笙、吴凤斌、周南京、蔡仁龙等，出版了一些华人研究的开创性著作。吴凤斌的《契约华工史》[④]和主编的《东南亚华侨通史》[⑤]、朱杰勤《东南亚华侨史（外一种）》[⑥]、陈碧笙的《南洋华侨史》[⑦]等，以地区通史的形式对东南亚各国华侨华人社会进行了概要性描述和考察。随着研究的深入，学者对海外华侨华人知识面的扩充，出现了按国别研究华侨华人的著作。如黄滋生、何思兵的《菲律宾华侨史》[⑧]，温广益、蔡仁龙等编著的《印度尼西亚华侨史》[⑨]，林远辉、张应龙的《新加坡马来西亚华侨史》[⑩]等，是对华侨华人更为详细和具体的描写，体现了东南亚华人共性中的不同地域特点。之后，又有按照华侨移民祖籍地编写的华侨华人著作，如杨力、叶小敦的《东南亚的福建人》[⑪]，刘权的《广东华侨华人史》[⑫]，以及地方华侨志系列等，它们基于华人历史发展脉络的记述，为全面了解东南亚各国的华侨华人提供了参照。

　　从 20 世纪 90 年代至今，中国的华侨华人研究有了很大的发展，一大批

---

① 萧新煌主编：《东南亚的变貌》，台北："中央研究院"东南亚区域研究计划，2000 年。

② 朱浤源、张存武主编：《台湾地区华侨华人著述资料目录（1950—2000）》，台北："中央研究院"亚太区域研究专题中心，2003 年。

③ 徐斌编：《华侨华人研究中文书目》，厦门：厦门大学出版社，2003 年。

④ 吴凤斌：《契约华工史》，南昌：江西人民出版社，1988 年。

⑤ 吴凤斌主编：《东南亚华侨通史》，福州：福建人民出版社，1994 年。

⑥ 朱杰勤：《东南亚华侨史（外一种）》，北京：中华书局，2008 年。

⑦ 陈碧笙：《南洋华侨史》，南昌：江西人民出版社，1989 年。

⑧ 黄滋生、何思兵：《菲律宾华侨史》，广州：广东高等教育出版社，1987 年。

⑨ 温广益、蔡仁龙等编著：《印度尼西亚华侨史》，北京：海洋出版社，1985 年。

⑩ 林远辉、张应龙：《新加坡马来西亚华侨史》，广州：广东高等教育出版社，1991 年。

⑪ 杨力、叶小敦：《东南亚的福建人》，福州：福建人民出版社，1993 年。

⑫ 刘权：《广东华侨华人史》，广州：广东人民出版社，2002 年。

新人加入华侨华人的研究队伍,不仅充实了力量,还带来了许多新鲜空气,使中国华侨华人研究出现了质的变化。研究领域得到拓展,研究方法得到突破,研究空白得到填补,从族群、认同、文化到社团组织、政治、经济等华侨华人社会生活的大多数方面都有涉及。如陈衍德教授的《现代中的传统:菲律宾华人社会研究》[①],"运用定性的研究方法,对菲律宾华人社会和家庭进行了细致入微的个案分析"[②];庄国土等编的《二战后东南亚华族社会地位的变化》[③]采用族群理论对东南亚华族的形成与发展,以及独立后在各国经历的变化分别进行了叙述;曾少聪的《漂泊与根植:当代东南亚华人族群关系研究》[④]则是从族群关系的角度透视东南亚华人的发展;曹云华的《变异与保持——东南亚华人的文化适应》《东南亚华人的政治参与》[⑤]从文化与政治参与的角度,探讨了东南亚华人在各国的适应与变迁,并由此对东南亚华人的民族主义、各国的华人政策进行了剖析;郭梁的《东南亚华侨华人经济简史》[⑥]则考察了华人资本在当地的积累和发展过程;方金英的《东南亚"华人问题"的形成与发展》,以泰国、菲律宾、马来西亚、印尼四个国家为个案,分析了华人问题形成的由来,并提出了对策。

另有较多的论文,也对东南亚华侨华人进行了探讨。如周聿峨、刘建林的《区域合作背景下的东南亚华人结构性权力》、谢剑的《东南亚华人认同问题:对 J. R. Coughling 双重认同理论的再思考》、韩震的《全球化时代的华侨华人文化认同问题研究》、赵自勇的《东南亚华人的身份、地位和权利问题》,以及向大有的《论海外华人融入当地社会的若干关系》等,都是对华人在东南亚政治地位、认同与融合问题的不同见解。而针对全球化趋势下华人社会出现的国际化潮流,王苍柏在《也谈华人》中提出了不同的见解。他指出跨国主义不能成为分析当前华人移民的最适合形式,因为它过分强调了移

① 陈衍德:《现代中的传统:菲律宾华人社会研究》,厦门:厦门大学出版社,1998 年。

② 曹云华:《变异与保持——东南亚华人的文化适应》,北京:中国华侨出版社,2001年,第 3 页。

③ 庄国土等:《二战后东南亚华族社会地位的变化》,厦门:厦门大学出版社,2003 年。

④ 曾少聪:《漂泊与根植:当代东南亚华人族群关系研究》,北京:中国社会科学出版社,2004 年。

⑤ 曹云华:《东南亚华人的政治参与》,北京:中国华侨出版社,2004 年。

⑥ 郭梁:《东南亚华侨华人经济简史》,北京:经济科学出版社,1998 年。

民流动的跨越地域性,而忽视了对民族内部的阶级、权力和文化差别的分析,认为华人移民的核心特征在于它的多维度、去中心化和流动性,而跨国性仅仅是分析华人移民的一种模式而已,不应过分强调,并提出"外地域性认同"理论以分析华人移民。[①]

相比香港、台湾地区和国外学者来说,中国大陆的华人华侨学科研究,更多地偏重于历史或政治方面,为梳理华人在东南亚国家的发展与演变经过提供了详细的说明;但对华侨社会的内在结构、生活、婚姻、家庭状况,以及宗教、族群问题的研究较少,对各国中不同地域的华人社会探究更少。而且,立足于中国中心观的讨论,在观点和事实呈现上还不甚客观,研究的倾向性较强。受地域、语言以及所在国社会情境影响,目前对华人了解较为深入和全面的首推新加坡与马来西亚,其次是菲律宾,其他如泰国、印尼、越南、缅甸等国华人社会的研究较为匮乏。而对于东南亚华人最多、地域中心较分散的印尼华人来说,学者对其研究的深度和广度,是与该国华人人口数不匹配的。

二、印尼华人社会研究述评

华侨中心在东南亚,而东南亚的华人华侨人口又主要在印尼。据 2002 年数据统计,"全世界华侨华人总人口约 3000 万"[②],印尼华人约 800 万,占比近 1/3,所以研究印尼华人具有现实意义。同时,印尼特殊的地理位置、独特的国情,以及印尼华侨华人特殊的社会历程,都是让研究者感兴趣的原因。

(一)国外学者的研究

研究印尼华人的西方学者,首先要提到澳大利亚墨尔本大学的查尔斯·A.科伯尔(Charles A. Coppel),他对印尼华人的研究涉及面广,著述颇

---

① 王苍柏:《也谈华人》,《读书》2004 年第 10 期,第 125~126 页。

② 周南京:《华侨华人百科全书·历史卷》,北京:中国华侨出版社,2002 年,第 689 页。按照最新研究,世界华侨华人总人口已达 5000 万人左右。

丰。其所著《菲律宾、马来西亚与印度尼西亚华人的地位》①《印尼土生华人的分布》②《印尼华人政治活动模式》③等,对印尼华人的政治地位与族群问题进行了深度探析。其中以《困境中的印尼华人》④一书,对印尼华人问题产生的背景与华人在融入当地社会过程中所面临的困境的分析,见解独特,具有重要的参考价值。另一位澳大利亚学者梅吉(J. A. C. Mackie)主要以所编的《印尼反华事件:1959—1968》⑤著称,全书详细分析了 1959—1968 年间印尼反华事件发生的各种因素。

其他欧美学者有关印尼华人的研究,集中于荷属殖民时期的著作较多。主要有荷兰莱顿大学的包乐史(Leonard Blusse),以《巴达维亚华人与中荷贸易》⑥为代表,对荷兰殖民时期华人贸易开展了广泛而深入的研究。此外,包乐史与厦大南洋院学者一起整理的“吧城华人公馆档案丛书”,丰富了荷属殖民时期华人社会的史料。美国学者施坚雅以他常年在泰国与印尼的考察为基础,撰写了《共产主义与华族文化在印尼:海外华族青年的政治活力》⑦《爪哇的华人少数民族:持续与变迁》⑧等,对印尼华人社会、文化、认同问题的阐释曾成为一些国家华侨华人政策的借鉴。另有 W. J. 凯特的《荷属

---

① Charles A. Coppel, The Position of the Chinese in the Philippines, Malaysia and Indonesia, in *The Chinese in Indonesia, the Philippines and Malaysia*, London: Minority Rights Group Report No. 10, 1972.

② Charles A. Coppel, Mapping the Peranakan Chinese in Indonesia, *Far Eastern History*, Vol. 8, 1973.

③ Charles A. Coppel, Patterns of Chinese Political Activity in Indonesia, in *The Chinese in Indonesia: Five Essays*, edited by J. A. C. Mackie, Melbourne: Nelson, 1976.

④ Charles A. Coppel, *Indonesian Chinese in Crisis*, Sydney: Oxford University Press for Asian Studies Association of Australia, 1983.

⑤ J. A. C. Mackie, Anti-Chinese Outbreaks in Indonesia: 1959—1968, in *The Chinese in Indonesia: Five Essays*, edited by J. A. C. Mackie, Melbourne: Nelson, 197a.

⑥ [荷]包乐史著,庄国土译:《巴达维亚华人与中荷贸易》,南宁:广西人民出版社,1997 年。

⑦ G. William Skinner, Communism and Chinese Culture in Indonesia: The Political Dynamics of Overseas Chinese Youth, Unpublished manuscript, 1963.

⑧ G. William Skinner, Java's Chinese Minority: Continuity and Change, *Asian Studies*, Vol. 20, No. 3, 1961.

东印度华人的经济地位》[①]，以及威尔莫特、李·E.威廉斯与索默斯（M. F. Somers）等学者，都对印尼华人研究有所贡献。其中，莫纳·卢汉达（Mona Lohanda）在《成长的痛苦：爪哇殖民地的华人与荷兰人，1890—1942》[②]一书，对印尼土生华人这一独特群体，从最初的面向当地，转向亲荷兰，又产生分化，出现亲荷兰、亲中国和亲印尼三个群体的变换缘由，做了详细描写。上述研究中，"尤以施坚雅的论著最为重要，因为其著述弄清楚了印尼华人难题的症结所在，也正确地指出了一些关键问题，诸如华人少数民族的实质及其与印尼土著的分野"[③]。此外，林德西（Tim Lindsey）的《后苏哈托时代的印尼华族的重构：法律、种族歧视和改革》[④]、特纳（Sarah Turner）和艾伦特（Pamela Allent）的《快速变化中的印尼华人：族性压力与认同》[⑤]、包乐史的《印尼华人在改变现代印尼人生活中的角色》[⑥]等，从族群矛盾的来源、认同的问题以及政治地位角度，论述了印尼华人命运坎坷的原因。

亚洲学者由于地缘优势，以及语言和自身经历的缘故，对印尼华人研究成果颇多。如在印尼出生长大，后移居新加坡的华人学者廖建裕，著述有《爪哇土生华人的政治活动：1917—1942》、《现阶段的印尼华族研究》、《华人和民族建设》、《印尼华人少数民族的文化》[⑦]和《印尼原住民、华人少数民族

---

① ［英］W. J. 凯特著，王云翔、蔡寿康等译：《荷属东印度华人的经济地位》，厦门：厦门大学出版社，1988年。

② Mona Lohanda, *Growing Pains：The Chinese and the Dutch in Colonial Java*, 1890—1942, *Jakarta：Yayasan Cipta Loka Caraka*, 2002.

③ ［新加坡］廖建裕著，崔贵强译：《爪哇土生华人政治运动：1917—1942》，台北：正中书局，1985年，第1页。

④ Tim Lindsey, Reconstituting the Ethnic Chinese in Post-Suharto Indonesia：Law, Racial Discrimination and Reform, in *Chinese Indonesians：Remembering, Distorting, Forgetting*, edited by Tim Lindsey & Helen Pausacker, Singapore：Institute of Southeast Asian Studies, 2005.

⑤ Sarah Turner and Pamela Allent, Chinese Indonesians in a Rapidly Changing Nations：Pressures of Ethnicity and Identity, *Asia Pacific Viewpoint*, Vol. 48, No. 1, 2007.

⑥ Leonard Blusse, The Role of Indonesian Chinese in Shaping Modern Indonesian Life：A Conference in Retrospect, *Indonesia*, Vol. 51, 1991.

⑦ Leo Suryadinata, *The Culture of the Chinese Minority in Indonesia*, Singapore：Marshall Cavendish International Private Limited, 2004.

与中国：观念和政策研究》①等，以其感性认识，结合社会科学理论知识，对印尼华人的群体特性、族群文化、华人教育、政治地位，以及与中国的关系等问题，进行了广泛而全面的研究，为了解印尼华人情况提供了真实依据，但他在华人问题的看法上没有提出独到的见解。另有庄迪杨（Twang Peck Yang）的《印尼华人精英与独立的转变：1940—1950》②，分析了二战前后十年间，华人精英在转变时期中的经济活动，以及对印尼独立的经济贡献。日本学者应国内政治经济需要，对印尼华人研究也颇重视。如竹林勋雄的《印尼华侨发展史略》、福田省三的《荷属东印度的华侨》等都是这时期的成果。此外，王赓武、刘宏、颜清湟等学者，研究虽未具体涉及印尼华人领域，但在总论东南亚华人问题时，印尼华人经常是他们案例研究中的一个独特元素。

印尼本国的华人学者也意识到自身在印尼发展中的定位难题。第二次世界大战前，三位当地作家［林添裕（1895—1963）、梁友兰（1904—1973）与郭德怀（1886—1951）］曾以"华人印尼语"发表若干印尼华人的初步研究。较年轻的学者如吴银传、郑少侠、陈玉兰与李德清，也追随前人的足迹，对印尼华人从事过深入的钻研。③ 这些对一个地区、一个阶段或一个问题的研究，多是基于荷属殖民时代的华侨华人的。独立后有印尼国籍协商会负责人萧玉灿所著的《殊途同归》④，分期叙述了印尼华人的历史状况、贡献与存在的问题，并提出了解决的方法。同时，印尼土著学者也开展了对华人的研究，比较突出的是印尼杰出小说家和文学评论家普拉姆迪亚·阿南达·杜尔（Pramoedya Ananta Toer）所著《印度尼西亚的华侨》，强调了华人对印尼的贡献，同时指出其消极的一面，评价较为客观。

苏哈托下台之后，印尼学术界才大为放松，一系列华侨华人的编著相继问世。除土著学者的研究外，较多的仍是华人学者的著作。但因32年的文化断层，华语教育以及使用水平的下降，新近出现的华人论著多以记述或回

---

① Leo Suryadinata, *Pribumi Indonesian，the Chinese Minority and China：A Study of Perceptions and Policies*，Singapore：Heinemann Asia，1978.

② Twang Peck Yang, *The Chinese Business Lite in Indonesia and the Transition to Independence*，1940—1950，Oxford：Oxford University Press，1998.

③ ［新加坡］廖建裕著，崔贵强译：《爪哇土生华人的政治活动：1917—1942》，台北：正中书局，1985年，第1~2页。

④ ［印尼］萧玉灿著，黄书海译：《殊途同归》，香港：地平线出版社，1981年。

忆录的方式，展现了华人在印尼的政治、经济和文化活动，如许天堂的《政治漩涡中的华人》①、游禄中的《印尼华人之命运》②、李卓辉编写的有关印尼华人政治、教育、文化等方面的系列书籍，如《印华参政与国家建设》《逆境奋进，百折不挠——印华文化教育史话之三》等，为了解苏哈托时期印尼华人状况，尤其是华人的政治生活提供了详细的资料。许天堂的论文《华人参政与印尼政治文化革新》③则分析了华人对政治生活不甚关心的原因。他指出内因是印尼华人社会的结构复杂，外因是政治歧视华人的倾向诱使，提出只有印尼的政治文化有所革新，才能吸引华人逐步参政并主导自己的命运的观点。

（二）中国学者的研究

在中国，印尼华人华侨研究始于 20 世纪 80 年代后，以 20 世纪 50—60 年代从印尼回中国的一批学者为主。他们利用自身的经历与语言优势，对印尼华人开展了一些历史记述与社会发展变迁的研究，为了解苏哈托上台（1965 年）之前的印尼华人情况提供了丰富的资料。如蔡仁龙、温广益合著的《印度尼西亚华侨史》以丰富的史实，阐述了印尼华侨的历史发展、社会与经济活动，并提出了许多独到的观点。黄昆章、李学民的《印尼华侨史（古代至 1949 年）》④以及黄昆章的《印尼华侨华人史（1950 至 2004 年）》⑤，按照印尼历史发展线索，对印尼华人的形成、发展、问题产生与政府的华人政策进行了详细叙述，并对各时期华人的社会地位、国籍问题以及社团、报纸、华校等都有描述。尤其是后者，对印尼独立后华侨的发展经历进行了详细和全面的分析，提供了较为重要的信息。周南京、陈文献等合编的《印度尼西

---

① ［印尼］许天堂著，周南京译：《政治漩涡中的华人》，香港：香港社会科学出版有限公司，2004 年。

② ［印尼］游禄中：《印尼华人之命运》，香港：香港时代图书有限公司，2002 年。

③ ［印尼］许天堂著，龙力译：《华人参政与印尼政治文化革新》，《东南亚研究》2004 年第 2 期。

④ 黄昆章、李学民：《印尼华侨史（古代至 1949 年）》，广州：广东高等教育出版社，2005 年。

黄昆章：《印尼华侨华人史（1950 至 2004 年）》，广州：广东高等教育出版社，2005 年。

亚华人同化问题资料汇编》①，是印尼独立后直到 20 世纪 80 年代印尼国内有关华人同化问题的资料汇编，并注意了国内各阶层的看法和意见，史料翔实，参考价值颇大。另有周南京的《印度尼西亚华侨华人研究》②、蔡仁龙的《印尼华侨华人概论》③以论文集形式，对华人的认同问题、国籍问题以及企业集团的"主公制"等进行探讨。黄书海主编的《忘不了的岁月》④，则是记述印尼棉兰华人二战前后活动的编著。笔者专著《印尼棉兰华侨华人史》⑤应是目前为数不多的对印尼华侨华人地方史开展研究的著作。其他一些东南亚华侨通史中，也对印尼华人情况有所介绍，这为我们了解印尼华人提供了多角度的看法。

除著作外，也有许多发表的文章对印尼华人的政治、经济地位，宗教信仰、文化认同，历史贡献、未来发展等问题进行了探究，并以多维的视野进行了论述，提出了一些客观见解。如李学民在《华侨民族主义与印尼民族主义》⑥一文中，提出两者发生具有同时性，并相互影响的看法；杨启光的系列论文，如《1900—1945 年印尼华人的华人观初探》《二战前印尼原住民之印尼华人观》《1945 年以后印尼华人的华人观初探》《路在何方：21 世纪的印尼华人——对当今印尼华人分离分治的一种文化学思考》，与杨启成《雅加达华人新生代的考察分析——兼论各次文化群体在"印尼华人文化"建构中的整合》一文，主要是从文化的角度探讨了印尼华人的适应与变异，并对华人社会的未来发展方向提出了思考；另有吴文华《试论战后印度尼西亚华人社会的变迁》，黄昆章《印尼华人新闻业的现状与前景》⑦和《印尼华人的佛教信

---

① 周南京、陈文献等编：《印度尼西亚华人同化问题资料汇编》，北京：北京大学亚太研究中心，1996 年。
② 周南京：《印度尼西亚华侨华人研究》，香港：香港社会科学出版有限公司，2006 年。
③ 蔡仁龙：《印尼华侨华人概论》，香港：南岛出版社，2000 年。
④ 黄书海主编：《忘不了的岁月》，北京：世界知识出版社，2003 年。
⑤ 杨宏云：《印尼棉兰华侨华人史》，厦门：厦门大学出版社，2016 年。
⑥ 李学民：《华侨民族主义与印尼民族主义》，《华侨华人历史研究》1986 年第 1 期。
⑦ 黄昆章：《印尼华人新闻业的现状与前景》，《暨南学报（哲学社会科学版）》2001 年第 4 期。

仰》①，以及温广益《二次大战后印尼华侨政治认同的变换及其影响》②等论文，都对印尼华人有所看法和建议，但缺乏一定的深度。此外，温北炎的《印尼华人社会的发展与前景》《印尼对华侨华人政策及其发展趋势》③《试析瓦希德政府对华政策与华人政策》④，王望波《八十年代以来印尼政府的华侨、华人政策对华人经济的影响》和汤平山《从同化政策到多元文化政策——谈印尼政府华侨华人政策的变化》等，都是从印尼政府的华侨华人政策角度来探讨华人问题，虽角度不同，但缺乏新意，且分析的深度也不够，得出的结论略显苍白。这其中值得一提的是收录于《厦大史学》（第一辑）中陈衍德教授的文章《印尼棉兰华人社会考察记》，它是有关印尼爪哇岛以外华人社会研究的新尝试。作者根据相关历史知识，结合自身实地考察，通过与当地华人的访谈，对棉兰华人社会的历史发展进行了一番简单描述，其研究方法与内容都是本书研究展开和深入思考的借鉴。⑤

另有梁英明的《战后东南亚华人社会变化研究》，薛君度、曹云华的《战后东南亚华人社会变迁》，叙述了战后各国社会、政治形势的变化，以及印尼华人的传承与新变化。特别是曹云华的《变异与保持——东南亚华人的文化适应》，从华人文化适应的视角，分析了印尼华人对土著文化与中华文化的传承与调适。而周南京、梁英明、孔远志、梁敏和主编的《印度尼西亚排华问题》⑥，和台湾学者丘正欧的《苏加诺时代印尼排华史实》⑦，则对苏加诺时代排华的措施与事实、排华的原因、排华的影响等进行了论述。较近的著作有唐慧2006年出版的《印度尼西亚历届政府华侨华人政策的形成与演变》，全书以印尼华人与印尼原住民之间矛盾产生的原因、矛盾的演变为脉络，说

---

① 黄昆章：《印尼华人的佛教信仰》，《东南亚纵横》2003年第6期。

② 温广益：《二次大战后印尼华侨政治认同的变换及其影响》，《八桂侨刊》1992年第1期。

③ 温北炎：《印尼对华侨华人政策及其发展趋势》，《华侨华人历史研究》1996年第1期。

④ 温北炎：《试析瓦希德政府对华政策与华人政策》，《东南亚研究》2000年第3期。

⑤ 陈衍德：《印尼棉兰华人社会考察记》，刘钊、王日根等主编：《厦大史学》第一辑，厦门：厦门大学出版社，2005年。

⑥ 周南京、梁英明、孔远志、梁敏和主编：《印度尼西亚排华问题》，北京：北京大学亚太研究中心，1998年。

⑦ 丘正欧：《苏加诺时代印尼排华史实》，台北："中央研究院"近代史研究所，1995年。

明印尼华人政策一直以来受到其国内因素、国际形势的影响。

综上所述,目前国内外有关印尼华侨华人的探讨中,虽取得了一些成就,但也存在以下问题:(1)研究所涉猎的领域不够全面和深入。受印尼国家的政治与经济因素影响,学者对印尼华侨华人的研究更多的是分析他们的政治参与、认同与融合等问题,以及华人在中国与印尼关系中的作用。其他关于华侨华人在印尼的社会组织、阶级流变、族群关系、宗教信仰等问题的著述不多。(2)研究的地域不全,观点有所局限。如印尼华人又分化为加里曼丹华人、泗水华人、亚齐华人、棉兰华人等,各具特色。但学者多以爪哇岛的雅加达华人为研究重点,所得出的结论多为该地区华人特性的概括。而该地区华侨华人却与其他地区华人差异性较大,从而导致以偏概全,忽视了印尼华人多中心、多样性的特性,并不能真实反映印尼华人全貌,得出的观点也具有局限性。(3)研究的角度不甚客观。许多学者基于自身的立场和环境来分析问题,没有深入华人本身、华人所在国环境来阐释,得出的结论难以令人信服。

三、东南亚华侨华人社团与印尼华侨华人社团研究述评

东南亚的华侨社团虽然名称各异,但功能、宗旨和主要活动仍有一致之处,体现如下:"第一,作为同宗、同乡或同行业的自卫互助团体而发挥作用。第二,华侨的亲缘、地缘和业缘组织起了协调本组织成员间的利益,加强成员间的团结合作的作用。第三,华侨的亲缘、地缘和业缘组织是当时华侨社会与殖民当局沟通的主要渠道。"[1]"由于社团本身具备诸如维护华人权益、为华社提供服务以及沟通主流社会等实用性功能,加之社团领袖在华社以及所在国有相当大的实力与影响力,使得社团在维护华人权益、促进华人融合于当地,以及发展与中国的关系等方面仍然发挥着重大的作用,因此,社团仍然是维持华侨华人社会较有活力的因素。"[2]

东南亚华侨华人社团的研究国内始于20世纪80年代。据中山大学东

---

[1] 梁英明:《战后东南亚华人社会的变化研究》,北京:昆仑出版社,2001年,第188~189页。

[2] 朱东芹:《冲突与融合:菲华商联总会与战后菲华社会的发展》,厦门:厦门大学出版社,2005年,第10~11页。

南亚历史研究所和中山大学图书馆于 1981 年出版的《华侨史论文资料索引》中，整理和汇辑了 1895—1980 年在国内外 356 种期刊上发表的有关华侨华人问题的论文、译文、资料目录，其中有关海外华侨华人社团的文章目录有 141 条，绝大多数是有关世界各地华侨华人社团活动的情况报告，约 15% 是专题论文，主要集中于对新马传统华侨组织的研究。① 另有"厦门大学南洋研究院于 1994 及 1998 年编辑出版的两本《华侨华人研究文献索引》中，收录 1980—1995 年国内外有关华侨华人社团的论文、译文的目录就达 355 条"②。同样，笔者又统计了厦门大学出版社的《东南亚与华侨华人研究论文索引（2001—2005）》中，有关华侨华人社团的条目共 157 条。5 年的时间内就达到 157 条，增幅更大，既反映了华侨华人研究范围的扩大和数量的增加，也反映了对华人社团组织的重视。当然，这也与 20 世纪 80 年代以来，我国学者对市民社会中介体研究的增加有关。

关于东南亚华侨华人社团的著述方面，方雄普、许振礼编著的《海外侨团寻踪》③对世界各国华人华侨社团情况进行了详细分类和介绍，为我们提供了一些社团的概要性资料。后期有广东召开百年侨团会议论文整理汇编的《龙腾四海：侨团百年》④，以图文形式概要性介绍了海外广东华侨华人社团的新形式与新功能。石沧金《马来西亚华人社团研究》⑤也是一部介绍马来西亚华侨华人社团发展历史的资料性著作。随着社团研究的全面展开，学者李明欢通过《当代海外华人社团研究》，以宏观与微观结合的方式，采用社会组织理论，从社团的内部结构与管理机制入手，探究了海外华人社团的作用，是国内关于此类研究的新尝试。而习惯以社会结构功能论研究华人社团的学者，他们孜孜以求的是要了解华人社团在海外华人社会所发挥的作用，也力图从多角度对此进行解读。学者谢剑的《香港的惠州社团——从人类学看客家文化的持续》一书，分析了香港地区惠州人社团的历史发展与

---

① 李明欢：《当代海外华人社团研究》，厦门：厦门大学出版社，1995 年，第 14 页。

② 朱东芹：《冲突与融合：菲华商联总会与战后菲华社会的发展》，厦门：厦门大学出版社，2005 年，第 11 页。

③ 方雄普、许振礼编著：《海外侨团寻踪》，北京：中国华侨出版社，1995 年。

④ 吕伟雄：《龙腾四海：侨团百年》，香港：香港社会科学出版公司，2007 年。

⑤ 石沧金：《马来西亚华人社团研究》，北京：中国科学出版社，2005 年。

结构变迁,从而揭示了社团背后潜在的文化传承功能。朱东芹的《冲突与融合:菲华商联总会与战后菲华社会的发展》与宋平的《承继与嬗变:当代菲律宾华人社团比较研究》两书,则是以菲律宾一个或几个典型性的华人社团案例,阐述华人社团的变化与华人外在社会变化的关系,由此透视华人社会面对所在国政治、经济变化的调适与变迁。娄胜华《转型时期澳门社团研究——多元社会中法团主义体制解析》也是对此方面的探究。另外,陈衍德教授的《集聚与弘扬:海外的福建人社团》采用典型案例方式,从社团的核心要素,即社团领袖的角度,论述了海外福建人下南洋、赴欧洲的艰难奋斗历程,并探究了这些宗亲会、同乡会组织的成因与功用,以及未来的发展与新变化。此外,谢成佳《华侨华人百科全书·社团卷》、周南京《世界华侨华人词典》[①]等都对华人社团有所介绍。

除著作之外,许多学者就华侨华人社团的结构、文化与经济功能以及发展新趋势等,也发表了相关的论文。大陆学者黄英湖《血缘地缘文化与华侨华人及其社团》[②]、古华民《浅论海外华侨华人社团的变化和发展趋势》[③]等论文,从宏观的角度论述了海外华侨华人社团的发展历史、特点与新趋势。陈庆德《海外华人经济与传统社会组织》则是论述了华人社团组织与华人经济活动的关联。任娜与陈衍德教授合作的《一个华族社团的结构与功能演变——新加坡福建会馆的历史轨迹》,是透过新加坡福建会馆的变迁,探析新加坡社会变迁对华人社会影响的论文,视角独特。李明欢《当代海外华人社团领导层剖析》,阐述了社团领袖层的构成与作用,是大陆学者中唯一对社团领袖特性开展探讨的。比较而言,港台学者多以人类学与社会学的方法研究华人社团,更为微观和深入。如谢剑的《试论战前新加坡华人志愿社团的发展模式及其意义》,指出新加坡华人社团是在适应外部变化,解决内部分化矛盾基础上而产生,并经历了发散式和辐合式两类型的历程,另有《文化融合抑或文化内衍?——以吉隆坡客家社团的发展为例》一文则是对社团作为文化载体的探讨。麦留芳的《新加坡华人传统民间社团的发展趋势——联合还是分化?》,则以量化的分析手段,探讨了新加坡华人传统性民

---

① 周南京主编:《世界华侨华人词典》,北京:北京大学出版社,1993年。
② 黄英湖:《血缘地缘文化与华侨华人及其社团》,《八桂侨刊》2004年第6期。
③ 古华民:《浅论海外华侨华人社团的变化和发展趋势》,《中国发展》2002年第1期。

间组织的联合与分化趋势。此外还有曾玲教授的系列文章，从新加坡华人传统信仰文化的角度，探讨了新加坡同乡会、宗亲会的适应性变迁和重构族群的作用。

海外华人学者研究东南亚华侨华人社团的成果中，除杨进发的《19世纪新加坡华族领导层》与《战前星马华社结构与领导层初探》①两文是对早期华人社团领袖特征和作用的阐述性文章外，其余文章多数集中在对个别国家华人社团的分类描述与功能介绍，试图透过华人社团探究所在国华人的问题。如刘崇汉的《独立后华人乡团组织》即是对马来西亚华人社团发展历史的简要概述。伍荣仲（Wing Chung Ng）则以《都市华人社会组织：新加坡华人会馆发展中一些未被探究的方面，1900—1941》②，探究了新加坡华人会馆的演变、发展与中国因素的关系，反映了华人社会的内部冲突和竞争的关系。游俊豪（Yow Cheun Hoe）的《与中国祖籍地的弱结构联系：当代新加坡和马来西亚华人案例研究》③指出由于华人传统经济活动的改变，华人对祖籍地的感情联系逐渐弱化，对居住地的认同增强。印尼陈贤伟律师的《全球化与印华社团的态度》则阐述了全球化下印华社团怎样从兴起、被动接受到主动适应变迁的过程。柯群英（Kuah Kun Eng）的《地方和全球文化的中介体：香港福建籍的社团（福建同乡会）》④一文，分析了同乡会在满足群体适应地方化与全球化趋势中所发挥的功用，是了解华人社团在全球化发展趋势下怎样调整变化的文章。施振民的《菲律宾华人文化的持续——宗亲与同

---

① 杨进发：《战前星马华社结构与领导层初探》，新加坡：新加坡南洋学会，1977年。

② Wing Chung Ng, Urban Chinese Social Organization: Some Unexplored Aspects in Huiguan Development in Singapore, 1900—1941, *Modern Asian Studies*, Vol. 26, No. 3, 1992.

③ Yow Cheun Hoe, Weakening Ties with the Ancestral Homeland in China: The Case Studies of Contemporary Singapore and Malaysian Chinese, *Modern Asian Studies*, Vol. 39, No3, 2005.

④ Kuah Kun Eng, As Local and Global Cultural Brokers: A Fujianese Territorial-based Association (Fujian Tongxiang Hui) in Hong Kong, edited by Teresitia Ang See, *Intercultural Relations, Cultural Transformation, and Identity: The Ethnic Chinese*, Manila: Kaisa Para Sa Kaunlaran, Inc., 2000.

乡组织在海外的演变》①,是以菲律宾华人传统社会组织的发展演变为主线,分析了这些社会组织的结构是怎样适应华人社会变迁而变化的,并指出虽则外在形式有所变化,但核心因素——文化却是持续不变的。

西方学者对海外华侨华人社会组织的研究较早。他们以功能结构理论为指导,立足于田野调查的方法,采用多维的角度分析,涉及面广,成就较大。其中尤以施坚雅的《泰国华人社区的领袖和权力结构》②一书,对泰国华人社区结构的研究最为详细和具体,不仅涉及社团组织的形成与类型,对社团的核心人物,即社团领袖的特征、类型与历史变迁也有分析。安德森(Robert T. Anderson)《志愿社团史》③回顾了人类基于何种理由而结社,其结社组织的外在形式又是如何适应性变化的,并提出了"共利社团"的概念。班顿(M. Banton)在《志愿社团:人类学的分析》④中阐述了作为人类基本组织的志愿社团,在工业化、现代化、城市化中所发挥的作用。布雷顿(Raymond Breton)论述了《华族社区的机构全貌与移民的个人关系》⑤,指出华人通过不同的社会组织,满足了个人多重属性需要。另有 M.弗里德里曼的《新加坡华人宗教性社团的兴起与社会功能》⑥和《移民和社团:19 世纪新加坡的华人》⑦,主要以 19 世纪新加坡华人社团为分析对象,指出这些团体组织是海外华人增强认同与凝聚力的因素,并分析了华人基于不同的宗教信仰,进而结成不同类型的地缘与血缘组织的原因,并因需求不同,个人对

---

① [菲]施振民:《菲律宾华人文化的持续——宗亲与同乡组织在海外的演变》,李亦园、郭振羽主编:《东南亚华人社会研究》(上册),台北:正中书局,1985 年。

② G. William Skinner, *Leadership and Power in the Chinese Community of Thailand*, New York:Cornell University Press,1958.

③ Robert T. Anderson, Voluntary Associations in History, *American Anthropologist*,Vol. 73, No. 1, 1971.

④ M. Banton, Voluntary Associations:Anthropological Aspects, *International Encyclopedia of the Social Sciences*, Vol. 16,1968.

⑤ Raymond Breton, Institutional Completeness of Ethnic Communities and the Personal Relations of Immigrations, *American Journal of Sociology*, Vol. 70,1964.

⑥ Maurice Freedman, The Emergence and Social Function of Chinese Religious Associations in Singapore, *Comparative Study in Society and History*, Vol. 3, No. 1, 1960.

⑦ Maurice Freedman, Immigrants and Associations:Chinese in Nineteenth Century Singapore, *Comparative Study in Society and History*, Vol. 3, No. 1, 1960.

社团具有多重归属性。克里斯曼（L. M. Crissman）的《海外都市华人的分群结构》[①]，提出了海外华人社会"复制中国传统社会结构"的论断。此外，卡斯滕斯（Sharon A. Carstens）的《马来西亚华人定居地的社区印象》[②]和利特尔（K. Little）《都市生活中的志愿社团：不同适应性的案例》[③]，也都说明了华人社团是为满足华人社会需要而创办，并对它们的功用有所评价。

　　以上为中外学者东南亚华人社团的研究情况介绍。在这些研究中，以施坚雅对泰国、李亦园对马来西亚麻坡镇华人社会组织的研究最为详细。他们不仅对华人社会组织的运行机制、种类有所探讨和剖析，也对华人社团领袖的特征、类型及其人际关系有细致分析。但具体到印尼华人社团组织的研究，国内外研究涉及较少。笔者根据厦门大学出版社的《东南亚与华侨华人研究论文索引（2001—2005）》统计，研究东南亚华侨华人社团的论文共计 77 条，其中涉及新加坡的 31 条，马来西亚 10 条，菲律宾 8 条，泰国 5 条，而印尼仅为 3 条，即黄昆章《印度尼西亚华人社团的现状和前景》、杨启光《后苏哈托时代的印尼华人新兴社团》、印尼幕阿敏的《垄川广肇会馆的历史变迁》，另有台湾学者朱浤源的《印尼华人社团与文化活动》一文。其他散见于华侨通史性著作中的印尼华人社团介绍，仅是对社团种类、数量、特征的描述，而对印尼华人社团的结构、管理、领袖特征与类型的深度剖析不多，不同地域华人团体的分析更是鲜有叙述。与之前所述国内外关于印尼华人研究现状一样，学界对印尼华人社团的探究，在内容、方法、观点，以及分析的针对性与深入性方面都不足；而且，很多学者也因其华人身份，有先入为主的评判标准，难以客观反映真实。如台湾学者萧新煌所言，"亦即将东南亚华人族群放置在客居国家的历史发展脉络中寻其与该国的国家建构、过程的结构关系，以及在客居国家意识与认同形成中，华人族群意识与认同又面

---

　　① L. M. Crissman，The Segmentary Structure of Urban Overseas Chinese Communities，*Man*，Vol. 2，No. 2，1967.

　　② Sharon A. Carstens，Image of Community in a Chinese Malaysia Settlement，Ph. D. Dissertation，Department of Anthropology，Comell University，1980.

　　③ K. Little，*Voluntary Associations in Urban Life：A Case Study of Differential Adaptation*，*Social Organization*，London：Frank Cass & Co. Ltd，1967.

临如何的回应与调整"①。

本书借助田野考察资料,结合访谈和报纸、社团刊物,对棉兰华人社团的组织、章程、结构与管理,以及社团领袖的特征、类型与领袖间个人关系,进行微观的深入分析;并立足于华人自身,以较为客观的立场,探讨华人社团怎样服务于当代华人社会,反映当代华社何种趋势,并指出它将为印尼华人融于主流社会做出何种贡献。

① [马来西亚]林开忠:《建构中的"华人文化":族群属性、国家与华教运动》,吉隆坡:马来西亚华社研究中心,1999年,第6页。

第三章

印尼及印尼棉兰华侨华人概述

第一节　华侨华人在印尼的历史进程

印度尼西亚共和国，简称印尼，首都雅加达，位于亚洲的东南端，印度洋和太平洋、亚洲和大洋洲之间，横跨赤道两侧，是东南亚面积最大、人口最多的国家。地处东西方海上交通要冲，地缘政治十分重要。

"印度尼西亚"这个名称是由希腊文"水"和"岛"两个字组成，表明印尼既是岛之国，又是海之国。[①] 它拥有 1904443 平方公里的土地，由大小 17508 个岛屿（其中有人居住的岛屿约 6000 个）组成。众多岛屿一般划分为 4 个部分：一是大巽他群岛，包括爪哇、苏门答腊、苏拉威西、加里曼丹（印尼部分）和这些岛屿周围的小岛。二是小巽他群岛，包括巴厘、龙目、松巴、西帝汶、弗罗勒等小岛；三是马鲁古群岛，包括哈马黑拉、斯兰、布鲁、安汶、班达、德那第、卡西维等小岛，以出产香料著名；四是伊利安查亚，又称西伊里安。[②] 山水相连的自然环境，适宜的气候条件，造就了印尼丰富的自然资源。很久以来，它就有着发达的种植农业。目前，它仍是"世界上种植面积仅次于巴

---

① 　温北炎：《印度尼西亚经济与社会》，广州：暨南大学出版社，1997 年，第 1～2 页。
② 　赵和曼主编：《东南亚手册》，南宁：广西人民出版社，2000 年，第 68 页。

西的第二大热带作物生产国,经济作物不但品种多,而且有的还在世界上名列前茅"①。

印尼,作为一个独立意义的国家始于 1945 年 8 月 17 日,即日本战败之后第二天。独立后的印尼经历了苏加诺时代的议会民主制、有领导的民主制,统称"旧秩序"时期。后历苏哈托专制、独裁的权威政治时代,即"新秩序"时期。直到 1998 年,因处理金融危机不力才结束了苏哈托 32 年的统治,继任的哈比比(Baharuddin Habibie,1998—1999 年)、瓦希德(Abdurrahman Wahid,1999—2000 年)、梅加瓦蒂(Megawati Soekarno,2000—2003 年)、苏西洛(Susilo Bambang Yudhoyono,2004—2013 年)一直到现任佐科·维多多总统(Joko Widodo,2014 年至今),学界统称后苏哈托时期。此时,印尼才真正地走上民主化道路,并按照"1945 年宪法"②,实行总统负责制,人民协商会议为最高权力结构。

一、独立前印尼华侨华人的纵向发展与横向联结

(一)独立前印尼华侨华人的纵向发展

1. 殖民统治前印尼的华人移民

印尼现有"人口 2.12 亿(2002 年,截至 2017 年的相关数据统计,印尼人口约 2.6 亿),共 100 多个民族"③,其中"爪哇族占 47%(主要居住在爪哇岛上)、巽他族占 14%(主要居住在西爪哇的南部沿海地区),马都拉族占 7%(主要居住在马都拉岛和爪哇岛的东部地区),还有马来人、米南加保人、巴达克人、布吉人、巴厘人、亚齐人、班查尔人、望加锡人、达雅克人、拖拉查人、

① 赵和曼主编:《东南亚手册》,南宁:广西人民出版社,2000 年,第 70 页。
② 于 1945 年 7 月通过的印尼第一部宪法,以"建国五基"为原则。其中规定,独立后的印尼为中央集权国家,否定联邦制;共和国总统由人民协商会议选举;内阁总理由人民任命,向总统负责。
③ 世界知识年鉴编辑委员会:《世界知识年鉴 2003—2004》,北京:世界知识出版社,2003 年,第 263~264 页。

华人等"①，其中"华人约 800 多万，占印尼人口的 4％"②。而根据印尼广肇总会总主席陈伯年的说法，印尼华人华侨数量高达 1000 多万，占到印尼总人口的 5％左右。③ 无论多少，华人大多数已加入印尼国籍，称印尼华人，或印尼华族。

事实上，根据考古出土文物推测，中国汉代确实已经同印尼的三个主要岛屿，即苏门答腊岛、爪哇岛、加里曼丹岛发生经济、文化交往与联系，而且，可能在苏门答腊、爪哇两岛亦有华侨定居。"故汉代可视为印尼华侨历史的序幕。"④三国至隋，因航运路线由半岛向海岛区域转移，东西方贸易开始突破马来半岛的陆地阻隔。同时，伴随着造船技术和航海水平的不断提高，越来越多的船只改从离岸较远的深海航行，并试图摆脱马来半岛的阻挠而直接穿过马六甲海峡进入印度南部。同时佛教在中国及东南亚的广为传播，使东南亚各国同中国的联系更为密切了。当时出海远洋的中国人，除了外交使节和商人外，还有不少的佛教僧侣，由此导致中印（尼）贸易与交通往来不断。唐代，因中国经济繁荣，对外海路交通和海上贸易发达，不少因经商而定居印尼各岛屿的中国人常有之。据唐朝一部私人编撰的民间手抄本《西山杂志》记载，"涂公文轩与东石林銮航海直渤泥"，"崖之北，有陈厝、戴厝，俱从涂之操舟人"。涂文轩和林銮都是海商，渤泥即婆罗洲，厝即福建方言村庄的意思。该书记载说，公元 720 年，来自东石村的闽南商人林銮带领着一伙同乡族人扬帆海外，依靠着其曾祖父林知慧留传下来的航海针路簿的指引，最终航抵渤泥，即婆罗洲。由此，可见他们的水手主要是陈姓、戴姓，是留居当地的中国人，在那里建立了陈姓和戴姓村落。东石林氏家族开创的这次远航为泉州和渤泥之间海上贸易活动的发展奠定了基础，大批渤泥人随后接踵而至，来到闽南沿海，用东南亚的香料和热带产品来交换泉州

---

① 赵和曼主编：《东南亚手册》，南宁：广西人民出版社，2000 年，第 76 页。

② 梁敏和、孔远志编著：《印度尼西亚文化与社会》，北京：北京大学出版社，2002 年，第 35 页。

③ 参见林文光先生在第三次世界华人论坛上的发言，http://2008.vodvv.com/07/t5_2.htm.

④ 李学民、黄昆章：《印尼华侨史（古代至 1949 年）》，广州：广东高等教育出版社，2005 年，第 10 页。

女子手工刺绣的彩色罗衫。① 而且,唐末黄巢之乱,沿海居民逃至南洋者甚多,不少中国人至苏门答腊、爪哇定居。莱佛士(Thomas Raffles)的《爪哇史》、坎贝尔的《爪哇的过去和现在》都有这样的记载:在 10 世纪上半叶(即五代十国时期),有一艘中国海船在爪哇三宝垄附近的海上沉没,船员和乘客(中国人)分别在扎巴拉(Japara)、三宝垄、直葛(Tegal)上岸,其管舱者向直葛土王献上宝石之后,获得土王的许可,定居该地,并且得到良好的待遇。② 这说明,继唐代之后的五代十国时期,爪哇中部地区已经有华侨定居。

宋代以来,政府"十分重视发展海外贸易,鼓励外国商舶前来贸易"③,并实施"开洋裕国"之国策。与此同时,中国造船技术、航海技术比唐代有了长足进步,与东南亚地区交往更为密切。《岛夷志略》记载当时中国商船由泉州吴宅港开赴古里地间(今帝汶岛)的盛况云:"发舶梢众,百有余人,到彼贸易";又同书"文老古"(今马鲁古)条载:"每岁望唐舶贩其地"的心情,"往往以五梅鸡雏出,必唐舶一只来;二鸡雏出,必有二只;以此占之,如响斯应"④。但"与东南亚海岛国家的贸易往来最多的国家还是印尼"⑤,其中,印尼苏门答腊岛因所属三佛齐王朝特殊的位置,众多海岛的国土构成使其成为"海上丝绸之路"重要的中转站,是欧洲、南亚、西亚等地与中国货物交流和贸易的集散地。而且,到宋代末期,我国民间商人及其他阶层的人士出洋谋生,数年不归,并同当地土著妇女结婚而生男育女,甚至在当地担任官吏。如宋人洪迈所撰《夷坚志》卷七"岛上妇人"条曾记载:"泉州僧本偁说,其表兄为海贾,欲往三佛齐。……落焦上,一舟尽溺。此人独得一木,浮水三日,漂至一岛畔。……一日纵步至海际,适有舟抵岸,亦泉人以风误至者,乃旧相识……"⑥这表明当时有商人往三佛齐经商。南宋绍兴八年(1138 年)立的福建莆田祥应庙碑记载,12 世纪间,泉州纲首朱纺舟往三佛齐国,"舟行迅

① 蔡永兼:《西山杂志》,"林銮观"条,《安海志》,安海:安海方志办,内部印行,1983 年。
② 转引自李长傅:《中国殖民史》,北京:商务印书馆,1998 年,第 60 页。
③ 李学民、黄昆章:《印尼华侨史(古代至 1949 年)》,广州:广东高等教育出版社,2005 年,第 34 页。
④ 汪大渊著,苏继庼校释:《岛夷志略校释》,北京:中华书局,1981 年,第 204 页。
⑤ 朱杰勤:《东南亚华侨史(外一种)》,北京:中华书局,2008 年,第 11 页。
⑥ 洪迈:《夷坚志》卷七。

速，无有艰阻，往返曾不期年，获利百倍，前后之贾于外蕃者，未尝有是"①。根据符勒克的《印度尼西亚史》，13 世纪末，在印尼群岛，尤其是环苏门答腊岛一带，已经有若干确切的中国人村落。同时根据印尼的史料："蒙军远征那一年，即 1298 年，在勿里洞也开始有中国人的村落。"②由此可见，印尼群岛已开始出现"土生唐人"。这种长期的融合杂处，使华侨与土著居民在风俗习惯和宗教信仰方面出现了某种互相影响、互相渗透的现象，"从而标志着华侨社会的初步形成"③。

元朝时期，中国民间商人出洋贸易更为兴盛。"远至印尼群岛东段的帝汶岛"④都有中国商人的足迹。14 世纪 30 年代，汪大渊附舶泛海，与闽南商人一行航抵古里地闷（今帝汶岛），于当地获悉昔日泉州曾有一吴姓家族率乡族百余人，发舶前来该港埠贸易。⑤ 元明之际，据"苏禄王室世系书"记载，1375 年（洪武八年）有中国人黄森屏率众移居渤泥："黄森屏到渤泥之时，携带中国人甚多，盖奉王命采龙珠而来者。……黄有女嫁与渤泥苏丹阿哈密（Akhemed）为妻，生一女，赘一亚剌伯人为婿，是为苏丹布克（Berkat）。"⑥可见元末明初，已有不少中国人移居加里曼丹的西北部。

明朝时期，政府为顺应社会经济发展需要，除加强与东南亚各国互通有无的关系外，从明成祖开始，还派遣郑和出使西洋七次，前后历时 28 年之久，"其中爪哇和苏门答腊更是几乎每次下西洋时必访之地"⑦。郑和远洋不仅建立了与东南亚各国的朝贡贸易，留下了明朝的"声威"，客观上也大大鼓舞了我国东南沿海地区居民出洋贸易和谋生的积极性。尤其是"郑和七次出使主要是从福州的五虎门、长乐的太平港、泉州的后渚港起航，这就为以

---

① 《一座道观，藏住半部莆田史》，《莆田晚报》2016 年 10 月 11 日。

② ［印尼］甫榕・沙勒著，廖崐殿译：《在荷兰东印度公司以前居住印度尼西亚的中国人》，《南洋问题资料译丛》1957 年第 2 期，第 85 页。

③ 李学民、黄昆章：《印尼华侨史（古代至 1949 年）》，广州：广东高等教育出版社，2005 年，第 40 页。

④ 温广益、蔡仁龙等编著：《印度尼西亚华侨史》，北京：海洋出版社，1985 年，第 24 页。

⑤ 汪大渊著，苏继庼校释：《岛夷志略校释》，北京：中华书局，1981 年，第 209 页。

⑥ 温雄飞：《南洋华侨通史》，上海：东方印书馆，1929 年，第 64～66 页。

⑦ 李学民、黄昆章：《印尼华侨史（古代至 1949 年）》，广州：广东高等教育出版社，2005 年，第 49 页。

后福建人继续沿着这条航路到爪哇、苏门答腊等地经商贸易进一步铺平了道路"①。

据《明史·外国列传》"三佛齐"条记载:"时爪哇已破三佛齐,据其国,改其名曰旧港,三佛齐遂亡。国中大乱,爪哇亦不能尽有其地,华人流寓者往往起而据之。有梁道明者,广州南海县人,久居其国。闽、粤军民泛海从之者数千家。"满者伯夷攻破三佛齐首都是在 1377 年(洪武十年),可见在这以前移居巨港一带的华侨已达"数千家"。三佛齐为爪哇所破后,故王迁居占卑,以后华商再到这里贸易时,看到该国昔日繁华已尽,新都又已不在该处,所以称之为旧港。旧港以后又称巨港,是由于闽南话的发音"旧"与"巨"相同的缘故。②

满者伯夷破三佛齐而据其国后,国中大乱,先后为广东南海华人梁道明、施进卿所据,闽粤军民从者数千家。张琏则占据西爪哇,其领域成为各蕃的要会。③ 无论是明太祖还是明成祖,都视啸聚一方的华商集团为眼中钉肉中刺,必欲拔之而后快。洪武年间,明朝政府就下旨威胁善待华商的三佛齐国王:"三佛齐诸国,背大恩而失君臣之礼,据有一丛之土,欲与中国抗衡。倘皇上震怒,使一偏将将十万众,越海问罪,如覆手耳,何不思之甚乎!……或能改过从善,则与诸国咸礼遇之如初,勿自疑也。"④明永乐初年,孙铉出使南洋,遇梁道明儿子及二奴,遂将其挟持回国。到郑和下西洋的时候,三佛齐国已经解体,巨港无主,祖籍潮州的陈祖义和他的海盗集团在这里劫掠过往商船,为害一方。郑和的海军在这里生擒了陈祖义并带回京中斩首。⑤ 继承陈祖义担任旧港中国人首领的人,则是由中国皇帝指派的施进卿,并被封为旧港宣慰使。与此同时,自 1405 年郑和访问爪哇以后,1407 年始,在旧港

① 温广益、蔡仁龙等编著:《印度尼西亚华侨史》,北京:海洋出版社,1985 年,第 32 页。

② 温广益、蔡仁龙等编著:《印度尼西亚华侨史》,北京:海洋出版社,1985 年,第 57~58 页。

③ 郑和祥:《南暹和吉兰丹占今纵横谈》,《孝恩杂志》,http://www.xiao-en.org/cultural/magazine.asp? cat=34&loc=zh-cn&id=557.

④ 《明太祖实录》卷二五四,第 8408 页。

⑤ 丘濂、刘畅:《穿越马六甲海峡,有船只,还有历史》,《三联生活周刊》2015 年第 30 期,http://www.dooland.com/magazine/article_710508.html.

便产生华人回教社区，由此反映华人、华商已经在该地有着广泛的存在了。①

明末清初，政权更替，社会动荡不安，民不聊生，许多南方百姓为躲避战乱纷纷逃至台湾，或远渡重洋到达南洋地区谋生。同时，殖民者也来到了东南亚，他们为经营和开发殖民地增加了对华人劳力的需求，而且殖民地提供的谋生机会较多，也吸引着中国移民前往。这种国内环境产生的推力，与东南亚殖民地产生的拉力的双重作用之下，以闽粤两省下层人民（主要是农民）为主体的中国人大量移民东南亚。《东西洋考》卷三"下港"（印尼万丹）条有简略记载："国人大抵三种，唐人、土人而外，西番贾胡居久者，服食皆洁。近红毛番（指荷兰人）建礼拜寺彼中，盖其别种由来渐矣。"另外，还提到"新村，旧名厮村，中华人客此成聚，遂名新村，约千余家，村主粤人也。贾舶至此互市，百货充溢"②。且定居在万丹港的华人，已经形成相当规模，并有着专门的生活区。1596年6月霍特曼（Cornelis Houtman）率领的荷兰远航队第一次到万丹港的游记中写道："万丹的中国街与其他道路分开，四周围着坚固的栅栏，他们的房屋最为华美。"比霍特曼迟六年（即1602年2月）到达万丹的英国人埃德蒙·斯哥特（Edmund Scott），在他的游记中对万丹华侨的情况记载更详细："这个市街（指万丹）的极端，有着唐人街，以狭小的河川为境。这个河川通过唐人街底，可以到达王宫。也就是说，这个河川可以溯流到本市街的中心。这个唐人街大部分是砖瓦房屋，都是四角形，房顶是平的，中间夹有木板或小木料，也有覆盖着茅草，上面都放油防火的砖瓦或砂。另有砖瓦建筑的仓库，上面搭有阁楼，用大茅槁葺成，其中也有用着小木料，但大半都是单纯茅草葺成的。我来此地二三年，看到有钱的中国人都把住屋改建，屋顶都有防火设备。"③另外，《小方壶斋舆地丛钞》第十帙所收的《葛剌巴传》载，自明朝始及至顺治年间，福建同安人多离本地，往葛剌巴

① 郑一钧、蒋铁民：《郑和下西洋时期伊斯兰文化的传播对海上丝绸之路的贡献》，《中国海洋大学学报（社会科学版）》1997年第2期，第8～12页。
② 转引自温广益、蔡仁龙等编著：《印度尼西亚华侨史》，北京：海洋出版社，1985年，第59页。
③ 转引自温广益、蔡仁龙等编著：《印度尼西亚华侨史》，北京：海洋出版社，1985年，第60页。

贸易、耕种,岁输丁票银五六金。此后,每有厦门巨艚,载万余石,赴葛剌巴。① 王大海在其《海岛逸志》卷三《诸岛考略》中对此专门辟出一节"息杢",记曰:"华人有数世不回中华者,遂隔绝圣教,语番语,食番食,衣番衣,读番书,不屑为爪亚,而自号曰息,不食猪犬,其制度与爪亚无异。日久类繁,而和兰授与甲必丹,使分管其属焉。"②清人徐继畬有言:"噶喇吧,漳泉之民最多,有数世不回中华者……为甲必丹者,皆漳泉人。"③

总的说来,在殖民统治者来之前,由于经商和贸易,已经有了华侨定居于印尼各地,"(1)他们主要是在通商贸易的基础上逐渐增加的。(2)由于中国人主要是因通商贸易来到印尼的,因此流寓印尼的中国人主要分布在印尼各通商贸易港口城镇,以后才深入到内地。(3)中国人到印尼定居是属于移民活动的性质。(4)因属移民活动的性质,他们定居一段时间后,很多把当地视作故乡,因此与当地人民友好相处,生活上息息相关"④。虽然已有了华人聚村而居的现象,但由于华人所受到的外部压力较小,各族之间仍能互通有无,相处融洽,处于一种自然的、双向的同化阶段。只是"等到荷兰政府在这里树立势力之后,它对华人的政策,才最终确定了华人文化、经济与政治的发展方向"⑤。

2. 荷属殖民时期的华工移民

始于西方的地理大发现,使处于资本原始积累阶段的西欧国家去往东方寻找黄金白银,掠夺香料及其他贵重物品,带到西方高价出售,从中牟取暴利,这种对资本追逐促使它们开始了航海远征。从1602年(明万历三十年)开始,荷兰殖民者先后排斥了葡、西、英、法等国殖民者,逐渐在印尼占据

---

① [日]松浦章著,郑振满译:《清代福建的海外贸易》,《中国社会经济史研究》1986年第1期,第101页。

② 王大海撰,姚楠、吴琅璇校注:《海岛逸志》,嘉庆十一年(1806年)漳园巾箱本,海外华人历史珍本书献丛刊之一,香港:学津书店,1992年,第61页。转引自钱江:《从马来文〈三宝垄纪年〉与〈井里汶纪年〉看郑和下西洋与印尼华人穆斯林社会》,《华侨华人历史研究》2005年第3期,第12页。

③ 徐继畬:《瀛环志略》卷二,"噶喇吧"条。

④ 温广益、蔡仁龙等编著:《印度尼西亚华侨史》,北京:海洋出版社,1985年,第61~62页。

⑤ 潘翎主编,崔贵强编译:《海外华人百科全书》,香港:三联书店(香港)有限公司,1998年,第152页。

了优势地位,从而确立了他们在印尼的贸易垄断权,并建立了荷印殖民政府;①并于 1619 年攻占雅加达,改名为巴达维亚,"作为经营爪哇的根据地"②。为尽快地把巴达维亚建成"整个东印度最大的商业城市"③,荷兰殖民者采取各种手段,诱使从事商业、手工业和农业的中国人移居到殖民统治中心巴达维亚一带,以加速当地的建设和开发。据华侨历史文献《开吧历代史记》所载:"万历四十七年(1619 年)五月,庇得郡(燕·彼得逊·昆,Jan Pieterszoon Coen)令人请唐人发船来吧生理,禁唐船不得再往万丹交商。庇得郡又筑城墙,开港、造桥,草创略备,申文报告祖家王(指荷兰国王)。此时唐人来吧贸易,利息数十倍。吧国初定,俱用元通铜钱出,是以闻风而来者愈众,时有唐人百十家而已。"④其中又以祖籍福建漳泉的华侨为最多。尤其是荷兰殖民政府大力发展巴达维亚与中国的帆船贸易,并采取优惠和优待的措施,鼓励中国帆船前来。而繁荣的帆船贸易又使成千上万的中国侨民往返其间,使它成为孕育巴达维亚中国人口——到当时为止该城最大的族群——的脐带。⑤ 由此,1619 年雅加达华侨人数有三四百人,1620 年就已经增加到约 900 人,到了 1627 年已增加到 3600 人,到 17 世纪上半叶,华人居民已经约占巴城人口总数的一半。据 1628 年到巴达维亚的荷兰人范雷基特伦记述,当时住在该城的华人已经有五六千名,成为巴达维亚人数最多的居民。⑥ 这也奠定了荷属殖民者开发巴达维亚的基础。

19 世纪下半叶以来,随着欧洲工业革命的扩展,市场扩张增加了对资本生产原料的需求,为掠夺殖民地财富,荷兰殖民者加大了对印尼各地的开发。从 1830 年开始,荷兰殖民者在印尼推行强迫种植制度,生产供应世界市场的农产品。一直到 19 世纪末开始,荷兰人对印尼群岛的统治才"因世

① 李学民、黄昆章:《印尼华侨史(古代至 1949 年)》,广州:广东高等教育出版社,2005 年,第 70 页。

② 陈烈甫:《东南亚洲的华侨、华人与华裔》,台北:正中书局,1979 年,第 360 页。

③ 温广益、蔡仁龙等编著:《印度尼西亚华侨史》,北京:海洋出版社,1985 年,第 67 页。

④ [新加坡]许云樵点校:《开吧历代史记》,[新加坡]《南洋学报》1953 年第 9 卷第 1 期,第 40 页。

⑤ [荷]包乐史著,邓海琪、冯洁莹等译:《荷兰在亚洲海权的升降》,《海洋史研究(第七辑)》,北京:社会科学文献出版社,2015 年,第 210～211 页。

⑥ 贺圣达:《17—18 世纪的荷兰—印尼—中国贸易与多元文化交流》,《广西师范大学学报(哲学社会科学版)》2015 年第 4 期,第 7 页。

界舆论的攻击转变为开明的殖民主义,并较为注意印尼人的经济发展和扶植有限度的自治[①],即后期所谓的"伦理政策"(即教育、水利灌溉和移民)[②],或称"开明主义政策",又称"道义政策"。

直到 19 世纪中期,荷兰商人在印尼的活动还只限于攫取爪哇岛的资源,外岛[③]地区如北苏门答腊还没被经济利益集团所渗透。[④] 随着荷兰殖民统治的扩张,印尼爪哇以外的岛屿逐步沦为殖民政权控制,成为殖民者新的经济发展中心。一直到 20 世纪初期,北苏门答腊作为东岸种植园地区变得非常出名了。许多重要的、西方控制的,满足西方世界需求并与西方联系紧密的工业大量存在,逐渐成为外岛种植园发展的重要历史特征。[⑤]

伴随外岛种植园经济区的拓展,殖民政府对中国劳动力的需求大增。不论是契约华工还是自由移民的出国数量都因这种需求而大为增加,印尼华侨人口从 1870 年的约 26 万,发展到 1940 年的 143 万,在 70 年内增长了 4.5 倍,占印尼总人口 70476000(1940 年)的 2.03%。同时,华侨人口在分布情况上也发生了显著变化:(1)1870 年时,印尼的华侨人口主要集中在爪哇,占总数的 67.24%,此后比例便逐年下降,到 1920 年,已下降至占总数的 47.42%。也就是说,到 1920 年时,外岛的华侨总数已超过爪哇(包括马都拉)。(2)外岛华侨人口的迅速增长,特别是苏门答腊,增长最快,1870 年时只占总数的 19.19%,而到 1920 年时已占总数的 37.59%。此外,加里曼丹的华侨人口也获得了较快的发展。[⑥]

"人口的增长给这个新殖民时代的一切事件都蒙上了阴影,正如它此后

① 李亦园:《人类的视野》,上海:上海文艺出版社,1996 年,第 383 页。

② [澳]梅·加·李克莱弗斯著,周南京译:《印度尼西亚历史》,北京:商务印书馆,1993 年,第 205 页。

③ 习惯指称印尼爪哇岛以外的岛屿中心。印尼岛屿众多,各自有着分散而相对独立的行政中心,但该国普遍认可的政治、经济、文化等中心长期在爪哇岛,以此视角,其他的岛屿生活区皆为外岛。

④ Christopher A. Airriess, Global Economy and Port Morphology in Belawan, Indonesia, *The Geographical Review*, Vol. 81, No. 2, 1991, p. 185.

⑤ Christopher A. Airriess, Global Economy and Port Morphology in Belawan, Indonesia, *The Geographical Review*, Vol. 81, No. 2, 1991, pp. 183-184.

⑥ 温广益、蔡仁龙等编著:《印度尼西亚华侨史》,北京:海洋出版社,1985 年,第 180 页。

一直给印度尼西亚历史蒙上阴影一样。"①面对日益增多的印尼华侨华人，荷兰殖民者一方面需要他们提供廉价而又高效的劳动力资源，扮演殖民者与土著之间中介商的角色。当然，这样也间接促进了华人经济的发展。另一方面，面对日益增长的华侨人口、逐步壮大的华侨经济，他们又害怕华侨华人与土著势力合作，危及其统治。由此，犹豫不定的荷兰殖民当局在经济上对他们采取限制、掠夺和利用的政策，同时在社会地位上将他们划分为第二等级，与第三等级的印尼土著人民一道归为社会的下层，并巧妙地在华侨与印尼土著人之间竖起一道隐形的藩篱，继后又推出了"居民等级制""居留证制度""警察裁判制度"等"分而治之"的政策。这为华侨华人在印尼的坎坷命运埋下了种子。

1942年，日军几乎不战而胜占领印尼后，华侨华人才摆脱了荷兰殖民统治，但又落入日本侵略者的严密控制下。在印尼，"为数约200万的华侨，陷入极其悲惨的命运"②，他们不仅在人员上惨遭屠戮，在财产上也是损失惨重。直到1945年日本投降为止，华侨的命运，虽因印尼的独立掀开了新的篇章，但其后则因与中国政治的关联，受印尼政治的动荡和波折影响，仍是风雨沧桑，艰难悲怆。

3. 多中心并立的印尼华侨华人社群特征

学者王赓武的研究指出，"海外华人社会远非像人们形容的那样是高度网络化的统一社会，而是分裂为许多不同的集团，这导致了在许多集团之间或是合作，或是冲突，变幻无常"③。印尼华侨的分布，同其他东南亚国家比较，有一显著不同。在菲律宾、泰国、缅甸等国，首都不仅是全国最大的都市，也是唯一人口超过百万人的大都市，既是政治中心，也是工商业与文化中心，因此华侨华人也以聚居首都的为最多。而印尼作为一个大国，领土广阔，岛屿众多。首都雅加达为全国工商业最发达、人口最多的大都市，聚居在此的华侨虽人数最多，但不能因此而说华侨华人中心在雅加达。在印尼，华侨华人行政中心有好多个，除首都之外，另有人口超过百万或近乎百万的

---

① ［澳］梅·加·李克莱弗斯著，周南京译：《印度尼西亚历史》，北京：商务印书馆，1993年，第209页。

② 陈烈甫：《东南亚洲的华侨、华人与华裔》，台北：正中书局，1979年，第367页。

③ ［澳］王赓武著，王望波译：《社会纽带与自由：移民社会的选择问题》，《南洋问题研究》2001年第1期，第8页。

大都市,像爪哇岛的泗水、三宝垄、万隆、梭罗,苏岛的棉兰、巨港、巴东、西里伯斯岛的望加锡,西加里曼丹的坤甸等,也生活着为数可观的华侨华人。各华侨华人聚居中心受群岛分散性影响,形成横向上各中心分立的华侨华人社会。而且,各聚居中心内部则又因华侨华人移居历史长短不同,祖籍地域、群体文化的差异,又进一步裂化,使得印尼华侨华人社会始终处于一种分散的状态,像这个"千岛之国"一样,多元多样,从没有形成一种事实上的整体。

荷兰人在印尼出现时,爪哇沿岸已有中国商人侨居和生活数百年。尤其是中国明清交替时期,社会动乱、灾害频仍,导致闽粤两省人民大量移居东南亚另谋生计。国内主动性移民,加上荷兰殖民者的招徕和诱惑,使巴达维亚(今印尼首都雅加达)华人数量显著增长。"据1619年10月7日统计,巴达维亚有华侨300~400名。1620年10月26日统计,约有850~908名。1674年1月13日华侨2747名,1682年1月31日华人3101名;1719年华人7550名,至1739年已增加到15411名。"[①]虽于1740年发生了"红溪惨案",华侨移民到印尼的人数有所减少,但零星的移民仍在进行中。到1850年,爪哇岛已有华侨15万人,至1900年增为27万人。[②]大量的华侨移民,以祖籍福建与广东两省为主,因地域、方言群体的多样性而产生社会分化。例如广东籍的华侨华人又细分为客家人、广府人、潮州人;福建籍则分为闽南(包括南安、安溪、同安、漳州等)人、莆田人和福州人。而以方言划分,华侨人数以操闽南话的为最多,其次为客家人、广府人和潮州人,其他来自广西、湖南、湖北、山东、河北、浙江和江苏等方言区的移民,为数甚少。

据1930年人口调查统计,"印尼华侨以福建籍的为最多,达55万多人,占华侨总人口的46.64%。他们主要分布在爪哇。人数仅次于福建籍的是客家籍华侨,有20多万人,占华侨总人口的16.87%,他们主要分布在西爪哇。广府籍华侨居第三位,人数有136000多人,占华侨总人口的11.44%。他们群体分布较为均匀,仅在东苏门答腊农园地区和南苏门答腊(包括邦加、勿里洞)以及东加里曼丹和苏拉威西的人数稍多。潮州人居第四位,人数有87000多人,他们主要分布在苏门答腊东部和加里曼丹西部。其他籍

---

① 朱杰勤:《东南亚华侨史(外一种)》,北京:中华书局,2008年,第53页。
② 陈烈甫:《东南亚洲的华侨、华人与华裔》,台北:正中书局,1979年,第362~363页。

贯区的华侨人数有 21 万多人，占华侨总人口的 17.68％"①。这种地域群体分化的影响直到今天仍存在。据笔者在印尼棉兰调查了解到，在亚齐，华人以客家话为通行语言，棉兰华人说着有变化的闽南话，泗水华人则是潮州话居主导，而雅加达以土生华人群体为主，绝大多数说印尼语，对汉语普通话或方言使用较少。

　　不同的地域群体，按行业和职业的相对垄断也产生分化：(1)福建籍华侨 57.7％从事商业活动，其次则为手工业和原料生产；(2)客家籍华侨主要从事热带作物原料生产，占 35.8％(主要在邦加、勿里洞等地)，但从事商业的也不少；(3)潮州籍华侨也主要从事原料生产，占 48.2％(主要在苏门答腊种植园)，其次从事商业活动(占 29.6％，主要在西加里曼丹)以及手工业生产；(4)广府籍华侨主要从事手工业，占 42.7％，从事原料生产和商业的则较少。② "在爪哇和苏门答腊，零售贸易似乎已经被各种方言群体的新客华人所支配，特别是客家人较多是瓦弄(Warong)店主。土生华人和福建人倾向在城镇土特产收集方面扮演重要角色。③ 因资源的有限性与人口增加的需求矛盾，为维护各自地域群体的利益，"19 世纪末叶以前的印尼华侨社会与其他各地的华侨社会一样，不同的地方群或方言群之间，有很大的鸿沟；闽南群、潮州群、广府群以及客家群和海南群之间各自成为一集团，彼此之间互相竞争仇视"④。

　　此外，土生化与新客华人的分立也是印尼华人社群分化的主要特征。许多华侨华人侨居海外达数代之久，从未返回过祖籍国。他们长期生活在印尼，并与居住区域的各族群开展密切交流，在语言、饮食、服装、宗教上都已融入当地社会，局部上可能完全同化于印尼人社会，并"随着时日推移，一个独立而稳定的'土生华人'(Peranakan)社区遂告成立"⑤，但由于殖民地社会结构与荷兰殖民政府分而治之的政策，他们仍与其他种族群体相互隔绝。

---

　　① 温广益、蔡仁龙等编著：《印度尼西亚华侨史》，北京：海洋出版社，1985 年，第 185 页。

　　② 温广益、蔡仁龙等编著：《印度尼西亚华侨史》，北京：海洋出版社，1985 年，第 187 页。

　　③ Twang Peck Yang, *The Chinese Business Elite in Indonesia and the Transition to Independence* 1940—1950, Oxford：Oxford University Press，1998，p.54.

　　④ 李亦园：《人类的视野》，上海：上海文艺出版社，1996 年，第 383 页。

　　⑤ ［新加坡］廖建裕著，崔贵强译：《爪哇土生华人的政治活动：1917—1942》，台北：正中书局，1985 年，第 9 页。

到 20 世纪,因爪哇华族男女移民(尤其是非闽籍移民)的激增,中国民族主义运动的动力,以及 20 世纪初期华校的发展等,也催生了"一个'新客'(Toko)华人社区的形成"①。这主要是从鸦片战争后,大量穷困而无以为生的中国人移居到印尼所形成的群体。他们保持着中国的传统文化,聚集而居,面向中国。由此,印尼华人社会产生了所谓"新客华人"与"土生华人"之争。"新客是移居不久的华侨,土生华侨有的则定居数代,且多已印尼化了,因此新客与土生华侨各自成为一群,各有其居住区域,各有其不同的职业范围。所以其时的华侨社会正是典型的'一盘散沙',它们之间虽多少有'同是中国人'之感,但这种'感'尚难化为团结全体的力量。"②这即是印尼华侨社会比其他国家华侨社会更特殊的内群之争。

但随着 1900 年荷兰人宣布废止华侨的专利权,大量投资于此等事业的华资产生危机,导致大量华侨失业,引起华侨社会(包括资本家和工人)的大恐慌与动乱。除此之外,困扰华侨社会的还有荷兰殖民者的"居民等级制""居留证制度""警察裁判权"等,这种共同的危机,"在异族压力下而产生,遂使各种不同方言、不同来源的华侨结合在一起,形成一个全中国人的运动"③。在此基础上诞生了中华会馆,后又在爪哇各地兴办起华文学校,各种华文报章也相继问世。这一系列的事件大大"刺激了华人爱中国的情怀,推动了泛华人运动的发展"④。然而,这种泛华人运动的迅速扩大,也是土生华人与新客华人之争最为激烈的开始。"土生华人掌握了泛华人运动的领导权"⑤,这对于人数居多的新客华人来说是不能接受的。同时,因双方在经济、文化上的固有分歧,遂造成印尼土生华人与新客华人陷入严重的分化与对立。

与此同时,20 世纪出现的大量中国移民,从贸易移民模式转向连锁移民

---

① [新加坡]廖建裕著,崔贵强译:《爪哇土生华人的政治活动:1917—1942》,台北:正中书局,1985 年,第 12 页。

② 李亦园:《人类的视野》,上海:上海文艺出版社,1996 年,第 383 页。

③ 李亦园:《人类的视野》,上海:上海文艺出版社,1996 年,第 383~384 页。

④ [新加坡]廖建裕著,崔贵强译:《爪哇土生华人的政治活动:1917—1942》,台北:正中书局,1985 年,第 11 页。

⑤ [新加坡]廖建裕著,崔贵强译:《爪哇土生华人的政治活动:1917—1942》,台北:正中书局,1985 年,第 13 页。

模式,这为华侨华人组建各种基于方言、地缘群体的团体组织提供了必要和可能。一系列的会馆、行业协会等组织纷纷诞生,与既有的秘密会社一道,使华侨华人社会又形成以方言地域群、秘密会社、宗亲会、行业协会等分化的社会结构。到 20 世纪 20 年代止,印尼"华社已分化为新客华人社团和土生华人社团以及《新报》集团、中华会、中华党,并形成新客华人与土生华人两大文化集团及'中华文化认同派''原住民文化认同派''西方文化认同派''华人文化认同派'四个次文化群体(简称'两集团四群体')"①的分裂局面。为维护各自利益,他们互相竞争和争斗,对立分化十分严重。

这种情况的出现,究其原因,"就在于华人移居印尼历史较长,且大散居小聚居。不同时期移居者、不同地域聚居者,他们所面对的客观世界不尽相同,以致相互间的同化程度有别,文化构成有异,宗教信仰歧异,教育背景多元,意识形态多样,政治取向不同,经济利益不一,社会地位各异,与原住民乃至祖籍国的联系有疏有密"②。这种多元多样、分裂的华人社会,实际上"也是印尼多样社会的一个组成部分"③。

(二)独立前印尼华侨华人的横向联结

1.印尼华侨华人的社会发展概况——基于华侨华人社团历史发展的考察

20 世纪前 30 多年,是西方世界工业发展的一段黄金时期。为满足资本市场对原料的需求,热带殖民地社会的农业种植经济获得空前繁荣。"与其他类似的热带殖民地区一样,1910—1940 年的 30 年是印尼适应西方工业需要的农业兴旺发展时期。"④印尼华侨华人充分发挥中间商作用,经济也获得

---

① 杨启光:《后苏哈托时代印尼华人窥探——世纪之交印尼华人发展、演变的微观分析与宏观把握》,《华侨华人历史研究》2000 年第 2 期,第 4 页。

② 杨启光:《路在何方:21 世纪的印尼华人——对当今印尼华人分离分治的一种文化学思考》,《东南亚研究》2003 年第 2 期,第 51 页。

③ [澳]J. D. 莱格(J. D. Legge)著,上海外国语学院翻译组译:《苏加诺——政治传记》,上海:上海人民出版社,1977 年,第 9 页,转引自温广益、蔡仁龙等编著:《印度尼西亚华侨史》,北京:海洋出版社,1985 年,第 190 页。

④ Christopher Airriess, Port-centered Transport Development in Colonial North Sumatra, *Indonesia*, Vol. 59, No. 59, 1995, p. 78.

飞速发展。

华侨因经济增强而伴生的社会需求提高,使华侨华人社团获得较快的发展。"它既是华人对外部干涉抵制的方式,也是为了密切联系华人社区各分群之间关系的需要。"①华侨在印尼之社团组织,载于史册者,当以1770年,罗芳伯在婆罗洲借天地会力量与苏丹结纳,组织兰芳共和国之"大唐总会"为最早。② 除此之外,严格意义的华侨社团在20世纪前还没出现。受荷兰殖民者"分而治之"政策的影响,华侨社会逐步走向聚族而居。这样,失去了外部环境的容纳,又面临着社会的压力,华侨过去一直逐步同化的进程受阻,遂朝着与印尼土著社会分离的方向发展,社会也趋向"内卷化"。在得不到中国政府支持的前提下,华社为处理社会内部事物,应对外部压力,不得不自我组织起来,以应付日益复杂的环境和局势,满足华侨华人群体的各种社会需求。

与此同时,大量增加的新客移民多为农民,知识贫乏,只会方言,无法与不同地域群体交流。而且,这些闽粤地区的农民带着服膺自然的价值取向移居海外,宿命论更强烈。因此,他们也容易按照家乡的神灵或信仰形成各种方言群体组织,以照顾乡民。由此,适应新客华侨华人社会需要的各种方言群体组织开始纷纷出现,并"成为华人社会组织的基本框架"③。此外,以"帮"这一古老概念而表现的同乡会组织,也成为划分海外华侨华人政治、社会、经济群体的一种普遍形式。它们往往渗透于海外华侨华人的经济活动中并在此基础上形成不同的职业群体。④

与东南亚的其他国家一样,印尼华人也因地域、方言和宗族不同而占据

---

① Maurice Freedman,Immigrants and Association:Chinese in Nineteenth Singapore,*Comparative Study in Society and History*,Vol. 3,No. 1,1960,pp. 47-48.

② 朱浤源:《印尼华人社团与文化活动》,朱浤源主编:《东南亚华人社团与文化研究》,台北:中华文化复兴运动总会,1994年,第9页。

③ Diane de Terra,The Effects of Language Planning on a Penang Hokkien Kampong:People Separated by a Blade of Grass Cloud Not Understand Each Other,edited by L. A. Peter Gosling & Linda Y. C. Lim,*The Chinese in Southeast Asia*,*Vol. 2*,*Identity*,*Cultural & Politics*,Singapore:Koon Wah Printing Pte. Ltd. ,1983,p. 133.

④ 陈庆德:《海外华人经济与传统社会组织》,《华侨华人历史》编辑部:《中国华侨历史学会成立十周年纪念论文集》,北京:东方出版社,1993年,第165页。

着不同的职业领域。这是因为,海外华侨华人移民多为中下层农民,在特定的历史条件下,各自拥有不同的地域方言而无法有效交流。这为其职业选择与社群的聚合造成了现实的障碍,语言来源成为职业活动的一个先决条件。"无论是其专门技能的适应性改变或在新环境中学习某种特定技能,都主要借母语方言的安排与联系而实现。而且,受到原有社会结构基础上的地域性示范效应,华社聚集于海外某一地区的某一特定的方言群大致还会与某种行业产生一定的亲和性。"①因而,经过一定历史的积淀,各主要方言群的华侨华人逐渐会对某一行业拥有专门的知识及其特殊的垄断技能,以致形成某种方言群在一定地区最后主导甚至垄断某种行业的状况。因此,有的作者把 20 世纪以前的东南亚华侨华人社会称为"帮权社会"。这些早期的帮权组织在一定的时期内起到了联结华人群体,应对外部压力的积极作用,但其弊端也较明显。

19 世纪末 20 世纪初,以菲律宾 1896 年革命开始的民族民主革命为起点,掀起了亚洲各国民族民主革命的浪潮。在一些革命人士,如梁启超、康有为、孙中山等的宣传和教导下,东南亚华侨民族主义高涨,这也给印尼的华侨华人社会带来了重大的影响。"在自由民主的制度下,华人享受前所未有的平等待遇,也同时得以毫无顾忌地将民族意识形态发挥到极点。"②他们广泛创建各类华侨社团以联结起社会网络,创办近代华侨学校,大力弘扬中华文化;同时,为宣传民族民主革命的华侨报章也陆续兴起。

在此基础上,于 1900 年,有一部分华侨上层人士酝酿在巴达维亚组成了中华会馆(Tiong Hoa Hwee Koan,简称 THHK)。它是殖民时代华侨华人第一个现代性的、带有总会性质的社团。它"最初成立的目的和宗旨是希望打破原有封建组织的对立和封建会党宗派的陈规旧例,不分地域、姓氏等界限,组成代表华侨各阶层各行业的华侨新社团"③。它的创建既是荷印出生华人所面临困境的反应,也表明了华侨华人为谋求在荷属东印度社会的

① 陈庆德:《海外华人经济与传统社会组织》,《华侨华人历史》编辑部:《中国华侨历史学会成立十周年纪念论文集》,北京:东方出版社,1993 年,第 166 页。

② [菲]施振民:《菲律宾华人文化的持续——宗亲与同乡组织在海外的演变》,李亦园、郭振羽主编:《东南亚华人社会研究》(上册),台北:正中书局,1985 年,第 110 页。

③ 温广益、蔡仁龙等编著:《印度尼西亚华侨史》,北京:海洋出版社,1985 年,第 429 页。

政治地位,开始做出了声势浩大的响应。[①] 他们提倡以实践儒家教育促成华侨华人认同的回归,号召土生华人通过教育接受现代性并追求进步,并通过创建自己的学校,迫使殖民政府开始调整过去忽视华侨华人教育的政策。

中华会馆的建立,在印尼华侨华人社会引起巨大的反响。因此,在爱国华侨华人的倡导下,印尼各地纷纷效法创建类似性质的社团,或成为中华会馆的分支机构。"至1908年,已有50个左右,到1911年增至93个。"[②]继此,"1905年,革命组织兴中会成立,是为中国国民党在印尼的前身"[③]。1907年,荷属东印度中国同盟会支部正式建立。[④] 这一系列政治性团体的诞生,标志着华侨华人民族主义在印尼的全面兴起,华侨华人社会也开始朝着组织化的方向发展。

在中华会馆、兴中会等的影响之下,各行各业的华侨为了加强联络和团结,以维护他们的合法地位和正当权益,纷纷成立了社团组织或上述会馆的分支机构。同时,各社团在华商领袖的主导下,联合各方力量共同兴办了各种公益福利事业,并且支援家乡建设需要。这些各类型的社团组织,可分为职业、行业团体,同乡宗族团体,职工团体,文化、教育、青年、体育团体,宗教团体及慈善救济团体等。据1933年10月调查,"东南亚共有华侨社团256个,其中印尼占138个。东南亚华侨各界职业团体104个,印尼占47个。可见印尼华侨社团在东南亚华侨中占有的地位"[⑤]。"仅以泗水为例,在1930年,该市有华侨近4万人,侨团即有42个。包括职业团体7个,同乡会9个,丧事会11个,慈善机关4个,体育机关2个,文化机关2个,及其他类7个团体。"[⑥]而棉兰的华人同业公会或工会在1925年就有16个,其中有金银首饰业公会、屠宰业公会、制鞋业公会、烟草业公会和蔬菜水果公会等。[⑦] "据

---

① Mona Lohanda, *Growing Pains : The Chinese and the Dutch in Colonial Java*, 1890—1942, Jakarta: Yayasan Cipta Loka Caraka, 2002, p.238.

② 温广益、蔡仁龙等编著:《印度尼西亚华侨史》,北京:海洋出版社,1985年,第431页。

③ 朱浤源:《印尼华人社团与文化活动》,朱浤源主编:《东南亚华人社团与文化研究》,台北:中华文化复兴运动总会,1994年,第9页。

④ 温广益、蔡仁龙等编著:《印度尼西亚华侨史》,北京:海洋出版社,1985年,第433页。

⑤ 李学民、黄昆章编著:《印尼华侨史(古代至1949年)》,广州:广东高等教育出版社,2005年,第308页。

⑥ 张少凌:《荷属概观及华侨实况(下)》,《侨务月报》1936年第9号,第3页。

⑦ 刘焕然:《荷属东印度概览》第四编,新加坡:南洋报社,1930年,第56页。

1936 年 8 月统计,全荷属东印度共有华侨团体 308 个,其中爪哇 170 个,苏门答腊 92 个,婆罗洲 28 个,西里伯斯 12 个,巴厘 2 个,勿里洞 2 个,松巴岛 1 个,帝汶 1 个。"[1]

这些社团主要的活动有:(1)传达当地政府有关华侨、经济等各方面的方针政策,向当地政府反映华侨的要求;(2)报告祖国形势,宣传热爱祖国的精神,动员华侨支援祖国的革命、建设或帮助难民;(3)兴办学校,吸收更多华侨子女入学;(4)举办福利事业;(5)开展文娱体育活动,开办图书资料室、夜校,活跃会员文化体育生活;(6)联络乡情;(7)在日本占领时期,各地华侨还组织了地下抗日团体开展抗日运动。[2]

"一定社会组织形态的产生,不仅取决于一定的文化与社会环境,而且决定于一定的人口、生产力水平以及经济结构的状况与性质。"[3]印尼华人华侨各类职业、慈善、宗教、文娱、文化团体的全面兴盛,尤其是中华会馆、中华商会等总会性质的社团诞生,"是 20 世纪后华侨社团取得重要发展的标志。它既标志着华侨社会的发展与进步,从互相敌对的私会党,从各帮各派、各种地域观念浓厚的业缘性社团过渡到超地域、超帮派、超行业的统一综合的华侨经济社团;也标志着华侨在当地所经营工商各业经济力量的增强,由分散的各自为政的维护本行业局部利益的社团过渡到统一领导、维护华侨整体经济利益的经济团体"[4]。毫无疑问,秘密会社的减少,现代教育的引进,也逐渐增加了方言社团的重要性。虽然,这种发展趋势可能被解释为社会分化的趋势,但也"应是社会趋向合法化、正规化和公共生活组织化的需要"[5]。

按照布雷顿所言,"族群社区天然地需要通过族群组织来满足它们自己

① 《旧档案行政报告稿》,《侨务廿五年》,1957 年 4 月,转引自温广益、蔡仁龙等编著:《印度尼西亚华侨史》,北京:海洋出版社,1985 年,第 440 页。
② 李学民、黄昆章:《印尼华侨史(古代至 1949 年)》,广州:广东高等教育出版社,2005 年,第 310 页。
③ 陈庆德:《海外华人经济与传统社会组织》,《华侨华人历史》编辑部:《中国华侨历史学会成立十周年纪念论文集》,北京:东方出版社,1993 年,第 159 页。
④ 吴凤斌主编:《东南亚华侨通史》,福州:福建人民出版社,1994 年,第 783 页。
⑤ G. William Skinner, *Chinese Society in Thailand:An Analytical History*, New York:Cornell University Press, 1957, p. 169.

的需要。组织的全部目的,即最高目标就是无论什么时候族群社区都须执行成员所要求的服务。社区成员根本不需要借助土著组织来满足他们的需求。如教育、工作、衣食、医疗关心或社会帮助等都可以从族群组织中得到帮助"[1]。二战前为数众多的印尼华侨华人社团,以维系与中国祖籍地的联系为目标,政治上倾向中国,同时也试图加强侨居地同乡在思想意识上的团结。这些传统社会组织在海外华侨华人群体中的延续和发展,并非某种特定的文化意识,也并不是因为海外华人与生俱来的强烈民族认同感,而是一系列政治、经济因素合力作用的结果。"它可作为传统结构的适应机制,或许有助于社会稳定。在因社会变动而致的混乱中,又可使个人适应社会需要,并为个人理解变动而无序的社会提供支持。"[2]

无疑,华侨华人团体的大量出现,标志着华侨华人社会结束了"帮权时代",过渡到"社团时代"。当然,华侨华人社会生活的组织化、制度化,不仅显示华侨华人在印尼社会地位的提高,也起到保护华侨华人利益,提高华侨华人教育水平的作用,并为建设印尼社会做出了有益贡献。但是,华侨华人社团的成立也使华侨华人社会更加"内卷化"。各种社团组织能够为华侨华人解决许多问题,华侨华人民众不需要与土著社会交流或融合,从语言上、文化上,甚至生活起居上都保持了独立性,导致其在印尼族群社会中更加孤立和独具特性,减缓了华侨华人在印尼的融合进程。同时由于社团林立,原本不具有团结基础的华侨华人社会摆脱了地域方言隔阂之后,又陷入了组织团体利益的竞争中,始终不能走向统一。

这种分立、纷争的华侨华人社会格局一直持续到日本入侵为止。在1942—1945年日本占据印尼期间,他们宣布解散所有的政党、工会和社团组织,印尼华侨华人的社团活动基本停顿,结束了华侨华人社团在印尼的活跃时期。

---

[1] Raymond Breton, Institutional Completeness of Ethnic Communities and the Personal Relations of Immigrations, *American Journal of Sociology*, Vol. 70, 1964, p. 194.

[2] Robert T. Anderson, Voluntary Associations in History, *American Anthropologist*, Vol. 73, No. 1, 1971, p. 209.

2. 华侨华人社团、社团领袖面向中国大陆、东南亚及港澳台地区的跨国（地区）实践

（1）面向中国大陆的跨国实践

第一，面向侨乡的跨国实践。

侨乡是华侨华人跨国实践的主要空间面向。传统侨乡被归结为：既是在乡村人口跨国互动中逐步形成的，更是在跨国互动中走向发展的。在这个过程中，跨国互动应成为解读侨乡意义的关键词。换言之，在"侨乡"的标志下，跨国移民利用两个世界的差异，凝聚起分散的社会力量，共同追求一定的利益[①]，体现了亲情与实利交织的跨国实践。晚清至民国时期，华侨出国合法性得以肯定；相应地，海外华侨华人与侨乡的联系也日益密切，在社会、经济、文化等领域呈现出侨乡特有的跨国状态。其中，华侨华人热心于家乡的赈灾、修桥、办学、建善堂，乃至于修家庙、建寺宇等，是其公共事务跨国参与的主要表现。

在信仰文化方面，源自民间的草根信仰文化一直是凝结中国基层的精神纽带；相应地，这种联系也成为华侨华人跨国实践的重要依托，也最易实现。如厦门海沧青礁慈济宫现存康熙三十六年（1697年）的《吧国缘主碑记》，"赖吧国甲必丹郭讳天榜、林讳应章诸君子捐资助之"。碑末注明："甲必丹林讳应章、美锡甜马讳国章同议，将吧国三都大道光缘银（捐出），丑、寅二年共交银四百二十两。"[②]当地原属海澄县（今龙海市）三都，"大道光"（大道公）即青礁慈济宫的主神保生大帝。这说明，当时在荷属巴达维亚的海澄华侨保留着大道公崇拜，并已经积极参与祖籍地有关信仰文化的跨国实践。与此同时，同安县文圃山龙池岩在复界后重建，住持僧人曾专程前往海外"募诸外国大檀越"。据说，当时巴达维亚的华侨"闻风协兴"，不仅捐款助建，还催促住持僧"速归"。在碑上题名的华侨，除巴达维亚的"檀越主"郭天

---

① 李明欢主编：《福建侨乡调查：侨乡认同、侨乡网络与侨乡文化》，厦门：厦门大学出版社，2005年，第372页。

② ［美］丁荷生、郑振满编纂：《福建宗教碑铭汇编（泉州府分册）》（下），福州：福建人民出版社，2003年，第1025～1026页。

榜等人之外,还有雪佛兰、美硕甘、安问、万丹等地的"缘首"。[①] 此外,对祖籍地公益建设的跨国参与,亦是印尼华侨华人早期跨国实践的重要手段。如广东嘉应州印尼华侨李步南在家乡修桥,筑路,设茶亭,给松市口育婴堂、梅安书院、李氏私塾提供经费。[②] 光绪二十三年(1897 年),印尼华侨黄志信捐资修建同安灌口至前场的官道,长达 5 里多,全部用石板铺设路面。光绪年间,永春籍印尼华侨李士祚捐资重修东关桥,其子李俊承于 1923 年再次重修。民国初年,海澄县浮宫镇遭海潮侵蚀,印尼华侨郭美丞等捐黄金 200 两,购买万吨旧轮运石填海,筑成长坝,以阻海潮。[③] 同安籍华侨郭春秧在担任泗水中华总商会会长时,值第一次世界大战爆发,他不仅协助印尼华商纾解金融危机的冲击,当漳州、泉州发生水灾时,他还捐粮食、筑堤防、捐赈金以救济灾民;而且,在同安、锦湖、日惹登出独资设立学堂,并资助新加坡、三宝垄等处的学校;在龙溪、澄海、嵩屿等地,他亦独资设立学塾数十处、医院 5 处。[④] 这些大型公益事业,自晚清以降在侨乡多由华侨华人或侨眷主持修建,一则显示印尼华侨华人在侨乡的跨国实践应是愈发频繁,二则凸显侨乡社会权势的转移。

在近现代闽南的市政建设与交通运输、新式教育等方面,来自印尼华侨华人的跨国参与也居功至伟。1920 年,厦门成立市政会,商请林尔嘉为会长、印尼归侨黄奕住为副会长,统筹市政建设工程。1937 年,厦门海外华侨公会在《呈福建省政府文》中说:"查厦岛自开辟马路,改良新市区,旅外华侨不惜以多年勤劳累积之金钱,返回投资,重金购买地皮,建筑新式房屋,繁荣市区,提高厦岛地位。虽政府提出有方,如非华侨热心桑梓,踊跃投资,则建设新厦门恐非易事。"[⑤] 同时,华侨还积极兴办学校、设立医院、修桥铺路、投

① 转引自[美]丁荷生、郑振满编纂:《福建宗教碑铭汇编(泉州府分册)》(下),福州:福建人民出版社,2003 年,第 1023~1024 页。

② 冯尔康:《晚清南洋华侨与中国近代化》,《近代中国研究》2007 年 12 月 14 日,http://jds.cass.cn/Item/6755.aspx.

③ 郑振满:《国际化与地方化:近代闽南侨乡的社会文化变迁》,《近代史研究》2010 年第 2 期,第 68 页。

④ 廖赤阳、刘宏主编:《错综于市场、社会与国家之间:东亚口岸城市的华商与亚洲局域网络》,新加坡:南洋理工大学中华语言文化中心,2008 年,第 136~151 页。

⑤ 《厦门市政府公报》1937 年 4 月第 24 期。

资文化事业等公益事业,使侨乡的物质、文化水平有一定的提高。近现代闽粤华侨特别关心侨乡建设,热衷于参与地方公共事务,通过捐赠或投资,逐渐由"海外弃民"演变为"地方精英",实现侨乡事务的跨国参与。

海外华人能够对侨乡事务发挥跨国影响,主要是基于两方面的原因。其一,在东南亚居住的大量中国移民,通过侨汇、投资、慈善事业等方式,对侨乡建设起了积极作用。这奠定了他们在侨乡的社会声望,从而顺利实现对侨乡事务的跨国参与。其二,支持侨乡建设的华商许多是当地富甲一方的商人,这在崇尚商业文化的闽粤之地有着榜样效应。

第二,面向中国大陆其他地方的跨国经济、政治实践。

以投资为主的跨国经济实践。近代以来,主要是鸦片战争以后,随着华侨经济实力的不断增强,他们中的不少人因应清政府的号召,开始尝试着加强与中国的经济联系。

如在 1906 年 2 月成立的巴达维亚华商总会(后于 1920 年改名为中华总商会),与祖籍国工商业界联系紧密。他们组织国货展览会,推销国货,将当地较好的农业种植技术(如甘蔗种植法)等介绍给中国国内,组织华侨及促进华侨投资国内,兴办实业,动员广大侨商捐献款项和物资,救济祖籍国各地遭受自然灾害的灾民。而对中国开展的大规模投资,则是他们与祖籍国的跨国经济联系更加紧密的表现。印尼华侨华人回国投资最早、影响最大的当属南洋巨富张弼士(1840—1916)。他于 1856 年赴荷属巴达维亚垦荒谋生,经多年奋斗逐渐致富,在当时的南洋华侨中首屈一指。19 世纪末 20 世纪初,张弼士为实现"华人当为祖国效力"的志愿,斥巨资引进国外先进设备和技术,在山东烟台创办了张裕葡萄酿酒公司,奠定了中国葡萄酒工业的发展。此外,他在中国各地亦有大量的投资产业,例如纺织厂(广州亚通织布厂)、金矿公司(广东开建金矿公司)和砖瓦厂(广州裕益砂砖公司)等,同时在汕头、大埔、广州等地亦广置不动产。1897 年,张弼士还经李鸿章的举荐,参与了中国第一家华资银行,即中国通商银行的筹办。[①]

另有张榕轩、张耀轩兄弟于 1903 年集资 300 万两白银,创立潮汕铁路股份有限公司,着手建造潮汕铁路。1906 年 11 月,潮汕铁路全线建成通车,

---

① 李学民、黄昆章:《印尼华侨华人史(古代至 1949 年)》,广州:广东高等教育出版社,2005 年,第 258～259 页。

成为中国第一条由华侨投资的纯商办铁路,对中国铁路建筑业的发展起到重要推动作用。1905 年 9 月,张榕轩、张耀轩、谢荣光等奉旨招商承办的大清银行也在北京西交民巷正式成立,这是中国第一家国家银行,民国后改称"中国银行"。印尼爪哇华侨黄奕住,在印尼发迹后回国,于 1918 年开始把资本转投于中国,在上海创立了中南银行,成为国内华侨金融业之首。在厦门,他设立了黄日兴钱庄,信用卓著。兹后,又投资兴建了厦门电话公司、厦门自来水公司,海通船务公司、全禾汽车公司等市政建设工程。[①] 其他漳厦铁路公司(1905 年)、福建商办矿物总局(1907 年)等,都是近现代以来印尼华侨在中国大规模跨国投资的重要例证。[②]

关注和参与中国政治活动。一方面,晚清政府逐渐转变了漠视、敌视华侨华人的态度,申明对海外华侨华人的保护态度。其中最为重要的是 1909 年颁布的以"血统主义"为原则的国籍法,规定凡是中华种族之人,不论是否出生于中国,都属于中国国籍。印尼华侨华人因政策的松动,使其原本就强烈的对祖籍国的归属感愈发彰显。另一方面,华侨华人在印尼受殖民统治者的压迫,长期被排斥于政治之外,而此时的中国也惨遭列强侵略。这使得他们把自身与祖籍国的命运紧紧联系在一起,积极建立起与中国的跨国政治联系。

如华商张弼士,因在印尼取得巨额财富后到中国投资,并受清政府赏识任命为驻槟城首任领事(1892 年)、新加坡总领事(1894 年),先后任粤汉铁路帮办(1898 年)、总办(1899 年)和督办公(1900 年)。1904 年,他又被任命为商部考察外埠商务大臣,兼槟城管学大臣,并兼办闽广农工路矿事宜。[③]光绪二十一年(1895 年),经清政府驻新加坡总领事黄遵宪举荐,印尼棉兰华侨华人张榕轩任清政府驻槟榔屿副领事,从此由商步入仕宦之途。除直接参与中国政治外,华商也依托组织积极介入中国政治事务。如 1900 年,巴城会馆在华商领袖潘景赫、洪水昌等人的酝酿协商下成立后,除积极开展华

---

① 李学民、黄昆章:《印尼华侨华人史(古代至 1949 年)》,广州:广东高等教育出版社,2005 年,第 247 页。

② 王望波:《改革开放以来东南亚华商对中国大陆的投资研究》,厦门:厦门大学出版社,2004 年,第 37 页。

③ [美]沈己尧:《爱国华侨实业家张弼士》,《印尼焦点》2011 年第 31 期,第 31 页。

社内部工作外,密切同祖籍国的政治联系也是其重要的工作内容。这一方面是对中国政治的参与;另一方面,对祖籍国政治的关注也愈来愈成为印尼华社的常态。如1905年6月,会馆理事会致电中国政府,要求不要在美国政府提出禁止向美国及其殖民地移民的条约上签字。1912年中华民国成立时,中华会馆召开庆祝会,并派代表参加在祖国召开的有关会议;1908年6月及1912年4月,汇款支援两广等地水灾难民;1917年11月28日,成立专门委员会,负责研究和志愿祖国难民事宜;1928年,会馆同一些侨团,赠送价值600元的钟给孙中山陵墓。① 此外,荷属东印度华人社会还有其他各类型商会组织。它们都是在中国政府监督下的组织,其目的在于增进华侨华人的利益,沟通他们和祖国的关系。②

辛亥革命后,印尼华商的跨国政治实践既表现出关注和支持,直接投身革命者也为之甚多。如针对袁世凯与日本签订"二十一条"等一系列倒行逆施的行为,印尼华商纷纷予以斥责。三宝垄中华总商会甚至于1915年5月13日召集会议做出决议,致电北京政府,请将"二十一条"内容公开揭示,并要求勿签订有损国权的不平等条约。③ 泗水则成立了著名的"华侨外交后援会",积极支援国内的"五卅"运动。应该说,在近现代的政治洪流中,印尼华商对中国政治的跨国关注和参与十分频繁,尤其是抗日战争时期,印尼华商和广大华侨华人一道,对祖籍国的跨国支援和贡献更是有目共睹。

(2)面向东南亚及中国港澳台地区的跨国(地区)实践

殖民地时期,传统国家和苏丹势力的疆域分布被打破,历史以来的分离领土之间的联系得到加强。借助移民背景的家族性和地缘性,东南亚华侨华人已透露出明显的区域内互相依附、跨国(地区)流动的趋势。他们以地缘和血缘关系为原则组织起来的华侨资本及其企业,不仅在国内建立了相互间的信用关系和商事往来,而且把这种关系扩及整个东南亚及中国港澳

---

① 李学民、黄昆章:《印尼华侨华人史(古代至1949年)》,广州:广东高等教育出版社,2005年,第307页。

② [英]W.J.凯特著,王云翔、蔡寿康等译:《荷属东印度华人的经济地位》,厦门:厦门大学出版社,1988年,第67页。

③ 李学民、黄昆章:《印尼华侨华人史(古代至1949年)》,广州:广东高等教育出版社,2005年,第322~339页。

台地区。

第一,经贸领域。

除中国大陆外,印尼华商借助于各种会馆或社团组织建立起来的信用关系,在区域内不同层次和不同地方的广泛跨国(地区)商业互动尤为活跃。在印尼万丹,根据英国人托马斯·赫伯特(Sir Thomas Herbert)1621 年的描述:万丹城除去米粮、胡椒和粗棉花外,出产很少;不过大部分货物都是极为勤奋的中国人运来该地的。他们的船只每年一月成群地来港口停泊,把他们从苏门答腊的占碑、婆罗洲、马六甲及其他地方运来的货物卸下,使万丹成为他们的仓库,再把货物售给英荷以及其他国家的人,收回西班牙银币或交换其他货物。① 由此可见,华商以万丹为基地,成为收购周边国家或地区土特产和提供供应的主要商人,并由此而构建起跨国或跨(地区)的广泛经济联系。

笔者在田野调查中了解到,印尼华侨华人既有源自中国本土的华人移民,也存在着数量巨大的周边华社再移民,如新加坡、马六甲、槟城华人移民的迁入。历史上,印尼、马来西亚和新加坡在还没有独立的时候,基本上处于同一个经济文化领域。因而,基于共同的语言、文化和传统,三地华侨华人的跨国联动十分频繁。尤其是 19 世纪末,印尼华侨华人资本的形成,也在一定程度上是以这一传统而跨越国境发展。例如张弼士,在 1866 年左右获得荷兰殖民政府的首肯与资助,在巴达维亚附近的郊区进行开垦工程,开始投资于种植业(种水稻、椰树)。19 世纪 70 年代开始,其相关业务先后扩展到荷属苏门答腊地区、英属马来亚地区,种植树胶、咖啡及中国茶等,甚至渡过马六甲海峡,在槟榔屿亦开始置产创业。此外,他还在英属文冬(今马来西亚彭亨州内)、英属巴生(今马来西亚雪兰莪州内)开办东兴公司,以开辟商场和经营锡矿业务。②

二战前夕,印尼华侨华人企业在东南亚区域内跨国经营的现象更是屡见不鲜。如印尼华商黄仲涵家族依靠糖业为中心的企业,在区域内获得长足发展。继在槟城、怡保设分行后,1914 年在新加坡,1925 年在加尔各答,

---

① [英]巴素著,郭湘章译:《东南亚之华侨》,台北:正中书局,1974 年,第 680~681 页。

② 李学民、黄昆章:《印尼华侨华人史(古代至 1949 年)》,广州:广东高等教育出版社,2005 年,第 258~259 页。

1926 年在孟买,1928 年在卡拉奇,1929 年在上海、厦门和香港,1932 年在曼谷等设分行。据估计,1924 年公司财产达 2 亿盾,是华人第一家跨国公司,业务遍及印尼、马来西亚和新加坡,以及香港和上海等地。二战后,黄仲涵后代仍经营着美国、荷兰、新加坡和泰国的企业,但辉煌不再。[①] 又如郭春秧,其整个商业基础在印尼的三宝垄。20 世纪 20 年代,郭春秧在三宝垄经营锦祥行的基础上,又在爪哇设锦祥行,复又投资香港。此外,郭春秧又做进一步的投资,厦门有锦祥行,新加坡设锦祥、锦茂,其事业发展可说是一日千里。[②] 兹后,郭春秧又往返于台湾和南洋两地之间经营茶叶,并在台湾获得事业的极大发展。[③] 再如潘立斋,印尼中华会馆创办人之一。自 1880 年创设"增兴"公司开始,又在香港开创"万通安记"商行,作为海外百货贸易总部。后又在泗水开设"增兴"号和在巴城设"纶昌"号分行。不到数年,又在锡江设"兴昌"号,在三宝垄开"汇群"号,在日本设"广兴昌",在澳门设"同昌",并在巴城先后创立"兴隆""阜通""远通",形成一个强大的跨国贸易网络。[④]

在旧中国时代,除了中国大陆实行闭关政策以外,台湾、香港、澳门地区与东南亚华人之间亦存在着广泛的跨地区经济联系和网络,以及东南亚各国华侨华人之间的密切经济联系,是华侨华人早期跨国(地区)实践的一个重要组成部分。

第二,政治领域。

在历史发展进程中,以华商为主体的社团在构建跨国(地区)联系和网络方面扮演了关键的制度性角色。作为移居异国的社群,华侨华人都必须经历一个在他国定居、调适、融和及重筑原有社群体系的过程。而各社群会

---

① 李学民、黄昆章:《印尼华侨华人史(古代至 1949 年)》,广州:广东高等教育出版社,2005 年,第 243~246 页。

② 廖赤阳、刘宏主编:《错综于市场、社会与国家之间:东亚口岸城市的华商与亚洲局域网络》,新加坡:南洋理工大学中华语言文化中心,2008 年,第 136~151 页。

③ 林满红:《印度尼西亚华商、台商与日本政府之间:台茶东南亚贸易网的拓展(1895—1919)》,汤熙勇主编:《中国海洋发展史论文集》(第七辑下册),台北:"中央研究院"中山人文社会科学研究所,1997 年,第 593~595 页。

④ 〔印尼〕李卓辉编著:《坚强奋起百年复兴》,雅加达:联通华文书业有限公司,2009 年,第 111 页。

馆一方面作为华人社会重要的社团组织,在一个国家内部起到联系特定的方言群、地缘、血缘和业缘的个人与群体的作用,进而成为他们的代言人,并扮演该社群与当地政府之间枢纽的角色。另一方面,殖民地时期,它们也是华侨华人移民与殖民政府和国民政府之间的中介人。从横向交往看,它们又成为联结亚洲各地,尤其是东南亚区域内华社跨国(地区)联系的主要平台。华侨史学家巴素曾说过,因华侨拥有任其利用的行会与合作团体的网状组织,使他们能够耳目灵通地工作,并获得同胞及竞争者的互助。[①]

华商借助社团的组织力量和赋予权力的合法性,在支持中国革命运动中,延展与新加坡、马来亚华社之间的跨国政治互动是近代区域华社跨国实践的主要内容。1905 年 8 月,同盟会在东京成立后,次年南洋各地纷纷成立同盟会。1907 年,梁密庵、谢良牧、吴伟康等成立巴城同盟会分会,会员达数万名,为免遭荷兰殖民政府禁止和干涉,分会取名为"寄南社",并在各地成立华侨书报社。南洋华社是孙中山领导革命活动的中心,而南洋同盟会总部又设在新加坡。因而,新加坡成为南洋华社跨国政治活动的宣传、补给和募集捐款的中心。印尼华侨华人政治组织也积极构建与新加坡等地的跨国政治活动,成为南洋区域华社互动的重要一环。

"九一八"事变后,印尼各地华侨华人纷纷成立各种救国组织,如华侨救国后援会、华侨义赈会、救灾委员会等,通过《新报》《天声日报》等声援各种群众运动,发动华侨开展救国活动,筹募捐款和物资,支援祖国军民抗战,救济国内灾民难民。在 20 世纪 30 年代末期,响应爱国侨领陈嘉庚等在新加坡成立"南洋华侨筹赈祖国难民委员会"(简称"南侨总会")的号召,印尼华侨代表洪渊源(印尼《新报》社长)、丘元荣、林福源(时任中华总商会常委、坤甸振强学校主席)等参加大会并当选委员会委员。当时参加南侨总会的印尼各地会员团体共计有 55 个。在南侨总会的领导下,印尼华侨的捐献救国活动也进入一个新的阶段。据估计,自 1938 年 10 月至 1940 年 12 月,印尼华侨每月原认捐 54.4 万元,26 个月共认捐 1415 万元,但实际汇出的捐款额达 3150 万元,比原认捐款增加一倍以上。而且,在南侨总会的号召下,印尼中华商会响应呼吁,号召华侨不用、不买和不卖日货,使日本对荷印贸易大

---

① ［英］巴素著,郭湘章译:《东南亚之华侨》,台北:正中书局,1974 年,第 324 页。

受打击。在 1937 年和 1938 年两年内，日货输出到印尼减少了 48％。[①]

第三，华文教育领域。

20 世纪初华文教育在新马印三地的跨国支持发展，更是区域华社密切联系、跨国互助的重要表现。

在殖民地时代，东南亚各地的华人因为具有共同的身份——华侨，所以关系比较密切，在许多跟中国有关的事情上相互影响。

19、20 世纪之交，东南亚各地，尤其是新、马、印都处在中国民族主义的笼罩下。于是，新加坡的推广华文运动、儒学复兴运动和革新华文教育都获得了槟城、吉隆坡、爪哇华人的响应，呈现出一片热闹的景象。[②] 从 1901 年至 1911 年的 10 年间，马来西亚建立起 10 多所侨校，而当时的荷属东印度各地创办的中华学堂则发展至 65 所之多。[③] 1900 年成立的印尼中华会馆，第一件事就是要求推广华文，并以中国的教育实践为指导对青年进行中国式教育。兹后，印尼各地纷纷创办中华会馆和中华会馆学校，并来信要求总会对华文师资进行支持。而且，新成立的中华会馆学校，不仅获得新加坡林文庆博士在师资方面的支持，1906 年，又应新加坡林文庆邀请，中华会馆派出学生前往新加坡留学。1907 年，复又选派学生 21 人赴中国南京"暨南学堂"学习华文。[④]

第四，社会生活领域。

根据王琛发的研究，槟城峇都眼东山上的诸多墓碑中，有许多并非槟城重要的历史人物，而是来自荷属殖民地的华商。他们生活、创业在荷属殖民地，而死后却葬在英属殖民地的槟城，但历史记忆又是指向中国，是活脱脱的跨国写照。[⑤]

[①] ［印尼］李卓辉编著：《七代联辉》，雅加达：PT. Menaravisi Commerce，2010 年，第 148～149 页。

[②] 李元瑾：《是历史巧合抑或是互动模式？——中国两次社会变革与新加坡华人的回应》，《世界民族》2009 年第 3 期，第 61 页。

[③] 别必亮：《传承与创新：近代华侨教育研究》，石家庄：河北教育出版社，2001 年，第 15 页。

[④] ［印尼］李卓辉编著：《七代联辉》，雅加达：PT. Menaravisi Commerce，2010 年，第 61～62 页。

[⑤] 参见［马来西亚］王琛发：《槟城闽侨的晚清记忆——从林德水的生前死后说起》，《闽台文化交流》2011 年第 2 期，第 57～63 页。

如林德水,墓碑上刻着故乡名称"吾贯",在清代原属漳州海澄,后来改名"鳌冠",今属厦门市海沧区。更重要的是碑上记载的两个身份:一个是"日里"的甲必丹,"日里"是今日印尼棉兰之旧称,过去是荷兰殖民地;另一个"中议大夫",则是由清朝授予的官衔。林德水生前的事业与荣耀是在马六甲海峡西岸的日里;死后,他却长眠在马六甲海峡东岸的槟城。墓碑上还刻着"建隆、建风"两个立碑人的名字。相信他们也是决定了长期居留槟城,才会把父亲葬在槟城的山上。在前英国属地的槟榔屿,这座至今沿用中国"福建"地名的义冢,山上埋葬的都是闽裔华侨,林德水也埋在这里。他的墓碑反映出他效忠清朝,要子孙世代记得"吾贯"。从墓碑看林德水,可以总结出四个关键词:"荷印官员、英殖居民、大清臣子、魂归漳郡。"而力钧在《槟榔屿志略》卷八之《艺文志·书目·钞存》记载,林德水:"候选道三品衔,荷兰授以幼里甲必丹,藏书甚富,厚币延师其子女,殆有志开海外风气者,沪上画报称有《天清阁书目二卷》。"文中的"幼里"其实是"日里"(Jedi)的旧译。与林德水同葬在槟榔屿福建义冢的还有一位邱登果,原籍漳郡海澄县,是和林德水同一期担任荷殖日里的雷珍兰。据张少宽《槟榔屿福建公冢暨家冢碑铭集》,除林德水与邱登果,葬在槟城的荷印属地华官尚有谢崇义、邱珍兰、温拔卿、谢如仁、林安顿。

直到 20 世纪上半叶,日里和槟榔屿,前者属荷兰在印尼的殖民地,后者是英国殖民政府的领地,中间相隔着马六甲海峡。槟榔屿曾经是印尼、马来亚华人跨国生活的轴心。马六甲海峡两岸许多华商都是像林德水一般跨地区投资和贸易,商业遍及"别埠",才会出现这种跨国生活。而像林德水与邱登果诸人的情形,是生意在荷殖印尼、当官在荷殖印尼,而选择英殖槟榔屿作为家居养老以至最后的葬身之地。如此情形之所以发生,实际上是移民、贸易、网络、市场与国家的情势使然。

总之,正是这些不同类型和多元形式的跨国(地区)实践,为印尼华侨华人个人与个人、个人与组织、组织与组织之间的跨国(地区)往来构筑起一个绵密的跨国(地区)网络。它使空间上分隔的东南亚华侨华人社会,尤其是新马印华侨华人社会和中国港澳台地区及华南社会可以在同一时间内互相慰藉,相互支援,发挥着跨国(地区)的关联效应。这一作用也体现出新马印华侨华人社会组织虽然远离祖国、家乡,但它们在国家与社会的联系上同样存在着某种影响;而且,这一影响具有其特殊性。它不是局限于一国的地理疆界之内，而是在跨越国家地理疆界的范围内运作的，进而建构一种全新的新马印华侨华人区域社会，及其与中国的跨国互动形式。

二、独立后印尼华侨华人的困境与奋起

（一）独立后至 20 世纪 60 年代印尼华侨华人的社会发展与困境

1.印尼华侨华人的社会发展——以社团为例的考察

1945 年 8 月 17 日，印尼宣布独立。"同年 11 月间，荷军开到，英属印度将军将受降地区的行政权移交荷军，深为印尼独立军所不满。于是印尼军与荷军发生冲突，英、印（度）军亦受印尼军的攻击，这便开始了为期四年的独立战争。"[①]在荷印（尼）战争中，社会秩序混乱，生活失去保障，然而仍有大量的华人移民到印尼，"在 1947—1951 的四年间，印尼入境的华侨，一年达 1 万多人，比二战前还多。且多为文教中人，这是和过去不同的"[②]。

新客移民大量来到印尼，与同一时期陷入印尼革命军和荷兰殖民军斗争之间的华侨华人勠力合作，逐步开始恢复华侨华人社团以求集体自保。继之不久，华侨华人受新中国建立感染，激发起强烈的民族主义热情。同时，因印尼政府对华侨社团采取了宽松政策，印尼的华侨华人社团组建又迎来一个兴旺发展时期。"据 1957 年的统计，全印尼华侨团体共达 680 个，包括综合性团体 62 个，社会团体 134 个，区域团体 87 个，宗教团体 22 个，职业团体 63 个，商业团体 59 个，文教团体 58 个，康乐团体 57 个，青年团体 87 个，救国团体 11 个，慈善团体 6 个，其他团体 27 个。"[③]其中，主要有印尼侨联总会、雅加达中华侨团总会、雅加达中华总会、万隆中华总会、泗水中华侨团联合会、苏北华侨联合总会等综合性团体，其他还有职业团体、宗乡团体、姓氏团体、慈善团体、文艺团体、体育类团体、宗教团体、学生团体、妇女团体、青年团体、学术团体、校友会、洪门团体等社团组织，以及成立于 1954 年的华裔公民团体组织"印尼国籍协商会"和土生华人组织的新明会、中华协

---

① 陈烈甫：《东南亚洲的华侨、华人与华裔》，台北：正中书局，1979 年，第 367 页。

② 陈烈甫：《东南亚洲的华侨、华人与华裔》，台北：正中书局，1979 年，第 368 页。

③ 朱浤源：《印尼华人社团与文化活动》，朱浤源主编：《东南亚华人社团与文化研究》，台北：中华文化复兴运动总会，1994 年，第 11 页。

会等。由此,印尼华侨华人"通过族性、语言、社团和儒教、族群的凝聚力和广泛的网络,某种程度上增强了他们(华侨)的联系,也提升了影响力"①。

与此同时,经历二战劫难后的华侨华人,开始自传统的、各自独立的宗族姓氏以及职业性、阶层性团体,纷纷趋向组成联合的总会,形成统一的最高领导中心。"这个演变所产生的效果,既是体现了华侨凝聚力的加强和巩固,扩大了团结自救的基础,也适应了中国政府调动华侨力量的要求,又迎合了当地政府利用、控制华侨的需要。"②正是各个华侨华人社团组织的存在,多少年来,当地政府传达政令常透过侨社传达,而华侨遭遇困难时也由侨社自行解决。可以说,华侨华人社团对解决华侨华人社会问题有着深远影响。

然而,此一时期的印尼华侨华人社团,深受中华人民共和国成立后政治分裂的影响,同时又有苏加诺政府的排挤、限制华侨华人政策,故华侨华人社团全面深入政治,"转向中国"。一部分倾向中国大陆,一部分倾向台湾当局,再加上一部分"面向印尼"的土生华人群体,华侨华人的政治热情充分点燃。各种社团组织陷入意识形态的对立,横向上表现为亲中国大陆和亲中国台湾的社团间的斗争;纵向上,同一社团内部人员也分化为政治倾向对立的两派,甚至印尼不同地区的华社也被贴上了政治对立的标签。如笔者在棉兰了解到,苏北省先达市曾被华社称之为"小延安"(亲共产党),而丁宜则称为"小南京"(亲国民党)。两大对立方不仅在报刊上激烈笔战,互相攻讦,有时为争夺领导权还开展过激烈的肢体斗争。更有甚者,华侨华人社团成员家属、亲戚之间也因政治立场不同而产生对立和冲突。除两大支持阵营的对立与攻讦外,"面向印尼"的群体也加入论战,场面甚为火爆。此时期,印尼华人社会陷入严重的对立和分裂。因而,全面复兴的华侨华人社团又走向全面的分化,始终难以统一为一个整体。

然而,1958年,随着苏加诺政府对亲中国台湾群体的取缔性打击,继而苏哈托在1965年之后又对亲中国大陆社团进行限制和禁止,整个印尼的华

---

① Gordon C. K. Cheung, Chinese Diaspora as a Virtual Nation: Interactive Roles Between Economic and Social Capital, *Political Studies*, Vol. 52, 2004, p.679.

② [印尼]游禄中:《印尼华人之命运》,香港:香港时代图书有限公司,2002年,第191页。

侨华人社团再次遭受沉重打击。在苏哈托统治的前20多年，华侨华人社团被禁止，学校和报社也被关闭，华侨华人社会的文化活动趋于停滞，华侨华人开始艰难的转型和调整。但因苏哈托时代后期又允许华侨华人举行宗教祭祀活动，所以华侨华人社会以纪念祖先为名的同姓氏宗亲会仍零星存在。如雅加达的公善社和蕉岭同乡会、万隆的陈圣王庙（即陈姓华人的宗祠组织）等，旨在开展联络情谊以及社会福利的公益活动。① 其他还有一些以慈善为宗旨的基金会和友好协会组织，但都不复有旧日的功能。

一直以来，"侨团、侨校与侨报，被称为侨社三宝。三宝缺乏，无侨社可言；三者缺一，侨社便欠完整。没有侨团，侨社将是没有组织的社会，分歧散漫，平时不能沟通情感、齐一意志，有事时不能守望相助、同舟共济。没有侨校，侨社新生的一代，不谙中国语文，不能知晓中国史地，虽在日常生活中，可自长辈学习到一点东西，但中国人的气质将大失，生活习惯、见解立场，易为当地所同化，侨社将随之而迅速贬值，失去固有面目。没有侨报，不明侨社动态，少知故乡情形，久而久之将使人混沌过日，只知谋生，缺乏较远大的意志，失去生活的意义。所以说，侨团、侨校与侨报，为华社三宝，缺一不可"②。而在苏哈托强制性的同化政策下，华侨华人社会的三宝几近消失，"华人如果没有变得'印尼化'，也是变得更加'土生化'了。那些出生和长大在新秩序时期的华人新一代，因长期在印尼人的学校受印尼文化教育，已经失去了对华语的强烈需要。他们失去了作为海外华侨华人的认同，而变成华裔印尼人的认同。这种转变对他们的政治面向和行为思想产生了极大的影响"③。相应地，华侨华人也逐渐从移居型向定居型社会转变，并完成从"华侨"向"华人"的身份认同转化。

但是，历经1998年五月暴乱之后，印尼政府开始推进民主改革，公民结社与言论自由的权利大为增强。华人经过骚乱的洗礼，民主意识和自我意识重新崛起，遂又为共同权益而选择结社奋斗，并渐次将新秩序时代已"冬

---

① 吴文华：《试论战后印度尼西亚华人社会的变迁》，郭梁主编：《战后海外华人变化国际学术研讨会论文集》，北京：中国华侨出版公司，1990年，第174页。

② 陈烈甫：《东南亚洲的华侨、华人与华裔》，台北：正中书局，1979年，第375页。

③ Leo Suryadinata, Chinese Politics in Post-Suharto's Indonesia：Beyond the Ethnic Approach?, *Asian Survey*, Vol. 41, No. 3, 2001, p. 505.

眠"的社团重新恢复、组织起来,积极开展活动。他们创立了上千个社团,仅在瓦希德上台之后的 1999 年,"印尼全国成立的华人社团有 400 多个"[①],主要类型有综合性团体、宗亲团体、校友会、华裔青年团体、宗教团体、文化教育团体等。其中有些属于复办(如校友会或宗亲团体),但大多数属于新成立的团体,形式各异,活动频繁。它们"以不同观念和使命把华人拢在一起。但这些大都是社会文化组织,带有家族色彩,极力回避政治"[②]。除上述社团外,同时也创办了多家报纸、杂志,如《龙邮报》、《草埔虎报》、《华商报》、《印广日报》、《南风窗》、《拓荒》、《灯塔》、《良心》、《获益》和《新声》双月刊等。

这些适应新形势需要的华人社团功能也各不相同:(1)以民族性为宗旨的社团,其目的与愿望即为组织开放,所有印尼公民都可以成为会员。(2)以同一族群、同一命运与同负一轭为心结的组织,目的是为印尼华裔公民的命运而奋斗,如印华百家姓协会。(3)以同一民系如客家、福建、广府等,同一姓氏如林、陈、黄等,或以同一故乡如梅州、大埔、南安等组成的联谊会、同宗会和同乡会,目的是为会员谋福利。(4)同一信仰的宗教组织,如孔教会(Matakin)、佛教会(Walubi)、印尼道教会(Paguyuban Tao),目的是要提高信徒对教义的体会。(5)校友会,其目的之一是照顾年事已高的前教师们,提供奖学金,建立学校以及展开跟教育有关的活动。(6)基于同一性质活动而成立的组织,其中如援救天灾、歌咏团、文体活动、书画会、旅游团、丧事会等,满足了社会复杂化与专业化的社会需求,是华人社会与时俱进的适应性转变。[③]

而且,"华人社团一向是凝聚华人力量的重要管道"[④]。自苏哈托下台以后,华人仍面对着种种社会压力,潜在的歧视和不公仍存在。因而,他们仍需要发挥社团组织的聚合力量。通过各种社团组织重新建构起华人社会,

---

① 温广益、郑一省编著:《后苏哈托时代的印度尼西亚》,北京:世界知识出版社,2006 年,第 268 页。

② [印尼]许天堂著,龙力译:《华人参政与印尼政治文化革新》,《东南亚研究》2004 年第 2 期,第 14 页。

③ [印尼]陈贤伟著,赖松溪译:《全球化与印华社团的态度》,[印尼]《印华双周刊》2008 年 3 月 15 日。

④ 沈明信:《文教社团——印尼华人寻根处》,[马来西亚]《星洲日报》2000 年 3 月 18 日。

从小聚合走向社团的大联合，从而形成华人的整体意识，即华族意识。这些新近成立的华人社团组织，摆脱了过去家族式、政治色彩极浓的华侨华人社团的影响，淡化了政治，注重经济，关注文化传承，并着眼于华人长期生存和融入当地主流社会的目标。这些"适应社会变动，行业分化，新思想、信仰和科技引进，基于共同兴趣的志愿社团，正超越着地域、方言、亲属关系，甚至种族关系而迅速成长"①，逐步成为华人社会的主导力量。

2. 社团蓬勃发展情势下印尼华侨华人社会面临的困境

印尼虽然于 1945 年 8 月 17 日宣布独立，但直到 1949 年 12 月 27 日，经由联合国出面调解，签订圆桌会议协议，荷兰殖民政府才把政权正式移交给印尼政府。1949 年印尼得到荷兰的正式承认，获得完全独立之后，开始了苏加诺领导时期。因中华人民共和国的建立，华侨华人与印尼原住民之间的矛盾，以及国际上两大阵营的对立格局影响，各种国内国际因素的牵制，这一时期的苏加诺政权还不是很稳定。因而，这一时期印尼的华侨华人政策继承了殖民时代对华侨华人既需要又害怕的"摇摆"政策。

苏加诺完全领导时期的印尼国内百废待兴，经济凋敝，政治帮派林立，宗教冲突不断，政局极度不稳。由于政权还不稳固，印尼政府无论在财力、物力还是人力上都极需华侨华人的支持，而要得到华侨华人的支持，必须使他们成为印尼公民；且基于国家安全要求考虑，也必须使外侨人数减少到最低限度。因此，印尼共和国成立初期，对华侨华人入籍问题采取宽容的政策，实施以出生地主义为原则的国籍法。1946 年 4 月，印尼公布《印尼共和国公民法和居民法》，规定在印尼出生、连续在印尼居住 5 年、已满 21 岁以及已婚的非原住民后裔，如在规定期限内，未向印尼政府申请"脱籍"，即被认为选择了印尼国籍，自动成为印尼公民。1949 年印尼政府与荷兰殖民政府达成的圆桌会议协议，对规定期限做了说明："两年的期限，即从印尼政府于 1949 年 12 月 27 日接收荷印政权之日起，至 1951 年 12 月 26 日止。"②

1950 年 4 月 13 日，中国和印尼正式建立外交关系。作为二战后崛起的新兴国家，两国很快就为共同摆脱帝国主义和殖民主义旧体系而联合起来。

---

① 刘权：《广东华侨华人史》，广州：广东人民出版社，2002 年，第 313 页。
② 暨南大学东南亚研究所、广州华侨研究会编著：《战后东南亚国家的华侨华人政策》，广州：暨南大学出版社，1989 年，第 7 页。

此后,两国领导人频繁互访,政府关系日趋密切,民间往来也更加频繁。两国工会、宗教和文化艺术团体频繁互访,民间友好协会也相继成立。与此同时,因中国国际地位提高,跻身"强国"之列,这促使新客华人群体的民族主义情绪高涨。他们以保留中国籍为荣,国家认同观念倾向中国。且中华人民共和国成立初期,对内执行严管人民出国的政策,对海外华人却继承国民政府实行的"血统主义"国籍法,即只要具有中国血统,就被认为是中国籍,并对他们灌输爱国主义和民族主义的宣传教育。

因此,尽管这一时期印尼政府鼓励华侨华人加入印尼国籍,但新客华人群体中的大多数人对此却无动于衷,依然坚决拒绝加入印尼籍。到1954年,侨生群体的华人绝大多数接受印尼政府安排,自动加入印尼国籍,而新客华人群体的则多数办理"脱籍手续",保留中国籍。当时印尼外侨事务局估计华侨华人约300万人,自动加入印尼国籍的仅有90万人,保留中国籍的有210万人。[①]

不仅如此,受中华人民共和国成立后的民族主义情绪感染,印尼爱国华侨在华侨华人聚集地年年庆祝"十一国庆",且规模逐年扩大,气氛也逐年升温,到20世纪50年代末达到高峰。尤其是1958年10月,雅加达左派华侨社团和华侨学校,总动员组织空前盛大的庆祝活动。大会发言、歌舞表演、舞龙舞狮、锣鼓喧天,歌颂伟大的祖国,歌颂伟大的执政党,歌颂伟大的领袖;《义勇军进行曲》《歌唱祖国》《解放区的天》《社会主义好》等爱国革命歌曲响彻云霄;在华人聚居区,许多住户都在窗口悬挂五星红旗。到访雅加达华人商业区的外国游客,眼见满街的中文招牌和飘扬的中国国旗,耳闻在空中回响的中文歌曲,误以为身居中国城市。有人戏言雅加达华人区是"国中之国"。当时,在印尼华侨左派分子组织鼓动下,印尼华侨成为世界各国华侨中最爱国(爱新中国)的华侨群体之一,以致当时在中国国内,"印度尼西亚爱国华侨"几乎就是"海外爱国华侨"的同义词。[②]

但在1958年,印尼发生"印尼共和国革命政府——全面斗争约章集团"

---

① 萧玉灿:《殊途同归》,香港:香港地平线出版社,1981年,第79页。

② [新加坡]廖建裕:《有关萧玉灿的印尼民族观"华人部族"的一些反思》,《萧玉灿——百年诞辰纪念文集》编委会:《萧玉灿——百年诞辰纪念文集》,香港:生活文化基金会有限公司,2014年,第55页。

的地方叛乱,盛传叛军所用武器来自台湾,且又有台湾新闻媒介的言论支持叛军,印尼政府便宣称亲台华侨华人卷入颠覆活动。于是,时任陆军参谋长的纳苏蒂安(Abdul Nosution)将军于同年10月中旬颁布法令,全印尼约200间亲台湾地区的华校被接管,改为印尼学校。[①] 由此印尼与台湾当局的关系全面中断,进入冰河时期。台湾当局在印尼的办事机构也被迫撤离,许多原本支持台湾当局的华人社团,遭到印尼政府的打击和迫害。[②] 由于雅加达与台湾关系的全面中断,台湾对印尼华侨的影响明显减弱,亲台湾地区的华侨面临着来自印尼政府的空前压力。

虽然如此,立场偏向新中国的印尼华侨日子也并不是一帆风顺。印尼国内的种族斗争与排华运动在苏加诺时期仍如常发生,华侨华人面临的困境和无措并没有缓解。由此,20世纪50年代末流行一首歌谣,"日里天空无比晴,风云肆虐却无情",即是对印尼华侨华人命运变化莫测的写照。

究其因由,实为独立后的印尼面临着从殖民社会结构向现代社会结构的转型。"殖民时期形成的畸形的经济结构并没有明显地变化,而是延续下来,从而在政治结构与经济结构之间形成一种不相适应的关系。原住民有政治权力而无经济权力,权力之间失去平衡,为了打破这种平衡,必然向经济领域展开民族斗争。"[③]因而,自20世纪50年代初开始,历届政府都有颁布一些有关经济问题的法令、条文,矛头都指向华人。如《关于外侨监督紧急法令》(1953年)、《关于外侨登记条例》(1954年)、《关于移民刑事紧急法令》(1955年)、《关于外侨居留紧急法令》(1955年)、《关于外侨税紧急法令》(1957年)、《关于印尼共和国国籍法令》(1958年)等。这些主要针对华侨的条例和法令,限制和打击华侨企业、华侨学校和华侨社团;征收高额外侨人头税,加重华侨生活负担;恐吓申请回中国的青年学生永远不得返回印尼,力图阻止年轻的人力资源外流;严查套汇活动,堵塞宝贵的外汇走私流失;

---

① 暨南大学东南亚研究所、广州华侨研究会编著:《战后东南亚国家的华侨华人政策》,广州:暨南大学出版社,1989年,第15页。

② 顾长永:《印度尼西亚——政治经济与社会》,高雄:高雄复文图书出版社,2002年,第140页。

③ 唐慧:《印度尼西亚历届政府华侨华人政策的形成与演变》,北京:世界知识出版社,2006年,第130页。

等等。特别是印尼政府 1959 年颁布的第十号总统条例,禁止外侨在县以下乡镇地区从事零售商业活动,更是迎合了国内民族主义对华侨剥削论的观点。

而且,1950 年起,苏加诺政府唯恐华侨归化后会成为当地经济上的竞争对手,又采取阻挠华侨加入印尼籍的政策,人为地把印尼人划分为"原住民"和"非原住民"两部分,把华人划入非原住民,两者界限分明,连身份证上也加以区别。为着同一目的,印尼政府又于 1952 年颁布《外侨学校监督条例》,勒令华文学校须依法登记和接受监督,必须以印尼文为必修课。1955年 2 月和 8 月,先后颁发文教部决定书,规定华文学校校长和教师必须通晓印尼文;同年 11 月,颁布《监督外侨教育执行条例》,规定"不准新办华文学校,华文学校不准招收印尼籍学生,教材必须经审批方可采用等"。1958 年起,印尼政府进一步限制华侨社会的民族文化,4 月,颁发文教部决定书,只准在 158 个州、县政府所在地开办华文学校;8 月,在雅加达,亲台湾地区的华侨社团已陆续被取缔;10 月以后,取缔范围扩展到其他各地,违规者将处以 6 年监禁;9 月,某些地方政府以某些借口下令封闭或接管华文学校;10月,纳苏蒂安公布 1958 年第 2 号关于禁止与印尼无外交关系之"外国"侨民设立的各种组织的法令。从 1958 年禁止华文书刊之后,印尼各地华侨的招牌商号即已有被迫改换印尼文者。[①]

新政府在政治上对华人加以镇压和歧视,在经济上实行限制与没收财产。为此,华人得到的是"二等公民"的待遇,甚至失去财产。1958 年以后,政府又禁止华人使用华文和出版华文出版物,华侨团体被迫解散。[②] 尽管两国在 1955 年 4 月也签订了关于双重国籍的条约,由于印尼政府在心理上对华侨的入籍存有戒心,也未能和中国很好地配合解决双重国籍问题。但因这一时期中国和印尼在外交上得以友好相处,相互支持,华侨华人问题尚未成为两国关系的障碍。

作为少数民族,面对政府矛盾政策导致的困局,印尼华侨华人除了服从

---

① 郭婕好:《印尼族际关系中华人的文化困境》,厦门大学硕士学位论文,2007 年,第28 页。

② [日]陈燕南著,乔云编译:《印度尼西亚华人及其经济地位》,《南洋资料译丛》2013年第 3 期,第 74 页。

现政府之外没有多少选择余地，"毕竟是华人的经济利益，而非文化感情使华人强调华人意识"①。这种政治上宽松，经济上歧视和限制的政策，使过去以来一直以经济活动为主的华侨华人经济倍受打击。为了维护自己的经济利益，减少在印尼的不确定性，一部分华侨开始被动做出政治认同的转向，加入印尼国籍。而亚非会议之后，中国不承认双重国籍的政策变化更是促动一部分华侨政治认同开始转向。

（二）苏哈托统治时期印尼华侨华人的转型与奋起

二战以后的东南亚各独立国家都面临着整合破碎、多元多样的社会族群的需要，因此而开始了"国族"的整合过程。在这急剧变化的境遇中，"东南亚华人因是少数民族，永远感觉不安全，对认同也是犹豫不定。这种不安全感迫使他们做出改变，以适应这一地区快速变化的政治和经济环境"②。

印尼华侨华人也面临此种情形。"一方面，由于他们出生并成长在印尼由殖民地社会向民族主义国家的过渡时期里。其间，政治制度在转型，经济结构在变革，社会群体在重组，民族（部族）关系在调适，文化主导在转向，这造成外部情势错综复杂。另一方面，由于纵贯印尼基本国策、治国策略和对华政策发生多次巨变的苏加诺时代，历经印尼多次排华、反华的血火炼狱和印中关系的起伏跌宕，其外部处境险象环生，这样的外部情境，不能不导致印尼华人社会'二分多元'格局的调整与变化。"③这一转变是一个痛苦、艰难的过程，是与印尼社会从殖民社会结构向现代社会结构转变所经历的动荡历程息息相关的。

因为，独立后的印尼政府为缓解、转移治理无力的国内矛盾，不断地在经济领域展开民族斗争。因而，20世纪50年代开始，历届政府都有颁布一些与华侨华人有关的经济问题的法令、条文，迎合国内民族主义"华侨剥削

---

① 潘翎主编，崔贵强编译：《海外华人百科全书》，香港：三联书店（香港）有限公司，1998年，第167页。

② Yen Ching-hwang, Ethnic Chinese Culture in Southeast Asia：Continuity and Change，edited by Yu Chunghsun，*Ethnic Chinese*：*Their Economy*，*Politics and Culture*，Tokyo：The Japan Times，Ltd.，2000，p.235.

③ 杨启光：《雅加达华人新生代的考察分析——兼论各次文化群体在"印尼华人文化"建构中的整合》，《华侨华人历史研究》2004年第3期，第36页。

论"的观点,1965年苏哈托上台后更甚。因而,整个20世纪60—70年代都是印尼华侨向华人的痛苦转型时期。政府采取了严格限制华侨入籍的政策,并在社会文化方面采取强制同化的措施,使华侨华人不敢公开展示华人特性,被迫改为印尼人姓名。华侨华人的文化活动几乎全部消失,民族感情受到严重伤害。而且,正从华侨向华人社会转变的他们,必须要在一夜之间转变为"华人社会",面向当地,同原住民(特别是优势民族)建立关系,并探索一个相互尊重、友好合作的模式,这使他们经历着巨大的磨炼和痛苦,处于两难抉择的困境中。与此同时,在政府高压政策之下,选择留在印尼国内的华人开始了认同的全面转向。他们不断地自我改变和调整,力求主动适应变化中的印尼政策。尤其是中印(尼)关系的完全中断,更是加快了华人自身的转型,加强了对居住国的归属感。不管是被迫还是表面上的行为,绝大部分华侨华人入籍印尼,政治认同全面转向印尼,文化认同面向印尼的进程愈益加快。华文教育被取消了之后,华人子女被迫进入印尼各级学校学习,接受了印尼文化教育,并在公开场合使用印尼语,使用印尼的姓名等。

客观来说,华人社会的去向和发展,关键在于经济认同。"华人的前途在于深深扎根于所居住的土地,这才能结出丰硕的成果。必须和当地结成须臾不离的经济关系,居住国的繁荣和进步需要华人的努力和奋斗;华人的发展也离不开居住国的繁荣和发达。"[1]在经济上,苏哈托时代对华人的基本政策又恰好为华人实现经济认同提供了有利条件。"据1980年统计,占当时印尼人口1.5亿的5%左右的华人,拥有8923家企业,占全国企业数的41.7%,而原住民则拥有12474家企业,占58.3%;雇用50人以下劳工的中等企业中,华人占50.2%,原住民占45.8%;从上述数字说明,在私人经营的大、中、小企业中,华人具有相当的实力。"[2]华人经济越是在印尼发展,其对印尼国家的附着性越强,对印尼国家的政治认同更是强烈。这也是迫使华侨华人必须转向的重要因素。

随着国际形势的变化、印尼国内经济环境的改善,印尼华人面临的社会

---

① 吴文华:《试论战后印度尼西亚华人社会的变迁》,郭梁主编:《战后海外华人变化:国际学术研讨会论文集》,北京:中国华侨出版公司,1990年,第173页。

② [印尼]游禄中:《印尼华人之命运》,香港:香港时代图书有限公司,2002年,第226页。

压力逐步减小，并在政府强制同化政策下，华人转型的进程愈发加快。同时，"因应未来印尼与中国恢复正常关系的可能，苏哈托政府认为，若有太多的外籍华人存在，对印尼社会安全来说确是一大威胁。简化办理公民手续，让更多的华人变成印尼人，使他们整合进印尼社会，毫无疑问，这才是政府当下应考虑的重点"①。遂于 1980 年 2 月，苏哈托颁布第 13 号决定书，规定"外侨只要符合 1958 年第 62 号法令第 5 条的条件（年满 18 岁、在印尼出生、有固定职业）可申请入籍。已连续在印尼住满 5 年或不连续住满 10 年者也可申请入籍。申请者出示有关证件，交 3000 盾行政费用、经地方法院审核被认为没有疑问者，即可取得印尼国籍的证件"②。"按照官方统计，到 1980 年为止，在印尼大约有 100 万外籍华人，其中 914111 人是中国公民，122013 人是无国籍，1907 人是所谓的'台湾人'。"③而在新的国籍法颁布之后，"截至 1980 年 4 月止，"印尼全国已有 820433 名外侨申请加入印尼国籍"④。华人已经 90% 以上（有说 98%⑤）已成为印尼籍公民。这更进一步促成了华人扎根于当地。到 20 世纪 70 年代末 80 年代初，以华人基本完成国籍的转变为标志，印尼华侨华人实现了政治认同的转向，进入了华人社会时期，但文化认同仍是华人问题的焦点。

尤其是 1998 年的五月暴乱给予华人沉痛的教训。它揭示了没有政治地位，所有的经济活动都是很脆弱的。对于华人来说，不管是否已经全面认同于印尼社会，"华人特性"是不可能改变的，只要有排华事件，还是会受到影响。骚乱之后的华人遂改变了过去专注于经济活动，甚少关注政治权利和社会地位问题的局面，开始反思过去主动或被动放弃华人特性和政治权利的行为。他们认识到需要保持华人族群的特性，保存华人意识，积极寻求华人族群的整体意识，以便在政治体制的范围内团结起来并争取权益，减少

① Leo Suryadinata，*The Culture of the Chinese Minority in Indonesia*，Singapore：Marshall Cavendish International Private Limited，2004，p.10.

② 黄昆章：《印尼华侨华人史（1950 至 2004 年）》，广州：广东高等教育出版社，2005 年，第 175 页。

③ Leo Suryadinata，*The Culture of the Chinese Minority in Indonesia*，Singapore：Marshall Cavendish International Private Limited，2004，p.10.

④ 蔡仁龙：《印尼华侨华人概论》，香港：南岛出版社，2000 年，第 202 页。

⑤ 温北炎：《印尼华人社会的发展与前景》，《八桂侨刊》2001 年第 4 期，第 4 页。

政治动荡带来的冲击。而苏哈托的下台则缓解了长期以来受抑制的社会氛围,"一些华裔印尼人把苏哈托的下台看作一个机会,这促使他们创建族群面向的政党或社会文化组织"①。一系列华人政党和社团组织也顺势成立,由此也点燃了华人参与政治和社会活动的热情。

许多华族青年开始公开表达想法,积极广泛地参加学生运动。如 2000年 5 月 11 日,约有 25 名华人青年在雅加达总统府外示威,公开要求审讯前总统苏哈托等人,并为华人在过去多次骚乱中所受到的迫害负责。这次示威在印尼来说只能算是小规模,但对于当地华人来说却是迈出了不寻常的一步。印尼事务学院院长克烈登说:"多年来华人不能表现自己的文化,现在他们可以示威了,这是印尼的一大转变,显示出华人终于得到了政治权利。"②正如迈克尔·舒德森(Michael Schudson)所说,"在社会之外生活的,唯有当他们被纳入社会之时,他们才感到与政治中心相去甚远乃是对他们自己的一种损伤"③。

政治危机和社会动乱结束了苏哈托 32 年的强人铁腕政治,印尼终于迎来民主化和自由化的潮流。但这种变化并不是人们预期的那样理想和简单,而是以混乱、失控、贫困、慢性危机为代价。"印尼正处在一个转型时代。"④在新的转型时期,华人精英已意识到肩负的历史责任。他们为争取公民合法权益正在不懈地斗争,并努力使华人成为印尼民族大家庭中的一员。"他们要求印度尼西亚社会和国家接受华人及其文化,承认华族作为印度尼西亚民族国家内的一个民族存在和发展的权利。"⑤某种程度上,华人认为,"显示自己的认同倾向是重要的。这是为了向世人再次说明,接受他们华人性的增加并不是意味着他们很少'印尼化',同时做一个好的华人和好的印

---

① Leo Suryadinata,Chinese Politics in Post-Suharto's Indonesia:Beyond the Ethnic Approach?,*Asian Survey*,Vol.41,No.3,2001,p.506.

② 方金英:《东南亚"华人问题"的形成与发展:泰国、菲律宾、马来西亚、印度尼西亚案例研究》,北京:时事出版社,2001 年,第 139 页。

③ [美]迈克尔·舒德森著,李贝贝译:《文化与民族社会的整合》,《国际社会科学杂志(中文版)》1995 年第 1 期,第 83 页。

④ 温北炎:《印尼问题国内外近期研究述评》,《东南亚研究》2002 年第 2 期,第 4 页。

⑤ 贾都强:《印度尼西亚华人社会转型与发展面临的重大挑战》,李文主编:《东亚社会的结构与变革》,北京:中国社会科学出版社,2005 年,第 147 页。

尼公民，一样热爱自己的印尼国家。这一点他们都能做到，是不容置疑的"[1]。同时，华人社会也在深刻反省，努力消除融入主流社会的思想障碍和各种弊端，主动与印尼人民同舟共济，一起克服经济危机和社会动荡造成的各种困难。

经历磨难的印尼华人在完成政治、经济认同的转变之后，目前最大的问题，就是对认同的困惑和在当地社会的定位。[2] 一部分华人认识到，受到苏哈托时代抑制而产生的文化"失根"现象，已使一部分华人失去了族群特性，潜藏着族群危机。为此，华人社会开始了为保持华族特性的文化"寻根"与文化再造。如开办夏令营、举办文化节、举行座谈会、恢复华文教育、兴建传统社团组织等，都是试图恢复华人文化意识的行动。当然，我们不能说这是一种"再华化"的现象，应该说这是一种全球化与地方化相互作用的标志。不仅印尼华人社会，世界其他各地的华族社会，包括其他民族，近年来也都掀起了寻根热。这种为"植根"而"寻根"的传承中华文化活动，正随着印尼华人参政意识的提高而不断勃兴。

综上所述，我们可把二战后的印尼华侨华人发展归结为三个时期。第一阶段为华侨社会向华侨华人社会的转变。第二阶段是 20 世纪 70 年代中后期，东南亚国家纷纷与中国建交和中国于 1978 年开始实行改革开放政策，这个阶段华人绝大部分加入了当地国籍，华侨华人社会完成向华人社会的转变。第三阶段为 1997 年亚洲金融危机之后，东南亚国家经济受到严重打击，国力下降，而中国经济发展迅速，增强了中国在东南亚地区的影响力，华族在各国实行多元种族和多元文化的政策中受益。[3] 三个阶段的华人转型各有侧重点，主要是从经济同化、政治同化，到全面融合的转变，是从被动到主动的过程。尤其是后苏哈托时代开始，华人在主动转变的同时，也逐步

① Tim Lindsey, Reconstituting the Ethnic Chinese in Post-Suharto Indonesia: Law, Racial Discrimination and Reform, in *Chinese Indonesians: Remembering, Distorting, Forgetting*, edited by Tim Lindsey & Helen Pausacker, Singapore: Institute of Southeast Asian Studies, 2005, p. 100.

② Sarah Turner, Pamela Allent, Chinese Indonesians in a Rapidly Changing Nations: Pressures of Ethnicity and Identity, *Asia Pacific Viewpoint*, Vol. 48, No. 1, 2007, p. 113.

③ 温北炎：《试比较印尼与马来西亚华人融入当地主流社会的程度》，《东南亚纵横》2003 年第 1 期，第 49 页。

有意识地恢复族群性认同,仍然在寻找着自己的生存空间。"但现在来说,在一个不稳定、正经历着向民主缓慢变迁的社会,这将不是一个简单的过程,而且结果也是不可预测的。"[①]

第二节　共性与个性:印尼棉兰华侨华人社会的形成与发展

一、荷属殖民时代棉兰开埠与印尼华侨华人社会的形成及发展

(一)棉兰开埠及其简要历史

棉兰,印尼文为 Medan,因闽南人将"d"发声为"l",所以汉语翻译采用闽南音译,即"棉兰"。印尼语中对 Medan 的解释有几种说法。《印尼语汉语大辞典》中将 Medan 注释为"场地、平原"之意,另有形容为富饶的土地之意。还有一个富有争议的解释即"战场"之意,所以印尼文教育中又将棉兰说成是一个"残酷"、充满"暴力"、"诉诸武力"的地方。就笔者的观点来说,前两种意思较为确切。

棉兰市为印尼北苏门答腊岛省(印尼语为 North Sumatera Utara,行文中简称苏北省)省会,西临印度洋,东濒马六甲海峡,与马来西亚相望,北接亚齐省(Ache),南与西苏门答腊省相邻,是一个以穆斯林居民为主,也拥有大量基督新教、天主教、佛教教徒,民族混居交杂的省份。棉兰,是苏门答腊岛第一大城市,印尼第三大城市(第一是雅加达,第二是泗水),人口 200 多万(2000 年统计)[②],主要有华族、马达族(Batak)、马来由族(即马来族,Melayu)、米南加保族、爪哇族、阿拉伯族、印度族等。华侨华人约占 25% 的比例,有 40 万~50 万人口,大部分经商,市内半数以上的商店为华侨华人所

① Tim Lindscy, Reconstituting the Ethnic Chinese in Post-Suharto Indonesia: Law, Racial Discrimination and Reform, in *Chinese Indonesians*: *Remembering*, *Distorting*, *Forgetting*, edited by Tim Lindsey & Helen Pausacker, Singapore: Institute of Southeast Asian Studies, 2005, p. 101.

② 《印尼苏北西河九龙堂林氏宗亲会世纪纪念特刊》,第 200 页。

有。在 1870 年，作为一个外国商业中心城市，棉兰因其处于苏门答腊东岸
西方种植园区与日里勿拉湾港口的沿岸区位上，从而由一个小的村庄发展
起来，成为一个拥有西方特征的城市中心。它由一系列相互区隔的族群社
区组成，例如华侨华人生活圈、印度人和西方人生活圈。[①]

旧时的棉兰是日里(Deli)河与巴布拉(Babura)河交界处的一个小乡村，
由当时的日里苏丹所掌控。"1641 年 6 月，由 Arent Patter 率领一艘荷属东
印度公司的船，载着一些奴隶，在日里河畔停靠上岸。"[②]这标志着荷兰人开
始涉足这一带。直到 1824 年英国与荷兰签订了《伦敦条约》[③]，才确认了苏
门答腊岛归属荷兰的势力范围内。荷兰殖民者虽然意识到该岛有着重要的
经济和战略地位，但直到 19 世纪中期，也仅仅只占领沿岸的几个定居点，没
有继续深入。因为如果继续扩张，需要花费大笔的金钱，还需要充分的殖民
政府人员来为控制该地区服务。由于人员不足，荷兰人"很少派驻军队和提
供行政管理费用达致殖民控制的动机"[④]。

直到在 1863 年荷兰人雅各布·尼恩胡斯(Jacob Nienhuys)和埃利奥特
(Elliot)得到日里苏丹的允许，获准租借靠近老武汉(Labuhan)[⑤]的土地种植
烟草，"才有荷兰人深入卷入这一地区的行为"[⑥]。自此，也开始了日里地区
的种植园历史。由于这里的烟草质量上乘，利润丰厚，促使欧洲商人趋之若
鹜。"除尼恩胡斯发起成立的'日里烟草公司'之外，其他较有名的烟草公
司，如斯连姆巴哈公司(Senembah Company)、日里巴达维亚公司(1875 年)、
阿姆斯特丹日里公司、阿连斯布鲁格烟草公司(Arendsburg,1877 年)和联合

---

① Edward M. Bruner, Urbanization and Ethnic in North Sumatra, *American Anthropologist*, Vol. 63,1961,pp.512-513.

② Tengku Luckman Sinar SH, *The History of Medan in the Olden Time*, Medan: Percetakan PERWIRA, 2005, p. 24.

③ Thee Kian Wee, Plantation Agriculture and Export Growth: An Economic History of East Sumatra, 1863—1942, Ph. D. Dissertation, University of Wisconsin,1969, p. 1.

④ Christopher Airriess, Port-centered Transport Development in Colonial North Sumatra, *Indonesia*, Vol. 59, No. 59, 1995, p. 68.

⑤ 今属棉兰市管辖的一个县，是棉兰 19 世纪末到 20 世纪初的主要港口，华人劳工曾
大量从此登岸，今天的港口附近仍有华人居住的街道。后因泥沙淤积，逐渐荒废，为另一深
水港勿拉湾(不老湾,Belawan)所代替。

⑥ 温广益、蔡仁龙等编著:《印度尼西亚华侨史》,北京:海洋出版社,1985 年,第217 页。

朗葛种植公司(The United Langkat Plantations Company)等也纷纷成立,并不断向周边扩展。仅仅在尼恩胡斯在苏门答腊东岸建立第一个西方企业之后的 25 年的时间内,这个地区的景观已完全改变了。短时期内,庄园农业已经遍布东苏门答腊沿岸了,包括南至亚沙汗(Asahan)河,北达巴淡干河地区,南北距离达 200 公里的范围。""在 1884 年日里变成了世界最重要的烟草生产地区之一。相应地,阿姆斯特丹也变成了世界最重要的烟草交易市场。"[1]棉兰则"作为世界舞台上连接农业边疆区和主要的农业资源消费者——遥远的工业化世界"[2]的结点而发展起来。到 1932 年止,北苏门答腊已占有印尼群岛橡胶出口的 49%,世界橡胶生产的 11%。通过勿拉湾的出口货物,如茶、咖啡、剑麻和波罗麻(sisal)从 1914 年的 26032 吨,到 1938 年就飞升到 405709 吨。[3]

为配合烟草种植企业发展,以及橡胶、可可、棕榈等种植产业的生产与销售需要,具有便利水路交通和深厚内陆腹地的棉兰,从过去的军事战略重地成为大量人群聚集的生活中心。城市中开始兴建很多基本设施,如"由棉兰至老武汉铺设了铁路,通了火车,1885 年兴建伊丽莎白医院,1886 年架设电话线,1887 年兴建迈摩安王宫(Istana Malmoon),其他建筑物也陆续兴建起来了,交通和通信飞快发展,当时荷兰殖民政府很快采用相应的管理方法……把棉兰作为重点和中心升格为一个城市。1870 年把棉兰定位为苏门答腊东部的州府。1884 年定为省府"[4]。自此开始,棉兰逐步取代了之前建立的先达、民礼、直名丁宜等小型聚居中心,作为一个区域中心城市发展起来。到 1918 年,棉兰成为荷属印尼时代的直接领地,城市自治区有了第一个市长巴郎·迈克威(Baron Daniel Mackay),辖有各沙湾(Kesawan)、苏盖(Sungai)、冷吉(Rengas)、贝蒂萨哈·胡鲁(Petisah Hulu)和贝蒂萨哈·黑

---

① Thee Kian Wee,Plantation Agriculture and Export Growth: An Economic History of East Sumatra,1863—1942,Ph. D. Dissertation,University of Wisconsin,1969,p. 7.

② Christopher Airriess, Port-Centered Transport Development in Colonial North Sumatra,*Indonesia*,Vol. 59,No. 59,1995,p. 65.

③ Christopher A. Airriess, Global Economy and Port Morphology in Belawan, Indonesia,*The Geographical Review*,Vol. 81,No. 2,1991,p. 188.

④ 2008 年 2 月 28 日笔者采访棉兰张洪钧及苏北客属联谊会会所时,张氏所提供资料。

叻尔(Petisah Hilir)。[①] 而一战后到二战前，由于世界资本主义发展，对橡胶、棕榈等原料的需求飞速增长，作为资源集中地的棉兰市步入发展的黄金时期，大量设施得到建设，城市交通显著改善，生活娱乐设施繁华，成为荷属印尼外岛的重要商业中心。

(二)独立前棉兰华侨华人社会的形成与发展

欧洲人尚未出现在印尼外岛前，华侨华人常与土著统治者结盟，牟取经济利益。与爪哇人口稠密，华侨华人多为中介商不同，生活在地广人稀、资源丰富的外岛华侨华人，更加多样化，以劳工、小农、小商人与工匠居多。他们职业不同，地位有别，但都对外岛早期的开发做出了贡献。至 19 世纪中叶，荷兰开始在苏门答腊岛建立大农场，种植树胶与烟草，但因缺少劳工，遂于香港与汕头设站，招募华工。"在荷兰殖民时期，日里包括了棉兰和棉兰附近各地区，如甘光巴路、日里、丹绒莫拉哇、巴敢、新邦帝甲、直名丁宜等地区，主要涵盖今天的苏北地区。所以中国人当时到苏北来，都说是日里过番。"[②]

"大规模的中国移民来到苏门答腊开始于日里、朗卡特和实丹(塞尔当)烟草种植园的兴建(1864—1870)。"[③]"1885 年，日里烟草公司、阿姆斯特丹日里公司、日里巴达维亚公司、阿连斯布鲁格(Arendsburg)烟草公司经理，委托来华执行某项任务的荷印殖民政府的汉语翻译官员赫鲁特(J. J. M. de Groot)，顺便关照日里种植园的招工事宜。"[④]自此之后，日里地区直接从我国的厦门和汕头两地大量招募华工充实种植园劳力。"1870 年，苏门答腊东岸的某些烟草种植园，已有华工 4000 人，另爪哇工人约 150 人。此后至 19世纪 80 年代，随着苏岛东岸各类种植园(园坵)的广泛开发，华人苦力才被

---

① Tengku Luckman Sinar SH，*The History of Medan in the Olden Time*，Medan：Percetakan PERWIRA，2005，p. 70.

② [印尼]戈樱：《芒果树下》，第 144 页，未刊稿。

③ [印尼]许天堂著，周南京译：《政治漩涡中的华人》，香港：香港社会科学出版社，2004年，第 192 页。

④ 温广益、蔡仁龙等编著：《印度尼西亚华侨史》，北京：海洋出版社，1985 年，第220 页。

大规模地输入。"[①]"从 1888 年起,到 1908 年的二十一年间,契约华工平均每年以 6295 人的数目从汕头直接移入日里。"[②]尤其是在"1913 至 1928 年的十六年间,契约华工(不包括其家属子女)每年平均以 4754 人的数目移入日里"[③]。大规模的"苦力贸易"形成了中国移民潮,在数量上壮大了华侨队伍。但他们持有的血亲关系、祖籍观念、衣锦还乡、落叶归根思想,以及中华文化优越感等,对他们保持对中国政治、种族、文化和经济上的忠诚,客观上导致棉兰新客华侨社会的形成,以及"出现华侨社会与当地社会并存的二元社会结构"[④]产生了重大影响。

大量存在的中国劳工,以广东的潮汕、梅州、嘉应、海南、广肇以及少量的闽南泉州、厦门等地的为主。他们从老武汉码头进入日里地区后,主要分散居住在各个种植园中,并由各荷兰殖民者任命的华人工头负责管理。"整个苏岛东部的农垦区一般是潮州人先到,客家人继之,两者占全农垦区华人的大多数,然后福建人追踪而来,从事于服务性的日用品生意。以日里为例,各方言群至 1930 年的比例如下,福建人,占总人口 24.3%;广东人(艺匠),占 21.1%;潮州人,占 21.8%;客家人(小商人与农场工人),占 8.7%。"[⑤]到 20 世纪初,整个印尼外岛的移民多为中国人,按 1930 年的统计,"爪哇的华人只有五分之一是在中国出生的;而同时期的外岛华人,却有超过半数来自中国"[⑥]。这是形成外岛新客华人与爪哇土生华人群体分立与隔阂的重要原因。

华侨在各园坵的日常生活需要,促使了经商华人的进入,"1867 年,在老

①　Anthony Reid，Early Chinese Migration into North Sumatra，in *Studies in the Social History of China and Southeast Asia*：*Essays in Memory of Victor Purcell*，edited by Jerome Chen，Cambridge：Cambridge University Press，1970，p. 318.

②　温广益、蔡仁龙等编著:《印度尼西亚华侨史》,北京:海洋出版社,1985 年,第 221 页。

③　温广益、蔡仁龙等编著:《印度尼西亚华侨史》,北京:海洋出版社,1985 年,第 222 页。

④　方金英:《东南亚"华人问题"的形成与发展——泰国、菲律宾、马来西亚、印度尼西亚案例研究》,北京:时事出版社,2001 年,第 17 页。

⑤　Anthony Reid，Early Chinese Migration into North Sumatra，in *Studies in the Social History of China and Southeast Asia*：*Essays in Memory of Victor Purcell*，edited by Jerome Chen，Cambridge：Cambridge University Press，1970，p. 318.

⑥　潘翎主编、崔贵强编译:《海外华人百科全书》,香港:三联书店(香港)有限公司,1998 年,第 160 页。

武汉已有经商的华人约1000人"[1]。"到19世纪90年代中期,已有7个华人拥有的船运公司,它们以新加坡和槟城为基地,用9条溪流操控着北苏门答腊至两个海峡殖民地的客运业。"[2]在荷兰种植园经济开始以前,属英国殖民管辖下的苏门答腊沿岸城市中,已有华人从事贸易活动,并"主导着苏门答腊进出口商品的往来"[3]。随着殖民者的到来,虽华人贸易的主导地位受到削弱,但许多华人在荷兰殖民统治未能涉及的领域里,仍能通过自身的服务和优势,在苏门答腊一些腹地城市与海峡殖民地的港口间发挥着重要的商业中介作用,"这种紧密联系的证据,可从直到20世纪20年代北苏门答腊仍在使用海峡货币(the Straits Dollar,称叻币)得以证明"[4]。

之后,考虑人力成本需要,殖民企业开始减少中国劳工的输入,逐步大量使用爪哇劳工,这更加促使了华人向商业移民的转变。作为连接资源腹地和勿拉湾港口的棉兰市政管理体系建立后,城市独立地位也得以确立,发展十分迅速,渐成外岛商业中心、荷兰殖民者的主要据点。城市的发达,经济的繁荣,吸引着华人从马来亚的槟城、泰国合艾、缅甸仰光与英属新加坡等地移入。数量较大的是闽南一带的华人,他们以经商为主,抱着寻找生意机会的目的从周边再移民而来,与早期以粤北、粤东一带的华人苦力有所不同,他们是带着资本而来。据采访卢萌德[5]得知,过去广东人大量移民到苏北一带,最初是作为契约劳工,应该属于较早的移民群体,后期一些摆脱劳工身份的广东人通过经商也逐步进入城市,进而带领家人陆续移居棉兰。而福建人作为劳工进入苏北较少,更多的是在勿拉湾港开埠后,因经商而再移居,与槟城、吉打、合艾、仰光等共同形成一个福建人贸易与文化圈。作为后来者,福建人没办法拥有土地及码头,因而进入市场较早。

---

① Tengku Luckman Sinar SH,*The History of Medan in the Olden Time*,Medan: Percetakan PERWIRA,2005,p.27.

② Christopher Airriess,Port-centered Transport Development in Colonial North Sumatra,*Indonesia*,Vol.59,No.59,1995,p.76.

③ Christopher Airriess,Port-centered Transport Development in Colonial North Sumatra,*Indonesia*,Vol.59,No.59,1995,p.69.

④ Christopher Airriess,Port-centered Transport Development in Colonial North Sumatra,*Indonesia*,Vol.59,No.59,1995,p.77.

⑤ 祖籍惠州,为棉兰鹅城慈善基金会董事会成员。

　　像其他地域华人群体一样,棉兰华人移民的职业分布也具有地域性。如广东人在园圻中工作,少数为木匠;福州人开咖啡店,住在马达山区的较多;兴化人踩脚踏车;闽南人以经商为主,也有一些开杂货店。因为闽南人的经济占优势地位,逐渐地,苏北一带形成了以闽南方言为主,并融入了一些潮州话、福佬话的混杂性语言。整个苏北地区应是广东人人数占优势,但在棉兰城市中,则是福建人占优。而且,因福建人经济实力较强,又主要生活在城市,居于市场流通的中介地位,其语言成为通行性语言也就成为必然。据采访廖章然[①]得知,在当时的华人社会如果不能说一口好的闽南话,不仅会有碍生意往来,而且会让人看不起。

　　随着棉兰城市发展,人口随之增加。1905 年棉兰城市人口数仅仅为14250 人,到 1920 年就增加到 45248 人,其中欧洲人 3128 人,土著 23823人,东方外国人 18297 人(主要是由华人、阿拉伯人、印度人及其他民族人口组成)。而且棉兰城市人口的大多数来自其他区域,这构成一种特殊的移民文化。[②] 据 1930 年的统计,棉兰人口总数为 7 万余人,其中华侨人口有27000 人,约居总人口数量的三分之一,以此比例而言,其数量已超出荷印首都巴达维亚。[③] 棉兰的华侨社会与爪哇各地的华侨社会相比较,祖籍国带来的文化习俗影响较深,地方色彩也较浓厚,因而互相的摩擦纠纷也较多。

　　说到早期棉兰华人的管理,首先要提到时任棉兰玛腰的张榕轩和张耀轩兄弟。两人早年因家贫而前往南洋谋生,利用棉兰开发经营的良机,以农作物种植起家,并在日渐兴起的棉兰市经商、创办银行,成为全棉兰首屈一指的富豪。因两人的开埠首功,又具有较强的经济实力,遂为荷兰殖民政府任命为玛腰,以协助管理棉兰华人:

　　　　和(即荷兰)政府进略棉兰,思辟为首邑,而和商于园中所佣工类皆闽广游民,门别户分,时事械斗劫掠,和官苦之耳。公(张榕轩)与熠南公(张耀轩)名先后,任以老富坑(老武汉)及棉兰雷珍兰,职华人事,咸

---

　　① 华人社会活动家,担任棉兰鹅城慈善基金会董事会秘书、苏北华联副理事长、苏北印华总会地区督导等社团职务。

　　② Tengku Luckman Sinar SH, *The History of Medan in the Olden Time*, Medan: Percetakan PERWIRA, 2005, p.72.

　　③ 刘焕然:《荷属东印度概览》第四编,新加坡:南洋报社,1930 年,第 57 页。

依赖焉时。公年仅二十有四，受职之始，即与和官订约，安抚流寓、剔除烦苛，市尘差安，地方政务亦得进行。[①]

张氏两兄弟作为协调、管理当地华人的侨领，解决中国劳工的生活问题，在棉兰独资创建敦本学校，建造济安医院、麻风病医院等。同时，为融洽族群关系，两人为当地土著民族捐建了清真寺，也为修建日里苏丹王宫捐赠了大量钱物等。两人因势利导，切身为华人利益着想，秉公处事，当时闽广两地侨民虽然有帮派斗争，但都认可张氏兄弟作为华侨的领袖地位。正如后人评价所言：

> 苏岛各埠数十万生灵，日处水深火热之中，其颠沛流离，诸苦无可告语，幸公坐镇其地，视为虐政，即与外人力争，今得自由空气，安居乐业。[②]

移居海外的中国人大多是由于社会、经济等原因而漂流域外谋生的。在国内时他们不可能受到任何资本主义生产方式的"基础训练"，移民到海外后的一个很长时期内也没能进入或未建立起资本主义的经济体系。作为契约劳工被成批地从家乡运往海外时，他们所带走的一切社会关系仍主要以封建地域性的社会联系为基本特征。中国社会原有的传统组织从形式到内容都原原本本地"复制"到海外，并被完完整整地保留和延续下来，且在居住地捍卫自身生存和发展的斗争中得到了强烈体现。[③]

荷兰殖民统治下的棉兰华人，像爪哇等地华人一样，受到荷兰殖民政府在行动和居住方面的限制，经济上被排挤和敲诈勒索，法律地位上又与原住民属于社会最低等，教育上受到排斥。这些歧视、排挤和剥削的政策，促使棉兰华人开始了反抗和自救。在 19 世纪 90 年代的日里烟草种植园，陈炳益、吴士升、李三弟、杨桂林、吴蜈蚣 5 个契约劳工因不堪忍受荷兰园主和监工的无理虐待，联合起来杀死荷兰监工，并英勇牺牲。后人为纪念五人的壮

---

① 谢则直：《当代事业大家张公鸿南传略》，《张耀轩博士拓殖南洋三十年纪念册》，未刊稿，第 1 页。

② 谢则直：《当代事业大家张公鸿南传略》，《张耀轩博士拓殖南洋三十年纪念册》，未刊稿，第 5 页。

③ 杨连峰：《转型期以来美国华人社的嬗变》，暨南大学硕士学位论文，2006 年，第 2～3 页。

烈事迹,在棉兰市郊修建了"五祖庙"以供敬仰,揭开了华人不堪奴役而反抗的序幕。其他还有消极怠工、逃跑和自杀,以及联合杀死或打死荷兰殖民者的事情。

同时,为应对荷兰的各种剥削和歧视政策,在不能得到中国政府帮助的情况下,棉兰华人也自发成立各种社团组织,如中华商会、苏岛中华商会联合会、苏岛华商糖米杂货公会、中华油漆工会等各种商会、行业公会及职工工会等,以维护自己的商业利益;利用社团组织合力出资建造华文学校,如苏东中学、养中学校、福建学校、中华学校等陆续建立,开辟了华人受教育的机会,提升了华人的文化水平;创建报社,如《新中华报》(初版于 1928 年)和《苏门答腊民报》(初版于 1926 年)等,宣扬和保持华人的民族意识,弘扬中华文化。① 据载,当时的"华文报业,除了巴达维亚,棉兰可列为第二位。在棉兰的华侨阅读新闻纸,除了上述两报外,新加坡的华文报纸、巴达维亚的华文报纸,他们也颇为需要,随处都可以看见"②。一战后到二战前的时间,棉兰华人社会组织迎来发展变迁的一个重要时期。主要的趋势就是,组织从地下活动转向合法活动,从分化向联合,从不正规走向正规化,从社会的混乱无政府状态转向社群自救的局面。

棉兰的华人多因国内动乱而移居他乡,对中国的灾难感同身受。当 19世纪末民族主义浪潮在亚洲达到最高峰的时候,东南亚的华人也不再回避他们的祖先之地,并试图建立起与祖籍国的政治联系。与此同时,"中国进步力量在苏北华侨社会中有一定影响和群众基础"③,他们的宣传与兴起于印尼群岛的华侨民族主义一起,产生了"烘炉效应"。棉兰华人的民族意识由此生成,且尤为炽烈。他们成立了棉兰中华侨团联合筹赈祖国难民委员会、棉兰华侨筹赈祖国难民慈善委员会等社团,为中国的革命和建设做出了较大贡献。受此驱动,在印尼的民族独立运动中,棉兰也有许多华侨华人与印尼人民一道,投入反抗殖民统治,争取印尼民族独立的斗争中。他们利用华侨华人的商业活动,为印尼独立运动提供了巨大的资金、物资及舆论方面的支持。

---

① 刘焕然:《荷属东印度概览》第四编,新加坡:南洋报社,1930 年,第 58 页。
② 刘焕然:《荷属东印度概览》第四编,新加坡:南洋报社,1930 年,第 60 页。
③ 黄书海主编:《忘不了的岁月》,北京:世界知识出版社,2003 年,第 6 页。

日本占领苏北时期,棉兰的华人经济受到严重摧残,华人受到怀疑和抓捕。为反抗日本的侵略,棉兰、先达、民礼、火水山等地华侨青年自发组织成立了苏岛华侨抗敌协会和苏岛人民反法西斯同盟等。棉兰华侨青年与印尼人民联合抗日的行动,鼓舞了印尼人民的斗志。他们的功绩就如联军棉兰司令部长所肯定的,"抗日反法西斯之华侨战士,为支持盟国而牺牲其生命,余本人敬向先生及各家属致最深切的同情及哀悼。彼等为人类正义和平而偿付最高代价,此种光辉之功绩与无比之英雄,将成为苏门答腊全体华侨社会不可磨灭之永恒纪念碑"①。

二、印尼独立至 20 世纪 80 年代棉兰华侨华人的政治认同与社会生活

(一)印尼独立后至 20 世纪 80 年代棉兰华侨华人的政治认同

1945 年印尼宣告独立后,棉兰华侨华人与其他印尼人民一道,对印尼国家的建立满怀期待。但荷兰殖民者不甘就此退出印尼,与英国联军一道试图卷土重来,印尼人民又面临着战争的困境。当时的棉兰华侨华人冒着枪林弹雨的危险,支援印尼独立革命战争。据采访廖章然得知,当时的棉兰以铁路线分为红区和白区,印尼华侨华人除了少部分为个人利益而成立保安队自保之外,更多的华侨华人与印尼人民一道投入抗击荷兰殖民者的斗争中。他们在华侨总会的指导下,"对印尼的独立斗争进行精神上、物质上的全力支援,并利用印尼华侨商人和新加坡、马来亚商人通商的便利,将印尼的土特产运往新加坡、马来亚,并由新、马等地输入印尼所需的药品及日用品等"②。一批又一批的军用物资通过华商的秘密途径运送到亚齐、冷沙、瓜拉新邦、火水山诸港口游击队手里,支援人民抗荷斗争。直到现在,在勿拉湾巴刹鱼干港仍保存着抗荷战船的残骸,这或为华族先烈们留给子孙万代的铁证。这在笔者与陈美发③的随机交谈中也得到证实。据其所讲,他的父亲过去是华侨总会在班蕉巴都(棉兰附近一个小镇)的支部负责人。在独立

---

① 温广益、蔡仁龙等编著:《印度尼西亚华侨史》,北京:海洋出版社,1985 年,第361 页。
② 黄书海主编:《忘不了的岁月》,北京:世界知识出版社,2003 年,第 214 页。
③ 陈氏宗亲会成员,主要从事华人企业向政府报税的中介代理工作。

革命期间,他父亲主要协助印尼独立革命军管理财政,后来被人暗杀。而陈明宗(棉兰颖川宗亲会主席)父亲也是印尼独立革命军的支持者,名叫陈荷兰。在此期间,陈荷兰冒着生命危险从马来亚购买枪支弹药支援印尼革命军,苏加诺政府曾为他颁发过"退伍军人证"。对华侨的功绩,印尼著名作家普拉姆迪亚·阿南达·杜尔评价道:"在独立运动和争取提高社会地位运动中,华侨贡献很大。"①

1949年印尼得到荷兰的正式承认,获得完全独立之后,开始了苏加诺领导时期。当时的印尼国内经济凋敝,百废待兴,政治帮派林立,宗教冲突不断。由于新中国的建立,以及苏加诺政府对待华侨华人的相对宽容政策,华侨华人因抗日而全面转向中国的政治活动延续下来,表现为倾向大陆和倾向台湾当局的两大政治势力的争斗。由此,过去因地缘或血缘,以及职业差异而产生的团体利益矛盾,逐渐为政治对立所取代。双方各自拥有一批社团、报刊、学校,每天在报刊上笔战不休,互相敌对、攻击。两大政治派别的斗争,成为这一时期棉兰华侨华人内部的主要矛盾。

全面的对立导致全面的分裂。这不仅表现在各个不同倾向的社团横向间互相对立,甚至同一社团内部也分化为两派。1965年"9·30"事件以前,棉兰华侨华人主要分化为左、右两派,并各有所代表的社团。如华侨总会属左派,中华商会属右派;福建会馆、南安会馆、广东木器公会、韩江会馆等属亲右派,南安联谊会、客家人联谊会、潮州公会等为亲左派。此外,棉兰的报纸和学校也有左右划分。如《民主日报》《苏门答腊民报》属于左派,《新中华报》《苏岛时报》属右派;苏东中学为"蓝屁股"阵营学校,棉华中学、崇文中学等则为"红屁股",两方展开了争夺与拉锯战,政治倾向成为棉兰华侨华人的中心议题。据苏用发②所说,在1958年之前,亲国民党势力因历史的原因稍占上风,但在1958年苏加诺政府取缔国民党势力在印尼的活动之后,在1958—1963年则是印尼华侨华人认同中国大陆的高峰时期,而认同台湾的人员则急剧减少。

不仅如此,当时棉兰华侨华人社会有些家庭内、公司内成员都可能有不

---

① 李学民、黄昆章编著:《印尼华侨史(古代至1949年)》,广州:广东高等教育出版社,2005年,第360页。

② 祖籍福建南安,主要从事钢铁生产,为苏北华联理事长、苏氏宗亲会主席等。

同政见，并被划分为红屁股和蓝屁股两派。如当时的苏明，其父亲亲台湾地区，而苏明受到左派思想影响，暗中逃到中国大陆读书。他父亲于是在报纸上造谣说他儿子被共产党抓走杀害。后来苏明自己写信给他母亲，介绍他在中国的读书、生活，于是《民主日报》特邀请他母亲到报社做了更正说明，由此可证当时左右斗争涉及华侨华人家庭的分裂。[①] 棉兰的体育运动组织也是两派分化。拥护中国大陆的苏北华侨篮球总会与支持台湾的印尼篮球总会棉兰分会互相较劲，各有支持者。同样，在苏东棉兰一带，地区分布上也有着政治对立的标签。笔者在棉兰了解到，先达市被华侨华人社会称为"小延安"（亲共产党），而丁宜则被称为"小南京"（亲国民党）。华侨华人因全面的政治介入，从而陷入全面的政治对立，群体处于严重的分裂和斗争状态。两派华侨华人甚至为争夺领导权开展激烈的肢体冲突，造成了华侨华人社会的严重对立。

与中国大陆和台湾隔海对峙不同的是，棉兰华人两大集团的对立完全是赤裸裸的近距离斗争，所以对华人社会造成的裂痕和伤害更深，尤其是对当今 50 岁以上华人心灵上的伤害难以消除。根据采访所知，目前的棉兰华人，过去如果有过直接政治冲突的，双方是互不往来的，甚至生意也可以不做，而且双方潜在的较量仍存在。如在棉兰有亲台湾地区的吴奕光于 1998 年后创建了《印广日报》，属苏哈托下台后棉兰华人创办的第一份报纸，得到当时大多棉兰华人的拥护和支持。后因报纸在内容与立场上偏向台湾，使过去中国大陆的华人群体不甚满意，遂合资创办了《棉兰早报》，由倾向左派的刘结平[②]任主编，以宣传和正面报道中国为主。

除此之外，华侨华人与印尼原住民的矛盾也一直存在。因为苏加诺的政权还不是很稳定，所以苏加诺时期的华人政策受国内各种政治势力的牵制，继承了殖民时期对华侨华人既需要又排斥的"摇摆"政策。如在苏加诺访问中国后不久，便发布了 1959 年的第 10 号总统令，对华侨零售商业予以限制，导致大批的华侨回国，以及之前的"阿萨阿特运动"，之后的"阿里巴巴"秘密商业合作等，都对棉兰华人有所影响。尤其是在 1965 年苏哈托上

---

① 2008 年 3 月 17 日于棉兰鹅城慈善基金会采访董事成员卢萌德记录整理。

② 早年为棉华中学教师，现为《棉兰早报》的中文总编辑，其对中国的情结从交谈中可深切感受到。

台之后,对所谓亲共华侨华人的逮捕与杀害,使棉兰华侨华人为此而付出不小的代价。加上之后一系列的反华与排华事件,迫使他们纷纷隐藏起自身的华人特性,开始了艰难的政治认同转型。就笔者于 2008 年、2012 年赴棉兰田野调查所获得的反馈信息,因特殊年代的深刻教训,棉兰华人现在基本上全部都加入了印尼国籍,每个华人都有一个印尼语的名字,认同自己为印尼的一分子,且成为坚定的爱国者,甚至可能比有些土著更爱国。

到 20 世纪 80 年代,随着苏哈托政权的逐步巩固,对华人的限制有所放松,棉兰华人参与社会活动的人次和频次多了起来。尤其是面对华社不公的现象,棉兰华社有识之士也开始通过间接的方式,协助华社争取一定的权益。1985 年起,苏北华社在周谭友、林如建等人的领导和影响下,积极配合政府,接受苏北省长委任,连续不断参与苏北省民族统一机构的工作,尽量化解华印两族之间的相互猜疑和紧张关系。其中,廖章然、徐煜权参加的苏北民族统一机构,即是响应苏哈托时代促进民族团结的要求而建立的一个官方机构,归印尼内政部管辖。某种程度上,它就是一座在横向上与其他兄弟民族沟通融合,纵向上沟通政府和华人社会的桥梁。①

苏哈托政府对华人的全面同化政策,除经济上允许华人参与之外,在其他的领域,华人受到全面排挤和歧视。没有政治依靠,又与中国全面隔绝,深受中国政治与中华传统文化影响的棉兰华人,不得不开始转型,以适应变化了的政治经济形势。但因棉兰华人所拥有的文化独特性与地理位置,决定了棉兰华人与印尼其他地区华人一样,虽已完成政治、经济认同的全面转向,但仍然固守着传统的华人文化,保持着华人意识,被称为"永不沉没的航空母舰"②,即永远难被同化的华人。

(二)政治主导下的棉兰华侨华人教育与文化生活

新中国建立后,印尼政权逐渐巩固,棉兰及周边各地华侨华人社团也随着时局变化开始广泛涉足政治,且涉入甚深。相应地,这也给棉兰华侨华人的社会生活带来不同程度影响。

在教育方面,华社左右派的分裂已经明显突出。右派势力靠着财大气

---

① 据 2008 年 3 月 27 日与徐煜权先生在其办公室座谈资料整理。
② 据 2008 年 2 月 23 日于棉兰《讯报》报社采访叶选雄编辑的记录整理。

粗,采取"清党"行动,使得各校师生及社会人士感到不安。在这种危急、险恶的环境下,一部分进步华侨华人为应对右派打击,满足子女的教育需求,在棉兰华侨总会和各地有识人士配合下,纷纷团结起来组织倾向新中国的华校。

鉴于苏北华人子女要继续升中学的人数逐年增加,而原有的中学大有饱满之势,且这些中学一般均具有色彩浓厚的旗帜,因此他们殷切希望排除以上因素,开办一间兼容德育、智育和体育及专心致志培养学术思想的中学。在这种社会环境和社会需求之下,当时的棉兰先后成立了两间中学的筹备委员会,一个为光华中学筹备委员会,由一些热心教育的华商组成;另一个为育才中学筹备委员会,由育才学校董事会及一批青年社会精英组成。1954年,谢联棠、许清思、李金泉等150位发起人,在苏北工商界、医生界、进出口商会、糖米公会、中华布匹洋货公会、树胶公会等的信任和支持下,经过几次会议,为了能集中人力资源,两个筹委会达成共识合并,改名为"崇文中学董事会"。崇文中学于1954年6月1日成立。1959年下旬,黄镇大使率领人员访问苏北政府长官,参观崇文中学。[①] 崇文中学基金会(董事会)于1955年6月15日正式在印尼政府公证处注册。1956年6月开始招生,于8月1日正式上课,属侨办学校。到1966年3月26日被政府关闭,只办了10年。

同时,1945年日本投降后,各地华校纷纷复办。如棉兰苏东中学、棉兰及先达华侨华人基督新教会及天主教会创办的卫理中小学、英华中小学、卫理中华学校、先达卫理中华学校等逐步得以复建。因此,华校又在20世纪五六十年代呈井喷之势,蓬勃发展。当然,这得力于广大华侨华人重视教育,乐于捐款的支持。例如棉兰华侨总会1950年属下华侨中学、第十二小学及民众夜校,因学生人数激增,教室不敷应用,于是向各地华侨募捐,在雅加达募得40万盾,本市募得50万盾,解决了建校舍问题。[②] 与此同时,印尼国籍协商会领导人萧玉灿所开办的共和大学,也于1965年5月在棉兰创办了经济学院和教育学院。而为照顾那些超龄的学童和职业青年,各地比较

---

① 许君口述,苏平笔录:《崇文五十周年纪念有感》,叶选雄:《青松文集》,未刊稿,2006年,第187～188页。

② [印尼]《苏门答腊民报》1952年1月1日。

有条件的华校相继开办了夜校。

教育的发展也推动了印尼华文报纸业的繁荣发展。根据郁树锟《南洋年鉴》统计,截至 1949 年 9 月印尼棉兰的华文报刊有《民报》,社长叶贻芳,主编林革成;《新中华报》,社长丁伯文,主编夏应伟;《民主报》,社长叶贻东,主编陈明枫;《苏岛时报》,经理陈维明,主编朱建军。[①] 此时,由于国内政治斗争的影响,棉兰华文报纸分成左右两派,旗帜鲜明,各自努力争取侨众。华侨华人社会亦分成两大阵营,以各自的政治取向支持自己喜爱的报纸。报社的结构亦形成了变局:保守力量买办办报,党棍控制;进步力量则是文人办报,文人编报,开明商人出资而退居幕后。[②] 其中,《新中华报》拥护蒋介石,《民主报》倾向印尼人,《苏门答腊民报》改组加入民主阵营后,左派力量一时占了上风。过不多久,右派人士又创办了《苏岛时报》,主持者陈维明受西方教育,思想崇尚西方,虽非国民党人,但倾向国民党右派。这样一来,两方势力又旗鼓相当了。后来,辞去棉华中学校长职务的朱志辉在曾道修、沈天祥等协助下,办起了《华侨日报》,陈明枫接替邵宗汉任副社长,才又扭转了形势。[③]

华文报刊的大量创办适应了当时政治宣传需要的笔战文学,也激发了棉兰印华文学创作的热情。棉兰印华文学社于 1957 年 3 月 17 日成立,其宗旨是"团结与培养印华文学工作者,发展及推广印华文学,宣扬祖国文化,鼓励翻译印尼优秀的文学作品"。会员入社基金为 10 盾,月捐 5 盾,人数从最初的 30 多人增至 1958 年 3 月的 150 多人。该社在短短一年多的时间内,取得较丰硕的成果。[④] 1946—1965 年,许多爱好写作的青年纷纷组织文学小组,各自油印小册分发。其中有《椰风》油印期刊,是由阮若辛、李修若、钟勇发(后来任《苏门答腊民报》编辑)、霍警球等联合华中同学所印行,持续了好几期。1949 年,《苏门答腊民报》文艺副刊主编冯莫达(骆起东,《翡翠带上》作者)在棉兰苏多摩街"学艺社"主持了一次文学座谈会,当时参加听讲者众

---

① 新加坡南洋商报编:《南洋年鉴》,新加坡南洋商报社有限公司,1939 年,第戊107 页。
② 黄书海主编:《忘不了的岁月》,北京:世界知识出版社,2003 年,第 282 页。
③ 黄书海主编:《忘不了的岁月》,北京:世界知识出版社,2003 年,第 287 页。
④ 黄昆章:《印尼华侨华人史(1950 至 2004 年)》,广州:广东高等教育出版社,2005 年,第 127 页。

多。也是在 1949 年，海风剧艺社的一群爱好文学的青年组织了文艺学习小组。不久学习小组成员迅速增加，它便成为印华文学社的支柱。1950 年，棉兰华人开办了华侨文化服务社，该社直接从香港输入各种华文书报刊物，满足了棉兰华侨华人，尤其是青年和学生的求知欲。同年，棉兰华侨中学校长朱志辉、《民主日报》编辑陈文营和海风剧艺社社长郑原心，联合发起编纂《苏岛文丛》，编好后由华侨文化服务社出资在香港印刷，书印好运抵棉兰便被抢购一空。这本书可以说是战后苏北省第一本华文作品选集。1950 年以后，苏北省华文写作者人数不断增加。沙里洪领导的学习小组成员也越来越多，遂于 1957 年 4 月 7 日在哇西麟路福州会馆成立了苏北印华文学社，隔年在棉兰国大戏院召开华文写作者联欢大会。参加大会人数上百人，形成了当时较为正式，而且拥有坚强写作者的文学团体。苏北印华文学社成立后，便在《苏门答腊民报》出版《印华文学》双周刊。由于稿件拥挤，接着又在《华侨日报》出版同样的双周刊。《印华文学》期刊则由印华文学社社长沙里洪主编，每周在上述两家华报轮流发刊一次。《印华文学》期刊的作品以中短篇小说、散文、翻译为主，内容富有知识性、建设性、趣味性和居留地的特色，很受当时读者的欢迎。[①] 这些作品不仅介绍中国情况，也歌颂印尼和中国人民的友谊。此外，华侨文学团体还组织翻译印尼作品，促进华侨华人对印尼的了解。繁荣的文学景象培养了大量的文学创作者，它们成为中华文化在海外的重要承载者、传播者。

教育、文学的复兴使得读者对书本的需求大增。在这一时期，棉兰的书店就有好多间，如中国书局、繁华书局、大地书店、华商书店、棉兰书局、中京书局、我的书店、文化服务社、永顺地球书店、光明书店等。这些书店分布在市区各角落，如大地书店（位于张榕轩街，靠近苏多摩街）；华商书店（位于沙湾大街，该地址也是《民主日报》社址）；文化服务社（位于雷珍兰街末端与汕头街交界处）；光明书店（位于雷珍兰街，后迁址到汕头街）。[②] 华商书店原本属于印务有限公司，并印刷出版宣扬民主爱国的《民主日报》。在新中国与印尼建交后，华商书店随即开始成为专门输入中国出版的教科书以及各类

---

① 郑原心：《苏北华族文化五十年》，《苏岛文友》2005 年 9 月，第 171～173 页。

② 鲁斯里：《棉兰回忆录——1965 年前的棉兰华文书店》，[印尼]《国际日报》2012 年 2 月 10 日。

图书的总汇,除了门市,还批发给其他书店零售。由于合法经营,通道顺畅,当时差不多每个星期都会有一批新书由海路运来,成为大众的精神食粮。文化服务社最初开业时,属于集资合股开办,由许多文化人和一些商人认股。当时华中校长朱志辉也是服务社的主要主持者,因此号召了不少文化人(包括教师)参加。该书店同样以经营教科书为主要业务。其他各种文学、理论阅读书籍,都由华商书店供应,其购买者大多数是教师。光明书店是由林明云与阮若辛合力开办,他们两人原本都是华商书店负责料理印刷与图书的干事,因当时华文书籍行业非常兴旺,也合议办起了书店。①

战后,苏北华侨爱国民主运动风起云涌,各种社团组织也如雨后春笋般纷纷崛起,义娱界也不例外。这一时期分别有新中艺(1945年)、学艺(1946年)、昆仑(1949年)和海风(1950年)等先后成立,并都成为爱国侨社。20世纪60年代,棉兰华侨总会文娱部属下的"四联"剧艺团队,在巴里街体育馆举办过大型歌舞剧《东方红史诗》。1950年,棉兰华侨总会筹办首届国庆大游行,存益团②醒狮队、武术队参加游行。1951年中国政府在棉兰设立领事馆,开幕当天,存益团出动醒狮队、叠罗汉队合作表演。20世纪50—60年代,在爱国侨胞陈显南、余开荣、张德宗等人领导下,中华文化发展迅速。③在这个历史时期,棉兰的戏院如棉兰、国泰、晨光、百代、国大等也纷纷建立,中华文化精彩纷呈,棉兰华社蔚然兴盛。然而,1965年,随着苏哈托上台,中华文化在棉兰受到严重冲击,逐渐销声匿迹。

---

① 鲁斯里:《棉兰回忆录——1965年前的棉兰华文书店》,[印尼]《国际日报》2012年2月10日。

② 19世纪中国广东沿海居民已有很多到印尼苏北一带谋生,聚居一处,成立广货行,借此联络互助,改善生活。到了20世纪中叶,改组成为存益团互助会。除了联络感情,团结广肇居民互助合作,发展公益事业外,还组织醒狮队、武术队练武强身。每逢春节出动醒狮队,沿途向居民拜年贺岁,筹款建校,发展教育事业。除了棉兰以外,还经常到附近城镇如巴敢、勿拉湾、民礼、丁宜、火水山等一带,为当地侨校筹款办教育,受到各地华侨赞赏。20世纪50年代,存益团是棉兰著名的国术团体,属下的醒狮队北京狮技艺闻名苏北,是苏北棉兰华社的宝贵文化遗产。

③ [印尼]廖章然主编:《光辉岁月,岁月如歌——1945年二战后苏北印华文艺活动概况》,2007年,第285页。

第四章

当代印尼棉兰华人社会的传承与变化

——通过华人社团组织结构与功能的考察

第一节　传承与演绎

——棉兰华人社团发展的透视

一、棉兰华人社团的发展原因与历程

(一)社会环境因素

1.后苏哈托时期印尼华侨华人政策的变化

苏哈托"新秩序时期"的下半段，"印尼自由的经济与自由的政治彼此互相促进提高着"①，导致社会发生重大的变化。但现有的政治结构已不能包容这种变化，需要做出调整和改变。而后期的苏哈托政权，"一是不再能得到军队的全力支持。二是由于较长时期的经济发展和社会稳定，已经产生了大量的中产阶级，以及快速增长的城市工人阶级，他们增加了对人权知识

---

① R. William Liddle，Indonesia's Democratic Past and Future，*Comparative Politics*，Vol. 24，No. 4，1992，p. 453.

的了解,对政治精英阶层腐败的了解也增多,从而加深了他们要求变革的呼声"①。传统"稳定三角"支持下的苏哈托政权遂出现不稳固的趋势,这使得苏哈托不得不重新审视华人的力量。而就华人自身来说,随着经济力量的增强,政治的潜在影响力也或多或少有所显现。"根据1984年的统计,华人商家数达216375家,占1984年全印尼总商家数的25.6%,比1959年最高时期的数字增加了一倍。"②而且,华人经济实力的增强,也催生了变革的需求。与此同时,中国随着1978年开始的改革开放,释放出巨大的能量,也迫使印尼政府开始重视华人的作用,放松、调整和利用华人成为苏哈托政府审时度势后的策略,印尼新秩序后期对华人的高压限制政策逐步得到缓解。

例如,1980年2月11日,苏哈托颁布第13号决定书,显示政府从过去的被动态势转为主动欢迎华人加入印尼国籍,为华人融入印尼社会打开了方便之门。继之又于1990年、1992年、1995年、1996年,陆续出台一系列措施,简化华人入籍手续,加快了华人政治认同的转变步伐。另外,苏哈托总统又于1984年3月签署总统决定书,宣布废止"原住民"与"非原住民"的提法,代之以"经济力量薄弱集团"和"经济力量强大集团"的称呼,为华人取得与印尼其他民族平等的权利创造了有利条件。随着中印(尼)恢复建交,冷战局势的缓和,印尼政府也改变了过去政治因素居首的意识,把经济发展作为制定政策的优先考量,形势继续朝着有利于华人的方向发展。

"随着印尼旅游业的发展,来自……华文流行的国家和地区游客日渐增多,需要更多懂华语的人才……中国同印尼经贸来往、各种人员的互访日益密切,也都需要华语翻译、职员。"③尤其是随着中国印尼经贸关系的发展,中文的价值在社会上体现出来,印尼不少政府官员呼吁政府顺应潮流,发展华文教育以适应经济发展需要。"1994年8月,印尼政府取消了禁止在公共场合使用中文的法令。为了推动旅游业的发展,吸引更多讲华语的游客,政府

---

① David Bourchier, Vedi R. Hadiz, *Indonesian Politics and Society: A Reader*, London: Routledge, 2003, p.16.

② [印尼]《印度尼西亚日报》1986年3月17日。

③ 黄昆章:《印尼华侨华人史(1950至2004年)》,广州:广东高等教育出版社,2005年,第179页。

准许酒店和娱乐场所使用中文版的旅游资料，同时为导游员开办中文辅导班。"①在放松文化管制的同时，也对华人出国旅游，以及中国人到印尼来办事减少了限制和敌意。

政府对华人控制的减弱，使华人开始有意识地恢复一些具有民族特色的活动，如举办祭拜活动，或华语文艺活动。一些具有传统特色的社团组织也以基金会名义陆续申请注册，开始了零星的组织活动。如棉兰江夏公所、鹅城慈善基金会在 20 世纪 80 年代争取收回被征管的会所后，开展了一系列具有非种族色彩的祭拜、义诊、济贫等活动。随着中印（尼）恢复建交，两国间经贸往来的增加，华人为发展与祖籍国的经济联系，重建社团组织的情况开始出现，如棉兰的陈氏宗亲会于 1990 年以颍川堂的名义重建，三德慈善基金会（福州同乡会的注册名）于 1992 年注册成立等，都是这一阶段社团复兴的例子。

而始于 1997 年的金融危机更是一部推土机，不仅给印尼的经济带来毁灭性的打击，也碾碎了苏哈托统治的旧政治，印尼社会长时期潜藏的政治、经济、民族和社会矛盾得到总爆发。长达 32 年的苏哈托政权，在累积的政治腐败、经济危机面前因无能而黯然下台，印尼由此迈入一个政治民主化转型的时期，学界统称后苏哈托时代。继任的总统哈比比，"在 1998 年 8 月 16 日首份国情咨文中呼吁全体印尼人民团结起来，建设一个多元的、无种族歧视的国家"②。政府政策开始朝着改善华人境遇的方向发展。"1998 年于 9 月 16 日，哈比比签署第 26 号总统决定书，宣布取消对华人的歧视。法令要求政府机构和官员平等对待国内所有的公民，取消各种形式的部族、宗教和民族歧视，取消华人身份证上标有的特殊记号；要求各级政府和各级领导人不要再使用原住民和非原住民的称呼。"③1999 年 5 月 5 日，哈比比再次颁布总统决定书，要求政府各部门解除不准教授华语的禁令，以及对已获得印尼公民权华人的歧视规定。

哈比比上台后实施的改革措施主要是放松国家对社会的控制，改变过

---

① 庄国土等：《二战后东南亚华族社会地位的变化》，厦门：厦门大学出版社，2003 年，第 213 页。

② 曹云华：《东南亚华人的政治参与》，北京：中国华侨出版社，2004 年，第 228 页。

③ 毛起雄主编：《华侨华人百科全书·法律条例政策卷》，北京：中国华侨出版社，2000 年，第 526 页。

去强国家、弱社会的关系,使政府退出一些控制的领域,让社会力量拥有更大的活动范围。这使民众对过去和现任政府的不满情绪找到发泄的渠道,从而纾解了因经济危机触发五月暴乱而造成的社会紧张氛围。对广大华人而言,虽然苏哈托时期制定的许多种族歧视法令,以及由此而导致的社会歧视心理不能得到完全的消除,且五月暴乱的阴霾仍未驱散,但哈比比采取改善华人境况的措施,仍在较大程度上减轻了华人外在的政治压力。与此同时,随着印尼民主化的推进,各界也在反思反华、排华以及五月暴乱的教训,使华人认识到唯有团结才能自救。他们不仅成立政党性质的组织,如中华改革党(Parti)、印尼融合党(Parpindo,又称印尼同化党)、印尼大同党(Partai Bhineka Tunggal Ika Indonesia)、印尼佛教民主党(Partai Budhis Demokrasi Indonesia)等,还组建政治压力型社团,如印尼百家姓协会、印尼华裔总会、印尼华裔青年团结公证协会等,另有印尼新兄弟协会、印尼华人作家协会、全雅加达校友统筹机构、印尼客属总会、印尼客属联谊会等社会文化组织,重新掀起了华人组建社团的高潮。

瓦希德上台后对华人采取了全面友善之举。在 2000 年 1 月,为顺应国内风起云涌的民主化浪潮,瓦希德政府颁布了第 6 号总统决定书,宣布撤销苏哈托 1967 年第 14 号有关禁止华族风俗习惯、宗教信仰的"总统指示令"。多少年来华人一直要求政府取消对华族的歧视性条例,终于得到初步的解决,华人也能够在春节期间举行欢庆,载歌载舞,舞龙舞狮。同年 2 月,瓦希德总统还偕夫人参加了印尼孔教总会举办的春节庆祝晚会,并在新年晚会上致辞。继而又由"政府宗教部长颁布第 13 号决定书,宣布把农历新年定为任选假日,规定在公私营机构工作的华裔员工和在校的华裔学生可以自行休假"[①]。在许多场合,瓦希德还发表了针对华人歧视政策不予认可的宣示。如针对华人改印尼名字方面,1999 年 11 月他在马尼拉说:"我不主张强迫华人把他们的姓氏改为印尼姓名的政策,我认为这种政策是错误的。"在关于华文教育方面,瓦希德认为"华人可以兴办学校,但是教材应该适应印

---

① 温北炎、郑一省编著:《后苏哈托时代的印度尼西亚》,北京:世界知识出版社,2006年,第 245 页。

尼国情"等。①

在这种亲善的氛围之下，华人社会逐步走出五月暴乱的阴霾，各种恢复华族意识，具有民族特色的社会文化活动活跃起来。尤其是瓦希德政府对华人组织政党和社团的许可，使得各种具有华人传统的文娱团体、校友会以及宗亲会、同乡会等组织纷纷成立，"华人举办社团的热情空前高涨"②。许多新型的社团也建立起来。当然，社团的功能也已经从过去的内向型组织向开放型发展，并在沟通印尼与周边各国的友好往来，宣传地方化活动方面起到明显的作用。尤其是如火如荼的世界性华人社团联谊活动，更是推动印尼的华人社团组织从初始的谨小慎微，开始大规模地走向国际舞台，宣传国家形象，谋取经济发展，搭建国家之间友谊的桥梁。

作为一个有着排华传统的国家的元首，瓦希德力排众议，为稳定国内局势、弥合族群分裂所造成的社会破碎化，大力推动印尼民主化的进程。尤其是金融危机后，印尼政府迫切需要发挥华人在印尼经济建设乃至政治改革中的最大作用。因而，政府为重振华人信心，调动华人的经济潜力，采取了一系列针对华人不公平政策的拨乱反正措施。这既使他赢得了华人社会的尊重和钦佩，也为印尼的国家形象改观产生了积极的影响。在较短的时间内，瓦希德政府成功扭转了哈比比时期的动荡局面，实现了由专制向民主，由动荡走向稳定的转变。

继任的梅加瓦蒂和苏西洛总统，延续之前对华人的友善政策，在致力于改善国内族群关系的同时，一如既往地采取了改善华人境遇的措施。如梅加瓦蒂自出任总统以来，也多次强调要废除对华裔的种族歧视。2002 年 2 月，颁布总统第 19 号决定书，将华人春节正式定为全国公休假日。2003 年 9 月，她在致印华百家姓协会第二届代表大会的书面贺词中指出，华族是印尼民族大家庭中优秀成员之一，赞扬华人的团结精神，并呼吁反对使用侮辱性字眼"支那"，改用"中华"(TiongHua/TiongKok)或"中国"的称呼。③

曾担任过瓦希德、梅加瓦蒂政府内阁成员的苏西洛总统，在 2005 年 2

---

① 黄昆章：《印尼华侨华人史（1950 至 2004 年）》，广州：广东高等教育出版社，2005 年，第 304 页。

② 黄昆章：《印度尼西亚华人社团的现状和前景》，《世界民族》2003 年第 6 期，第59 页。

③ 黄昆章：《印尼华侨华人史（1950 至 2004 年）》，广州：广东高等教育出版社，2005 年，第 305 页。

月9日代表印尼人民向华人拜年并致贺词时,甚至用华语说"恭喜发财",并与华族共同举行春节庆祝活动。他还公开要求各级地方政府官员认真执行政府的声明和决策,公正平等地对待华人问题,抛弃原住民和非原住民区别对待的旧思想。同时强调"印尼政府不干涉人民的宗教信仰,孔教会可以依照自己的教义进行宗教活动,政府不会干涉,也不会禁止"[①],这对印尼孔教的发展起到有效推动。另外,在华人的积极倡议和参与下,印尼国会于2006年7月11日通过了新的国籍法,取代了1958年的国籍法。"它解决了'原住民'和'非原住民'的差异性称呼。这个对外裔籍民(华裔、印度裔、阿拉伯裔、荷兰裔)不利的争议,被称作印尼历史上具有'革命性的'立法。"[②]华人在印尼的政治、经济地位逐步获得提升,族群的罅隙也开始弥合。

纵观印尼整个华人政策"限制—放松"的循环往复过程可以看出,这始终是一种矛盾、摇摆不定的政策,也透射着印尼总统个人的华人观。同时,它也受不同的政治情势所制约,并受国际局势、区域国际关系,主要是与中国关系的影响。而且,印尼国内的政治、经济、民族和宗教等因素都是引起政府华人政策变化的原因。当然,后苏哈托时期的一个根本性变化是民主化的重启和市场化的加强,这就需要华人政策有一个政治、经济上的大转变。因应内外形势需要,政府改变对华人的限制则是关键。它成为华人社团重新兴起的决定性因素。

2. 中国的因素

黄枝连曾讲道:"一方面是中国的内政外交影响着它同东南亚国家和华族的关系,另一方面是中国的总体外交及它在国际上的地位,决定着它在亚太地位扮演何种角色。这对于华族的处境、活动方式、发展方向,都会有其作用。"[③]同样,威尔莫特在分析柬埔寨华人社团时也提出,"在海外华人聚居

---

① 温北炎、郑一省编著:《后苏哈托时代的印度尼西亚》,北京:世界知识出版社,2006年,第251页。

② 《印尼焦点》2006年第19期,第13页。

③ 黄枝连:《东南亚华族社会发展论——探索二十一世纪的中国和东南亚的关系》,上海:上海社会科学院出版社,1992年,第199页。

地,华人社团的增殖必须要考虑与中国有关的事情和普遍的现代化进程问题"①。

确切说来,中国改革开放所释放的巨大影响力,以及经济实体的增长,促使华人有重新发展与祖籍地联系的需要。这种发展与家乡联系的愿望,主要着眼点是获得经济与商业的交流渠道;而不是像 20 世纪 20—30 年代那样,"对于希望获取地位和权威的人来说,爱国主义(热爱中国)不仅仅是一种吸引人的事情,而是一种绝对必不可少的信用证",或者说"中国因素成为衡量社团领袖地位合法与不合法的巨大道德力量"。②

法国史学家弗朗索瓦·德勃雷(Francois Debre)在《海外华人》一书中说道:"正是这种对大陆的共同依恋,使他们在任何时候都觉得自己是中国人,说中国话,教孩子学中国字,保留在大陆已经消失的风俗,极为谨慎地甚至暗中延续一种中国社会的结构,一种生活方式,一种有等级的组织,一种内部法律,一种道德以及在漫长的流亡中获得的商业传统。正是这种对一个国家、一种语言的共同依恋,使分散在各大陆的华人联系在一起。"③棉兰华人与中国政治的长久渊源,以及较深的文化传统,使华人尤其是今天已 50 岁以上者对中国仍是"情难自禁"。关注中国,或与中国祖籍地发生联系,都成为较多社团的工作重点之一。因而,与中国发生联系既可成为社团具有影响力的资本,也是社团领导人地位提升的标志。如笔者在棉兰考察期间,现场观察了棉兰华人招待中国政协主席罗豪才到访的活动。从晚宴上各领袖的神态,以及与罗豪才交流的表情,可以感受到他们的自豪感。隔日又见到棉兰华文老师对即将受罗豪才一行接见的兴奋感,以及未见到时的失望表情,可深刻体会出其对中国的复杂感情。采访观察到,一些社团或社团领袖家里或办公室,都挂有受邀参加中国有关活动的照片,这些都是他们可以炫耀的资本。但根本说来,经济因素才是华人考虑拉近与中国距离的重要

---

① W. E. Willmott, Congregations and Associations: The Political Structure of the Chinese Community in the Phnom-Penh, Cambodia, *Comparative Studies in Society & History*, Vol. 11, No. 3, 1969, p. 298.

② Wing Chung Ng, Urban Chinese Social Organization: Some Unexplored Aspects in Huiguan Development in Singapore, 1900—1941, *Modern Asian Studies*, Vol. 26, No. 3, 1992, p. 487.

③ 李春辉、杨生茂主编:《美洲华侨华人史》,北京:东方出版社,1990 年,第 154 页。

原因,学习华文的目的也是如此。

　　此外,在苏哈托下台之后,印尼华人政策出现了缓和。印尼华人在实现了从华侨向华人的转变之后,正在演化为当地国民社会。社团扮演着民主化进程中社会稳定器的作用,其不断增长与功能的扩大都是社会变迁的必然要求。华人既要经由社团来满足适应变迁的社会需要,也要利用社团来发挥作用,以吸纳中国影响力所释放的巨大辐射波,架设与中国交流的桥梁,实现"文化搭台,经济唱戏"的目标,达到所在国与中国利益的共赢,并显示华人因中国而产生的自豪感。这种感情因素也促使华人希望通过社团的渠道,了解中国、关注中国,与中国发生联系。"结果,一个远距离、隐约呈现的,曾经作为本地(东南亚)政治权力平衡因素的中国因素,再次被介绍进入东南亚区域。"[①]

　　笔者在棉兰采访期间,发现几乎每个华人家庭都很方便并习惯性地收看中国电视台的节目,包括中央电视台和各省卫视台。这既与印尼当地电视传媒的水平低下和倾向性有关,也和华人对中国的某种说不清道不明的情感有关,这是一种无形的影响力。而中国从中央到地方各省市,为了发展经济,大力招商引资,重视海外华人的资本投资,从政策优惠到"亲情"方面的吸引措施,也让华人持续注意中国的进展,这些因素综合影响着华人社会。印(尼)中商务理事会,印(尼)中经济、社会和文化合作协会的建立,都是这种影响的产物。笔者接触到的华人谈起中国时,都对中国的进步大为惊叹,并由衷地为身为华人而自豪;但同时也对印尼的腐败和落后、发展的缓慢而忧虑,那是一种"既爱又恨""恨铁不成钢"的复杂感情。

　　"中国的出现可能使其产生新的身为华人的自豪感,但不需要保有过去那种特殊的形式。"[②]就像苏北伍氏宗亲会董事伍秋胜在中国广东台山参加第七届世界伍氏宗亲恳亲大会说的,"此次我会参加此盛典,除了联络宗亲情谊,走向世界,也是我们隆重的寻根之旅,不忘祖籍国的辉煌成就,并为这

---

　　① Leonard Blusse, The Role of Indonesian Chinese in Shaping Modern Indonesian Life: A Conference in Retrospect, *Indonesia*, Vol. 51, 1991, p. 3.

　　② Yow Cheun Hoe, Weakening Ties with the Ancestral Homeland in China: The Case Studies of Contemporary Singapore and Malaysian Chinese, *Modern Asian Studies*, Vol. 39, No3, 2005, p. 593.

种震撼世界华族的成就而欢呼雀跃"①。源自历史和文化因素的中国情结，在促进华人社团方面发挥一定的作用，但这也是因长期以来东南亚国家没有大批移民入境，使其对华人社团可能存在"颠覆性"的疑虑逐渐消除有关。② 同时，也与新一代海外诞生的土生华人势力逐渐兴起，表示出对出生地的忠心，虽然也参加与中国有关联的社团，但参与的心态已完全改变有关。而且，中国因素能起到作用，也是与世界局势的缓和息息相关的。没有冷战的结束，没有华人问题的重要性在印尼政治中的减弱，就没有与中国改善经济、政治关系的必要，中国在东南亚国家（含印尼）的影响也就不会日益扩大。我们绝不能夸大中国因素的影响，它只是影响华人社团发展的诸多因素之一。

（二）内在需求

1. 历史文化情结

社群论视人为社会性存在，不是把个人看作站在社群外面的实体，而是把个人与社群视为不能分开的。③"当移民首次抵达一个陌生的地方时，他/她们会自然地按照过去在家乡的经验而组合起来。这一方面是出于安全感的需要，另一方面也是适应的策略之一。……这些社团一方面可以作为新移民抵达一个陌生地的生活接触的起点，提供临时的住宿以安定新移民的心理，同时也可以使新移民得以在一个更熟悉的语言环境里沟通以慰思乡之苦。"④在过去，远渡重洋的华人"由于缺乏能起作用的正式政府，人民为了得到保护并对涉及商业往来和其他问题的争议作出裁决，不得不依靠非正式结构"⑤，从而催生了社群组织的构建。

在历史时期的华人社会，血亲系统不可能在新的地方提供建立社团的

---

① ［印尼］《棉兰早报》2004 年 10 月 20 日。

② 潘翎主编，崔贵强编译：《海外华人百科全书》，香港：三联书店有限公司，1998 年，第86 页。

③ 金耀基：《金耀基自选集》，上海：上海教育出版社，2002 年，第 169 页。

④ ［马来西亚］林开忠：《建构中的"华人文化"：族群属性、国家与华教运动》，吉隆坡：马来西亚华社研究中心，1999 年，第 38 页。

⑤ ［美］彼得·邝著，杨立信、寿进文等译：《新唐人街：当代美国华人社区》，北京：世界知识出版社，2002 年，第 105 页。

基础,"方言和祖籍地两种社会组织,得以成为建立组织的可能性焦点而出现"①。李光耀说道:"人们对共享他们身体属性的人自然感到同感。他们亲近的感觉尤其在他们共享基本语言及文化时更加强。"②早期的华侨社会实际上是中国乡土社会的海外移植,所以在乡亲和宗亲之间存在着天然的信任。但是,海外环境毕竟与中国本土不同,需要在乡情与亲情之外再加上某种约束,所以华侨感到有必要组织起来,形成一定约束力的团体。就这样,华人社团诞生了。它"作为同宗、同乡或同行业的自卫互助团体而发挥作用⋯⋯起了协调本组织成员间的利益,加强成员间团结合作的作用,是当时华侨社会与殖民地当局沟通的主要桥梁"③。

华人社会是个重视乡土的社会,乡情和亲情使华人有很强的民族凝聚力,只要客观环境许可而且有人号召,以此成立社团组织就不难得到热烈响应。"乡情和亲情是一种情感,当这种情感升华为认同感时,同乡和宗亲组织也就应运而生了。"④这些形形色色社团的建立,为海外侨居之地的华人,"提供一种模拟的中国传统社会假象"⑤。笔者根据刘焕然的《荷属东印度概览》中有关棉兰资料(1930 年)统计,总共 84 个华侨社团组织中,工会和商会社团共计 26 个,而同乡会和宗亲会共计 21 个(其中同乡会 17 个,宗亲会 4个),其他属文化教育的有 11 个,青年团体 8 个,慈善娱乐团体 6 个,筹赈类团体 2 个,其中同乡和宗亲占了 25%。笔者所采访的棉兰华人社团也是以宗亲会和同乡会居多。据统计,目前棉兰的 100 多个社团中,除宗教性质的社团 23 个较多外,宗亲会和同乡会社团共计有 38 个,其中宗亲会 25 个,同乡会 13 个。通过以上可知,一直以来,宗亲会和同乡会都是华人社团的主

---

① John Clammer, *Diaspora and Identity*:*The Sociology of Culture in Southeast Asia*, Selangor:Pelanduk Publications (M) Sdn Bhd, 2002, p.143.

② 李光耀在第二次世界企业大会上的演讲,香港,1993 年 11 月 22 日,转引自 Michael R. J. Vatikiotis 著,林若雩译:《东南亚政治与发展》,台北:韦伯文化事业出版社,1999 年,第 250～251 页。

③ 梁英明:《战后东南亚华人社会变化研究》,北京:昆仑出版社,2001 年,第 188～189 页。

④ 陈衍德:《集聚与弘扬:海外的福建人社团》,长沙:湖南人民出版社,2002 年,第 5 页。

⑤ 谢剑:《东南亚华人认同问题:对 J. R. Coughling 双重认同理论的再思考》,《台湾东南亚学刊》2006 年 3 卷 2 期,第 14 页。

力，突显了亲情和乡情这一华人社会的凝聚力。

从历史上考察，依"帮"或方言群架构而设立的社会组织，起到实践社区权威和处理内部诸矛盾，开办慈善和教育活动，提供社会保障以维持华人与家乡的联系，鼓励相同方言群体成员的文化与宗教活动，以及调适人际关系等功用。这对"建立起移民社会的运作秩序、增进小范围内群体之凝聚力与团结，起到了积极的作用"①。今天，"与中国大陆的社团一样，海外华人社会组织成立的目的也是互助、慈善施予、保存中华文化和加强团体认同"②。但作为一个结构性团体，它也实现了许多新的功能，如提升华人的文化意识与族群认同意识，维持多元社会的"华人性"发挥影响③，促进国内、区域贸易网络的形成等。但无论如何，华人的各种血缘、地缘组织，形式上虽源于中国，"但其多重性功能一开始时便是为当地需要服务的"④，各种同乡或宗亲团体成为华人在正规教育阶段之后延续社会教育与文化传承的最有效场所，一定程度上起到社会生活稳定器的作用。

笔者采访中曾询问一些华人为什么要成立社团组织，大部分的回答是由于处理义山的需要。协助乡亲料理丧事，以及同乡义山重建需要，成为一些社团开始酝酿恢复组织活动的前奏。如鹅城慈善基金会即是借助"同乡合力捐资，购买土地，兴建义山，并在棉兰近郊购买地皮 10 公顷，供兴建公众义山之用，在鹅城义山落成的日子，也于 1984 年 1 月宣告成立"⑤。如棉兰龙岩先友总墓被政府迫迁后，龙岩乡贤带头筹集资金，另购土地将先辈遗骸搬迁，重建龙岩先友总墓。为祭奠先贤，在政府许可下，同乡会才以慈善

---

① 刘崇汉：《独立前华人乡团组织》，林水檺、何启良、何国忠等编：《马来西亚华人史新编》第 3 册，吉隆坡：马来西亚中华大会堂总会，1998 年，第 372 页。

② Bryna Goodman, *Native Place, City and Nation: Regional Networks and Identities in Shanghai*, 1853—1937, Oakland: University of California Press, 1996. 转引自刘宏：《战后新加坡华人社会的嬗变：本土情怀·区域网络·全球视野》，厦门：厦门大学出版社，2003 年，第 54 页。

③ John Clammer, *Diaspora and Identity: The Sociology of Culture in Southeast Asia*, Selangor: Pelanduk Publications (M) Sdn Bhd, 2002, p.150.

④ 刘崇汉：《独立前华人乡团组织》，林水檺、何启良、何国忠、赖观福合编：《马来西亚华人史新编》（第三册），吉隆坡：马来西亚中华大会堂总会出版，1998 年，第 347 页。

⑤ 2008 年 3 月 4 日笔者拜访棉兰鹅城慈善基金会会所时与廖章然访谈记录整理。

基金会形式重新建立。① 以纪念祖先和料理丧事为由的宗亲活动,持续了先辈的文化传统,成为华人不断建立组织的内在动力。同时,民间信仰的文化传统也是华人社会组织的精神纽带。家乡的神灵、祖先的亡灵等都是华人膜拜的对象,进而在此基础上组织起来,形成互帮互助的群体,也是华人社团建立的缘由。对于同乡会或宗亲会而言,"真正让它们得以继续存在,不至于瓦解的活动,还是在于'春秋二祭'。借由春秋二祭,它一方面再现社群存在的事实;另一方面,也得以与历史记忆形成勾连的媒介"②。每一年的春秋二祭都是相当重要的,虽然仪式有越来越简化的趋势,但是其举行是必需的,它是华人社团得以生存合法化的象征机制。

克里斯曼说:"移民由于缺少和当地土著社会之间令人满意的和可靠的精神上的联系,为了社会控制、宗教祭祀、文娱活动和处理对外关系就必须创立自己的机构。"③就像台湾学者李威宜采访的华人所说的:"参加会馆是一种认同吧!认同中华文化,这不是喜爱,是一种不变的执着……会馆是中华文化的一环,东南亚如果没有会馆,中华文化一定会被消灭。在会馆,比较有礼节、传统等等相传下来,跟中国文化比较有关系。"④这种源于历史和文化的原因,是华人不断成立社团的原因,虽然过去的同乡概念已经模糊,但华人通过虚拟的宗亲组织起来,慰藉大家对亲情和乡情的需要。"以家乡的文化符号为基础,各种方言、地缘与文化象征符号,构成一个复杂网状的组织结构,架构成一个具有文化、宗教、地缘的方言社群,形成一个'绵密细致的社群网络'。另一方面,又因为文化象征的传承,移民将其文化象征,承载在社群网络上,再传承给下一世代。"⑤

华人传统的历史与文化因子,一直成为维系华人族群性的"连线",将各

---

① 2008年3月21日笔者拜访棉兰龙岩公会时由邓中联秘书提供资料。

② 李威宜:《新加坡华人游移变异的我群观:语群、国家社群与族群》,台北:唐山出版社,1999年,第252页。

③ 谢剑:《试论战前新加坡华人志愿社团的发展模式及其意义》,郑赤琰、吴伦霓霞编:《两次世界大战期间在亚洲之海外华人》,香港:香港中文大学出版社,1989年,第58页。

④ 李威宜:《新加坡华人游移变异的我群观:语群、国家社群与族群》,台北:唐山出版社,1999年,第247~248页。

⑤ 李威宜:《新加坡华人游移变异的我群观:语群、国家社群与族群》,台北:唐山出版社,1999年,第85页。

个分散的华人组织起来,建立各种具有宗乡关系的社团,或是由此种感情衍生出文娱休闲团体,从而将华人社会编织成一张巨大的网。每个社团都是构成这张网的节点,同时华人社会也从这张网中吸取着资源和养分,从而使华人成为东南亚国家较为独特的群体。

2. 现实需要

"社会团结的基本含义是指人与人、人与群体以及群体与群体之间的联结关系,这种关系既可以建立在共有情感体验、共有道德情操和共同理想信念之上,也可以建立在因为生活需求、功能依赖而形成的相互依存关系之上。"[①]当社会渐趋复杂,需求增加后,社会对团体需要的种类与数量也在增加。社会愈走向专业化与复杂化,需要的组织也愈多。"组织将为满足社会需要而生,这便是社会生活的基本特性。"[②]

在法制不健全和社会不稳定的状态下,当政府或不法分子侵犯华人利益时,社区需要获得保护以避免利益受损。华人社区自我控制越有效,外部势力干涉华人社会的可能性越小。过去的中国农村一直都是通过宗族实现控制的,而在海外的都市华人中,由于移民来源的分散性,这种控制基础不存在了,所以,社会控制的功能更多寄托在广泛存在的社团组织。"会馆的设立,即依宗亲和原籍地而设的社团,主要为华人提供社会服务、保留和体现中华民族文化礼仪,以及同外来的竞争和威胁进行协调及提供保护。"[③]在缺乏法律保障的年代,华侨社团成为单个华人联合起来奋斗自卫的重要组织,并在维护不同地域、不同方言华人群体的团结方面起到了重要作用。过去的棉兰华社,"全面的社会政治结构都是为各种社团所控制的"[④]。这种情况既来自社团在华人生活中的重要性,也与殖民政府对华人社会实行的间接统治有关。

就像李亦园在论述马来西亚华人社团时说的,"为什么社团组织会如此

---

① 刘少杰主编:《国外社会学理论》,北京:高等教育出版社,2006年,第47页。

② [美]奥尔森著,董安琪译:《集体行动的逻辑》,台北:允晨文化实业有限公司,1984年,第116页。

③ 潘翎主编,崔贵强编译:《海外华人百科全书》,香港:三联书店(香港)有限公司,1998年,第84页。

④ G. William Skinner, *Chinese Society in Thailand：An Analytical History*，New York：Cornell University Press，1957，p. 320.

之多,并且不断增加或积极活动呢? 对这一问题的解答,首先我们应该了解,虽然马来亚的华人在今日已大部分成为马来西亚的公民,同时也很多从事政治的活动了,但多数人仍然觉得他们并非生活于自己的国家,仍然是受他族的治理,何况在不久之前,他们确是侨居异国之民,而即使到现在也仍然受到许多政治上不完全平等的待遇。在这种居于异地而没有自己的政府,没有自己的行政系统之下,他们只有加强内部的组织,而借之以'安内攘外',使社区得以存在发展,各种不同的社团组织便是在这种情形之下产生的"[①]。"移民形成族群组织是他们调整自己以适应现代社会的一部分。"[②]印尼的华人一直以来生活在有压力的氛围中,由于政府的歧视政策,华人作为公民不能得到公正的社会待遇,社会福利不能享受,公共事业得不到保障,处于社会政策的边缘。尤其是政府的行政机构并不是为公众的利益服务,而只是满足政权的需要[③],导致很多事情的处理不能获得政府的支持,这对处在主流边缘的华人族群尤其不利。同时,由于印尼社会治安或政治敏锐性问题,华人不愿参加公共聚会活动;而参加一些具有亲情与乡情的聚会活动,相互熟悉,易于交流,健康活动较多,从而为移民之间建立起了文化交流的桥梁。

据采访棉兰洪氏父子了解到,洪先生在厦门居住并投资有产业,其儿子七岁去台湾学习华文,后去日本深造,又回到中国大陆做生意。中国和印尼的发达程度对比简直就是天壤之别。他们认为印尼政府的管理无效率,并不愿为华人做事情,很多选举人在需要华人选票时给予很多许诺,但上台之后均未兑现,而对印尼土著的承诺则是基本落实。这说明他们根本不在乎华人的意见;而且华人也有更多的穷人,却不能得到政府的救济。并提到他们在中国的生意,其间有不顺利的事情无法通过印尼政府解决,因为中间的贿赂成本大于回报。所以,在公司发生问题时,他们就回到棉兰找鹅城慈善

---

① 李亦园:《马来西亚华人社区领袖之研究》,李亦园、郭振羽主编:《东南亚华人社会研究》(下册),台北:正中书局,1985 年,第 66 页。

② Jeremy Hein, Ethnic Organizations and the Welfare State: The Impact of Social Welfare Programs on the Formation of Indochinese Refugee Associations, *Sociological Forum*, Vol. 12, No. 2, 1997, p. 279.

③ [印尼]巴拉达斯·戈沙尔著,詹向明译:《苏哈托后时期印度尼西亚的民主转变和政治发展》,《南洋资料译丛》2005 年第 4 期,第 28 页。

基金会协助处理,希望借助该会与中国政府的联系,协助解决企业在中国发生的问题。他们强调说印尼的社会治理更多地靠民间,政府在许多方面不作为,或者根本就是国家想作为,地方不配合,导致社会公共事业无法开展。像体弱多病需要救济的人员,在中国有最低补贴、困难补助等方式支持,但在印尼,穷困的华人要么自生自灭,要么向宗亲会和华人基金会寻求支持。这在采访李远方时得到证实。他说印尼政府较少关心华人社会,政府人员责任心不够,所以应发挥华人社团的作用以服务于地方建设。①

"社会有需求,每一种制度才可以存在。"②华人社团即是适应华人社会需要而不断建立与扩展的。"首先,在纵的方面有各种不同的方言群或地方性会馆,以及若干俱乐部、职业公会;其次是宗亲会及宗教、慈善或文化团体,从横的及斜的方面切入,把这些具有排他性方言群会馆勾连起来;最后是一些全社区性的社团又在最外圈,把所有的组织联络在一起。这样可以说他们利用种类及数量均甚繁多的社团而把组织的触角伸到社区的每一角落,以便尽量吸收成员,使其纳入组织之中。所以社团数量及种类繁多,实际上是补足了其在先天上的缺点。因为这种社团组织,在学术用语上应称为'自愿社团',并不能强迫的。既然一方面不能强迫参加,另一方面又要把整个社区联络起来以代替行政系统,所以只有尽可能地在量与类上可以扩展,以便容纳全社区的成员于系统之中。"③

另外,"华侨以商人居多,起初是自由竞争,各自为战,后来渐有利害共同的感觉,认为为遵行法令、应付环境、保护权益、调处纷争,非集中意志,齐一步调不可,于是经济性团体的组织,包括一般性的中华商会、事业性的同业公会等"④得以成立,以服务于华人的经济发展需要。所以,"社团数目急剧增长的另一个原因是其功能的扩大,它不但提供由来已久的福利和教育

---

① 据 2008 年 2 月 20 日于棉兰茶艺会原主席李远方先生公司办公室采访记录整理。

② [新加坡]刘宏:《战后新加坡华人社会的嬗变:本土情怀·区域网络·全球视野》,厦门:厦门大学出版社,2003 年,第 268 页。

③ 李亦园:《马来西亚华人社区领袖之研究》,李亦园、郭振羽主编:《东南亚华人社会研究》(下册),台北:正中书局,1985 年,第 66 页。

④ 陈烈甫:《东南亚洲的华侨、华人与华裔》,台北:正中书局,1979 年,第 377 页。

服务,而且将发展区域性经济联网作用添上议程"①。社团通过自己的桥梁作用,"动员社会力量,包括与国外的非政府组织进行合作,以提供资金、技能和信息等方式,实施社会援助,缓解社会矛盾"②。

对于社团领袖而言,社团也为他们提供了政治和商业活动的机会。在各种社团的创建中,"精英的角色是关键性的,因为他们才是拥有资源(金钱、时间和技能),并适于组建社团的人选。借助社团的成功组建,才能满足精英们对组织生活的需求,并获得领导地位,使公众认可其成就"③。社团的建立能满足华人社会的需要,同时也为华人领袖成长提供了条件。在过去,追求"功成名就"的富裕华人"功成"但"名未就",因而追求名誉或声望成为另一需求。而殖民地社会使他们很难挤入仕途,因此成为社区领袖,譬如宗亲会或同乡会领导人,就成为他们获得名望和影响的一种途径。这种寻求社会地位和名望的动力,更促进一些华人富豪出面建立宗亲组织。而"宗亲社团摆脱血缘谱系之后,在领导结构上和中国本土的氏族祠堂组织上发生了本质的不同。它的领袖不必是族谱上年龄和辈分最尊的族长,而是从会员中推选出来的精英"④。"华人领导者有个人的资源、社会技能、获取权力和名声的企图,和与中国有关事情的热情,这些能让他们从事会馆改革的艰巨任务。"⑤

例如笔者了解的陈其仁,在棉兰从事着杂货及土特产的进出口贸易,经济实力中等,能够成为颍川宗亲会的总务,除了对社团工作的热心之外,其经验也是社团希望借助的因素;廖章然,如果按照传统社团领袖标准,没有

---

① [新加坡]刘宏:《战后新加坡华人社会的嬗变:本土情怀·区域网络·全球视野》,厦门:厦门大学出版社,2003年,第56页。

② 刘志玲:《社团——重塑国家和社会关系的枢纽》,《怀化学院学报》2006年第9期,第32页。

③ Wing Chung Ng, Urban Chinese Social Organization: Some Unexplored Aspects in Huiguan Development in Singapore, 1900—1941, *Modern Asian Studies*, Vol. 26, No. 3, 1992, pp. 490-491.

④ 谢剑:《试论战前新加坡华人志愿社团的发展模式及其意义》,郑赤琰、吴伦霓霞编:《两次世界大战期间在亚洲之海外华人》,香港:香港中文大学出版社,1989年,第65页。

⑤ Wing Chung Ng, Urban Chinese Social Organization: Some Unexplored Aspects in Huiguan Development in Singapore, 1900—1941, *Modern Asian Studies*, Vol. 26, No. 3, 1992, p. 491.

独立的经济力量,很难获取社团领袖地位,但他凭借对社团的执着和热情,以及个人的才能,即能读、写、说流利的印尼文,同时熟练运用中文,活跃在棉兰华社中,扮演着土著社会与华人社会沟通的桥梁;程高龄,夕阳红剧艺社主席,毕业于苏东中学,有较好的音乐指挥才能,他领导的社团能取得较好的成绩,也证明了他所具备的领导能力。其他如李金绸,因其拥有中医专业知识,成为苏北中医协会的主席;LWY[①],经营纸钱及丧葬祭拜用物品,经济实力一般,但其拥有较好的中文水平,又懂印尼文,能够热心为许多社团做事,从而成为许多社团的事务工作者。

笔者在采访棉兰《印广日报》总编吴奕光时询问,怎样看待华人社会领袖老化的问题? 他认为维持目前华人社团领袖局面就好。尤其是华人社团在 1998 年之后刚刚恢复不久,由这些有接受过华文教育,并在 20 世纪 50—60 年代经过组织锻炼的人领导刚好。如果让位给年轻的华人,也不知道他们会将社团带向何方。他还认为社团并没有太多,如果每个社团领袖确实在为华人社会做事,社团越多越好,且能培养更多的华社人才。"社团多不是坏事,而是好处多,联络网更密。一切事物都有两面性,若能组成大团结、中团结、小团结的联络网,又有很强的干部素质,就能组成好的联络网。有利下达上报,发挥组织功能。"[②]

在采访林来融(林氏宗亲会副主席)时他也说,华人社团多是好事,能使很多人的领袖才能得到锻炼。因为社团恢复不久,大家对社团领袖该具备什么能力还不太清楚,现有的社团能提供他们实践的机会。这对以后的社团发展应是好事。从以上可知,当地华人都认为这些社团能够为一部分人领导能力的展示提供机会,也会为将来的社团领导人素质提升创造成长和锻炼的空间,所以主张多建立一些社团。

在笔者看来,目前棉兰华人社团的领导人,由于 32 年传统的割裂,缺乏领导经验。他们更多参照领导企业的方式管理社团事务,是导致目前社团矛盾重重的原因。而社团数目的增长既能满足华人社会发展的需求,也能在优胜劣汰中获得检验。

---

① 因采访信息敏感,为避免引起不必要的麻烦,书中有些对象隐去姓名,仅以字母代替,特此说明,下同。

② 唐仔:《应正确看待印尼华社的崛起和成长》,[印尼]《棉兰早报》2007 年 11 月 1 日。

（三）冲突和竞争：社团组建的动力

"冲突和竞争也是组织循环不能被忽视的因素。"[①]过去,海外华人社会由于方言群体的多样性,不仅因地域不同导致的差异明显,而且在同一地方群体内部,也因利益不同而有各种矛盾,所以说海外华人是一个高度异质性的社会,各种摩擦、纠纷,甚至冲突时有发生。而"社会冲突的根源在于华人社会的分裂,分裂的方式又与经济诸因素互为作用,包括帮与帮之间经济的冲突,殖民政府与整个华人社会经济利益的冲突"[②]。协调群体利益和矛盾需要有一定的代表,这使得社团尤其社团领袖成为必要。按照齐美尔(Georg Simmel)的社会冲突理论,"社会冲突并非总是必然消极地引起社会有机体的崩溃,它同时也是促进社会有机体内在整合的过程"[③]。科塞(Lewis Coser)的功能冲突理论也指出,"一方面,冲突有利于社会或群体的身份和边界的建立和维持,并有利于华人社会或群体与周围社会环境的界限,群体之间的区别,只用通过冲突才能形成。另一方面,群体间的冲突还可以增强群体内部的团结"[④]。

按照科塞的划分,冲突可分为内部冲突和外部冲突,内部冲突是发生在群体内部的冲突,外部冲突是发生在群体之间的冲突。华人由于内部或外部冲突而导致的社团分裂,造成社团数目的增加,这在过去已经有过。如20世纪50—60年代,华人社团因政治立场的对立,同一社团分裂出2～3个组织的情况时有发生。南安会馆由于政治歧见,分裂后又成立了南安联谊会；潮州公会则又成立韩江会馆；客家公会分化出客家人联谊会等。虽今天的华社不存在过去那样的利益冲突,也无明显的政治对立,但作为少数族群的华人,在政治上无权,经济上占优,外部压力较大的特殊情况下,对于华社该何去何从,未来该如何发展,难免会产生各种各样的看法,存在歧见也在所

---

① Wing Chung Ng，Urban Chinese Social Organization：Some Unexplored Aspects in Huiguan Development in Singapore，1900—1941，*Modern Asian Studies*，Vol. 26，No. 3，1992，p. 491.

② ［澳］颜清湟著,栗明鲜等译：《新马华人社会史》,北京：中国华侨出版公司,1991年,第181页。

③ 刘少杰主编：《国外社会学理论》,北京：高等教育出版社,2006年,第187页。

④ 刘少杰主编：《国外社会学理论》,北京：高等教育出版社,2006年,第193页。

难免。而作为华社表征的社团组织出现不断的分离聚合,即是各种内外冲突所致。

当今华社,因社团内部冲突导致社团裂变的例子时有发生。如诞生于苏哈托下台之后的印华百家姓协会,由于高层领导对社团的发展目标,以及个人之间的歧见,导致一部分人离开,重新组建印尼华裔总会。两个团体之间明争暗斗,竞争激烈。又如棉兰福州同乡会分裂出福州瀛洲(甘蔗)同乡会和福州中房陈氏宗亲会,根据了解,这两个社团都是源自福州三德基金会(福州同乡会)的人员。因为前理事长 HMZ 长期占据领导位置不愿下台,遂在秘书长 CMS 等人的要求下,改组社团领导架构,架空其权力,不满此情形的 HMZ 于是另外成立了福州瀛洲同乡会。加上之前因一部分人员对 HMZ 用非选举方式安排自家人进入社团管理层不满,策划成立了福州中房陈氏宗亲会。这样,福州三德慈善基金会因内部人事冲突而分裂为三个组织,矛盾重重,社团几乎陷入停顿。另有锦江东狱观的诞生亦是内部矛盾的产物。源自棉兰东狱观的锦江东狱观也属祭祀家乡神灵的兴化同乡会组织,但由于领导权、发展路线以及利益之争而陷入冲突,因而分裂为棉兰东狱观和锦江东狱观,两寺内供奉的神灵与格局一模一样,只是管理层不同。"华人社会的这种高度分裂,造成了关系紧张和社会冲突"[①],但还不至于上升到过去那种激烈局面,只是促使社团裂变。

按照功能冲突理论,"激烈的外部冲突会增进冲突群体内部的团结"[②]。面临外部的冲突压力,华人团结起来进行自卫,如黄印华所言,在 1998 年五月暴乱的时候,平时很少合作或团结的华人由其牵头,组织了棉兰华社联合总会,并代表联合总会与军方联系。虽然这个组织没有公开成立,但大家为求自保,也默认该组织的存在,自愿或自动捐款以资助军方,使得 1998 年五月暴乱中棉兰华人得到军方有力保护,避免了暴徒冲击。同样,对居于棉兰

---

① [澳]颜清湟著,栗明鲜等译:《新马华人社会史》,北京:中国华侨出版公司,1991 年,第 299 页。

② 朱东芹:《冲突与融合:菲华商联总会与战后菲华社会的发展》,厦门:厦门大学出版社,2005 年,第 59 页。

城郊的美德(达)村(Metal)①的华人村民来说,在面对外在冲突时,因不能得到政府的有效保护,只能寻求自我保护。村民在陈松镇和陈茂镇兄弟的号召下,成立了"美德村互助会"。互助会一方面以组织的力量寻求军方支持,另一方面自己成立巡逻队,防止暴徒的袭击。这使得当时的暴徒也不敢进入该村搞破坏,发挥了互助会的积极功效。

由上可知,不管是内部冲突还是外部冲突,既是华人社会团结而组织起来自救的原因,也是促使华人社团不断增殖与变革的因素。一定程度上,功能冲突理论也是解释华人社团不断建立的理论依据。

综上所述,沉寂 32 年的印尼华人社团能够重新崛起,有其发展的必然性和催生的动力。既与印尼国内政治、社会发展的形式密切相关,也与外在的国际形势变化相关联。华人社团及其早期社群结合形式,在带领华社适应社会环境方面做出了历史贡献。而今,华社面临更为复杂的社会环境,自身亦处在调整和适应中,社团究竟应扮演什么角色,需要社团组织来达到什么目的,其发展与运转如何,都是接下来笔者试图探讨的内容。

二、棉兰华人社团的发展演绎

苏哈托政府继承了荷兰殖民者对华人的矛盾政策,一方面他颁布敕令取缔华文、华校、华人社团,但对占有较大多数华人信众的宗教如孔教、佛教等又不予取缔,甚至在华人参加的基督教中,默许使用华文。因而,许多华人利用这些宗教组织,仍可以学习和了解华文知识,并利用宗教信仰活动的场合,开展一些联络乡情和亲情、加强交流、团结族群的活动,延续并保持着华人的群体属性和文化认同。另一方面,按照印尼的法律,成立慈善基金会组织能得到印尼政府的合法批准,所以华人又以慈善基金会的名义,把过去遭到取缔的宗亲会、同乡会重新注册成立,变相地成为华人团结乡亲的血缘或地缘组织。

进入 20 世纪 80 年代以后,印尼的华人政策逐步朝着调整的方向前进,

---

① 它形成于苏哈托上台之后。20 世纪 60 年代末,亚齐发生排华事件,人数约 1 万的华人被迫迁徙到棉兰,一部分人回国,一部分未回国的华人长期聚居在"烟寮",即晾晒烟叶的大棚中避难,十分困苦,后得到棉兰华人陈丰盛捐献一块地皮,得以定居下来,发展繁衍成为今天的美德(达)村。

华人获得一个较为和缓的外在环境。华人经济的发展、文化的弘扬，以及社团的复建都有恢复的迹象。尤其是苏哈托下台后，逐步推进的民主化改革，政府华人政策的大幅调整，对发挥华人潜力的期望，成为后苏哈托时代印尼政府执行对华人友好政策的主因。由此，政府逐步取消了一些歧视华人的政策和法规。棉兰的华人社团也重新焕发生机和活力，并在引导华人融入主流，拓展华人经济网络，联络乡情与亲情，重构和再造华人文化与华族意识等方面起了重要的作用。棉兰华人社团在这种转变中迎来发展契机。

（一）变异中的复兴：棉兰江夏公所和棉兰鹅城慈善基金会

苏哈托上台后，开展了针对共产党的残酷镇压行动，并想当然地把华人与共产党联系在一起。印尼华人在苏哈托的恐怖政策下，20世纪60年代后期到70年代，华社几乎没有活动，个个谈"政"色变，对"华"噤若寒蝉，明哲保身。尤其是在"9·30"事件中反华最为激烈的苏北棉兰一带，华人更是视政治为畏途。像印尼全国华社一样，棉兰的华人社会当时也是一盘散沙，没有华人公开的活动或组织成立，仅存在一些零散的宗教性活动。整个华社笼罩在不安、畏惧和彷徨的情绪中不能自拔。20世纪80年代以来，随着印尼局势缓和，华人社团开始突破宗教社团的范畴，在政府允许下，以慈善基金会的名义零星地开展着一些公开性的团体活动，但也只限于义诊、救济等公益性活动。

棉兰鹅城慈善基金会就是在此种形势下于1984年得以重建。其前身是棉兰惠州会馆，创建于1895年，会所在棉兰的广东街，是为"联络乡情梓谊，便利过往同乡，发扬祖国古老文化，栽培后裔"①而设。苏哈托上台后，惠州会馆连同附属的养中学校一起被政府接管。"当时的会馆主席林秀南将会馆的牙兰（即地契）牢牢地保管下来。到了20世纪70年代，有关人士考虑到地契的有效期即将期满，必须设法申请延长，遂要黄其深负责办理延长手续。但因种种原因，省市土地局均不予受理。最后，黄其深协同廖章然先生，将申请书直接呈交雅加达土地总司，领得一纸收条，证明惠州会馆仍然合法存在，并依法申请延长地契有效期。"②正是凭借土地有效期的延长，惠

---

① 《第六届世界惠州同乡恳亲大会纪念特刊》（棉兰），第172页。
② 《走过光辉二十年——鹅城慈善基金会》（棉兰）之《鹅城慈善基金会的诞生篇》。

州同乡们向政府提出要求,请将惠州会馆的产业归还原主。1984 年,棉兰惠州会馆得以物归原主。

根据廖章然先生所言,早年由惠州乡亲慷慨解囊而建的会馆,一直以来为联络乡亲,促进城乡惠州人之间的交流互动发挥了较大作用,为继续执行棉兰惠州会馆的使命,协助乡亲料理丧事,乡人咸感重建之必要。因此,在20 世纪 80 年代初,当时还属于比较敏感时期,棉兰惠州会馆只有用慈善基金会名义注册才能获政府审批通过。为避免印尼政府对华人同乡会的反感,会馆遂以慈善基金会名义成立了棉兰鹅城慈善基金会(Yayasan Sosial Angsapura Medan),其中 Angsa 在印尼文中为鹅的意思,Pura 是城的意思,二者结合正契合惠州别称,所以取名为 Angsapura。同时,为避免印尼政府对华人社团的诫令,考虑当时会馆处在闹市区(广东街,是华人主要居住区,有名的小吃街,大部分为广东小吃,如潮州面、粥等,现被印尼政府改名),人流往来较多,会造成原住民及政府不必要的猜忌,因此地点又不适合开展乡亲聚会的活动。乡贤们经商议卖掉旧馆,在城区较为偏远的地区重建新馆(今天为罗甘街,此地已经发展为热闹的地带)。并且,为满足同乡需要,乡贤们又合力捐资,购买地皮,兴建了鹅城体育馆、义山、殡仪馆等设施。[①]

根据管理规定,基金会必须从事与成立该会宗旨相一致的活动。惠州会馆秉持宗旨中所陈述的目标,即"本会乃惠州十邑同乡的大家庭,努力做好联络同乡,谋求福利,促进同乡团结互助,是本会的首要任务。搞好华社大团结,做好印华民族友好相处,长期和睦共存,也是本会不容推卸的使命。通过慈善、医疗与体育文娱活动,投身社会,促成华印族群友好合作,与印度尼西亚人民一道,共同为建设美丽的印度尼西亚而努力"[②]。自成立伊始,棉兰鹅城慈善基金会就改变了过去的内向型功能,经创办人总结历史教训,决定把社团定位为印尼人的社团,以服务华人宗亲,团结印尼人,融入印尼主流社会作为主要的工作方向,并为此进行长达二十多年的努力。二十多年来,该会着眼于当地化和印尼化的目标,积极开展促进民族融合的活动,执行服务社会的宗旨,开展了一系列的慈善活动。

根据笔者所收集资料列出该基金会的主要活动如下:

---

① 据 2008 年 3 月 4 日于棉兰鹅城慈善基金会会所对廖章然访谈记录整理。
② 《第六届世界惠州同乡恳亲大会纪念特刊》(棉兰),第 172 页。

（1）于1986年5月开办了鹅城慈善诊疗所，不分种族地为贫困人士治病。诊所中义务工作的西医有22名左右，中医16～17名轮流坐诊，获得广大印尼土著民族的拥护。据鹅城慈善基金会统计，诊疗所每天有超过100个的病号，每人收费约4000盾（按2008年4月的兑换率1∶1300，约人民币3元），其中60％以上为土著民族贫困人士，而且他们比较喜欢中医师看病。此外，诊疗所每年最少一次到穷困地区开展义诊活动，对象一般为印尼土著民族。

（2）组织体育文娱活动，如业余乒乓球队、羽毛球队、象棋队等，甚至拥有一支职业篮球队，为印尼篮球联盟的成员，吸收了大量华人青年、土著民族青年参加，从而达到通过体育运动促进与印尼土著民族交往的目的。而且，基金会也经常举办一些国际性、地方性的文体活动，吸引印尼土著民族参与，与土著民族同台演出，促进双方艺术交流，从而融洽族群关系。

（3）在购买义山土地时，拨出义山一块地皮作为穆斯林的坟场，又拨出一块地皮给基督教徒做坟场，所以今天的鹅城义山存在着"三教合一，生死相依"的融合现象。

（4）设立助学金制度，以帮助贫苦的华印（尼）各族同胞及本会职工子女读书，目的要让生活在贫困中的华印（尼）同胞及本会职工子女买书（课本）、交学费等，让青年一代有机会继续上学受教育，长大成为有用之才，造福人民，兴旺国家。根据资料统计，2004—2005年度领受助学金共94人，职工子女48人，同乡子女46人；2007—2008年度领受助学金共99人，职工子女43人，同乡子女56人，职工子女中很多是印尼土著民族子女。[①]

而作为同期创建的传统血缘性组织，棉兰江夏公所（Yayason Sosial Wijaya），习称黄氏福利基金会，或称棉兰黄氏宗亲会，以基金会命名也是因注册需要。据黄氏宗亲会前副主席黄宗南所言，因为印尼不存在江夏这个地方，而且黄氏带有宗亲性质，若取名江夏黄氏公所会受到猜疑，为变通起见，于是取名为黄氏慈善基金会。印尼文中Wijaya的谐音为"黄"，中文翻译就是"黄氏"，从而获通过。至于为什么叫"公所"，黄先生则言，因早期黄氏宗亲来到棉兰找生机，住在宗亲会中，而有公共住所的意思，如此取名体

---

① 《鹅城慈善基金会奖助学金发放情况》，由棉兰鹅城慈善基金会秘书林文裕提供，未刊稿。

现了会所成立的早期功能。

棉兰江夏公所最早成立于 1907 年,当时以"共处天涯,永敦族宜,友助相将,休戚相关"①为宗旨而创立。"1922 年购置土地开辟义山,建立'江夏义亭',每年春秋两季进行祭祖仪式。1925 年,公所再购置两层楼店屋,作为宗亲联络情谊活动的场所,并为初到印尼的'新客'提供暂住的便利。"②历经百年风雨,除了在苏哈托初期短暂中止之外,江夏公所一直是棉兰较为活跃的社团组织。

苏哈托统治后期,黄氏宗亲们感到华人宗亲的感情日渐淡薄,许多义山无人料理。为联络宗亲感情、维护华人族群性需要,宗亲们遂在当时特殊时期采取特殊政策,策划成立了黄氏慈善基金会,以改头换貌的形式延续黄氏宗亲的活动。据采访所知,自从宗亲会重新活动以后,定期参加宗亲活动的约有 2000 人,而棉兰市区的黄氏宗亲人员约有 1 万人。该会现在同样采取开放的态度,只要是黄姓人员都可参加。当然,认同黄氏宗亲活动的其他姓氏人士、特邀人士,或者取得认可后的人士,也可参加黄氏宗亲的活动。由此反映了传统宗亲组织在不断调整适应形势后,不再拘泥于纯粹的方言与地域限制的血缘关系,甚至不同血缘支脉的华人,只要认同该宗亲会的理念,也可加入。

棉兰江夏公所成立之后,为适应印尼华人社会发展的需要,主张采取低调、稳步发展的措施,走民族融合的道路。它成立了诊疗部,专为社会贫病者服务,医生每天轮流值班,"诊疗所每天至少有 30 至 40 名求诊者,大部分都是印尼族。他们在那里看病拿药,江夏公所只象征性地收取超低费用"③。公所还成立了江夏乐龄合唱团,经常参加印尼人的聚会表演,并参与印(尼)中友谊的交流活动。另外,公所还成立有乒乓球队、象棋队等体育组织,华乐队、舞蹈组等娱乐组织,不仅成为"敦亲睦族"的机构,也是传播中华文化、加强民族交流与族群融合的平台。如同黄氏宗亲总会前会长黄启铸所言,

---

① 《江夏公所百年庆典纪念特刊》(棉兰),第 19 页。
② 刘为义:《半世沧桑印华路:印尼华人思考异国他乡生存之道》,中国侨网,2008 年 2 月 5 日,www.chinaqw.com.cn。
③ 刘为义:《半世沧桑印华路:印尼华人思考异国他乡生存之道》,中国侨网,2008 年 2 月 5 日,www.chinaqw.com.cn。

"融入主流、推广华教、与友族和谐共处,是江夏公所,乃至于印尼各华团都应扮演的角色"①。棉兰江夏公所由于在成立百年来成功转型,才得以生存。经过长期的演变,如今的江夏公所除主办祭祖、联谊、福利、分发奖助学金等活动外,还成为棉兰融合族群、整合华人社会的重要社团组织,发挥着积极的作用。

当然,提到鹅城慈善基金会与黄氏宗亲会的恢复创建,就必须要关注廖章然和黄印华两人在其中的作用。廖章然于20世纪80年代以来担任印尼民族统一机构的华社联系人,与印尼苏北地方政府互动较好,现在仍担任着苏北省政府对外友好协会副会长之职(该协会属半官方的社团组织,其职务任命来自苏北省长)。在廖章然的张罗下,惠州会馆完成了土地有效期的延长工作,并取得了土地使用证。1984年,惠州会馆物归原主后,又在廖章然等人的审时度势下,注册成立了鹅城慈善基金会。

廖章然因平时商务活动之外时间充裕,能够全身心投入社团活动中去;而且因他过去参与社团活动较多,懂得较多社团管理的方法,故对鹅城慈善基金会的发展、建立做出有益贡献。因为他长期致力于印华两族的融合工作,所以鹅城慈善基金会重新注册成立后,就一直致力于民族融合的路径,并对印尼各族开放基金会。笔者从社团的纪念刊中发现,在鹅城慈善基金会成立后的历程中,都可以看到廖章然先生活动的影子。如在义山落成上担任工作委员会主席、1992年参与接待中国汕尾市来访团、1990年率领棉兰鹅城羽毛球队回访新加坡、率团参加世界性的恳亲会、参加广东百年侨团大会等。廖先生虽然经济实力有限,但在社团职务上一直居于重要的职位。自1984年重建以来,他一直担任着理事会副主席、体育主任、总务、董事会总务、秘书长等职务,发挥着自己力所能及的最大作用。

黄印华也因长期从事社会工作,个人与印尼中央政府、苏北省政府以及军方建立有良好的互动关系。其个人丰沛的社会资本为江夏公所产业的成功收回发挥了决定性的作用。因而公所恢复成立后,众望所归地当选理事会主席。当然,黄印华能够拥有上述社会资本,据个人观察应与其进入"印

---

① 刘为义:《半世沧桑印华路:印尼华人思考异国他乡生存之道》,中国侨网,2008年2月5日,ww.chinaqw.com.cn.

尼国防研究院"①学习,成为政府高级智囊人员,得以与印尼中央、地方政府,以及穆斯林精英阶层建立起良好的互动关系密切有关。当然,如果按照社会资本置换理论来说,这对他所领导的江夏公所地位提升也是有力促进,从而连选连任,历任江夏公所主席至今。江夏公所的管理也深深烙上其理念和作风。如规定成员的捐赠不能超过一定数额,以避免因捐赠数额较大者意图以经济实力谋取社团领袖地位,从而打破权力平衡,当然这也减少了成员的负担。章程也规定主席连选连任,无时间限制。笔者认为,江夏公所能一直推举其担任主席,是会员与社团领袖双方各取所需。社团借助黄氏在苏北华社的影响力,能为成员提供更大的帮助,而且其声望较高,名正言顺。同样,黄印华一直担任该会主席,也有助其联系各地华社,扩大社会关系,从而进一步服务华社所需。

以上例子可以看出,在政治不利局面下重新成立的鹅城慈善基金会和棉兰江夏公所,在两位重点社会人士的鼎力运作下,成为棉兰市华人社会组织复兴之开端。其成功之处在于,一开始就明确定位开放性办社团的理念,摒弃了过去同乡或宗亲之间的内部互益性职能,转变为服务各族群的社团,并与时俱进,积极融入印尼社会,从而为印尼各族人士接受。当然,两位杰出领袖所发挥的作用也居功至伟。

(二)从传统向现代的转型:棉兰东狱观、棉兰颍川宗亲会、棉兰六桂堂与苏北潮州公会

棉兰以新客为主的华人社会,在得到政府允许或默许的情况下,20世纪90年代,以基金会名义申请注册成立了许多宗亲和同乡团体,但多为"新瓶装旧酒"。这些新注册的社团,仍秉持着华人传统社团的旧功能和旧模式。当然,也确实有一些社团在重新注册之后,在功能、模式、成立目的上做出了改变。因而,这一时期的华人社团呈现出传统与现代并行发展的"二元格局"。

"社会团体是社会需求的反映,不同的社会需求催生不同类型的社团,

---

① 据2008年2月24日采访黄印华得知,印尼国防研究院为印尼党政军最高培训学院,每届培训班需要通过严格考试录取,每届约200人,其中华人仅有5～6人,毕业学生属于政府高级智囊人员。

而不同类型的社团本身并不存在形式上的现代与传统、先进与落后。"[①]"当方言和地域分工的因素仍然存在时，传统的志愿社团自必有其生命力，将继续存在，用来保持凝聚、维系文化和保护本群人的利益。"[②]同时，在全球化、社会民主化的道路上，棉兰华人社会也面临着从传统向现代的转型。作为华人社会构成因子的社团组织，必然也有着转型时期的复杂状况，各种新旧社团的存在便是其复杂性的表现。

棉兰华人社团的"二元性"，不仅外在上有传统型社团和现代性社团并存，在社团内部也存在传统和现代的对立。棉兰东狱观，为莆田兴化人创建，于1965年正式开光启用。苏哈托时期因应时局需要，也成立了棉兰东狱观基金会，作为管理寺庙的组织从而保持运作至今，但它实质上就是莆田兴化人的同乡组织。棉兰东狱观以"发扬道教，联络乡亲，祈祷教友和国家的顺利"为宗旨，通过祭祀家乡神灵的方式来联结棉兰的莆田兴化人。如同麦留芳所描述的，"当操相同方言的中国人在社会生活中，一面组成各类团体，而又一面拒斥操别种方言的中国人参加这种团体时，方言群认同便在其中"[③]。棉兰东狱观即为典型的以地域方言群体为主的同乡会组织。

按照规定，棉兰东狱观是只有兴化人才能参加的组织，加入者都称教友。每一年都有理事会选举，理事会只能由入戒弟子参选。每年的正月十五日在注生大帝面前"卜卦"[④]选举，最多者为福首，即理事长，其他总务、财政、福利部、交际、稽查等部门也是以"卜卦"来决定职位。理事会的工作就是主持日常工作和庆祝各种神灵的诞辰，这种选举方式沿用至今。目前入教成员100多人，只有2人不是兴化人，入教相当于成为组织的会员。为加深教友或会员的感情交流，每年以宗教名义征召教友在东狱观入坛持戒，即

---

① 娄胜华：《转型时期澳门社团研究——多元社会中法团主义体制解析》，广州：广东人民出版社，2004年，第131页。

② 谢剑：《香港的惠州社团——从人类学看客家文化的持续》，香港：香港中文大学出版社，1981年，第67页。

③ 麦留芳：《方言群认同：早期星马华人的分类法则》，台北："中央研究院"民族学研究所，1985年，第3页。

④ 一种传统的宗教仪式。过去的华人社团领袖选举，为避免伤害感情和互相争斗，遂以神灵旨意的方式确认领导人选，体现了社团领袖的宗教色彩。现今的社团组织多采取民主投票或举手表决方式公开选举，只是在确认春秋两祭活动主持人才采用此种宗教方式选举。

七天不可回家,都在庙里吃斋。[①] 笔者通过东狱观的运作模式,以及成员组成的封闭性、选举的宗教性、表现形式的传统性,比较认可它仍是一个典型的、几乎完全保留有过去传统的、具有方言认同性质的同乡会组织。这种以宗教信仰为精神纽带的社团,是早期华人社会同乡、宗亲之间的主要介质。

与此类似的还有棉兰福镇殿,它也是棉兰福州同乡祭拜家乡神灵的寺庙性组织。在1965年福州同乡会遭到取缔后,"于1972年,一批福州同乡成员筹备建庙,附设互助部,协助同乡料理喜丧事宜,接济贫穷乡亲,深得同乡大力支持。棉兰福镇殿旨在奉行印尼国家宪法,遵守当地法律,为同乡谋权利,互惠互助,发展慈善福利事业"[②],后加入新注册成立的棉兰三德慈善基金会。此外,在形式和结构上已经走向现代的棉兰鹅城慈善基金会,每年在家乡神灵玄天上帝诞辰时,也要举行传统的祭拜活动,借此联络乡情,维持同乡情谊。这种具有传统性的组织结构和运作模式,"为中国传统华人城市的社会结构提供了一个参考基础"[③],反映了源自传统中国本土社会、棉兰华人传统社会的形态,体现了棉兰华人社会的复杂性。

与之形成一定对照的则是棉兰颍川宗亲会和棉兰六桂堂等。它们因社团领袖的现代观念,在保留传统形式同时,社团的整个运作和管理多采用现代管理的方法,体现出一种典型的传统和现代兼容并蓄的模式。1919年,棉兰颍川宗亲会的前身棉兰颍川自治会成立,在1942年日本占领后,陷入停顿。1950年,自治会恢复活动,旋即又于1965年被关闭,直到1990年重建后至今,并改名为棉兰颍川宗亲会。棉兰颍川宗亲会成立后,在宗亲聚会、对外交流、慈善活动方面发挥了很大作用。继后,宗亲会又获取世界舜裔宗亲联谊会举办权,这为它的成功发展赢得了声誉和地位。笔者从《苏北棉兰颍川宗亲会简史》[④]了解到,成立之初,宗亲会就一直坚持走外向型、国际化路线。1999年,宗亲会组团抵达马六甲,与世界舜裔宗亲会接轨,后于

---

① 据2008年3月27日对棉兰陈瑞忠的随机采访资料。陈瑞忠为棉兰先达人,60岁左右,华文小学水平,华人第二代,主要从事润滑油的销售代理。

② 《"服务社会,爱国爱群"的福州精神——棉兰福州三德慈善基金会》,[印尼]《棉兰早报》2007年10月5日。

③ L. W. Crissman, *The Segmentary Structure of Urban Overseas Chinese Communities*, *Man*, Vol. 2, No. 2, 1967, p.185.

④ 2008年2月27日笔者拜访棉兰颍川宗亲会所时由陈其仁提供资料。

2000—2004 年几乎每届世界舜裔宗亲联谊会都有参加。2000 年,在主席陈明宗倡议之下,宗亲会开始筹建新会所,并将改革引入会所。据笔者了解,陈明宗先生主张社团应采取现实主义路线,结合其实际开展运作。由于生意需要,陈明宗经常往来新加坡、日本、中国等地,且头脑比较灵活,善于学习,具有国际化视野,因而在社团建设中他充分融入国际化与现代化理念。如他主张社团走出去交流,获得商业信息。这样既可以扩大交际圈,满足成员的各种需求,也能提升宗亲会声望,并带来各种直接或间接的利益。他不支持宗亲会所成为摆设,或者靠几个领袖捐款来维持社团运转。他认为传统社团过去依靠捐款来维持运作的习惯已过时,也使各种活动受到局限,无法有效开展。因而,他力主将社团会所出租,所得租金不仅可以偿还会所建设中的借贷部分,且可充作平常会所的活动经费,从而改善社团的经济状况,由此才能使参加社团的人员不会有经济负担。与此同时,社团通过举办一系列活动吸引人加入,并改变社团领导人依据捐赠多少而获选的局面。应该说,棉兰颖川宗亲会已经深深烙上现代化痕迹。

相对地,另外一些宗亲会人员,如 CBA 就主张社团应秉持传统作为,让宗亲在此娱乐、交流、休闲,大家在一起聚会,促进感情,进而促进彼此了解,实现团结互助的目的,并不主张会所挪作他用。CBA 很怀念过去社团在一个小屋子里时,宗亲们经常见面,一起活动的场景,其乐融融。但现在建了七层楼的会所,宗亲会活动场地却没有了,有了经济收入,却失去了宗亲活动的本质。当然,CBA 虽力主社团的"传统主义"路线,但言谈中也透露出无奈,认为如果每次活动都找宗亲认捐,感觉也过意不去。

此外,与之类似的则属 1998 年 6 月 6 日成立的棉兰六桂堂,一个虚拟的宗亲会组织。因是新近成立的团体,缺少传统的约束,所以一开始它便以现代化方式运作,实行会员制。社团建立之后,立即出租部分会所开设健身休闲会所,自己经营,并聘请指导老师。另设有篮球馆、羽毛球馆等,以收费形式,不仅服务华人,也服务印尼土著民族。同时将较大的会议场所作为酒楼出租。社团通过自己经营和出租场地,获得租金,保证了会所日常运转费用,给人的感觉就是一个集休闲、娱乐、餐饮于一体的公共场所。因为属新近成立的团体组织,影响力有限,参与人员并不多。社团经费来源有限,要靠几个人支持社团的运转较为困难。因而,领导人的思维就决定着其发展的方向。时任主席洪志通因没有传统社团习惯的束缚,虽以旧模式创建了棉兰六桂堂,但用现代的思维管理社团。如该社团积极提倡领导人民主推选,实施分权和授权相结合的管理方式,且要求团体经济独立等,充分体现了传统模式与现代管理融合的理念。笔者透过考察其筹建的佛堂式会所对此深有感悟。在棉兰郊区马达山附近,洪志通因本人信奉佛教,遂独资建造有一间佛堂。他力图打造的是一所集园林、休闲、宗教朝拜和生态旅游于一体的会所式佛堂。来朝拜佛陀的人,有旅馆住宿,又有休闲园林和原始森林的观光和休闲,朝佛、旅游、度假同时完成,可充分满足现代都市人的需要。

其他还有潮州公会,已建设的三层楼大厦也试图出租部分楼层,使之成为社团运转经费的独立来源;王氏宗亲会则开放宗亲会所拥有的义山地,并建有火葬场,营利式运作宗亲会资产。这些都是当今社团商业化、现代化运作的集中体现,意图减少社团过去受制于钱财而产生矛盾的状况,体现出"以商养会"的新思路。

在棉兰,由于社团复建历史较短,且因苏哈托时期的严厉禁锢,华人社团管理与建设经验欠缺,较多会受到社团领袖的个人影响。如前述的惠州会馆与江夏公所,能够于 20 世纪 80 年代复兴,就是得力于廖章然与黄印华两人作为社会活动家所发挥的个人作用,以及对社会形势的判断,由此在社团发展方面做出了开放性的策略,从而为两社团的发展营造出有利的外在环境,这才有了今天的重要地位。而颍川宗亲会和六桂堂,属典型的传统与现代并存于内部的团体组织,这同样也是源自社团领袖陈明宗和洪志通两人的思维和眼界。两人都接受过传统的中华文化教育,洪志通还曾去过台湾读书,在苏哈托严厉禁止的氛围中接触到中华文化。同时,洪志通又受到较多西方文化影响。因此,新创建的棉兰六桂堂受现代性的影响较多,从大厦内陈设、会所的功能设计上都体现出浓郁的现代气息。陈明宗则因个人国际化的生意,往来新加坡、日本、中国等较多,也善于学习,积极模仿,在社团建设上力主中西并用,注意吸收现代的理念,试图改造社团传统落后的运作模式,积极倡导出租会所办学以保证会所运作经费,建造七层楼的新会所以塑造社团形象,并不断地带领社团走出印尼,扩大国际交流,积极主办国际性宗亲活动等。这极大地提高了棉兰颍川宗亲会的声誉和影响力,充分地体现了该社团传统与现代并存,并积极转型迎接世界华社大合作、世界性认同的新格局。这其中蕴含着华人社团发展的新趋势。

（三）政治觉醒后的升华：苏北印华百家姓协会和苏北省印尼华裔总会分会

社团是移民适应移居地社会的一种社会组织。它适应社会变迁而产生，又不断改变着自己的形态，在对内实行有效整合的同时，又不断谋求与外部的联系。在社团的发展演进过程中，它不仅存在着时代发展的阶段性，又包含了社会变迁的特征，因时而变应是华人社团生存的重要缘由。

苏哈托下台之后，经历 1998 年五月暴乱冲击的华人，认识到必须要团结自救，必须参政，否则所有的经济活动都是不堪一击的。事实上，暴力事件在华人社群中起到催化剂作用，凸显出没有外人会帮助华人，华人必须自我保护的事实。华人要成为国家一分子，必须"抛开历史包袱，积极参政，在体制中为族群争取权益"[①]。因此，暴乱结束后，华人纷纷成立各种政治组织，如中华改革党、大同党以及政治压力型社团等。可以说，"在后苏哈托时代的印尼，新的人权和非政府组织逐渐发挥着重要的功能"[②]。

关于华人参政问题，菲律宾华人学者洪玉华曾说道："事实上，政治的融合可以说是融合的最高形态及最终归宿。只有达致政治上的融合，融合的过程才可以说已最终完成。政治融合的一种表现形态或较通俗的表达，就是人们所说的参政。"[③]当然，不同处境的华人参与政治的方式，各方看法不同："第一类认为，在动乱发生时，华人总是成为替罪羔羊，没有人愿意帮助。因此华人应该组织自己的政党，明确代表华人，捍卫华人利益。第二类人是不愿意直接参政的华人积极分子，他们成立压力集团。第三类是成立互助会的华人，他们会合同类型伙伴组织协会或商会，分担困难。第四类是那些决定参加现有政党的华人，以便通过能够替华人讲话的政党为华人做事。"[④]

---

① 刘为义：《半世沧桑印华路：印尼华人思考异国他乡生存之道》，中国侨网，2008 年 2 月 5 日，www. chinaqw. com. cn.

② Sarah Turner, Pamela Allent, Chinese Indonesians in a Rapidly Changing Nations: Pressures of Ethnicity and Identity, *Asia Pacific Viewpoint*, Vol. 48, No. 1, 2007, p. 122.

③ ［菲］洪玉华：《菲律宾华人的参政、融合和认同》，马尼拉：马尼拉菲律宾华裔青年联合会，1995 年，第 75 页。

④ 方金英：《东南亚"华人问题"的形成与发展——泰国、菲律宾、马来西亚、印度尼西亚案例研究》，北京：时事出版社，2001 年，第 94 页，转引自［新加坡］《联合早报》1999 年 5 月 15 日。

但笔者认为,哪一种方式并不重要,重要的是华人具备了参政或助政的意识,这表明了华人的政治觉醒,体现了华人在居住国的深度融合。

因此,诚如印尼华裔总会高层领导所言,"华族在经受了排华风暴之后,开始认识到'你不过问政治,政治却要过问你'的血的经验教训。要改变命运,华族必须关心政治,必须参政议政"①。然而,无论历史的原因,还是文化的缘由,棉兰华人以前一直对参与所在国政治活动不热心,无动力,不愿意参加政党活动,也不愿受任何政党支配。但是,受到苏哈托下台以后血淋淋的教训,当代政府大力推动民主化进程,政治上广开言路,提倡舆论自由等,极大地提高了人们的政治热情和政治觉悟。身处其中的棉兰华人群体也不例外,但他们对政治的顾虑依然存在。"倘若他们参加不同政见者的政治活动,他们将被指责为搞颠覆。倘若他们拥护现政权,他们被指责为搞投机。倘若他们脱离政治,他们也将被指责为搞投机,因为据说他们只对赚钱感兴趣。"②这些言论透射出华人对参与政治的矛盾和焦虑。"显然,有许多——或许是大多数华人移民更喜欢不介入政治,但是在这个地区政治动荡的国家里,迅速变化的形势要求华人做出反应。教育、国籍和经济机会,是华人普遍关心的问题。在这些地区,一切行动都只能是经由或者通过政府机构来进行的。"③因而,采用政治压力型社团来参政议政,可能不失为一种方式。

在此情形下,于1998年9月成立的印华百家姓协会,旨在以压力型社团组织保障华人利益,为"将印度尼西亚建设成为公正繁荣的社会而奋斗"④。2000年12月1日,印尼退伍军人熊德怡(直到退伍之后才公开其华人身份)被推选为印华百家姓协会的总主席,并就以后开展工作的方向提出建议:强调它是为华人服务,争取华族公民权益,并远离金钱政治;协会应保持成为一个非政治团体,不和任何政党和政治团体挂钩,以免被政党所利用。他表明,印尼华族要有一个共同的目的、共同的看法,成立协会就是要

---

①　意如香:《华族的事华族办》,[印尼]《国际日报》2006年10月10日。

②　周南京、陈文献等编著:《印度尼西亚华人同化问题资料汇编》,北京:北京大学亚太研究中心,1996年,第662页。

③　[美]李·E.威廉斯著,康涛译:《东南亚华人的过去与现在》,陈碧笙选编:《华侨华人问题论文集》,南昌:江西人民出版社,1989年,第180~181页。

④　周南京:《印度尼西亚华侨华人研究》,香港:香港社会科学出版社,2006年,第171~172页。

建立一个和谐、民主、进步与和平的印尼。该协会崇尚人权，反抗歧视，积极
向政府争取撤销现有的种族歧视条文，并推动华族在国家、社会各领域的参
与和建设。① 如印华百家姓协会第一任全国副主席陈立志在受访时说："该
会是一个为华人服务的非政治组织，以恢复华人公民身份为使命，包括语言
文化特征。"②

因应时势需要，苏北印华百家姓协会也于 2001 年成立，由庄钦华在总
会协助下创建，至今已在苏北省建立了 8 个分会。据采访得知，庄钦华在参
加完全国会议后，觉得为谋取苏北人民的利益，必须调动更多人的力量，有
必要成立分会，以便发挥团体力量争取华人权益。协会虽然功能与苏北省
印尼华裔总会分会有所重叠，但在理念上不同，会务上可以相互补充，应该
不存在问题。③

事实上该协会也确实如此。苏北印华百家姓协会自成立后，在济贫、救
灾、举办座谈会、文化宣传等方面有序推进，同时也在提升华人形象、督促政
府政策方面开展了一系列活动。如 2004 年 6 月，协会与苏北省发展旅游促
进会联合在棉兰主办"印马歌王歌后卡拉 OK 争霸慈善晚会"，男女歌手共
33 人参加，目的是通过本次比赛，提高本岛歌手的歌唱水准，希望吸引更多
的马来西亚朋友前来本省旅游观光；④2005 年 7 月，棉兰印华百家姓协会对
当选的市政府官员发出呼吁，并表达希望和态度：(1)要求棉兰市长真正履
行竞选时的承诺；(2)印华百家姓协会将进行社会监督，对市政府未来五年
的措施采取批判的态度；(3)认为市政府有些措施加重了企业负担，如货车
装卸准字，其实车主已缴纳车辆税、经营税等；(4)市政府应监督国营电力公
司别再实行轮流停电措施；(5)建议市政府公务员若要到社会上去调查经营
准字或其他简单的准字，无须由军警人员陪伴；(6)至少在 100 天内，棉兰新
市长必须拿出具体的工作成绩，以便让社会人士所期望的一切能真正被看

---

① [印尼]游禄中：《印尼华人之命运》，香港：香港时代图书有限公司，2002 年，第
302 页。

② 《印尼华族华语的迷思　印尼人眼中的"负面"华人》，[马来西亚]《星洲日报》2000
年 3 月 18 日。

③ 据 2008 年 3 月 19 日于庄钦华公司办公室对其访谈记录整理。

④ [印尼]《棉兰早报》2004 年 6 月 19 日。

到、被感受,别只懂得在竞选期间开出不能兑现的支票;(7)向棉兰新市长致贺,但愿在执行任务中始终在上苍的庇护下;(8)在竞选期间华人回应参选者的口号"我爱你",现在上述回应口号或变成"正副市长,你爱我",意即正副市长应该热爱人民。① 以上种种皆可充分体现其政治压力型社团的目标。

此外,在慈善、救济方面,苏北印华百家姓协会也是竭尽全力。2006 年6 月,苏北印华百家姓协会提供校服与食品,赞助网眼镇的中、小学贫民之子女,共 60 位学子接受捐赠。② 8 月,组织华族人士参加在棉兰市广场举行的国庆升旗仪式,这是苏北华人第一次自己组织、大规模的国庆升国旗仪式和庆祝活动,"旨在教育华人后代要热爱印尼,唤醒他们融入主流社会的意识,并与印尼各民族密切联系,不分彼此,以期建设公正、繁荣民主的印度尼西亚共和国"③。2006 年 6 月,中爪哇日惹发生大地震,灾区遭到严重破坏,约4600 人遇难,灾情十分严重,苏北印华百家姓协会极为关注灾情,呼吁救助日惹大地震灾区人民,并向灾区人民致以亲切慰问。④ 为促进族群融合,社会稳定,2007 年 5 月,苏北印华百家姓协会又与印尼全国青年理事会苏北分会法律援助机构联合举办"街童与民族前途的关系"研讨会,探讨了社会流浪儿童与民族未来发展的问题。其他还有慰问亚齐灾民、开办中文补习班、为华商企业家举办管理讲座等。

苏北印华百家姓协会秉持成立之初所宣扬的"华族理念,入乡随俗,千岛族情,共谋幸福"⑤的理想,在印尼民主化的道路上,为争取华人权益,融洽族群关系中发挥了应有的作用。同时,协会也积极推动华族参与政治,并对华人参与政治表达出期待:"对华族同胞兄弟在政府组织与地方议会中有代表华族人士心声的位置寄予厚望,因为华族也是印度尼西亚统一共和国里一个不可分割的国民。我们有义务支持和参加亲爱的印尼祖国与棉兰市的

---

① 《棉兰印华百家姓协会声明敦请政府市长热爱人民》,[印尼]《棉兰早报》2005 年 7月 22 日。

② [印尼]《棉兰早报》2006 年 6 月 29 日。

③ 《苏北与棉兰百家姓协会举行国庆升旗爱国主义教育行动》,[印尼]《国际日报》2006年 6 月 19 日。

④ [印尼]《国际日报》2006 年 6 月 1 日。

⑤ 《华族理念,入乡随俗,千岛族情,共谋幸福——苏北印华百家姓协会》,[印尼]《棉兰早报》2007 年 9 月 25 日。

建设与发展工作，这是我们众多华族国民一致的心声。"①

而成立于 1999 年 2 月 5 日的印尼华裔总会(INTI)，也是希望能够通过各种活动聚集华裔力量，在经济、教育及社会地位上有所突破。印尼华裔总会认为，要提高印尼华人的地位，解决华人的所谓"政治问题"，不能单纯从华人的角度出发，更多地要站在当地民族的角度思考问题。因此，印尼华裔总会把如何消除印尼社会的贫富差距，帮助当地居民摆脱贫困和发展经济当作工作的一个重点。作为一个非政治团体，该组织希望通过多种活动引导华裔和当地居民更多地了解中华文化，使华人在经济、教育和社会地位上有更大的提升。②

依此于 1999 年在棉兰成立了苏北省印尼华裔总会分会(以下简称苏北印华总会)，并于 2002 年设立棉兰分会。苏北印华总会在黄印华的带领下，积极参与赈灾、福利、教育、庆祝国庆等活动，协助推广苏北省经济及旅游，以及自费组织文化艺术团、招商团到国外参加国家贸易、旅游等的展览活动，逐步确立了在苏北华社中默认的领导地位，成为苏北政府与华社的互动桥梁。尤其是在 2004 年，印尼发生海啸引发地震的灾难救助中，苏北印华总会以副主席廖章然为统筹委员长，迅速成立了苏北华社赈灾委员会(或称苏北华社联合赈灾委员会)，号召华社团结行动，不仅在协调苏北华社救灾行动、接受救援物资、了解灾情、发动人员支持方面做出较大贡献，而且也在牵头灾区的灾后重建中发挥了重要的作用。

"从本质上说，社团组织的政治介入是社会向国家施加影响的过程。"③事实上，苏北印华总会也确实如此执行。如 2005 年苏北电视台与苏北印华总会合作，开设中文广播《苏北新闻》栏目，大力宣传和报道华人社会的正面事迹，试图逐步改变华人的负面形象；④同时，它也采取措施积极协助地方发展经济。如 2006 年 1 月，苏北印华总会主席黄印华协同时任苏北省长一行

---

① 《苏北印华百家姓协会主席希望政府地方议会应有代表华社心声的位置》，[印尼]《棉兰早报》2005 年 3 月 20 日。

② 曹云华：《东南亚华人的政治参与》，北京：中国华侨出版社，2004 年，第 273 页。

③ 毕监武：《社团革命：中国社团发展的经济学分析》，济南：山东人民出版社，2003 年，第 159 页。

④ [印尼]《棉兰早报》2005 年 11 月 21 日。

率团参加广东国际旅游文化节,展示苏北民族文化精粹,促进旅游合作;①同年 12 月为发展苏北旅游,苏北印华总会筹办了国际风筝节;②2006 年 8 月,参与《印尼独立 61 周年斗争史略》大型歌剧演出,③扮演民族融合的积极角色。此外,在联系基层群众、维护华人权益、表达华人心声方面,苏北印华总会也发挥了积极的作用。2006 年 8 月针对华人金铺被抢劫,人员被杀害事件,苏北印华总会除了强烈谴责凶手,还要求警方认真破案,伸张法治;④2006 年 8 月,印华总会棉兰波罗尼亚支会成立,苏北印华总会主席黄印华呼吁做好基层群众工作,也为省级、市级组织增强与社会各阶层的普遍联系提供更加广泛的群众基础。⑤

一直以来,苏北印华总会以"坚定团结,共同发展印尼华人事务"为主体精神。自成立至今,它也"与诸宗乡团体、寺庙佛堂、社会机构彼此互相尊重,互通信息,并扮演召集人或联络人的角色,大家经常座谈,共商时局,甚至确定会务方针。每年的春节前夕,苏北印华总会邀请宗乡团体、社会机构的代表,共商华人社会如何体谅时艰,朴素低调地过春节的事宜。这种举措获得全体华人的支持与印尼政府的赞赏"⑥。这宣传了华人正面形象,提升了华人社会意识,也促进了印华族群融合,维护了华人权益。如同棉兰市长所表达的,"希望印华总会能协助地方政府促进社会各族群的融洽与团结,特别是棉市华社能够汇入主流社会……大力协助地方政府促进社会各基元分子相互合作,从而创造更良好的生活"⑦。

"社团把华人分散的、微弱的个体力量集中起来,形成一种共同的声音来表达自己的立场,增强社会影响力;同时,社团也是培养参政华人的摇篮,在促进华人参政议政方面扮演着重要角色。"⑧苏北印华总会和百家姓协会,

---

① [印尼]《棉兰早报》2006 年 11 月 20 日。
② [印尼]《棉兰早报》2006 年 12 月 6 日。
③ [印尼]《棉兰早报》2006 年 8 月 5 日。
④ [印尼]《棉兰早报》2006 年 8 月 8 日。
⑤ [印尼]《国际日报》2006 年 8 月 14 日。
⑥ [印尼]廖章然:《扎根当地创基业 情系母邦作桥梁》,广东海外交流协会编:《第二届世界广东同乡联谊大会侨情交流文集》,广州:广东旅游出版社,2002 年,第 47 页。
⑦ [印尼]《棉兰早报》2005 年 3 月 23 日。
⑧ 吕伟雄主编:《海外华人社会新透视》,广州:岭南美术出版社,2005 年,第 48 页。

从横向上起到联系各华人社团，纵向上整合华人社会的作用，形成具有一定号召力，以代表华人整体利益的声音。它们发挥着团结的作用，并成为华人与政府、华人与主流社会，以及华人之间对话与沟通的一个重要窗口。但两个社团因领导人社会资本差异，以及社团定位不同，在苏北的发展与影响力有所差别。目前，苏北印华总会在黄印华的领导下，联系和服务华社，对接苏北省政府，促进社会和谐建设成效良好，成为棉兰华社认可的重要性社团。

（四）走向区域整合：从苏北华社赈灾委员会到苏北华社慈善与教育联谊会

"战后，海外华人社会组织从个体性单位向高度联合的社团过渡已成普遍之势，其文化、政治功能逐渐加强。由此促成海外华人在争取政治、经济等各方面的社会平等权益斗争中由个体奋斗转向群体行动的过渡。"[①]苏北华社慈善与教育联谊会即是在苏北社团联合的趋势下，借助成立苏北华社赈灾委员会的契机，于 2007 年 2 月 15 日宣告成立。它的成立是苏北华人社团被取缔 40 年来，第一次实现苏北华社松散式大联合。

2004 年 12 月 26 日，印尼亚齐发生大地震引发大海啸，给亚齐省和苏北省尼亚斯岛带来巨大的灾难。为了救济华印两族灾民，以及统一救灾行动，苏北印华总会在黄印华的召集下，云集 200 多名棉市华社精英，在棉兰鹅城慈善基金会礼堂举行座谈会。会议明确苏北华社救灾工作各阶段的工作重点，并决议成立"苏北华社赈灾委员会"（Panitim Tionghoa Sumatra Utara Peduli Benoana Alam）[②]联合举行救灾行动。会议经过协商，推举人员负责管理银行账户及财务、物资、宗教、卫生保健、公关、儿童教育、秘书及行政各部门，并由廖章然负责统筹。苏北华社赈灾委员会成立于危难之际，并在救济灾民方面发挥了重大的作用，由此得到澳门红十字会外事与赈灾部主管王耕耘的高度赞赏。他说："近两年来，苏华赈接待了来自大陆，以及港、澳等地区许多捐赠者，通过了解和观察，苏华赈在捐资使用和待人接物等各项

---

① 陈庆德：《海外华人经济与传统社会组织》，《华侨华人历史》编辑部：《中国华侨历史学会成立十周年纪念论文集》，北京：东方出版社，1993 年，第 171 页。

② ［印尼］《棉兰早报》2005 年 1 月 3 日。

工作上均做到了合理运用、透明公开、热心配合,用运筹帷幄一词形容实不过分,给各国各地区的捐助者留下了深刻印象,值得表彰!"①

特殊时期成立的苏北华社赈灾委员会,是由棉兰 65 个华人团体联合组成的赈灾机构,属暂时性的。在开展赈灾工作上,它又获得马来西亚星洲媒体集团的大力支持。苏北华社赈灾委员会利用该集团捐款,解决和安顿了大批亚齐和尼亚斯灾民子女在棉兰入校读书的迫切问题。同时,为了长远计划,星洲媒体集团于 2006 年 2 月 21 日与苏北华社赈灾委员会签订"捐款援助协议书",支援苏北华社赈灾委员会在棉兰兴建亚洲国际友好学院和亚洲国际友好学校,旨在协助印尼苏北华社发展教育事业,培养华文师资,复兴华文教育,并以照顾亚齐和尼亚斯灾民的子女就学为首任。按照"捐款援助协议书",星洲媒体集团援建的这两个学校将赠送给苏北华社组成的一个固定性的合法团体。因而,经苏北华人社团代表多次协商后,主动或被动形势使然,"苏北华社慈善与教育联谊会"(Perhimpunan Masyarakat Indonesia Tionghoa Sumatera Utara Peduli Sosial Dan Pendidikan,简称苏北华联)②于2006 年 6 月 10 日在政府公证注册成立,负责接收星洲媒体集团捐款并处理交办事项。

苏北华联的创建,是由于"当今华社事务繁多且杂,所涉及的深度和广度,不能单独由某一个组织应对,必须要有一个联合的组织来承受,群策群力,才能有效运作"③。其成立目的是联合苏北省全体华社集体的力量,重点发展慈善与教育工作。慈善工作重点放在突出的自然灾难救援上,教育方面则是办好亚洲国际友好学院,为国家培养人才,特别是华文师资。

"国外的经验表明,社团组织之间联合对于规制其发展方向和增进社会责任具有重要作用。"④一方面,社团组织的联合有利于建立行业的自律机制,提高透明度和社会公信度,实现社团组织的良性发展。另一方面,社团

---

① 《澳门红十字会捐建亚齐孤儿院 2007 年初竣工,苏北华赈全程监助受人信赖》,[印尼]《棉兰早报》2006 年 11 月 11 与 17 日。

② 《旅苏瀛洲同乡会章程》,由印尼苏北民礼市作家晓星于 2008 年提供,未刊稿。

③ 黄蜂:《苏北华联的成立是苏北华社天大的喜讯》,[印尼]《棉兰早报》2007 年 2 月20 日。

④ 毕监武:《社团革命:中国社团发展的经济学分析》,济南:山东人民出版社,2003 年,第 84~85 页。

组织联合体的自我管理、自我监督，避免了资源的浪费，能为争取更大的权益发挥作用。如同苏北华联主席团代表黄印华在成立致辞时所讲，仿效当年华社先辈大团结的先例，乃是当今华人社团义不容辞的使命。苏北华联的诞生，正是为了迎合这项时代使命。①

当然，社团的作用不在于其历史的长短，人数的多少，而在于是否有实力，是否有完善的运作机制，是否团结并服务于华人社会。"不同群体的华人由于文化的差异、生活背景的不同而互相沟通、接触不多，很难主动走到一起。力量太分散就难办大事，就无法形成华人社会的强大声音去争取华人社会的共同利益。"而"华人社会的共同利益和一些关乎整个华人社会的事务，单靠个别社团或部分群体的力量难以顺利完成，需要一个具有更广泛代表性、联合华人社会多方力量的社团牵头争取和处理。"②在某一特殊时期也需要某种特殊的整合力量。华社共同事务的复杂性和多元性，推动了华人社团的团结与联合，这种联合除了保障共同利益以外，还代表了更为广大的华人权益。

那么，为什么成立较早，在棉兰华人社会中已有一定基础的苏北印华总会不能整合苏北华人社团，而需要苏北华联的建立？笔者根据采访期间的观察分析，希望能理出一条思路。

"社团的合法性基础来源于社会，具体而言，从组织内部到外部，包括两方面：一是社团内部成员，对组织及其活动的承认，表现为积极参与活动项目、服从组织的各项安排，简称之为'成员认同'；二是社团外部的其他社会人员与社会组织乃至形成的社会舆论，对组织及其各项活动的支持和承认，简称之为'社会认同'。"③从这方面来说，苏北印华总会在棉兰华人社会中认可度较低，而苏北华联认可度较高。而这又是与苏北棉兰华人的地域特点有关，更也与苏北华人社团领袖间的关系网络有关。

据笔者分析，一是因为苏北印华总会是雅加达华社总部控制的分支团体，这使得苏北华社精英们心理上难以接受。过去以来，棉兰华人与雅加达

---

① ［印尼］《棉兰早报》2007 年 2 月 15 日。
② 吕伟雄主编：《海外华人社会新观察》，广州：岭南美术出版社，2004 年，第 21 页。
③ 龚咏梅《社团与政府的关系——苏州个案研究》，北京：社会科学文献出版社，2007 年，第 48 页。

华人就像两条平行线,很少发生交集,且双方在各自形象的认知上存在较深的隔阂和误差。棉兰华人心理上难以接受雅加达华人领导苏北华人社团,听其左右。二是因为苏北印华总会的领导人年轻化政策。这导致目前正在领导苏北各有关社团事务的精英,在印华总会中并未获取相应的领袖地位,逐渐让他们不甚热衷参与。三是因为苏北印华总会的领导层,多为四十多岁、属年轻一代的华人领袖,在棉兰政治上风头太过张扬。这使一直对政治抱有疑虑的棉兰华人有所顾忌,不愿涉入太深,若接受其统合则明显有涉足政治的嫌疑。四是因为目前苏北印华总会领导人黄印华虽在社会活动能力方面甚佳,与政府沟通较为顺畅,但经济实力上可能还不具说服力。这对深受中华传统文化影响,习惯以财富决定社会地位的华人社会来说,由其统领苏北华人社团可能令他们无法完全认可和心悦诚服。五是因为苏北印华总会在发展华文教育方面着力不够。苏北华社在苏哈托的严酷打压下,华语、华文文化岌岌可危,发展华文教育,传承华文文化成为目前华社共识。由此需要一个组织来集中人力、物力和财力,而苏北印华总会一直未在此着力太多。六是可能因为潜藏于华人社团领袖的内部矛盾,分散了各自的力量。内因加上外在推动,最终促成了苏北华联的诞生。

总之,棉兰华人社团作为印尼华人社会的一个部分,经历 20 世纪 80 年代以来的国内政策转变、国际局势变化,以及其他各种合力的作用,在社团数量和种类方面都有较大发展,并且在结构和功能上呈现多样化趋势。它的具体表现则有在社会民主化进程中对政治参与热情的诉求,更有从华社小团结走向大团结的不懈追求,也有华社传承和重构华文、华语的迫切诉求。目标多元,利益多样,从而造就当代棉兰华人社团的演变格局。因此,我们可以总结今天的棉兰华人社团正处于从传统向现代过渡的时期,虽是"新旧相间",但更是"五味杂陈"。① 然则,无论怎样演变,它都是立足于印尼的社会现实,以及苏北省华人社会的切实处境,不再游离于当地社会之外,而实实在在是当地社会(团体)的组成部分。

---

① 朱浤源:《印尼华人社团与文化活动》,朱浤源主编:《东南亚华人社团与文化研究》,台北:中华文化复兴运动总会,1994 年,第 25 页。

第二节　变化与承续

——棉兰华人社团组织结构与功能的分析

一、棉兰华人社团的组织结构与财务管理

"所谓社会组织的结构是指社会组织内部固定的社会关系架构,依循这些关系架构,社会组织分子能较方便与他人互动并尽职责与发挥功能,组织才可矗立不摇。"[①]而一定的结构形成权力运作的范围、脉络与框架,有助权力在结构范围内,依循结构的脉络与框架而运作,从而最大限度地发挥组织的效能。华人社团作为华社的结构因子,为体现民主、法治精神的管理制度,保障一定的权力运作,首先要制定比较完善的章程,从办会宗旨、组织原则到领导权责、财务制度等,均需详尽规定,使会务有章可循。其次要制定比较合理的组织架构,对社团主要负责人,如会长/理事长、副会长/副理事长等定职定责,各有分工,才能保证社团良性运转。

"一个社会系统中的每个组成成分(包括个人、人际关系、团体和团体之间的关系)本身都可以看作是一个具有自己的组织特色的系统或子系统。决定整个系统的组织特性的,是各个组成成分之间的组合和排列方式,而不是各成分的性质本身。因此,系统中就包含了多层次的复杂性:个人的、人际的、团体的、团体之间的、社会的。于是,对社会系统的完整分析就包括对各个组成成分的分析、对它们之间关系的分析和对部分与整体关系的分析"[②],即对构成团体系统的结构要素进行分析。当今的棉兰华人社团复兴于 20 世纪 80 年代,约 100 个,是华人社会适应急剧变化时势的产物。有的属旧有社团的恢复,有的是满足社会复杂性需求的新创性组织,无论新旧,其在结构与功能方面都发生了相应的变化,主要表现为系统的内外结构要素采取了不同组合方式。

从宏观层面来讲,棉兰华人社团的组织结构可分为外部系统结构和内

---

① 蔡宏进:《社会组织原理》,台北:五南图书出版股份有限公司,2006 年,第 75 页。
② 何友晖、彭泗清:《方法论的关系论及其在中西文化中的应用》,《社会学研究》1998 年第 5 期,第 36 页。

部系统结构。外部系统结构是指社团之间的结构。在外部系统结构上,由于政治的敏感性,棉兰华人各社团之间各自保持独立而无隶属关系。只是在面对选择性事项时,社团领袖根据个人喜好与感情亲疏,或者根据对本团体有利原则而有所偏向,社团之间不具有持久的凝聚力,存在本质上的缺陷。但"因基层的开放性,新的社团可以不断地成立。新社团的成立一方面是伸出其结构的触角,尽可能达于全社区的各个角落;另一方面则是增加交往的频道,加强结构力"①,从而成为自身克服缺陷而适应环境的一种有利方式。

就内部系统结构来说,主要是指社团自身的组织结构与财务管理等方面,本节将就此做重点分析。

（一）棉兰华人社团的主要宗旨

社团"是遵照一定宗旨资源结合,或以一定宗旨为号召的由某些人领头组织起来的人的集合体"②。"组织的宗旨使命是第一位的,组织发展的关键是确立组织的本质定位,明确其工作使命、工作宗旨。没有一个明确的发展宗旨,组织所有的构成要素从人员、资金,到项目都将失去意义。"③组织宗旨是社团的灵魂和旗帜,并反映一定的社会实际需要。

棉兰华人社会是一个以新客华人为主的社会,它经历了印尼政治的动荡、变化和民主化转型,这些都必然反映在华人社团的宗旨中。不同类别社团的章程内容,既反映了当地华社的内在需求,也与设立社团的目的和意义有关,体现了社团组织变革的基本线索,是其内部机制与外部延伸的反映,并可以比较出同一时期不同类别社团组织系统的异同。笔者就已知棉兰华人社团宗旨的主要内容,做如下总结:

1. 争取和维护华人权益,反对种族歧视

经历 1965 年"9·30"事件的棉兰华人,因政治而受伤害较深,多不愿涉及政治活动,也不愿因牵涉政治派别之争而惹火上身。据黄印华所述,棉兰

① 李亦园:《人类的视野》,上海:上海文艺出版社,1996 年,第 374 页。
② 李明欢:《当代海外华人社团研究》,厦门:厦门大学出版社,1995 年,第 200 页。
③ 龚咏梅:《社团与政府的关系——苏州个案研究》,北京:社会科学文献出版社,2007 年,第 183~184 页。

的陈亭墅(棉兰颖川宗亲会理事,留台校友会成员,主要投资生态旅游开发)在投资马达山多巴湖旅游度假区时,由于项目获准时得到当时在任县长支持,后来在竞选中,陈亭墅公开表态支持该县长,但其未当选。由此,新当选的县长就以各种理由阻拦其投资,致使正在进行的工程拖延,前后延期两年多的时间才复工,损失重大。①

但是,1998年的五月暴乱又使华人认识到,保持对政治的冷漠和恐惧无济于事,只能成为政治的代罪羔羊。所以,新型的华人社团都"以团结起来,为争取华人的平等权益,贡献印尼"②为号召,力求最广泛地将华人组织起来,"以极高的政治热情,以印尼华人也是印尼这个国家主人翁的深刻本土政治意识与为新印尼文明作出奉献的沉重的印尼公民责任,全情地投身于世纪之交的印尼民族民主运动及其社会改革和各项重建工作中"③。

成立于五月暴乱之后的苏北印华总会与苏北印华百家姓协会两组织,秉持为华人社会争取权益的理念,都体现在各自的宗旨中。例如,苏北印华总会的宗旨中提到,为彻底地、永远性地解决历史上遗留下来的所谓"印尼华人问题",实现印尼华族同其他印尼族群共同重建一个新的印尼,一个具有更先进、更有竞争力、更能与全世界其他已先进已文明国家并肩前进的新印尼文明,朝着一个更公平、更繁荣、更安宁、更幸福之国家和公民生活的伟大理想而努力;④苏北印华百家姓协会则提出,坚决争取为华族和所有社会成员取得基本人道权,履行和睦共处原则,真诚地参与建设国家。⑤ 另外,棉兰颖川宗亲会也提出"和当地华人社团一起,共同缔造一个平等待我族群的社会"⑥等,都是此类目标之体现。

2.联络乡谊、亲情、友情,以实现互助互利

当社会处在急速转型时期,政治不稳定、社会安全缺乏时,华人需要社

---

① 据2008年3月18日于黄印华公司办公室对其访谈记录整理。

② 杨启光:《后苏哈托时代的印尼华人新型社团》,《华侨华人历史研究》2003年第1期,第11页。

③ 杨启光:《路在何方:21世纪的印尼华人——对当今印尼华人分离分治的一种文化学思考》,《东南亚研究》2003年第2期,第50页。

④ 2008年4月4日于黄印华办公室采访时由其所提供的资料。

⑤ 2008年3月19日于庄钦华公司办公室采访时由其所提供的资料。

⑥ 2008年2月27日笔者拜访棉兰颖川宗亲会所时由陈其仁提供的资料。

团组织来凝结个体的力量,以求自保。但其成立的目的、组织的章程,以及持续发展的动力都未做好安排,适应变化的形式仍未准备好,不得不转而寻求传统的方式。华人社团仍把过去"侨民社会"联络乡谊、亲情、友情的目的作为当今社团的宗旨,既是一种应时之需,也有文化寻根的意味。如苏北客属联谊会宗旨为联络乡情、服务社群、广大客家;[①]苏北棉华中学校友会宗旨第一条为加强校友间之联系,增进友谊,团结互助;[②]棉兰鹅城慈善基金会宗旨为团结惠州十邑同乡;苏北潮州公会宗旨为在敬祖、爱国、爱乡的前提下,完成潮州人现有的工作;[③]王氏宗亲会宗旨为联络王氏宗亲聚集一堂;[④]龙岩同乡会宗旨为联络感情,敦睦乡谊;[⑤]旅苏瀛洲同乡会宗旨为联络同乡感情,互敬互助;[⑥]棉兰颍川宗亲会宗旨为联络宗谊,等等,都将联络宗谊、乡谊作为宗旨的首选。这反映了棉兰华人内心对民族文化认同的一种强烈追求。

3. 促进印华两族的融合和团结

"尽管战后印尼经历不同的历史时期,当代民族的政治派别和集团也不断地分化和重组,它们的政治立场观点也有很大的差别,但是,它们在华人问题上所持的观点和立场却有惊人的相似之处,几乎如出一辙。"[⑦]这是一种典型的刻板印象,在政治家的进一步鼓动下,印尼民众对华人的负面看法必然趋于固定化,一直以来的排华和反华也与此相关。苏哈托下台之后的印尼政府,逐步取消了一些歧视华人的政策,这有利于印尼民众对华人印象的改变,并朝向民族融合的道路发展。作为印尼少数民族一支的华人,生于斯,长于斯,已经扎根在居住地之上,也认识到需要做出努力,逐步融入印尼社会,而社团发挥着重要的桥梁功能。

在棉兰,"融入主流"已成为许多华人社团的共识。如棉兰夕阳红剧艺

---

① 2008 年 2 月 28 日笔者采访棉兰张洪钧及拜访苏北客属联谊会会所时,由张洪钧提供的资料。

② 2008 年 3 月 21 日笔者拜访棉华校友会会所时由其秘书提供的资料。

③ 2008 年 3 月 26 日笔者与苏北潮州公会人员座谈时由吴福胜提供的资料。

④ 2008 年 4 月 1 日笔者拜访苏北王氏宗亲会会所时由王亚辉、王金亮提供的资料。

⑤ 2008 年 3 月 21 日笔者拜访棉兰龙岩公会时由邓中联秘书提供的资料。

⑥ 《旅苏瀛洲同乡会章程》,由印尼苏北民礼市作家晓星提供,未刊稿。

⑦ 曹云华:《变异与保持——东南亚华人的文化适应》,北京:中国华侨出版社,2001年,第89~90页。

社宗旨第二条：通过文娱活动，加强华族与各友族之间的友谊团结，促进印华和睦相处，弘扬印华文化，服务社会；[①]棉兰鹅城慈善基金会宗旨：促成华社族群大团结；[②]苏北印华百家姓协会认为，应该以殊途同归的意义实现民族的一体化，谋求本族内外和睦共处，以达到民族团结，[③]由此可以看出华人融入主流的真诚态度。在实践上，华人社团也是如此执行的。每年的开斋节以及其他宗教节日，华人社团都组织发放礼品给印尼友族；或者开展不分族群的文娱、文化交流活动，以及持续开展针对贫穷人士的救孤、济贫等慈善行动，对融洽族群关系，加深交流和认同产生积极影响。就个体层面来说，华人与印尼人之间也有着良好的互动。

4. 弘扬传统文化，复兴华文教育，提升人文素质

海外华人社团在保存、发扬中华文化方面，各自选取的角度和内容不一样。如棉兰夕阳红剧艺社宗旨第一条提到，增进社员之间友谊，团结互助，提高社员们的文艺水准。这是通过弘扬和研习中华文艺传统，以达到联结华人的目的。[④] 棉兰茶艺联谊会旨在弘扬茶艺文化，推广以茶养生的艺术，修身养性，提高人文素质。这是发扬中国茶艺文化，实践道家文化的传统。[⑤] 苏北象棋总会是以交流棋艺，以棋会友，以棋联谊，传播中华文化。[⑥] 各自虽然方式不一样，但是在传播和延续中华文化方面都起到了积极的作用，提升了华族意识。随着华族融入主流社会，中华文化正在充实着印尼的文化艺术宝库。

语言是文化的载体。随着华人文化活动的合法化，华语在印尼的影响力日甚，成为华人文化活动与经济交流的重要工具。在实践中，华人社团的宗旨也顺应了这一趋势。如苏北华联的宗旨在于联合苏北全省华团，从事慈善与教育工作；[⑦]棉兰颍川宗亲会的宗旨之一为搞好华教；[⑧]龙岩同乡会的

---

① 2008年3月21日笔者拜访棉兰夕阳红剧艺社练习场所时收集的资料。
② 据2008年3月4日于棉兰鹅城慈善基金会会所采访廖章然记录整理。
③ 2008年3月19日于庄钦华公司办公室采访时由其所提供的资料。
④ 2008年3月21日笔者拜访棉兰夕阳红剧艺社练习场所时收集的资料。
⑤ 《棉兰茶艺社纪念特刊》，第21页。
⑥ 《第十三届亚洲象棋个人锦标赛纪念特刊》，第115页。
⑦ 《苏北华联》，相关资料由苏北华联秘书长陈民生提供，未刊稿。
⑧ 2008年2月27日笔者拜访棉兰颍川宗亲会会所时由陈其仁提供的资料。

宗旨之一为"智育国民"等,都是顺应华社经济与文化发展需要而确立的。

5. 开展慈善福利工作

20 世纪 80 年代以来,随着苏哈托对华人社团政策的放松,允许华社成立慈善基金会组织。许多先前的宗亲和同乡组织便以慈善基金会名义成立起来,开始了华人社团的复兴之路。因而,社团的宗旨中必然要体现慈善福利的内容。事实上,华人社团开展慈善福利工作早已有之,只是过去囿于社团的"内化"倾向,局限在族群内的互益。今天的华人社团,为加强族群融合,促进社会和谐发展,慈善福利活动已转为公益型,向社会各族群开放,而救灾、济贫、义诊等成为棉兰华社慈善福利工作的新三宝,起到有效融合族群的作用。

如苏北潮州公会宗旨提到达成互助互爱的慈善工作;①王氏宗亲会则以联络王氏宗亲聚集一堂,慈善互助为宗旨;②苏北华联在宗旨中规定联合苏北全省华团,从事慈善与教育工作,将慈善列为两大宗旨之一;龙岩同乡会宣称自身为印尼华裔慈善机构组织,实行慈善互助;③棉兰市江夏公所则以配合当地政府政策方针,联合社会热心人士,继续推广一切慈善公益事业为宗旨;④棉兰颍川宗亲会宣示要做好慈善工作,和当地华人社团一起,共同缔造一个平等待我族群的社会,等等。⑤ 可以说,目前的棉兰华人社团已不再局限于接济、支持同乡、同宗族群,更多地转向服务于印尼各族群的慈善工作。这体现出华人社团针对印尼贫富悬殊而导致社会矛盾激化的现实做出了积极的职能调整。

6. 促进经济发展,引领华社走向国际化

民主改革之后的印尼,经济发展成为社会的共识。华人作为深深融入印尼国家的公民,不仅享有公民的权利,也在实践着公民的义务。谋求印尼国家,乃至居住地省市经济发展,已成为印尼华人社会的共同目标。他们以发展为宗旨,以经济获益为活动目的,积极构建华人经济网络,促进经济发

---

① 2008 年 3 月 26 日笔者与苏北潮州公会人员座谈时由吴福胜提供的资料。
② 2008 年 4 月 1 日笔者拜访苏北王氏宗亲会会所时由王亚辉、王金亮提供的资料。
③ 2008 年 3 月 21 日笔者拜访棉兰龙岩公会时由邓中联秘书提供的资料。
④ 《江夏公所章程》,由棉兰鹅城慈善基金会秘书林文裕提供,未刊稿。
⑤ 2008 年 2 月 27 日笔者拜访棉兰颍川宗亲会会所时由陈其仁提供的资料。

展。例苏北印(尼)中经济、社会与文化合作协会总主席苏用发谈到,苏北分会的成立,将致力于如何引进中国投资,减少省内失业,缩小贫富差距等工作;①棉兰六桂堂则明确写明以团结宗亲、联系亲情、互助互爱、共同发展为宗旨②等,都试图为实现苏北地方发展做出贡献。不仅如此,"对于海外华人来说,来自族群网络的社会资本还能跨过族群边界,提供联系,以促进国际性扩张"③。

(二)棉兰华人社团的组织结构及权力运作

一定的"制度影响甚至支配着行动者和组织的行为"。④ 华人社团的运行与治理也是离不开一定的组织结构与组织制度的。社团的章程对自身治理结构、权力架构、决策运行方式明确说明,从而使组织权责分配趋向合理化。如果说组织宗旨是社团的活动纲领、公开亮出的旗帜的话,那么体现其成员基本行为趋势,并将他们从观念上联合成为整体的则是社团的关系网络,即组织结构。它"是构筑华人社会的基石和核心"⑤,也是华人社团实施组织功能和实现组织目标的基础。

在社团的内系统结构上,棉兰华人社团继承了传统侨团内部组织框架和外延沟通网络,并结合印尼国情对组织的权力结构进行了新的分工和完善,以期建立起一个正常、合理、合法和有效的组织结构,协调好与其他社团及周围大环境的种种关系,从而达到增强社团凝聚力,提高组织运作效能的目的。过去的棉兰华人社团主要呈三层垂直状,由常务委员会、理事会、普通会员构成。当代的棉兰华人社团则遵照印尼基金会管理规定,设有董事会、监事会与理事会三个互相独立,且主要负责人不得兼任的部门,体现了基金会既有监督,又有制衡的架构。规定每届社团领袖任期最多不超过5年,个人最多可任两届。大多以基金会名义注册的社团,必须据此执行。

---

① [印尼]《棉兰早报》2005 年 11 月 1 日。
② 《第九届世界六桂堂恳亲大会纪念特刊》,第 133 页。
③ Gordon C. K. Cheung, Chinese Diaspora as a Virtual Nation: Interactive Roles Between Economic and Social Capital, *Political Studies*, Vol. 52, 2004, p.676.
④ [美]林南著,张磊译:《社会资本——关于社会结构与行动的理论》,上海:上海人民出版社,2005 年,第 185 页。
⑤ 郝时远主编:《海外华人研究论集》,北京:中国社会科学出版社,2002 年,第 478 页。

本书选取了几个有代表性的社团,结合其章程中所设定的权力分配和运作模式进行分析,希望能对了解棉兰华人社团的组织形态变化有所助益。

1. 校友会——苏北棉华中学校友会

成立于 2001 年 11 月 25 日,属联谊性质的社团,后设立"恒光基金会"托管校友会。根据章程规定,其组织结构见图 4-1:

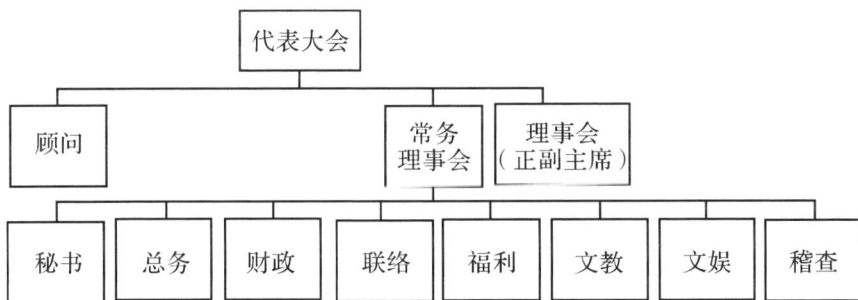

图 4-1 苏北棉华中学校友会组织结构

苏北棉华中学校友会采取开放式的会员制,按章程规定,凡曾在棉华中学就读,或任职、任教之教职员,赞同本会章程者,如其本人不持异议,均为本会会员。据采访了解,目前棉华中学毕业生约有 1 万人,苏北省约 5000 人,平常经常参加活动的约有 1200 人。常设机构为秘书 1 人。

根据校友会章程规定,组织的最高权力机构为各族同学代表大会,拥有审查理事会工作、修改章程、任免理事之权力,其在各组(各年级段)的同学中选举产生。代表大会每年举行一次,必要时可以举行特别代表大会,由理事会负责召开;同时规定,代表大会至少要有 20 个组代表参加方为有效。理事会由代表大会采取匿名投票方式,"一组一票",根据少数服从多数原则,直接选举产生主席和副主席人选,以及其他理事会成员,主要由秘书、总务、财政、联络、福利、文教、文娱、体育、稽查各部共约 20 人组成。具体职务则由当选理事主席与副主席协商后确定,任期两年。

理事会议不定期召开。召开会议时,至少要有半数理事出席方为有效;若只有其中两位主席、一位秘书,及八位理事出席,会议也被认为有效。理事会休会期间,则由七人组成的常务理事会领导一切会务,只要有半数常务理事出席,会议即被视为有效。校友会为提高声望和议事的民主性,聘请了若干德高望重的师长,若干为社会做出贡献,享有良好社会信誉,爱护母校及关心本会工作的棉华中学校友为本会顾问。[①]

2. 宗亲会——棉兰江夏堂黄氏宗亲慈善基金会

又称棉兰江夏公所，属地缘性的宗亲会组织，成立于1907年，1987年正式注册为棉兰江夏堂黄氏宗亲慈善基金会。其组织结构见图4-2：

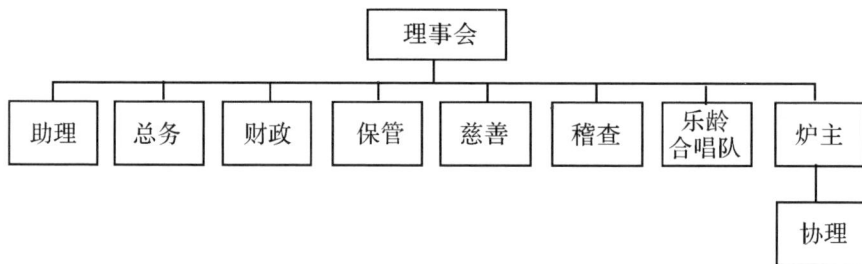

```
                          ┌─────────┐
                          │  理事会  │
                          └─────────┘
   ┌──────┬──────┬──────┬──────┬──────┬──────┬──────┬──────┐
 ┌────┐ ┌────┐ ┌────┐ ┌────┐ ┌────┐ ┌────┐ ┌────┐ ┌────┐
 │助理│ │总务│ │财政│ │保管│ │慈善│ │稽查│ │乐龄│ │炉主│
 └────┘ └────┘ └────┘ └────┘ └────┘ └────┘ │合唱队│ └────┘
                                            └────┘    │
                                                   ┌────┐
                                                   │协理│
                                                   └────┘
```

图 4-2　棉兰江夏公所组织结构

棉兰江夏公所是棉兰宗亲会组织中组织完善，运转成熟，开展活动较多，对融合族群做出较多贡献的组织，历史悠久，经100多年的风雨仍具有顽强的生命力。这是与其章程与宗旨的完善分不开的。

根据章程规定，棉兰江夏公所理事会为该组织的全权代表机构，理事会成员共19人，由正副主席2人、正副总务2人、正副财政2人、正副保管2人、慈善5人、稽查2人、助理4人组成，各位理事任期为3年，连选连任。在聘选新理事成员时，须由上届理事成员与每一届炉主和协理（春秋两祭的主持人与助理）会商后选举产生。

各理事成员的具体职务为：主席，对内执行本会一切会务之进展，对外为本会代表；副主席，协助正主席主持一切会务，正主席缺席时，可代行其职权；总务，协助正副主席办理一切会务，正副主席缺席时，可代行其职权；财政，专司本会财政收支事宜，并编制预算、结算及年终收支报告表；保管，专司保管本会一切固定设备、资产事宜；慈善，处理有关义山福地，以及社团有关教育、体育活动，安排春秋两祭事宜，并协助帮扶有关宗亲事项；稽查，审核全年财政收支事宜；助理，协助理事会的一切工作。公所一切发文须由主席或副主席和一位总务共同签署方为有效。第二年的前三个月内，理事会

---

① 2008年3月21日笔者拜访棉华中学校友会会所时由其秘书提供的资料。

各部门须完成去年工作总结报告,以便由理事会评估工作情况,并对各理事任职条件进行约束。

此外,章程也规定,理事会最少每三个月召开会议一次,会议以半数以上理事成员到会方为合法。如到会者不足半数以上,可延长一星期,最迟两星期内需如期召开,届时不论到会人数多寡,即可成会。一切议案均需以多数票通过为准。会议应由主席主持,如主席缺席则由副主席代之,如副主席也缺席则可由到会者推举临时主席代之。各理事在会议中只拥有一票表决权,而缺席之理事,其表决权可以书面授权予某一到会理事。

另外,章程对理事会的财务权限做出了明确规定,试图避免过去社团因财务问题引发矛盾而致凝聚力下降的情况。规定在有利于本会之原则下,主席或副主席和一位总务或一位财政有权处理或购置本会资产,但如有下列事项,则必须得到理事会全体成员书面同意:(1)接待款项及做任何担保;(2)变卖或转让本会之动产及不动产;(3)以本会名誉作保;(4)抵押本会之产业等。每年财政有向理事会做收支报告的义务,其报告内容需由主席或副主席和一位财政共同签署,经稽查审核后,获全体理事通过方为有效。

理事会如欲修改章程或解散基金会,必须经理事会议,同时须有三分之二以上理事出席,方为合法。如有解散基金会的情形,则理事必须安排一切债务或收益,遗下之资产,在基于本会宗旨下,由理事会处理之。[①]

3. 同乡会——棉兰鹅城慈善基金会(惠州会馆)

棉兰鹅城慈善基金会(惠州会馆)诞生于 1984 年,是棉兰较早开始恢复活动的华人社团。棉兰祖籍中国惠州人口较多,基金会虽不实行会员制,但活动中经常登记同乡名单,据统计约有 12000 人祖籍为惠州。该社团为棉兰较早创建之团体,制度完善,组织齐全,在联系同乡、融洽族群方面发挥了重要作用,属棉兰较有影响力的社团之一。其组织结构见图 4-3。

棉兰鹅城慈善基金会按照规定设有董事会、监察会、理事会 3 个机构。董事会是由当年创会人员、历届旧理事成员中表现积极的人士组成,设有主席 1 人、副主席 5 人、正副总务 2 人及其董事委员 7 人,共 15 人。根据章程规定,董事会有权任免理事长和监察长,每 5 年委任一次理事长与监察长,

---

① 《江夏公所章程》,由棉兰鹅城慈善基金会秘书林文裕提供,未刊稿。

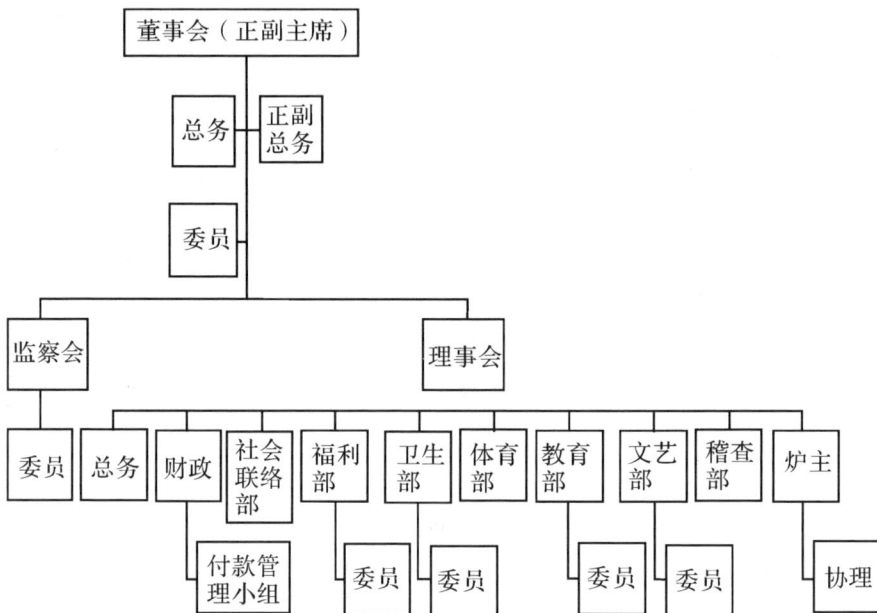

图 4-3　棉兰鹅城慈善基金会组织结构

再由理事长自行物色各部门负责人,执行具体的日常会务工作,并接受监察会监督。

理事会下设有主席 1 人、副主席 6 人、正副总务 3 人、正副财政 3 人、社会联络部正副主任 2 人、福利部正副主任 2 人(外加委员 6 人)、卫生部正副主任 3 人(外加委员 1 人)、体育部正副主任 3 人、教育部正副主任 2 人(外加委员 2 人)、文艺部正副主任(外加委员 3 人)、稽查部正副主任 2 人,共计 39 人。理事会工作需每月定时召开一次会议,遵循少数服从多数原则议决工作事项。若有特别事情可临时召集会议,具体开会通知由理事长与总务共同签发函为准。理事会常设机构有秘书处、助理。理事长每 5 年一次的任期结束后,需要做工作总结报告。作为同乡会组织,每年的春秋两祭和家乡神灵玄天上帝诞辰日的祭拜,都是在理事会主导下完成的。监察会含主席与委员共 6 人,负责督查理事会日常工作情况,并就结果反馈董事会成员。

较为重要的是,棉兰鹅城慈善基金会在财务控制方面较为完善。成立有专门的付款管理小组,由副主席、总务、财政、稽查 4 部门人员组成,每一项支出由小组负责审查认可后方可执行,保证了财务收支的平衡和透明。①

4.文化与社会教育性团体——苏北国民教育基金会

2006年6月10日,苏北华社以民主协商方式成立了苏北华社慈善与教育联谊会,并向政府公证注册获通过。为因应印尼当局的法律,遂又于2006年6月14日成立了苏北国民教育基金会,作为苏北华社慈善与教育联谊会的托管组织。该基金会是由棉兰各主要社团负责人以个人名义加入而组成,属松散的联合体。因成员的构成身份决定它可以调动各社团资源,所以该会主要的执行部门,即理事会设置较为简单,没有像其他华人社团组织那样拥有明确的职能分工。其组织结构见图4-4。

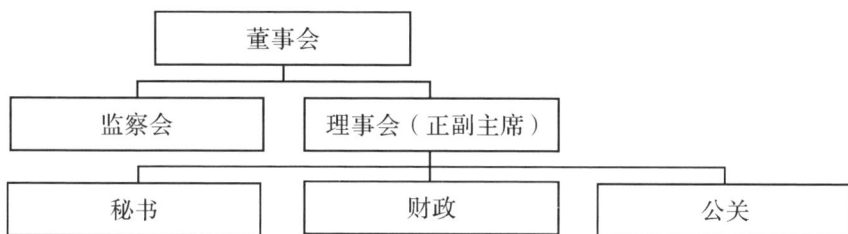

图4-4 苏北国民教育基金会组织结构

根据规定,董事会成员设有主席(又称董事长)1人,委员12人,共计13人。每年最少举行一次董事会议,其间有缺席者,可由授权代表,须携带授权书出席会议。每位董事拥有一票表决权,并采取无记名与公开投票两种方式,视具体情况而定。董事人员的任期并不限制多久,但董事人员在逝世、自行引退、不再履行现行条例及法令的规定、基于董事会议的决议而令其停职、被宣告破产或在遵守法院的某项判决、依据现行条规及法令而被禁止出任董事等情况下,将自动丧失任职资格。按照印尼政府基金会管理规定,苏北国民教育基金会的董事成员不得兼为理事人员及监察人员,其职责包括有:A.对章程的修改做出决定;B.委任或停止某位理事或监察人员的职务;C.依据基金会的章程规定做出明智之决策;D.对章程的各项计划及工作纲领做出批示;E.对基金会的合并或解散做出决定;F.审核基金会的年终报告;G.当基金会解散时委任基金具体操作人。同时,董事会针对基金会

---

① 据2008年3月4日笔者于棉兰鹅城慈善基金会会所采访廖章然记录整理。

一些不合理行为可拟定牵制性决议。

理事会是基金会执行会务的机构，其成员计有主席1位、副主席4位、正副秘书2位、政府财政2位、公关4位，共13位。理事会是由董事会委任的，任期5年，可连任。理事成员在逝世、自行辞职、涉及刑事案件将获最少5年牢狱的、据董事会决定勒令停职、任期届满等情况下，将自动丧失职权。由此发生理事成员职位空缺时，董事会最迟30天内召开会议以选举新的理事成员填补空缺；当全体理事辞职时，最迟在30天之内，董事会需召开会议委任新的理事会成员。在理事会空缺期间，将由监察暂摄理事会职务。理事会有权提出辞职，但在获得批准后，须在停职前30天之内以书面通知董事会。理事会受到监察会的监督，并直接对董事会负责。理事会议可随时召开，地点不受限制。

考虑该组织创建的特殊性，理事会在权责上拥有较大空间。如理事主席有权以基金会名义行事。在主席缺席期间，由任一副主席与秘书可以基金会名义行使权力或召开会议。理事会议可随时召开，会议由理事会主席或选举一位出席理事成员代理主持。理事会议有权形成决议案，但须出席会议之理事人数的三分之二通过，一人一票。决议采取协商形式，在未取得一致意见的情形下，则决议可基于二分之一的赞成票数而做出决定。理事会每年需对全年工作进行总结，并提交监察会审议，最后呈递董事会。

监察会起到监督理事活动的作用，尤其是对理事会运作中涉及财务的内容进行监督。它由监察会主席与委员共7位人员组成。监察会是由董事会通过董事会议所委任，并直接对董事会负责。任期5年，并可再次委任。其成员获任、更替或丧失职权与理事会成员类同。监察会作为理事会的监督机构，有权：A.检查文件；B.稽查账簿及出纳账库以作核对；C.知悉理事会所进行的一切会务行动；D.对理事提出警告等。监察会内部领导主要由监察会主席负责，其工作须报告董事会备案。①

作为一个新近成立的基金会组织，苏北国民教育基金会遵守法制化、民主化方式，对董事会、理事会、监察会的权责利进行了合理分工和有效说明，充分保障了社团的良性运转。

---

① 2008年3月4日笔者拜访棉兰鹅城慈善基金会会所时由廖章然提供的资料。

5. 文娱休闲类团体——棉兰夕阳红剧艺社

棉兰夕阳红剧艺社成立于 1993 年 2 月。在苏哈托统治时期,一群爱好唱歌的华人经常聚集在一起自娱自乐,萌发了成立歌唱队的想法,遂于 1993 年成立了该组织,并参照中国电视的《夕阳红》节目取名为"夕阳红剧艺社"。它不属于基金会团体,采取会员制,目前约有 100 位会员。根据章程规定,品格良好,且对文娱有兴趣者,缴纳月捐后即可加入成为社员,并享有选举权、被选举权和发言权。此外,社员还享有本社所有的服务、福利及参与本社各项活动的权利;但也有遵守本社章程,维护本社良好声誉之义务。其组织结构见图 4-5。

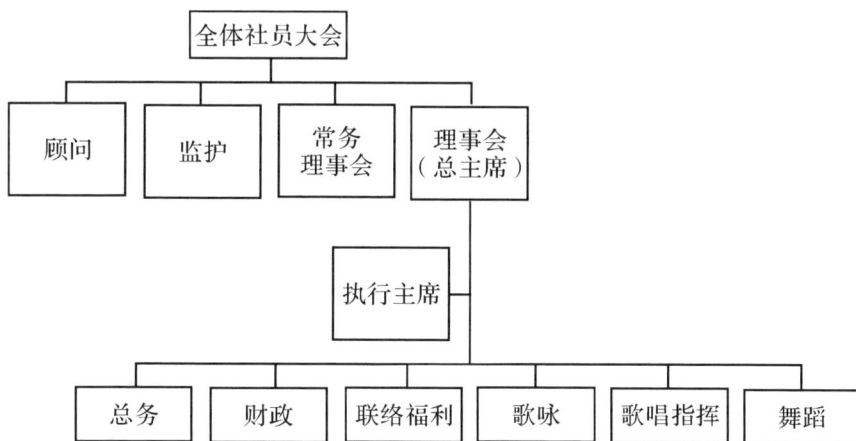

图 4-5　棉兰夕阳红剧艺社组织结构

全体社员大会为最高权力机构,其下设有常务理事会、理事会、监护、顾问等。理事会由总主席、执行主席、总务、财政、文娱、联络福利等部门组成,任期两年,根据全体社员投票,并按票数多少决定职务高低。在全体社员大会休会期间,理事会为本社最高执行机构。在理事会休会期间,则由总主席、执行主席、总务、财政组成的常务理事会领导一切事务。监护是与理事会平行的部门,也由全体社员选举产生,任期两年,为理事会提供咨询、辅佐、协助、监察的工作。

为明确各部门职责,章程对理事会各成员职责也有具体说明。总主席为理事会最高的执行者和领导者,带动其他理事处理社团内外事务;执行主席则分管相关事务,并需筹划、组织、开拓及执行有关方面事务;总务主要协同总主席、执行主席处理社团内外事务,尤其是涉及练习和演出时遇到的各种问题;财政需统管资金的收支平衡,每年要向理事会做财务报告;联络福利以负责联络各个社员,传达社团信息,负责社员的福利工作为主;歌咏主要负责筹划、组织、安排歌咏及声乐、乐理的练习,提高本社的歌唱水准,负责社员的卡拉 OK 歌唱,挖掘人才,提高本社的卡拉 OK 歌唱水准;歌唱指挥负责歌咏指挥方面的工作;舞蹈主要负责筹划、组织、安排舞蹈的练习,提高本社的舞蹈水准。①

6. 政治压力型团体——苏北印华百家姓协会

该协会成立于 2001 年,属印华百家姓协会的地区分会组织,所以它参考了印华百家姓协会管理模式,虽为社会慈善团体,实则发挥着政治压力型社团的作用。

根据印华百家姓协会章程规定,印尼籍华人认同本会就可成为会员,充分体现了成员参与的开放性。作为会员,享有该组织所拥有的发言权、选举权、被选举权,以及受本会庇护、培训及辅导的权利。全国协商大会为最高权力机构,拥有以下权力:A. 修订确认章程细则;B. 推选认定本会总主席;C. 制定本会工作纲要;D. 推选决议财经检查团;E. 推荐人选进入名誉理事会、顾问团委员、智囊团;F. 评鉴理事工作报告;G. 评鉴财经检查团工作报告。各省、市、县、镇分会的协商会议则为地区最高组织,拥有以下权力:A. 推选议决主席任职;B. 制定工作纲领;C. 推选议决财经检查团;D. 推荐人选进入名誉理事会、顾问委员、智囊团;E. 评鉴主席之工作报告;F. 评鉴财经检查团工作报告。

印华百家姓协会由各级机构、附属机构、联络员组成。中央称印华百家姓协会,省县及其以下称印华百家姓协会省、县、镇、村分会等。管理机构为中央理事会,省、县与镇分会理事会。中央理事会经会员协商大会选举组成,省分会理事会经省区协商大会选举产生,并呈总部确认生效即可。其他县、镇分会选举也依此原则执行。理事会每届任期三年,理事主席可连选连任,但最多只能连任三届。印华百家姓协会内部组织结构为:中央理事会与辅导团(含有主席团、顾问团、智囊团、财政核查委员长、诸前任主席等),中

---

① 2008 年 3 月 21 日笔者拜访棉兰夕阳红剧艺社练习场所时收集的资料。

央理事会下设有总主席、副总主席、秘书长与秘书、总财政与财政、各部门主席以及理事会会员之职。

作为地方分会组织的苏北印华百家姓协会,其理事成员经由省级协商大会选举产生后,须呈报总部确认方可有效。地方分会享有选举和被选举为全国中央总主席、各区理事主席之权利。在遵循总部指导精神的前提下,苏北印华百家姓协会可独立开展工作,在遇到问题时能获得总部的帮助。其组织结构见图 4-6:

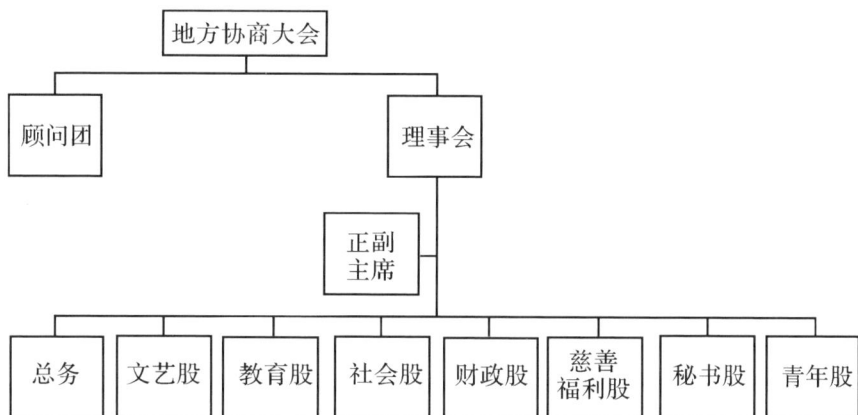

图 4-6 苏北印华百家姓协会组织结构

作为相对独立的分会组织,苏北印华百家姓协会设有自己的顾问团和理事会,有主席、副主席共计 3～4 人,另外还有总务、青年股、文艺股、教育股、社会股、秘书股、财政股、慈善福利股等,类似于一个地方宗亲会的组织结构,并不定期召开理事会议。每年它必须组织地方协商大会,以议决年度地方工作计划和安排,接受中央指导,会议决策采取少数服从多数原则。①

通过以上对棉兰主要类型的社团内部结构分析,可将棉兰华人社团特点总结如下:

(1)社团普遍以基金会名义注册,实现权力监督与制衡,凸显了民主化管理的趋势

随着印尼政治民主化进程的推进,华人公民意识的提升,华人社团必然

① 2008 年 3 月 19 日于庄钦华公司办公室采访时由其所提供的资料。

要反映这种社会变化。根据印尼法律要求,注册为慈善基金会的组织必须设置董事会、理事会、监察会。其中董事会为理事会与监察会的最高领导机构,理事会为社团的具体执行部门,监察会则以监督理事会日常工作为职责,二者都需对董事会负责,体现了权力的分立、制衡与监督的民主原则。

同时,各社团对成员的权利与义务明确规定,实行公开化、契约化,也是其民主化管理的表现。如棉华中学校友会规定,会员享有选举权、被选举权与发言权;享有本会所有服务、福利及参与本会的各项活动之权利;会员有遵守本会章程,维护本会及母校良好声誉之义务。同时规定,各组同学代表大会(以下简称代表大会)由各组推荐若干名代表共同组成,代表大会为校友会最高权力机构,代表大会有审查理事会工作,通过修改章程,任免理事之权力。[①] 棉兰夕阳红剧艺社也规定了会员的权利和义务:本社会员享有选举权、被选举权和发言权;享有本社所有的服务、福利及参与本社各项活动的权利;但有遵守本社章程,维护本社良好声誉之义务。理事会由全体社员选举产生,理事会在社员大会闭会期间为本社最高执行机构。并就决议方面约定,以民主协商调理,以求得共同观点,如不能取得一致,则现场表决确定。[②] 此外,为防止社团领袖"霸权"现象,各社团对主要负责人的任期、权责做出了明确规定。

(2)社团仍具有传统的"维持自身运转,履行宗旨职责,协调公共关系"[③]功能

为满足自身各项事务需要而诞生的棉兰华人社团,就"维持自身运转,履行宗旨职责,协调公共关系"三个中心任务而言,都从其章程与组织结构上体现出来。如王氏宗亲会会员的义务与权利中规定,义务方面:A.遵守本会所制定之章程;B.促进宗亲团结、互助联谊精神;C.每逢本会宗亲不幸逝世,按理事会通知,必应临场表示哀悼,出殡时,参加唱礼献花仪式。权利方面:A.享有参加本会各项组织活动的权利;B.如逢双亲不幸逝世,必须通知本会,必要时,本会可派员列场帮忙;C.亲人去世,享有本会赠送的挽轴一

---

① 2008 年 3 月 21 日笔者拜访棉华中学校友会会所时由其秘书提供的资料。

② 2008 年 3 月 21 日笔者拜访棉兰夕阳红剧艺社练习场所时收集的资料。

③ 李明欢:《福建侨乡调查:侨乡认同、侨乡网络与侨乡文化》,厦门:厦门大学出版社,2005 年,第 245 页。

副、花圈一个,同时宗亲临场表示哀悼,出殡时,主持宗亲联谊、献花仪式;D. 接受下葬本会义山特别位、一号位及二号位;E. 如有经济困难,可免费下葬本义山二号位。[①] 又如棉兰江夏堂黄氏宗亲慈善基金会特别强调了重点处理义山与祭拜事宜,即满足宗亲自身需要而突出强调的内容。此外,各社团理事会下都设有联络部、社会联络部或公关部等,以应对日益复杂的外部环境需要,是它们协调公共关系职能的集中体现。

(3)社团中为应对困境而产生的荣誉性、义务性职位十分普遍

这种荣誉性、义务性职位的设置,是社团应对民主化管理困境的一种方式。许多原有社团的理事成员,或对社团贡献较大成员,但因为其任期届满,或者是暂时不能谋取实际管理职位,遂成为这种荣誉性、义务性职位普遍设置的原因之一。它也是社团为取得团结合作,在人事安排上的一种妥协方案;更可能是社团为了筹募资金需要,为那些拥有财富而意图获取名声地位人士而设。在传统文化氛围浓厚的棉兰华人社会,这种荣誉性、义务性职位的设置也是种类繁多,如顾问、名誉顾问、常务顾问、主席团成员、荣誉主席、名誉主席、永久名誉会长、永久名誉主席、荣誉董事、创会会长等。在人数上也不限,如苏北棉兰福州三德慈善基金会 2005—2007 年董事、理事、监事会名单中,创会会长 1 人、永久名誉主席 3 人、名誉主席 4 人、顾问 12 人、常务顾问 7 人,共计有 27 人担任这种荣誉性或义务性的职位。又如棉兰夕阳红剧艺社拥有 100 多位会员,但其荣誉性或义务性职位成员有荣誉主席 1 人、顾问 15 人、监护 2 人,共计 18 人,占会员比例达 18% 左右。

(4)社团管理的法制化意识提升

与民主化进程伴生的就是社会法制化的增强,身处其中的棉兰华人社会也不例外。华人社团管理法制化意识提升的具体表现有,各社团的成立大多数经政府合法性认可,并拟定有完整的章程。如苏北国民教育基金会成立文献前言写道,“公元 2006 年 6 月 14 日在苏珊·维嘉雅法学士、棉兰市政府公证人的见证下,根据印尼共和国法律暨法令部长于 2000 年 3 月 17 日颁布编号 C-283.03.02TH2000 之决定书,在不缺少政府现行法令的规定,并取得有责当局的批准下,经　致同意共同倡建一个基金会”。[②] 此外,各社

---

① 2008 年 4 月 1 日笔者拜访苏北王氏宗亲会会所时由王亚辉、王金亮提供的资料。

② 2008 年 3 月 4 日笔者拜访棉兰鹅城慈善基金会会所时由廖章然提供的资料。

团在内部架构中也设有法律顾问或法律部。而且，从内部来看，社团对违反法律的成员也有相应的惩处机制，如苏北国民教育基金会规定，董事人员若被宣告破产或在执行法院的某项判决，或依据现行条规及法令而被禁止出任董事职务的成员，将自动丧失其应有的职位。棉兰江夏公所也规定，"触犯刑法及政治案"的理事会成员将自动丧失职权等，这些都是社团管理法制化意识提升的表现。

总而言之，棉兰华人"社团组织的层级结构、内部的网络结构以及它的机构模式，处处反映着社团内部的权责分配情况"。[①] 同时，它也在保持华人社团传统职责与机制的前提下，因应社会民主化、法制化的趋势，不断地改进并完善着，表现出一种在地化的适应性变迁。

（三）棉兰华人社团的财务管理

社团的成立及其活动，需要一定的财力支持。可以说，社团的生命力很大程度上取决于财力状况。支撑华人社团的经济收入，通常有四种：（1）会费缴纳；（2）社团本身的经营性收入；（3）募捐（主要社团骨干或领导人的捐款）；（4）向当地政府、祖籍地政府或其他基金机构申请的资助。[②] 就棉兰华人社团而言，各社团财力主要来源于自身经营性收入的不多，更多来自成员募捐，或者在一些场合由成员根据自己力量认可的捐款，是为"乐捐"或"善捐"。募捐所得，是社团赖以成立与活动的主要经济来源，而募捐的多寡很大程度上取决于成员的经济状况与热心程度。《江夏公所章程》所列资金来源主要有：A. 继承 1970 年 10 月 1 日第三号政府公证人注册时所列资产数目；B. 获政府认可的社会热心人士的支持及捐助；C. 喜、丧事家属之捐助；D. 热心关怀本会的社团或个人之赞助；E. 其他合法性收入。[③] 苏北国民教育基金会章程第五条之资产提到：A. 不附带束缚条件的赞助款项或赠捐款项；B. 公益慈善捐款；C. 惠增援款；D. 遗嘱赠款及其他；E. 其他来源与本基

---

① 王颖、折晓叶、孙炳耀：《社会中间层：改革与中国的社团组织》，北京：中国发展出版社，1993 年，第 175 页。

② 庄国土等：《二战后东南亚华族社会地位的变化》，厦门：厦门大学出版社，2003 年，第 441 页。

③ 《江夏公所章程》，由棉兰鹅城慈善基金会秘书林文裕提供，未刊稿。

金会基础章程及现行条规毫无抵触者等,反映了社团经费的主要来源渠道。

因财务问题属于各华人社团较不愿公开的秘密,所以具体的财务数字很少接触到,只能间或有一些了解。根据笔者调查,目前的社团经费来源明细主要有:

赞助(募捐)。主要是社团中较为富裕或较为慷慨的宗亲或同乡定期的捐助,有的是理事成员的每月捐助。如 2001—2002 年印尼棉兰龙岩慈善基金会收到张炳炎、苏汇川、张天顺、陈并村、郭一般等人捐助款为 3640 万盾("盾"为印尼货币单位。2008 年上半年,人民币与印尼盾的汇兑比为 1∶1300)。[①]

乐捐或会费。这是在每年聚会及春秋两祭中,由会众自愿认捐的部分,多少不限。若举办活动有盈余则转为社团活动基金,若不足则由社团领导人共同分摊。如苏氏宗亲会规定宗亲入会需每月缴交会费 1 万印尼盾。[②]

利息。每个社团在创建时都有一部分活动基金,存入银行所产生利息作为社团日常开支费用。一般来说,此部分收益不多。

义山转售收入及场地出租等。如王氏宗亲会早年由宗亲购买的义山,现在由宗亲会把墓地按规格大小出售,所得收入作为活动经费。此外,王氏宗亲又通过集资开办火葬场和聚乐灵(存放死者灵牌的地方),收入所得都成为维持王氏宗亲会日常开支的主要收入。其他如鹅城慈善基金会、颍川宗亲会、棉兰六桂堂都因会所空间宽裕,要么出租会所开办学校,要么开办运动健身场所收取租金,以维持日常开支。尤其是鹅城慈善基金会因发展规模较大,会所拥有车辆出租、火葬场或殡仪馆等场地出租收入,是该会收支盈余的有力保证,也是维持该社团活动和影响力的经济后盾。

成员喜、丧事活动后的盈余捐献。社团成员若遇到喜庆或丧事活动,结算收支后所剩部分,视个人情况主动捐献给社团作为活动经费,也是社团较大的一部分收入。如印尼棉兰龙岩慈善基金会简介中提到,1993 年雷庚寅乡贤金婚喜庆捐献印尼币 300 万盾,苏汇川乡贤儿子新婚喜庆捐献所有亲朋贺礼 540 万盾;2006 年张景煌家女儿捐助 1000 万盾,苏汇川乡贤八十大

---

① 2008 年 3 月 21 日笔者拜访棉兰龙岩公会时由邓中联秘书提供的资料。

② 据 2008 年 3 月 29 日于苏北苏氏宗亲会会所的访谈记录整理。

寿捐助 1000 万盾等。①

从以上所列棉兰社团主要的收入情况来看，各华人社团的经济来源有限，仍难摆脱经济的窘境。而在社团经费支出方面有：

固定工作人员的工资费用。如秘书或总务人员，其工资费用计入社团经费支出一项。不过，这在几个较大社团才有。如鹅城慈善基金会会所固定办公人员约 60 位，使用车辆 20 多部；棉兰颍川宗亲会有 2 位专职办公人员；棉兰六桂堂也设有 2 位办事人员；王氏宗亲会设有秘书 1 人；苏氏宗亲会有秘书 1 人等。这些固定受薪职位，是宗亲或同乡组织为照顾成员中收入较低，而又热心社团工作的人士提供的工作机会；同时，也便利社团成员在会所开展联络活动，并使会所在平时有人照看。

奖、助学金费用。为鼓励宗亲或同乡子女的学习，几个较为活跃的宗亲或社团组织都设有此项固定支出费用。对学习成绩好的社团成员子女进行奖励，而对家庭困难的成员子女进行资助，希望他们将来有所成就之后，能同样回馈社会。如鹅城慈善基金会于 2003 年应文教部副主席"要求开办助学金计划，来帮助本区贫困子弟解决读书难题"的要求，从 2004 年开始发放奖助学金，2004—2005 年度发放助学金 94 人，2007—2008 年度发放助学金人数为小学 48 人、初中 42 人、高中 9 人，共计资助 99 人。② 棉兰江夏公所 2006 年发放奖学金人数为 46 人，金额 1820 万盾，2007 年 42 人，金额 1620 万盾等，都是社团重要的项目支出。③

会所日常运转的杂费。主要是会所的行政办公费用、水电费、车辆维护费等。

举办慈善、聚会等活动经费。此项经费无固定账务支出，仅在举办活动时现场认捐数目即可。

个人暂借费用。主要针对有紧急用途，或为家庭经济困难的社团成员提供一些救急但需归还的资金。

因大部分社团属基金会组织，必须在财务方面保持一定的公开性，再加上社团活动经费有限，所以每个华人社团在财务和财产管理方面十分谨慎。

---

① 2008 年 3 月 21 日笔者拜访棉兰龙岩公会时由邓中联秘书提供的资料。

② 《江夏公所章程》，由棉兰鹅城慈善基金会秘书林文裕提供，未刊稿。

③ 2008 年 2 月 26 日笔者拜访棉兰江夏公所由副主席黄宗南提供的资料。

例如,《江夏公所章程》第五条规定,所有未被动用之资金必须存在理事会指定之银行。苏北国民教育基金会章程第五条之资产规定,基金会的全部资金必须用于为达到基金会的宗旨与目标之用途。理事会有权作为董事会代表处理涉及资金纠纷的法律事项,但对于以下情形则受到限制:A. 以基金会名义实行借款(不包括去银行领取基金会款项);B. 创办新的企业或进行各种营业,不论是在国内还是国外;C. 接收或交付固定的财产收入;D. 以董事会名义购置或以其他方式获取固定财产;E. 出售或以其他方式释放基金会的产业,或以抵押方式而让基金会承受财产负担;F. 以基金会名义与董事会、理事及监察或某位替基金会工作者签订契约,而拟定的契约不利于基金会的意愿与目标;G. 以基金会名义另设银行户口,[①]等等,对社团涉及内外财务和财产问题做出了规定和约束,保证了社团的财务安全,以维持社团的健康运转。

在财务的内部管控方面,笔者根据鹅城慈善基金会的财务流程来说明社团的财务管控情况。其理事会设有付款管理小组,由理事副主席、总务、财政、稽查 4 人联合组成。每一项支出由小组负责审查,小组认可后,才由财政、总务、一名副主席三人联合签发付款支票;然后每星期一次收账,财务审查小组每星期集中处理,后交由财务出纳根据审查小组决定付款。若有特定活动需支出,由筹委会制作预算,理事会批准后执行;活动结束后,每一项支出都要由财务审查小组审查。由于鹅城慈善基金会有汽车出租、运动场地出租,以及殡仪馆场地使用费收入等,章程中对社团收入费用流程也有相应规定,所有收入费用需由出纳直接收取,开具收据存底,每月财政部门需拟定财务收支表向董事会、监察会报告,从而保证财政状况的透明。平常稽查也可随机督查,或检查财政部门核销情况。[②] 其他社团的财务管理状况,笔者拟以王氏奖助学基金委员会召集第一次会议记录做说明:

王氏奖助学基金委员会召集第一次会议

1997 年 11 月 16 日

地点:王震撼宗亲住宿处

时间:下午 4 时正

---

① 《江夏公所章程》,由棉兰鹅城慈善基金会秘书林文裕提供,未刊稿。

② 据 2008 年 3 月 4 日于棉兰鹅城慈善基金会会所采访廖章然记录整理。

人数：21 个委员

议会：由王万里主席主持

议会事项：(1)报告奖学金的使用金额情况；(2)报告被银行冻结的金额情况；(3)讨论后续社团经费安排方式；(4)讨论其他事项。

有关奖助学金决议如下：

(一)奖助学金存款，原放在本国银行生息。

(二)基金之存款，决定继续放在本国 5 间银行，每间银行最高存放 6000 万印尼盾。

(三)存放的定期存款，决定以 5 位委员名义存入各间银行，每个委员名下的每间银行最高 2000 万盾。5 位委员明细如下：王振汉(现任财政)、王台复(现任财政)、王振业(现任统务)、王金亮(现任统务)、王深江(现任稽查)。

(四)本委员会是苏岛棉兰太原王氏公会所注册基金委员会属下一个组织机构，有关经济或各项行政问题，由本委员会全权处理，至年终结账时，秘书处应呈报全年财务收支状况，并向基金委员会呈交报告书。

(五)有关日常处理工作主要由本会统务及秘书处理，如有统务违法处理的问题，可通过本会主席召集开会以讨论。

(六)有关各项收支的单据，或是银行各项单据，可由秘书处保存。若经济往来的账单经审核无误后，应交稽查部，由稽查部收存，或是销毁。

(七)不论本会委员还是支持本会的宗亲，如有发现任何疑问，可来本会秘书处查问一切。

(八)以上所议定的议案，于 1997 年 11 月 16 日通过执行。

主席：王万里　　　　　　　秘书：王松志

总务：王振美　　　　　　　财务：王振汉

稽查：王深江①

虽然每项财务的使用和收入情况有着严格的操作和监督程序，但在实

---

① 2008 年 4 月 1 日笔者拜访苏北王氏宗亲会会所时由王亚辉、王金亮提供的资料。

际操作中,仍有因财务问题而导致领导人之间产生矛盾的现象。如在棉兰颍川宗亲会中,一些人存在对现任主席的不满,主要是因会所出租的收入所得不能按时收取,宗亲会运作费用的账务又没有公开,盈亏状况如何财务报表都没有说明,让宗亲不甚明白,导致大家对宗亲会的工作有些懈怠。同样,在苏北华社联合赈灾委员会的捐款使用上,也存在着账务的问题,所得捐款没有公布明细,以及没有公开使用状况,使得灾民不甚信服该组织,影响救灾情况。甚至因挪用公款,致使账务不符,由此导致领导人之间产生嫌隙。例如,在福建会馆产业收回的过程中,福建会馆前主席 ZTY,因在争取社团财产的过程中,由于社团资产和账务不明导致财产流失的状况,使人对其诚信产生怀疑,从而影响社团的运作。今天的福建会馆丧失凝聚力,成为一个空壳,虽有会所,但没有开展实际活动,可能就与此有关。

通过棉兰华人社团的内部管理分析,可以看出它们在保持传统继承的基础上,又适应印尼社会形式变化而有所变通。如社团领导人实行民主选举制度,参与成员的开放性,以及立足华人社会与服务全印尼的公益性功能等。任何社会组织都处于一定的社会关系结构之中,棉兰华人社团亦是在变迁中不断总结历史教训,采取了适应华人社会现实需要的调整措施。这种适应印尼民主化进程的主动调适,表现了华人作为印尼公民成员所拥有的自信与自觉,这也是社团发展的持续之源。

二、棉兰华人社团的功能变化与承续

社会组织是一定社会群体凸显其存在的表现形式。它的建立是基于某种特定的目标和社会职能,并依据成员不同的权责分配而结成的相互联系、相对独立而稳定的社会关系单位。"一种社会组织的功能是起于其组织本身的需要,而被决定于组织本身以外的助力。其功能的进展也是逐渐演化的,是紧随着组织本身的需要和组织以外的助力的变动而变动的。"[1]

华人社团的功能,主要是华人社团所能发挥的社会作用。作为一种不以营利为目的的志愿型组织,它是为满足华人社会自治的需要而建。因而,二战前的社团功能主要为实践华人领袖权威,控制社区纠纷,从事慈善与教

---

① 杜季良:《同乡组织之研究》,成都:正中书局,1943 年,第 67 页。

育活动,提供华人维持与家乡联系的机会,鼓励相同方言群体成员的文化与宗教活动等。但是,二战后的半个多世纪以来,印尼华人实现了从华侨向华人社会的转变,并伴随印尼国内政治变迁、国际形势变化,实现了社会、政治与经济角色的转型。为适应变化的环境,华人社团作为华社内嵌型组织,也在组织结构、组织宗旨、组织类型方面发生了适应性调整。相应地,社团功能也因时而变,主要以互帮互助、慈善救济、保存中华文化、加强群体认同以及群体休闲社交为目的,一定程度上它也促成了国内区域贸易网络的形成。

一般说来,对于海外华侨华人社会功能的阐释,欧美学者的研究多注重于组织移民、累积资金、提供劳务等服务功能和维护社会的正常运作、处理对外关系的社会功能。[①] 而施坚雅认为,维持对华人社会的保护、外交、福利和控制社区等,是各种华人合法性社团广泛履行的职能。[②] 中国学者或东南亚华人学者则多注重分析社团作为社会媒介所发挥的上下左右沟通的作用。如曾少聪根据成员之间的联结关系,把东南亚华人社会组织功能分为四种:"加强华人族亲内部的联系和整合;协调华人族群与居住国社会的联系;促进华人族群与中国的联系与加强世界华人之间的联系"[③];施振民则提出,"华人社团的重要功能在于结合人群,维持族群的认同和传统"[④];李明欢将华人社团功能定义为:"应是某一特定群体与相对于该群体之整体社会之间架起相互沟通的桥梁。"[⑤]

基于上述描述,笔者引用宋平在《承继与嬗变:当代菲律宾华人社团比较研究》中提出的社团"核心功能"[⑥]概念,即为中华文化的传承与延续。一

---

① ［菲］施振民:《菲律宾华人文化的持续——宗亲与同乡组织在海外的演变》,李亦园、郭振羽主编:《东南亚华人社会研究》(上册),台北:正中书局,1985 年,第 168 页。

② G. William Skinner, *Chinese Society in Thailand：An Analytical History*, New York：Cornell University Press, 1957, p.321.

③ 曾少聪:《漂泊与根植:当代东南亚华人族群关系研究》,北京:中国社会科学出版社,2004 年,第 134 页。

④ ［菲］施振民:《菲律宾华人文化的持续——宗亲与同乡组织在海外的演变》,李亦园、郭振羽主编:《东南亚华人社会研究》(上册),台北:正中书局,1985 年,第 168 页。

⑤ 李明欢:《福建侨乡调查:侨乡认同、侨乡网络与侨乡文化》,厦门:厦门大学出版社,2005 年,第 332 页。

⑥ 宋平:《承继与嬗变:当代菲律宾华人社团比较研究》,厦门:厦门大学出版社,1995 年,第 7 页。

般来说,华人社会是以中华传统文化为基础的文化与种族群体。秉持着中华文化这一核心理念,社团的经济、教育、政治和慈善福利等功能才能有效发挥。而深受中华传统文化影响的棉兰华人,自 20 世纪 50 年代以来,随着从华侨向华人的逐步转变,政治上认同于当地,文化上被动或主动融合、再造的进程一直持续着。但这一进程却被苏哈托时期的严厉压制所斩断。随着当代华人政策的调整,华人族群性的恢复,华人文化也在逐渐地挖掘、传承与恢复之中。因而,文化的前后继承,对于尤为强调传统的棉兰华人而言应是无可争议的事情。可以说,"在华人社会的发展过程中,中华传统文化是华人之间具有较多经济、文化、政治等联系的不可或缺的黏合剂,在华人经济、社团的国际化趋势,以及华人谋求当地全面发展的过程中起着不可忽视的作用"①。

就如人类学家所描述的那样,"文化是一个有系统而整合的丛林,在这整合的丛林中的每一因素都是有机地关联着,也就是说整体的存在依靠每一因素的交相作用而维持"。② 中华文化如同一座"桥",通过自身的联结作用,促使华人社会结合成形态、功能各异的社会组织,满足华人社会需要,达成华人在经济、教育、慈善福利等方面的公益性职能。因此,究其实质,受到各种社会情境影响而在外在形式上有所变化的社团,任何形态演化都不会丧失自身的本质核心——文化功能。因而,谈到社团的任何功能时,仅从单一性来说是不够全面的,需要认清其立足的根基和本质。当然,失去了文化核心的支撑,任何功能的达成就失去了依托的基础。可以说,正是"文化——把境遇和背景互有差别的个人和群体带到一起,成为一个集体,人们可能与它强烈地认同,从它获取最重要的意义,发现它在感情上令人满足"③。

由此,作者认为,分析华人社团功能时,我们必须认识到它始终是一种"二重结构"的表现形式,即文化与其他功能的组合。究竟是经济—文化还

---

① 谭天星:《战后东南亚华人文化的保持与族群关系的演进》,《华侨华人历史》编辑部:《中国华侨历史学会成立十周年纪念论文集》,北京:东方出版社,1993 年,第 141 页。

② 李亦园:《人类的视野》,上海:上海文艺出版社,1996 年,第 116~117 页。

③ 〔美〕迈克尔·舒德森著,李贝贝译:《文化与民族社会的整合》,《国际社会科学杂志》(中文版)1995 年第 1 期,第 80 页。

是文化—经济功能，则应立足于不同的社会形势分析。所以，在阐述棉兰社团的功能方面，笔者立足于当今印尼及棉兰的社会现况，将其功能概括如下：文化—教育功能、文化—桥梁功能、文化—慈善功能、文化—经济功能等。

（一）文化—教育功能

"教育对加强移民社会的团结和丰富移民社会生活具有重要的作用"[①]，而"社团，或许会为一些个人提供主要的教育经历"[②]，实践这种目的的工具就是文化。随着华人年轻一代的融合，以及长期以来华人教育的丧失，当今华人社团在文化—教育方面的功能尤为突出。

社团的文化—教育功能既可以在一系列的社团活动中得到无形体现，也可以通过社团创办教育实体在有形中得以实践。如同一些华人所说的，"参加公会，收获的是在开拓个人视野和生活经验方面的东西。我们在公会里接触成功的企业家，也接触普通的小市民，每个人都有些不同的故事和经验，一些我们不曾经历过的人与事，像战争、家庭问题、经商问题等，与老前辈分享后，仿佛自己也长了一智"[③]。在台湾学者李威宜对华人的访谈中，受访者谈到参加会馆的感受时说，在社团，"这种忙碌，还是有回馈的，一种名望与心灵的满足感。个人经验的增长、办活动的能力都有所收获"[④]。通过与社团中不同经验、不同层次、不同经历人员的交流，这种言传身教的教育，会给参与者提供不同的学习内容，明了华人社会的许多游戏规则，为华人个体融入华人社会的圈子提供良好的锻炼。

同样，社团也帮助提升华人的文化与族群认同意识，这有助于那些远离故土的成员在多元复杂的社会中维持华人特性。过去方言群体和地区性组织是为满足华人社会各种需要而建。它们可以保护成员的特殊职业利益；

---

① ［澳］王赓武著，王望波译：《社会纽带与自由：移民社会的选择问题》，《南洋问题研究》2001年第1期，第3页。

② Robert T. Anderson, Voluntary Associations in History, *American Anthropologist*, Vol. 73, No. 1, 1971, p. 218.

③ ［新加坡］苏秉苓：《会馆中的叶氏父女》，《源》2000年第2期，第26页。

④ 李威宜：《新加坡华人游移变异的我群观：语群、国家社群与族群》，台北：唐山出版社，1999年，第112页。

帮助来自家乡的或移出地区的新移民找到工作和建立联系;建筑和维护与家乡特殊神灵有关的寺庙;为那些不能提供船运费将亡故华人运回中国的家庭举行葬礼仪式;为来自同一地区或移出地方的人提供社会性聚会的场所和机会等。[①] 这方面的表现有:(1)祭祖拜山,加强认同。此为宗亲会之类社团的主要活动,借此以加强同族之间的凝聚力,即使是基于地缘原则组成的同乡会,也可以通过春秋两季的上山祭拜先贤,增强同乡之间的认同。(2)迎神打醮,寻求整合。和加强认同并行的,是入乡随俗,积极参与当地的迎神及打醮等宗教活动,以便更能整合于当地社会。(3)设立神龛,供奉灵主。(4)设立学校,培育同群子弟。与之密切相关的,是发给会员子女奖学金或助学金,用资金奖掖先进。(5)提供各种文化和娱乐活动。[②] 通过传统的、潜移默化的中华文化活动,教育和影响华人,从而保持华人的文化认同与族群意识。

在当代棉兰的华人社区里,面对年轻一代中华文化传统的减弱,华人社团领袖们在一种使命感的驱动下,不仅大力宣传拥有民族文化传统的自豪感,而且积极鼓励传承中华文化。为加强对华人青少年传统文化的复兴教育,他们开办语言与文化艺术课程,主办文物展览,组团访问中国,赞助中国的文化团体到棉兰访问,以及举行有关华文教育的专题研讨会,创办夏令营等。笔者采访陈保安先生时,他再三提到把中华文化留住的问题。当然,他也努力通过苏北印华总会的宣传发动,利用自身在厦门投资办厂拥有的资源,积极联系厦门青少年宫与厦门侨联,组织棉兰,乃至苏北一带华裔青少年按祖籍地组成同安团、南安团等,纷纷去到闽南一带学习汉语、历史、音乐、书法、中国象棋等传统文化。按照笔者访谈了解,苏北印华总会对棉兰华人青少年开办"寻根"性质的文化夏令营活动,对华裔青少年认识中国、了解中华文化,弘扬和宣传中华文化起到了十分重要的潜移默化作用。此外,

① G. William Skinner, *Chinese Society in Thailand: An Analytical History*, New York: Cornell University Press, 1957, p. 167.

② 谢剑:《香港的惠州社团——从人类学看客家文化的持续》,香港:香港中文大学出版社,1981 年,第 60~63 页。

棉兰《讯报》社长林荣胜[1]也提到，作为个人事业，创办中文报纸赢利是目的之一，但传承中华文化也是重要的考虑因素。为此，他不仅从中国华侨大学聘请人员负责中文编辑，还在报纸开设有"每日认识一字"的版面，凸显了华社有识之士对中华文化的重视，也反映了棉兰华社对中华文化的迫切需求。廖章然接受笔者采访时也提到，自从华人恢复学习语言后，华社目前正通过不断的宣传、教育，力图使年轻一代能懂得华人文化，恢复华族意识，从而壮大华人力量。

毫无疑问，在所有的教育形式中，有固定场所、完善的教学体系和教学目的的学校教育，才是文化传承的最重要场地。一定程度上，"华文教育在于坚持——至少也是帮助维持——中国的文化模式和价值体系"[2]。由此，"使华人及其后代既得到中华传统文化的熏陶，又能学好英语及现代科学知识，从而实现华族移民文化素养上的飞跃"[3]。

今天的华人社会因为重新复兴华人文化，提升族群意识，在政治上认同于印尼的前提下，试图通过教育努力恢复族群文化。他们不仅要培养既符合民族利益，又符合国家利益的社团意识；也要举办既服务于华社，又服务于当地社会的公益性事业。因而，不少华人社团重点功绩就在于弘扬华文文化，举办教育和福利事业，设立奖学金、贷学金等，试图为文化传承、民族团结、社会福利和国家的繁荣做出贡献。为支持华文教育，许多华人社团购置房屋、腾出会所、租用课室开设华文补习班。为了让子女学习华文，不少华人捐款捐物兴办华文教育。许多社团成立教学指导小组，研究教学方法，提高教学质量。印尼华裔总会甚至提出，将动员华社力量推行一个庞大的教育工程，协助政府在各地开展提高品德、培养人才、促进民族合作爱国的教育运动，由此在文化上消除其他族群对华人的隔阂和误解。这是印尼的

---

① 林氏宗亲会成员，主要职业为律师，兼任棉兰三大中文报纸之一《讯报》的社长，其父亲曾是棉兰勿拉湾华侨总会的主要负责人，主张华人应保留传统文化精华，要提升法律意识。

② 文崇一：《新加坡华人社会的变迁》，李亦园、郭振羽主编：《东南亚华人社会研究》（上册），台北：正中书局，1985年，第57页。

③ 王日根：《中国会馆史》，上海：东方出版中心，2007年，第333页。

"希望工程",需要各界群策群力参与。[①]

除其外,其他社团在此方面也有所表现:2002 年,龙岩慈善基金会开办有华文补习班;原崇文中学为基础的校友会,成立了棉兰崇文中学教育基金会,从中国华侨大学聘请老师来棉兰推行中文教育,并将成绩优异者免费送到华侨大学继续中文学习与深造;为响应政府号召,棉兰六桂堂宗亲会于2001 年 7 月开办业余青年华语补习班,报名参加者有各族青年 50 多名,后期华文补习班增收少年儿童,坚持至今日,保持有 30 多名学生,分 3 个班上课,有 3 位老师负责教学。[②]

当然,苏北华人为传承中华文化的最大贡献,就是在马来西亚星洲媒体集团的帮助下,集合华社 65 个团体的力量,创办了"亚洲国际友好学院"和"亚洲国际友好学校"。这两所学校都以中文教学为主,兼有印尼语、英语的三语教学形式,力图提升苏北华人,乃至各族群的人文素质和华语水平,适应全球化时代对中文的需要,同时亦传播中华文化。

(二)文化—桥梁功能

早期移民的人们,必须较大程度地依靠外部组织,以满足他们的社会联系、宗教信仰和娱乐需要。而基于共同的目标和信仰而结合的社团,作为人际关系结合的实体,就能在某一个体或某一特定群体之间,甚至为其与整体社会之间架起互相沟通的桥梁,"从而使移民顺利地从一种社会环境过渡到下一个社会环境中"[③]。因而,大到省会,小到乡村,有华侨社会存在的地方,就一定会有华侨团体,大到囊括整个华社的总会,人数约上千人,小到一些人数几十人的互助社等,它们起到内则安定合作,外则与当地人及当地政府建立良好的关系,发挥着多重的功用。

作为一种草根型组织,华人社团的发展除受到外部环境因素制约外,自身也存在一系列问题,如基本条件不具备、内部管理状况欠佳、组织的目标缺失、组织失灵、诚信缺失等;但是,它在实现社团内部整合、移民社会整合

---

① [印尼]李卓辉:《积极参政反排华 印尼华人推动希望工程》,[马来西亚]《星洲日报》2001 年 3 月 17 日。

② 《第九届世界六桂堂恳亲大会纪念特刊》(棉兰),第 133 页。

③ Robert T. Anderson, Voluntary Associations in History, *American Anthropologist*, Vol. 73, No. 1, 1971, p. 218.

与中外文化整合方面仍发挥着重要的作用。其功能恰似一座多层次的立交桥：在最低层次上，连接的是拼搏于异国他乡的华人群体自身，以协调本群体内部不同家庭、宗教、友朋等小群体之间的相互关系；在中等层次上，连接的是一国华人族群与该国大社会，为不同族群的相互交往建立正规的民间渠道；在最高层次上，又在政治、经济、文化诸方面联结起跨越国界民间沟通网络，以利于促进不同国度（含祖籍国）华人族群的相互联系与合作。[①]

随着华人分布地域的延伸、从业领域的扩大和经济实力的增强，他们在居住国的地位已有很大的提高，社会流动性也随之增强。社团建立的意义就在于它能让分散各地、不同阶层的人以乡情与亲情为纽带聚集在一起，树立起社团的权威，同时又可作为人们向上发展或落魄无所依者的归所，达到社群内部整合功能。华人社团通过纵向整合与横向联系，起到十分显著的集聚作用。如苏北印华总会、棉兰鹅城慈善基金会，一个靠社会的参与意识提高，另一个则依据同乡意识造就的一致认同，殊途同归。它们都有效地起到了连接华人社会的作用。另外，华人移民从祖籍地农民的角色转变为移居地市民的角色，也需要社团的桥梁作用，从而使来自乡村的移民，能顺利地适应都市中的新生活。例如笔者在考察棉兰社团的理事会架构中，发现几乎每个宗亲会、同乡会组织都设有交际或公关或社会联络部；同时，为协助和联系分散的乡亲，一些社团如旅苏福州同乡会、苏北卓氏宗亲会、棉兰鹅城慈善基金会等，都在附近乡镇设有协理职务，以便联络和加强与各乡镇乡亲的交流、联系，起到将分散居住的华人整合为集合体的桥梁作用。

此外，华人社团也利用自身民间性组织的沟通优势，透过文化的互动与交流，起到融合民族关系的作用。譬如，苏北印华百家姓协会在所阐述的使命中指出，就是要扮演华社与印尼各族群的沟通媒介，一起守望相助，悲喜与共，以恢复华族的公民权利。[②] 苏北印华总会则主要是通过与印尼土著政党或社团等联合举办讨论会；与北苏门答腊大学等开展教育和文化方面合作；与苏北电视台协力开设中文频道，介绍和宣传印华两族合作发展的正面新闻等方式，扮演印华两族互动的中介体。此外，苏北印华总会主席黄印华

---

① 李明欢：《福建侨乡调查：侨乡认同、侨乡网络与侨乡文化》，厦门：厦门大学出版社，2005年，第332页。

② 2008年3月19日于庄钦华公司办公室采访时由其所提供的资料。

还主动参与棉兰电视台举办的《大众话题》节目,透过讨论"乡亲团体对本省建设贡献"的电视节目,正面介绍了华人对本省开发与建设所作出的巨大贡献。节目中他指出在殖民统治时期,华人社团早已开始积极参与社会公益事业,如著名的华人社会活动家张榕轩、张耀轩兄弟即是得到大家公认的慈善家,后期只是因政府的政策限制,华人社团无法充分发挥社会服务职能而已。① 此外,华人社团针对当前印尼贫富悬殊、不少印尼族裔生活仍然贫困的现实,也经常以文告形式,呼吁华族发扬勤俭节约的作风,反对奢侈浪费劣习,避免出现新的种族矛盾。在实践中,棉兰的华人社团组织也是积极关注土著族群利益的。如2004年的海啸发生后,苏北华社团结成立了联合赈灾委员会,不分种族和宗教,把救助受苦受难的灾民作为义不容辞的神圣使命,通过实际行动体现了华族与印尼土著族群唇齿相依的关系,也赢得了印尼土著民族的认可。

在缺乏法律保障的殖民时代,社团是华侨华人与所在国政府之间往来的有利通道,也是单个华人奋斗自卫的重要组织。同时,它也为同宗、同乡或同行业的自卫与互助而发挥作用,并起到协调本组织成员间利益,加强成员间团结合作的作用,是当时华侨华人社会与殖民地当局沟通的主要桥梁。② 独立后的"华人社团顺应形势而复兴后,实现自治性团体向动员和团结群众,支持政府各项政策,服务当地社会或作为反对种族歧视的民间团体的转变"③,成为政府信息传达、政策执行的有力保障,并为华人利益的维护起到了协调、沟通与帮助的角色。例如,针对居住在棉兰为时已久但尚未拥有国籍或居民证的华裔、印度裔、阿拉伯裔人士,棉兰市政府民事局发出了重新登记无国籍者通知后,棉兰印华总会、苏北印华百家姓协会与孔教协会等团体对此惠民措施,迅速成立了一个联合登记委员会协助政府当局,免费为有关族裔人士登记,以便尽快提交有关部门审核。④ 又如,针对棉兰经常

---

① [印尼]《棉兰早报》2006年11月21日。

② 梁英明:《战后东南亚华人社会变化研究》,北京:昆仑出版社,2001年,第188~189页。

③ 李兴、刘权:《东南亚华人社团的复兴与重新定位》,《东南亚纵横》2002年第5期,第53页。

④ 《棉华社组成"联合委员",协助民事局完成国籍登记工作》,[印尼]《棉兰早报》2007年9月20日。

性的停电与政府提高电价的意图,苏北印华百家姓协会主席庄钦华遂以协会名义发出呼吁,在政府提高电费的计划前,政府当局首先应对电力局工作能力与服务态度加以整顿,同时对因停电导致用户损失问题加以解决。^① 另外,在棉兰波罗岭区某镇,民众通过当地印华总会支部上呈市政府修复进入该镇区主要通道的申请,在印华总会人士的努力下,终于得到解决,"该镇民众对苏北印华总会支部的行为,深感兴奋与致以崇高的谢意"^②。

华人社团在联结华人与中国及祖籍地(侨乡)方面也发挥着重要的桥梁作用。在20世纪初,社团一直充当着华人与祖籍地文化和亲情联系的桥梁,让初到异地的他们能延续家乡的文化传统。随着各国独立,华人完成政治认同的转变后,文化上也在积极主动地融入印尼本土文化的新元素,不断地调适着本族群的传统文化,但也面临传统文化影响力减弱、文化断层的危机。因而,社团"在新时期再次扮演了另一层次的传统文化传播者"^③。它"帮助组织华人到家乡旅行,捐助学校,或提供其他形式的帮助。它也帮助增强成员与其家乡的联系。除了老一辈华人之外,新的一代华人也被同乡会组织起来,参与到家乡的旅行活动。他们希望把家乡的概念、中华文化的渊源介绍给年轻一辈,以使年轻一代产生与家乡的强烈的感情和社会联系"^④。随着中国在东南亚辐射力的增加,华人通过社团组织的沟通与互动,已经成为印尼和中国经贸往来,两国友谊合作的重要桥梁。如苏北印华总会组织伊斯兰教长老团到中国甘肃、青海回民生活区交流学习,陪同苏北省长一起到中国广州参加"国际旅游节"等,主动推动印尼宗教界与中国交流;另外,华社领袖们通过自身的宣传和实际操作,促成苏北一些城市与中国成都、南安等结成姐妹城市。这对助力中印(尼)友好互动起到极大的帮助。

---

① [印尼]《棉兰早报》2006年2月5日。

② 《印华总会与波罗岭区民众感谢市府听取民意修复通道》,[印尼]《棉兰早报》2008年2月28日。

③ 刘崇汉:《独立前华人乡团组织》,林水檺、何启良、何国忠、赖观福合编:《马来西亚华人史新编》第三册,吉隆坡:马来西亚中华大会堂总会,1998年,第390页。

④ Kuah Kun Eng, As Local and Global Cultural Brokers: A Fujianese Territorial-based Association (Fujian Tongxiang Hui) in Hong Kong, edited by Teresitia Ang See, *Intercultural Relations*, *Cultural Transformation*, *and Identity*: *The Ethnic Chinese*, Manila: Kaisa Para Sa Kaunlaran, Inc., 2000, p.233.

如同中国国务院侨务办主任许又声所言:"海外华人就是国内侨务部门的'亲戚''朋友',是中国和世界各国联系交流的重要组成部分,通过他们的桥梁作用,为中外经济、科技、文化合作交流合作搭建了有益的沟通平台。"①尤其是在中国融入世界的过程中,海外华侨华人正从过去引入者的角色转变为引出者,通过自身的网络优势和桥梁作用,宣传、引导乃至辅助中国企业走向世界,助力中国公共外交。

除了与中国的联系外,棉兰华人社团在推动华人走向世界舞台方面,也发挥着重要的媒介作用。随着世界经济一体化格局的出现,以及全球信息化时代的快速发展,世界各地华人既有居住国的公民身份,又有祖籍地的记忆,多重身份认同使其易于从"侨"向"桥"转变。因此,各国华人社团通过"共同的历史记忆",不断地交流与联结,促进了各国华人社会之间的频繁互动与往来,进而搭建起国家之间交流合作的友谊桥梁。例如,原计划在棉兰召开的世界舜裔宗亲联谊会第十九届国际大会因种种缘由未能举行,但在陈明宗等宗亲的力主下,考虑棉兰华人社会对外宣传的不易,遂于 2005 年11 月 18—20 日以庆祝颍川宗亲会大厦落成典礼之名而举办。虽不像原先计划的那样有来自世界各大洲的舜裔宗亲赴会,但东南亚各国和中国等地的代表团,以及特邀的 3 位嘉宾(孙穗芳、陈士球、陈衍德),共计 1400 多人仍如期赴会。大会洋溢着浓厚的宗亲文化特色和棉兰华人地方文化特色,有效地宣传和促成了棉兰华人与世界华人的互动。通过此次历经 30 多年限制后首开先河的世界性华人活动,不仅展示了棉兰华人崛起后的新形象,也为棉兰华社走向国际舞台提供了契机,扩大了棉兰华人在世界华人网络中的影响力。继此之后,棉兰华人社团通过自身的努力,积极主动参与世界性华社活动,陆续又举办了世界六桂宗亲恳亲大会、世界林氏宗亲第九届第二次大会、世界惠州同乡大会等。这些都是棉兰华人参与世界华人网络,冀图扩大影响力的重要表现,也由此架设起棉兰华人国际化互动的通途。

社团通过所倡导的信念和理想创造了一种亲和氛围,使其成员在集体经验中产生了共鸣。通过这种共鸣,老一辈华人和年轻华人的关系变得融洽和密切,而社团凭借本身所蕴含的历史文化渊源,为其运转提供了不绝的

---

① 《"海洋亚洲"构成中国移民走向世界的关键性桥梁》,中国侨网,2008 年 8 月 4 日,www.chinaqw.com.cn.

动力。可以说，"如果没有社团这一文化载体和组织纽带将分散的个人和小群体沟通联合起来的话，'共同的语言、文化和传统习惯'是难以发挥整合华人族群的作用的"①。社团就像一座心灵之桥，中华文化就像构筑这座桥的砖，通过这座桥，社团把一个个分散的华人个体成功垒起来，创造出有利于族群自身、居住国，甚至中国祖籍地三方共利的局面。

（三）文化—慈善功能

慈善不仅是华人社团共同的事业，也是华人融入印尼社会的最佳"公关方式"。② 在中国传统上，多数为私人组织和慈善家来资助和开展福利活动，政府较少参与。③ 而延续了中华传统文化的海外华人，致富之后向往仕途是其挥之不去的情怀。然而，置身于殖民地社会的华人不具有公民身份，不被允许参与政治，独立后各居住国的政治仕途又未对华人完全放开，华人成为政治领袖的愿望一直受到压制。因而，获取社团领袖地位就成为满足华人个人心理需求的有效渠道。但凡是期望成为侨领的人物都必须具备一些条件，大致言之，财富是重要的因素，而且还必须乐善好施，热心公益，才能被珍惜这种美德的华族社会推崇为领袖。④ 这是华人热衷慈善福利的文化渊源。

文化上具有乐善好施、助人为乐的传统，而立足于传统文化的华人社团，通过宣传和调动，充分把华人心灵深处的良知——也可说是"恻隐之心"调动起来，并把它推至最崇高的境界，形成社会的风尚。而这也正是宗亲、同乡等社团组织长期存续而巍然不败的原因。"这些传统把对穷人的同情与因长期施舍行为而得到的社会承认结合起来。进行施舍将为施舍者带来很高的社会地位，如果他们愿意的话甚至可以掌握社团的领导权。"⑤同样，

---

① 陈衍德：《集聚与弘扬：海外的福建人社团》，长沙：湖南人民出版社，2002年，第126页。

② 张新华：《菲律宾华裔慈善家李逢梧》，《中华儿女》（海外版）1998年第11期，第6页。

③ G. William Skinner, *Chinese Society in Thailand: An Analytical History*, New York: Cornell University Press, 1957, p.256.

④ 杨进发著，陈万发译：《19世纪新加坡华族领导层》，柯木林、吴振强编：《新加坡华族史论集》，新加坡：南洋大学毕业生协会，1972年，第38页。

⑤ ［澳］王赓武著，王望波译：《社会纽带与自由：移民社会的选择问题》，《南洋问题研究》2001年第1期，第2页。

社团在从事赈难济贫活动的同时,也向社会输送着仁爱与互助的价值观念。也就是说,在社团供给的公共物品中,已经内在地包含了一定的文化含量。无形的文化价值观念随着有形的物品或服务一起输入社会,以潜移默化的方式实现社团对社会的价值供给与文化传承。[①]

历史以来,华人社团、华校、华报被视为华人社会的三宝。今天我们则把华人在慈善方面的主要工作即济贫、义诊、救灾称为新三宝,可见华人社团在功能取向上的明显转变。它们逐渐从乡籍观念的狭窄性和局限性,从单纯的服务宗亲扩展到服务社群;从传统单一的狭义功能转向服务社会的广义功能;从过去的互益型社团,为成员谋利益的组织转变为公益性的、为实现不同族群利益的团体,视野更加开阔,更具开放性和包容性。这是华人积极、主动融入主流社会的表现。

棉兰华人社团在济贫、义诊、救灾等方面的表现有:

第一,济贫。接济贫困已成为许多华人社团的工作常态,他们接济的对象已不再仅仅是华人贫穷者,也普遍惠及土著民族。例如,为迎接圣诞节及新年的来临,棉兰鹅城慈善基金会于 2003 年 12 月 15 日,捐给本市 5 间孤儿院生活必需品,各 60 千克白米、50 千克绿豆、10 千克白糖及 10 箱快餐面,同时分给邻近共计 208 户贫穷居民各 10 千克白米、1 箱快熟面、2 千克白糖。2004 年 11 月 5 日,援助锡街一带的 180 户贫穷居民及 9 位孤儿,各分给 10 千克白米、1 千克白糖、20 包快熟面。2006 年 10 月 27 日,援助丹绒莫拉哇骨灰塔场地一带共 145 户贫穷居民与 80 位孤儿等。[②] 其他苏北印华总会、苏北印华百家姓协会、苏北中医协会、棉兰颍川宗亲会等社团,或单独,或联合行动,持续举办类似的济贫活动。同时,对于一些贫困、缺乏政府救济的孤寡老人,华社在热心人士陈秀梅(棉兰老年大学校长)、宋清良(棉兰老年大学的积极活动者,任某石油公司驻苏北代表)、廖章然、吴明辉等人积极倡议和支持下,也筹建了活力中心(老年活动中心),以奉养孤寡老人,并借此开设了老年大学。

---

① 娄胜华:《转型时期澳门社团研究——多元社会中法团主义体制解析》,广州:广东人民出版社,2004 年,第 228 页。

② 《慈善福利部 2003 年到 2006 年会务报告》,由棉兰鹅城慈善基金会秘书林文裕提供,未刊稿。

第二，义诊。它是目前棉兰社团开展慈善工作的主要方面。大部分的社团都有开展救灾或者义诊活动，条件许可的也有建立诊所固定开展义诊活动的；而无条件的则是联合力量，定期、定点开展义诊活动。如棉兰鹅城慈善基金会开设的慈善诊疗所，创建于1986年，已成为一间稍具规模、设备齐全的中西医诊疗所。诊所每年至少到穷困地区义诊一次。棉兰江夏公所也有固定的诊疗室，为贫困人士提供收费低廉的诊疗服务。福州三德慈善基金会附设的诊疗部开展的义诊活动，不仅面向福州乡亲，更服务于当地印尼友族中的贫困人士。根据理事会介绍，对一些困难患者，甚至免费帮他们医治。除此之外，棉兰鼎福堂的三好运动团、苏北中医协会、苏北印华总会、苏北百家姓协会、棉兰颖川堂等宗亲会与同乡会，都有参与或开展免费义诊活动。

第三，救灾。印尼是一个多灾多难的国家，自然灾害或人为灾害导致的人民困苦经常有之。华人作为印尼国民，主动、积极地开展救灾行动，既缓解了灾民的苦难，也替政府分担了一部分社会公益事业，发挥了社会中介的积极作用。例如2003年11月6日，棉兰鹅城慈善基金会给波霍罗克（Bohorok）遭受洪水灾害的居民捐助200箱快熟面，主席曾启福又以私人名义捐献了1吨大米给灾区人民。又如，2004年12月26日，印尼苏门答腊北部海域发生8.9级大地震，引发特大海啸，亚齐省是重灾区。苏北华人团结起来成立了苏北华社联合赈灾委员会，并在赈灾委员会和美德（达）村①互助会的合作安排下，共安置灾民8000多人，同时为灾民提供各种援助，并把失学儿童和学生分别送到棉兰各地学校上学，协助灾民重返家园和建设家园②，大大缓解了政府在救灾行动中的压力。2005年7月17日，赈灾委员会又积极援助了苏北思思火灾区灾民2吨白米、200千克白糖、20包旧衣服等。2007年，在雅加达大雨成灾的情形下，源自赈灾委员会的苏北华联又发

---

① 美德村，又称作美达村，是一处华人聚居的错落。这里的华人主要为20世纪60年代因政府驱赶，自苏北省北部的亚齐省迁居而来。在艰难困苦的环境下，华人在这片荒芜之地定居，辛勤劳动，与天斗，与人斗，成功改善了自身的生活处境。该村称得上华人努力奋斗而改变命运的经典。

② 温北炎、郑一省编著：《后苏哈托时代的印度尼西亚》，北京：世界知识出版社，2006年，第271～272页。

起赈济雅加达水灾的筹款活动,短短几小时就筹到将近 3 亿盾的义款,前后 5 天共筹募到 4.4 亿多盾。[①] 一系列富有成效的救灾行动已经成为华人社团加强族群融合的有效方式,体现了华人作为印尼公民的社会责任。

此外,为接济海啸灾难中的孤儿,棉兰华社热心人士张万光(广肇同乡会主席)借出两间店铺,作为海啸中各族孤儿临时栖身的地方,解决了当时的紧急需要。同时,棉兰华社也利用南洋报业基金会的捐款,赶修孤儿院,救助和抚养了一些地震中的孤儿,人数 30～40 个。根据笔者观察,其中仅有 6～7 个为华人孤儿。廖章然在访谈中说,他们将一直通过募捐或认养的方式,供这些孤儿们上学到 18 岁,如果可能也会让他们接受大学教育。虽然经费上很困难,但只要有决心,有着为印尼社会、为印华融合助力的美好意愿,相信华人能够一直支持下去。

"社团开展社会公益活动的特点不在于受益对象,因为社会服务和公共服务组织也谋求公共利益。它的特点在于供给形式,即以义务的形式供给,无论是实物的捐赠,还是劳务的提供,都是无偿的。"[②]华人社团通过开展济贫、义诊、救灾等活动,较好地发挥了它作为社会中介组织的职能,在受益民众、政府、国际资助者以及社会公众之间发挥着桥梁和纽带作用,促进各方之间的理解与沟通,促使各种社会资源有效地运用于扶助对象,使民众切实能够从活动中受益。同时,华人社团还依靠民众代表的身份同政府和其他慈善福利组织建立了良好的合作关系,及时协调救助中的问题,并为获取更多的资源提供信息、技术、经验等方面帮助。在 2004 年年底的海啸灾难中,苏北华社联合赈灾委员会就充分扮演了此种角色。此外,成立于棉兰的印尼菩提心曼荼罗基金会,结合台湾的科技优势,将环保、开发与扶贫结合起来,也为一例。

(四)文化—经济功能

"从一开始,许多华人社团成立的主要目的之一就是推动同乡会员建立

---

① ［马来西亚］《星洲日报》2007 年 3 月 13 日。

② 王颖、折晓叶、孙炳耀:《社会中间层:改革与中国的社团组织》,北京:中国发展出版社,1993 年,第 122～124 页。

起商业网络。"①这些立足于经济基础的社会机构，例如职业、同乡或方言等团体组织，其成立之初的活动都是与经济有关的。而且，"经济活动是受到族裔社区各种社会文化机构，如商会、同乡会和教会等的控制和协调"②。华人社团能为华人经济发展提供帮助，主要是通过社团的媒介作用，实现华人之间信息的顺畅交流，从而降低交易成本，实现经济中所涉及人力、财力和物力等的效益最大化。"据统计，海外华人企业中，其国内业务的52%，海外业务的39%是在华人企业之间进行的。"③

早期的海外华人移民，利用各种同乡会、宗亲会、行业性社团等，发挥它们的社会联结功能，"从而在东南亚与南中国社会中塑造了一个与众不同的角色"④。他们不仅在亚洲内，甚至超越亚洲范围扮演着商业、金融和市场中间人角色，获得大量的盈利机会。华人的会馆不仅是华人移民慰藉乡愁、调解纠纷的活动场所，甚至犹如一所社会大学，"提供教导有志做生意者有关生意的敲门砖与开发手段。同时，它也是一个市场信息中心，从有关会员口中，可知晓商品的最新动向与价格波动"⑤。独立后的华人宗亲、同乡、职业公会等社团组织，随着社会认同的转变，也已不再是单纯的联谊组织和福利机构，它们"以亲情、乡谊为纽带，促进同宗、同乡华人开展商业上的互助合作，这已成为许多宗亲会馆和宗乡会馆活动的主要内容之一"⑥。各华人社团都把发展成员的经济事业作为社团活动的重点内容，通过社团的各种聚会活动，使成员广结人缘，建立各种有利于经济活动的人际关系，扩展自己的经贸网络和经济活动领域。"一些族群利用族群联系而不是国家联系以

---

① 刘宏：《战后新加坡华人社会的嬗变：本土情怀·区域网络·全球视野》，厦门：厦门大学出版社，2003年，第63页。

② ［美］周敏著，郭南审译：《美国华人社会的变迁》，上海：上海三联书店，2006年，第181页。

③ 胡庆亮：《全球华与东南亚华人经济的互动与影响》，《东南亚》2005年第2期，第3页。

④ Stephanie Po-yin Chung, The Transformation of an Overseas Chinese Family——Three Generations of the Eu Tong Sen Family, 1882—1941, *Modern Asian Studies*, Vol. 39，No. 3，2005，p. 604.

⑤ 梁纯菁：《客属会馆是创业者的温床》，《东南亚区域研究通讯》1999年第7期，第37页。

⑥ 梁英明：《战后东南亚华人社会变化研究》，北京：昆仑出版社，2001年，第211页。

获取经济利益"①,这已成为华人社团积极拓展纵横联结,网络延伸,不断走向区域化、国际化的主要原因。陈明宗在访谈时,就提出社团要讲文化、讲经济的看法。棉兰海南会馆在社团的理事会架构中,还专门设有商业主任和工商部两个部门②以负责社团商业事宜。苏北印华百家姓协会也适时举办"赢取 2008 年商业竞争战略研讨会"③等,都是其经济化趋势的表现。

华人社团的国际化更是其文化—经济功能的集中体现。"特别是社团的世界性联谊活动,通过强调某个特定的方言或地缘群体的特殊性以及有关的文化活动,即为世界各地的同乡和宗亲提供了一个重温并强化上述集体意识的机会。"④同时,这种世界性的社团联谊活动,吸引着世界各地的华商参与,在这个融合世界各地、各领域华人的场合,各参与者能够认识人和被认识,这可为他们提供、建构关系网络,考察并挑选合作伙伴,从而赢得大量的商业机会。所以,愈来愈频繁举办的世界性华人社团联谊活动,不仅使许多华人中小企业家趋之若鹜,也逐渐得到较多的国家支持。这种国际性的宗亲会和同乡会及其他世界性华人社团活动,起到了联络乡谊、亲情和促进商业合作的多重作用。同时,它"也使旧的以同乡联谊形式推动各国华人之间的商业合作,使原以举办慈善福利事业为主的宗乡会馆和宗亲会馆发挥了新的商业功能,从而正在转变为传统的中华商会和各类行业公会以外的又一种新兴商业性团体"⑤。正如在棉兰召开的世界惠州同乡大会上,棉兰鹅城慈善基金会主席曾启福致辞所说:希望召开的恳亲会能够加强同乡之间的友谊与合作,扩大文化交流,促进代表之间的商业信息互通,进而建立经贸合作关系,推动苏北旅游业发展。这将对各自国家的人民与政府都有好处。⑥

---

① Leo Suryadinata, "Ethnic Chinese and the Nation-State in South Asia", in Teresitia Ang See, *Intercultural Relations*, *Cultural Transformation*, *and Identity*:*The Ethnic Chinese*, Manila:Kaisa Para Sa Kaunlaran, Inc., 2000, pp. 325-326.

② [印尼]《棉兰早报》2008 年 2 月 19 日。

③ [印尼]《棉兰早报》2008 年 1 月 9 日。

④ [新加坡]刘宏:《中国—东南亚学——理论建构·互动模式·个案分析》,北京:中国社会科学出版社,2000 年,第 248～249 页。

⑤ 梁英明:《战后东南亚华人社会变化研究》,北京:昆仑出版社,2001 年,第 212 页。

⑥ 《第四届世界惠州同乡恳亲会在合艾举行,棉兰接办 2007 年下届世界恳亲大会》,[印尼]《国际日报》2004 年 10 月 5 日。

这种国际化活动中所体现的经济动机，在棉兰召开的其他世界性社团活动中都有所体现。苏北棉兰六桂堂宗亲会在《国际日报》登载的"诚邀乡亲参加第九届世界六桂堂国际恳亲大会——举办祭祖、恳亲、联谊、旅游、商贸、娱乐盛会"①，借助会议召开发展经济的目的十分明显。大会上苏北印华总会主席致辞也表达了推动经济方面的希望，愿"光临棉兰的国内外六桂宗亲，不但促进宗亲之间的情谊，扩大宗亲的视野，加强日后的联系，还要有利于宗亲间的经贸交流，更直接地促进了本地区的旅游业"②。同样，在棉兰召开的纪念世界林氏宗亲会第八届第二次会员大会还将主旨确定为"维系林氏宗谊，促进苏北旅游"。③ 其经济的意图也如陈明宗先生致辞所说：此次世界大会在棉兰举行，将会给政府以及华人族群带来诸多好处。一来可以进行多方位的交流，诸如联络友谊，弘扬华夏文化，借此促进经济交往、商业互动；二来可介绍我国廉价的劳工、丰富的资源，以及充满商机的市场，鼓励各地宗亲们在本地投资设厂。④ 另外，在2005年，棉兰颍川堂举办的大厦落成典礼中，云集印、中、新、马、泰等地华社领袖和政商名流，不仅为棉兰华人提供了一次全面而广泛的与各国华社交流的机会，也为潜在的商贸合作提供了不可多得的互动平台。

"华人社团的国际化是华人经济国际化的一个伴随物。"⑤20世纪80年代以来，世界经济联系日益密切化，国际分工进一步深化和加强，各国华人充分利用优势谋求将其企业放在国际大市场的有利位置上，以获取新的发展动力。这导致了华人资本的世界性流动，而华人社团的国际化正是适应此种变化而产生的，成了华人经济国际化的一个有力载体。同时，频繁的国际化活动促使各国政府越来越重视这种民间的桥梁作用，不仅加强了与华人宗亲会、同乡会的联系，提升了他们的经济影响力；间接地，也对社团的组织实力和社会地位起到强化作用。可以说，"华人经济作为当地民族的重要

---

① ［印尼］《国际日报》2006年8月19日。

② 《第九届世界六桂堂恳亲大会纪念特刊》，第19页。

③ 《印尼苏北西河九龙堂林氏宗亲会世纪纪念特刊》，第19页。

④ 《印尼苏北西河九龙堂林氏宗亲会世纪纪念特刊》，第25页。

⑤ 宋平：《承继与嬗变：当代菲律宾华人社团比较研究》，厦门：厦门大学出版社，1995年，第152页。

组成部分,在参与发展民族经济和全球化的过程中正发挥着越来越重要的作用"[1]。

而且,华人文化的整体性对华人经济的整合起着有效的推动作用。作为文化载体的华人社团,恰好在以文化推动经济方面扮演了积极的角色,越来越体现出了经济化的趋势。这种经济化趋势往往是与国际化趋势交织在一起的,亦即世界性社团在跨国经济活动潮流下产生,而世界性社团的诞生反过来又促进了跨国经济活动的展开。毫无疑问,棉兰的华人社团即是通过自身的联谊活动,充分发挥了网络联结优势,不仅增进华人社会了解,沟通感情,促进团结,也由此而深度嵌入跨国经济活动之中,"从而使以血缘、地缘、业缘和神缘等为纽带的社会网络转化为商业贸易网络"[2],成为提升各地区、各国家经济发展的有力推动者。

综上所述,保持着深厚中华传统文化的棉兰华人社会,基于文化因子而结社的静态习性一直得以存续。但社团的结构、类型、宗旨、章程与管理制度等,却始终处在动态变迁的过程中,为适应外部变化而不断调整着自身。作为华人社会结构要素之一的社团组织,其诞生与发展过程始终是与社会需求紧密联系的,必然会受到各种内外因素的影响。这种影响可从其社团的宗旨、章程、组织管理与社会功能上寻找到线索。恰是如此,社团才能够与时俱进,历久弥坚。因而,通过社团来探究华人社会才具有现实意义。当然,了解社团,对社团核心要素——社团领袖的分析更是深度了解华社传承、变迁和再造的必不可少的内容。

---

[1] 胡庆亮:《全球化与东南亚华人经济的互动与影响》,《东南亚》2005 年第 2 期,第 2 页。

[2] 陈衍德:《集聚与弘扬:海外的福建人社团》,长沙:湖南人民出版社,2002 年,第 121 页。

第五章

当代印尼棉兰华人社会的沿衍与重构

——通过华人社团领袖的考察

第一节　沿衍和蜕变

——华人社团领袖构成类型与特质的解析

自 20 世纪 80 年代棉兰华人社团开始恢复活动后，尤其是 1998 年苏哈托下台之后，限制和歧视华人政策逐步解除，华人社团出现"井喷式"的增长，有关宗亲、同乡、宗教、文艺、体育、校友会等团体纷纷涌现。2008 年 3 月 27 日，在笔者于棉兰考察期间，苏北许氏宗亲会诞生了。2015 年前往考察期间，又见证了棉兰安溪同乡会的诞生。据统计，目前棉兰的华人社团大大小小约有 100 个。在各个社团活跃着一批以老一辈华人为主，中生代华人逐渐崛起的社团领袖。他们的一些基本类型与特质表现是本节需要深入剖析的内容。本节试图通过对社团核心要素——社团领袖的透彻分析，以对掌握棉兰华人社会的现状、运作特点、网络结构和权力运作有所助益，从而对华人社会的未来发展态势有所预估。

一、融合与沿衍——华人社团领袖构成类型的解析

我们把领袖定义为社区内具有影响力的人物，而所谓影响力，"是从最

高处慢慢往下减少的"。[①] 按照施坚雅的说法,"领导地位取决于能实践高度的影响力。用最简单的话说,影响力的实践在于影响别人的政策更甚于自身"[②]。由此,本节选取笔者直接访谈和间接了解的社团领袖,共计 26 位作为典型案例分析。他们因目前在棉兰社团中比较活跃,也十分热心社团活动,且担任有理事长/主席/会长,或副理事长/副主席/副会长以上职务,即为具有一定影响力的社团领袖。笔者希望能够通过对他们的类型做一些说明和阐述,从而透视棉兰华人社会的承续与重构。

在分析这些社团领袖所担任的职务数时,笔者统计的主要是那些活动地域限定在苏北或棉兰的社团;或者社团注册名为印尼某某社团,但活动地区仍以棉兰市及其管辖范围为主的团体。在一些世界性的华人社团中,若有这些领袖担任的相关职务,则剔除在外,仅做分析参考。据笔者考察(时间至 2008 年 4 月止),棉兰华人在全国性或世界性社团中担任荣誉性职务的较多,居实际重要职位的较少。而且,那些在全国性或世界性社团中的任职者,一般在棉兰社会中必担任有重要职务。所以本节的分析对象主要是实际上担任着重要职务的领袖,他们所具有的荣誉性职务或副职仅作为参考。统计见表 5-1。

表 5-1　棉兰华人社团领袖主次职务统计

领袖人名	主要职务	次要职务	主次职务合计
黄印华	苏北印华总会主席	苏北华联主席团成员,10 人中居首席	主 3 次 3
	棉兰江夏公所(黄氏宗亲会)主席	苏北印中经济、社会与文化合作协会顾问	
	苏北佛教总会主席	苏北中医协会顾问	

---

① 李亦园:《一个移殖的市镇:马来亚华人市镇生活的调查研究》,台北:"中央研究院"民族学研究所,1970 年,第 191 页。

② G. William Skinner, *Leadership and Power in the Chinese Community of Thailand*, New York: Cornell University Press,1958,p.79.

续表

领袖人名	主要职务	次要职务	主次职务合计
陈明宗	颍川宗亲会主席	苏北华联主席团成员，10 人中居次席	主 3 次 2
	苏北印中商务理事会主席	苏北印中经济、社会与文化合作协会顾问	
	棉兰德教会紫棉阁理事长		
苏用发	苏北华联理事长		主 4 次 0
	棉兰崇文教育基金会理事长		
	苏北印中经济、社会与文化合作协会总主席		
	苏氏宗亲会主席		
庄钦华	苏北印华百家姓协会主席	苏北华联主席团成员，10 人中居第 5 位	主 1 次 4
		苏北印中经济、社会与文化合作协会顾问	
		庄严宗亲会荣誉主席	
		苏北中医协会顾问	
曾启福	鹅城慈善基金会总主席	苏北华联主席团成员，10 人中居第 8 位	主 1 次 3
		苏北印中经济、社会与文化合作协会顾问	
		苏北印华总会荣誉主席	
张洪钧	苏北客属联谊会主席	苏北华联主席团成员，10 人中居第 9 位	主 2 次 3
	苏北古城堂主席	苏北印中经济、社会与文化合作协会顾问	
		苏北印华总会荣誉主席	

续表

领袖人名	主要职务	次要职务	主次职务合计
林福鼎	林氏宗亲会董事会兼理事会主席	苏北印华总会荣誉主席	主1 次3
		棉兰德教会董事	
		苏北中医协会顾问	
徐煜权	苏北印中经济、社会与文化合作协会执行主席	苏北华联主席团成员，10人中居第6位	主2 次2
	苏北潮州公会监察会主席	苏北印华总会理事	
廖章然		苏北印华总会副主席	主0 次4
		苏北华联副理事长	
		鹅城慈善基金会董事会秘书长	
		苏北印中经济、社会与文化合作协会秘书长	
林学华	苏北潮州公会董事会主席	苏北印华总会名誉主席	主2 次2
	林氏宗亲会董事、监察会主席	苏北印华百家姓协会顾问	
刘淇俊	苏北省留台校友会主席	苏北印华总会荣誉主席	主2 次1
	爱心永恒慈善基金会主席		
陈民生		苏北印中经济、社会与文化合作协会副秘书	主0 次4
		旅苏福州同乡会秘书长	
		棉兰福州中房陈氏宗亲会秘书长	
		苏北华联秘书长	
张家础	苏北文艺促进会主席	苏北印华总会荣誉主席	主1 次5
		苏北印中商务理事会副财政	
		苏北印中经济、社会与文化合作协会顾问	
		苏北潮州公会副主席	
		苏北华联副理事长	

续表

领袖人名	主要职务	次要职务	主次职务合计
陈庆明	苏北茶艺联谊会主席	苏北华联财政	主1 次2
		棉兰德教会理事	
陈慈昇	旅苏福州同乡会董事会主席	苏北华联主席团成员，居第10位	主1 次1
陈保安		棉兰颖川宗亲会副主席	主0 次3
		苏北华联副理事长	
		苏北印中经济、社会与文化合作协会顾问	
吴佳声	苏北延陵吴氏宗亲会主席	苏北印华总会副秘书	主2 次2
	苏北作协主席	苏北华联财政	
郭胜昌	苏北黄王温郭堂主席	苏北华联副理事长	主1 次4
		苏北印中经济、社会与文化合作协会顾问	
		棉兰鹅城慈善基金会监事会委员	
		苏北印华总会荣誉主席	
李金绸	苏北中医协会主席		主1次0
王亚辉	苏北太原王氏宗亲会主席		主1次0
叶志宽		苏北客属联谊会副主席	主0 次6
		苏北省印华总会华社联络部副主任	
		苏北棉华中学校友会副总务	
		苏北华联财政	
		苏北茶艺联谊会副总务	
		棉兰美德互助会副理事长	

续表

领袖人名	主要职务	次要职务	主次职务合计
张万光	苏北广肇同乡会主席	苏北印中经济、社会与文化合作协会顾问	主1 次2
		苏北华联主席团成员,10人中居第7位	
刘奕陞	苏北潮州公会主席	苏北华联主席团成员,10人中居第4位	主1 次2
		苏北印华总会荣誉主席	
翁坤雄		棉兰茶艺联谊会第二副主席	主0 次3
		棉兰六桂堂理事会第二副主席	
		苏东校友会副会长	
林来融	苏北韩江中学(马)校友会主席	苏北林氏宗亲会副主席	主1 次2
		苏北省文友协会副主席	
陈保成	苏北象棋总会主席	苏北潮州公会副主席	主1 次3
		苏北印华总会顾问	
		棉兰颖川宗亲会顾问	

注:表5-1根据笔者在棉兰调查时收集的资料自制,日期截至2008年4月。

表5-1中所列26位棉兰社团领袖和传统的华人社团领袖类似,几乎都具备一定的经济实力,或者社会活动能力非常强。这些社团领袖多数有自己独立的产业,且运转有序,收入稳定。这使得他们能够积极参与社团活动并慷慨捐赠。当然,在华社,社会活动能力也是成为重要社团领袖的因素之一。如果既有经济实力,又具有社会活动能力,成为华社重要领袖便理所当然。据此,笔者按照经济实力和社会活动能力,将以上社团领袖做如下类型划分[①]:

---

① 下述三种华人社团领袖类型的分类,来自笔者于2008年2—4月在棉兰田野调查的访谈资料、直观观察,并结合有关文献资料形成的个人判断,是笔者学术定性探讨和推理的一部分,可能存在误差,欢迎批评指正。

第一类华人社团领袖是具有较强经济实力，对社团活动经费支持较大，从而逐渐确立自己在华社领袖地位的人士。如陈明宗、苏用发、林福鼎、刘奕陞等，他们都拥有自己的产业，经济实力可观。陈明宗主要是从事镀锌板加工与旅馆业，对宗亲会所的建设曾捐赠10亿盾。[①] 苏用发为苏钢集团的总裁，据采访苏北苏氏宗亲会了解到，宗亲会会所地皮是由苏用发捐赠，会所大厦建设过程中也得到苏用发较大的经济支持；而且，会所每月的活动费用如有缺口，都是由苏用发本人捐赠。同时，成立于雅加达的世界苏氏宗亲总会也得到苏用发的鼎力支持与推动。棉兰亚洲国际友好学院的大部分运作经费，据考察亦得到苏用发长期支持，由此可见其经济实力非同一般。林福鼎拥有保健品研发、生产类企业。他在林氏宗亲会中身兼董事会主席与理事会主席两职，对宗亲会具有绝对的掌控力，间接说明他对社团财力的贡献较大。刘奕陞主要从事食品生产，并在雅加达设有分厂，任潮州公会主席，同时又担任印尼中华总商会主席之一，与印尼响当当的富豪陈大江、李文正等人处于同一社团组织中，间接证明其拥有较强的经济实力。

第二类华人社团领袖经济实力一般（当然这仅是笔者的表面观察，有些华人潜藏的财富还是相当可观的），但因参加社团活动早、社会活动能力强，与印尼官方关系融洽，互动较多，能在华社与地方政府之中充当桥梁，从而起到维护华社利益之作用，由此而成为华社知名领袖的人物。据笔者直观观察，廖章然、黄印华等可归为其中。廖章然出身贫苦，早年从事记者工作，后又常年从事社会活动，虽有创业，但财富积累一般。但他早年曾担任有官方背景的社团"印尼民族统一机构"的华社联系人，与印尼苏北政府互动较多。自棉兰鹅城慈善基金会成立后，他一直担任着该社团的主要领导职务，是会所中的"授薪人员"。其后一直兼任许多社团的主要领导职务。黄印华受其父亲影响（其父过去一直担任黄氏宗亲会的负责人，也长年活跃在社团中，比较热心社团工作，且精通中文、印尼文的互译），还担任林绍良家族所属保险公司驻苏北分公司的主要负责人，拥有自己的小产业，经济实力在以上26人中居于下游。但黄印华早年积极融入印尼社会，具有印尼苏北伊斯

---

① 据2008年2月13日对陈保安随机访谈资料整理。

兰大学医学系毕业的大学文凭①,能读写说印尼文、华文、英文,并曾到"印尼国防研究院"学习。其所拥有的个人能力、积累的政治资本与拥有的特殊身份,使他既能够保持与印尼中央高层的联系,又在苏北地方政府中具有一定的影响力,而他本人也愿意为华社贡献力量。多重要素作用之下,黄印华也在华社重要层级的社团领袖中占据一席之地。

第三种类型的华人社团领袖则是具有一定的经济实力,能够领导特定的宗亲、同乡或综合性社团做事,但个人社会活动能力及对社团财力方面贡献有限。当然,这可能也与有些人不愿过分涉入社团或做事太过张扬有关。这一类社团领袖热心参与社团活动,也希望通过社团贡献自己力所能及的才能和财富,以回馈当地社会。间接地,这亦有助个人声望提升,建构个人良好的社会资本。他们主要担任一些分量较轻、影响力有限的社团领袖,如同"拱月"一样的"众星",形成一种稳定的领导机制,达到族群凝聚、助益华社的作用。

事实上,华人担任社团领袖,需在时间和金钱上做出很大牺牲,且需要有奉献精神,唯有意愿支撑才能一直无私奉献下去。因而,若按照愿意为华社做事情,并不计较个人得失,在自身能力所及范围内为华社做出的贡献标准,并参照笔者直观考察获知的经济能力,又可将上述 26 位华人社团领袖再做如下归类:

第一类,据个人经济实力、社会活动能力,以及所担任社团在华社影响力,目前具有较高声望的领袖主要有苏用发、黄印华、陈明宗、廖章然、庄钦华、张洪钧等人。其中苏用发、黄印华、陈明宗、廖章然、庄钦华五人依其所领导社团在棉兰的影响力和公信力,他们自身在华社所发挥的作用(主要涉及经济贡献和社会贡献),以及他们所领导社团的功绩来说,可以归类为具有高声望的华人领袖,简单排名依次为黄印华、苏用发、陈明宗、廖章然、庄钦华。据笔者了解,棉兰华人为应对 1998 年五月暴乱,私下成立了棉兰华

---

① 在印尼能上大学的华人后代较少,能学医并获得医生执照的更少,就像进入印尼大学读法律,并成为律师的华人绝对是少之又少一样,他们属印尼的白领阶层。

社联合总会①，推举黄印华任会长②，以使其与苏北棉兰军方联系以寻求保护。而华社则以捐赠形式给予军方在物资或经济方面的补偿，保证了动乱期间棉兰华社安然无恙。黄印华能够得到众多华人社团领袖认可而担当此职，反映了他在棉兰所具有的能力与声望。另外，由黄印华牵头成立的苏北华社联合赈灾委员会，在 2004 年年底亚齐海啸灾难中的救灾、灾区重建中发挥了重要作用，得到国内外的一致好评。其组织能力、领导能力、社会资本一定程度上弥补了其对社团财力的贡献。当然，有钱出钱，有力出力，最大限度地为华社奉献已成为华社约定俗成的认知。

苏用发据称因其父亲早年资助过印尼国籍协商会，被怀疑为共产党，受此影响他早期较少参与社团活动，或者参与也不愿过分张扬。一直到 2005 年，印尼局势渐渐好转，民主化进程渐趋稳定后，他才开始活跃在棉兰的社团界。而其能够迅速崛起成为华社当仁不让的领袖人物，应与其对华人社团的慷慨捐赠密切有关。当然，他能够并愿意大力捐助华社，本身体现了他对华社、对印尼民众的使命感和责任感，并不一定抱持获得声誉的目的，也绝非功利性。否则，他也就不会持续不断地捐赠。这应与企业家的社会责任感有关，也与中华文化家国天下的传统教育有关。

根据笔者了解，苏用发在中国福建南安捐建有玲苏中学，在西安独自捐建有苏东中学，借此也促进了他在棉兰华社的名望。20 世纪 60 年代被强迫取缔，在苏北省乃至整个印尼较有影响的棉华中学，在苏用发的鼎力资助下，已经于 2018 年 8 月恢复重建，并开始招生。另在苏北华联的筹建中，整个苏北华联授薪人员的工资、活动经费皆由其全额支持，等等。苏用发对华社的巨大财力支持，对其在苏北华社的影响力和领导力无疑有着巨大的塑造性，由此他也被推举为苏北华联理事长，相当于苏北华社的共主。相应地，这对其个人社会声望和信誉大有裨益。

陈明宗无疑是一个成功的企业家，也是一位具有使命感，胸怀国家和个

---

① 成立于 1998 年五月暴乱前夕，属棉兰华社未合法注册的社团。据笔者了解，在动乱前，棉兰华人为求自保，私下成立了棉兰华社联合总会，推举黄印华为负责人，以与棉兰军方高层协商，寻求军方对华社的保护。作为回报，华社集资定期给予军方物质方面的帮助，双方的互动目前仍在发挥着作用。

② 因当时其在华人社会拥有政治资源，能够和苏北省政府进行良好互动，且愿意为华社做贡献，大家一致认可他为棉兰华社的领头人，由此奠定他早期在华社的较好声望。

人命运的华社领袖。早年他因父亲被怀疑与印尼国籍协商会有密切关系，较少参与社团活动，专心于壮大经济实力，由此奠定相当不错的财富基础。在印尼政局渐趋宽松后，他利用个人与军方的密切关系，得到棉兰颍川宗亲会人员支持，出面挽救陷入困顿、萎靡之中的社团工作。在其领导下，棉兰颍川宗亲会对内强化自身，对外则加强跨国联系，逐渐使宗亲会在棉兰开展得有声有色。与此同时，陈明宗在苏北华社的赈灾、华文教育及政治活动方面都有积极参与，并倾力资助。这为其在苏北华社早早赢得不俗的声誉和领导力。据笔者了解，陈明宗在棉兰颍川宗亲会会所落成时，甚至邀请到孙中山的孙女孙穗芳，以及苏加诺的儿子出席并讲话，可见他在印尼国内及国外所具有的号召力非同一般。至于廖章然，据笔者观察，其能够成为华社较高声望的领袖，完全是依靠自身的才能。他精通中文、印尼文互译，且一直从事社团事务，熟悉社团管理，能够高瞻远瞩地为华社发展提供客观建议。同时，他依托棉兰鹅城慈善基金会，相继担当苏北印华总会副会长、苏北华社联合赈灾委员会统筹委员长等职务，声望亦得到有效提高。庄钦华担任苏北印华百家姓协会主席，而在全国范围内，印华百家姓协会与印华总会地位相当，属印尼全国性的重要社团，他成为此社团分会的领导，借此提升个人声望应是必然。张洪钧能列入高声望领袖人员，除个人对棉兰华社的贡献外，其祖辈光环加持有着较大加分作用。张洪钧曾祖父张榕轩开埠棉兰有功，祖父张步青则为治理棉兰的名人。其祖辈对棉兰华社发展、建设的杰出贡献，无疑使其能够在华社有着不可名状的号召力。与此同时，张洪钧也能够力所能及地为华社互动贡献心力。综合因素使然，张洪钧在棉兰具有较高声望领袖之中也占有一席之地。

第二类，积极参加社团活动，不计较得失，也对任职的主要社团慷慨捐赠，并以此获得某种程度的社会声望；或因个人拥有某些专长而获致社会认可。但受限于个人社会活动能力或是经济条件，这种声望或影响力只在特定范围内有效。如徐煜权，据笔者接触了解，他因早年曾担当过印尼民族统一机构苏北华社联系人（由此判断其具有与政府互动的能力和资本），在1998年排华期间，与廖章然一道，受政府委托，冒着危险对华人的受难情况进行调查，受到华社认可。同时，他又曾在国际狮子会棉兰分会担任过总主席、地区监督之职，个人组织能力甚佳，且对华社事务有意愿，经济上也有较大支持，所以也赢得一定的声望。林学华据称为棉兰海口镇勿拉湾华侨总会的秘书,对当时棉兰华侨归国做了很多有益工作,并对苏北华社作家协会的活动经费支持力度较大,获得了华社人士尊重。曾启福曾领导棉兰鹅城慈善基金会理事会,任理事会主席职务。其所领导社团在棉兰恢复活动较早,且人数众多,活动开展得有声有色,并在棉兰社会有着强大的社会影响力。这对曾启福的社会声望无疑具有加持作用。张万光则因任广肇同乡会主席,从而获得较好的声誉。李金绸具有中医的专业特长,成为苏北中医协会主席,并得到华社认可。陈民生具有较好的才能,能写文章,并善于活动策划及产品设计,另又担任福州同乡组织如福州三德慈善基金会秘书长等职务,这些都有助提升个人名声。张家础领导苏北文艺促进会,在华人社团中,文娱活动是一项重要活动,这对张家础的社会认可大有裨益。同时,个人也愿意在社团事务上尽心尽力,并对所领导社团经费支持较多,社会反响较好。吴佳声因在象棋、乒乓球以及写作方面拥有特长,力所能及地在华社奉献着,从而赢得华社人士认可,也能在有限范围内发挥着影响力。

第三类则是热心社团活动,有着特定社团范围内的影响力。如陈保安为棉兰颍川宗亲会副主席,陈保成为苏北潮州公会副主席,林来融为林氏宗亲会副主席,刘淇俊为印尼留台同学会主席等。他们能够在社团事务上有钱出钱,有力出力,或因个性使然,又或其他因素影响,虽获得社会认可,但在领导力方面仍有欠缺。他们平时在社团活动上发挥着特定作用,但主要的精力仍是在个人业务上。因此,笔者暂将他们的声望等级归为第三类。翁坤雄、叶志宽、王亚辉、郭胜昌、陈慈昇、陈庆明等,也可归为此类。

根据以上对棉兰华社领袖在经济与社会活动能力,以及社会声望方面的分类,结合表5-1中各领袖担任社团职务情况,可将目前棉兰华人社团领袖所处等级地位进行总体分类并说明。

为了叙说方便,笔者将表5-1中的社团领袖担任着主席或主要的职务简称为"主",次要的或副职或荣誉性职位则用"次"表示。据表5-1统计,黄印华任社团主席实职的有3个、次要职务(或虚职)的3个,表示为"主3次3";苏用发全部为主要的领袖职务,则表示为"主4次0";陈明宗则是"主3次2"。三人中黄印华为苏北印华总会主席,苏用发为苏北华联理事长。在棉兰,目前较为重要、属综合性的社团主要有苏北印华总会、苏北印华百家姓协会、苏北华联三个,这是得到棉兰华社认可的领导性团体。而黄印华和苏用发各据其一,并担任着主席职务,由此体现二人在当今棉兰华社所具有的分量。当然,两人形成社会影响力的路径和方式略有不同。相比起来,陈明宗虽然没有成为综合性社团领袖,但因担当有三个社团主席之职,且又列入苏北华联主席团成员(目前为十大成员之首),位居第二。此外,陈明宗任主席的棉兰颍川宗亲会在其领导下,跨国化联结频繁,并举办有大型国际会议,会议中又邀请到苏加诺子女、孙中山女儿以及中国大使陈士球等人物,已经在当地有较大影响力。同时,陈明宗在社团活动和捐赠上都是慷慨解囊,这给其领导声誉带来重大帮助,也为其领导社团带来积极影响力。可以说,他与棉兰颍川宗亲会的关系应是互相助益,其中陈明宗带给社团的正面影响更多一些。这种影响和声誉可从宗亲会七层楼高的会所得以体现。而且,该会成员人数众多,在棉兰有"陈林满天下,苏吴占一半"之说,成员经济实力也较强,曾经的印尼首富陈江河就是该会成员。陈明宗自身的经济实力在棉兰华人中也位居前茅。在采访中了解到,陈明宗经营有镀锌钢板厂,开办着 17 层楼(笔者调研时属棉兰最高层建筑)的经济型旅店,另外还有投资钢铁业和矿业。担任着苏北印华百家姓协会主席的庄钦华,其主要职务仅 1 个,仅居苏北华联主席团成员第五位,经济上主要经营土特产的批发零售等业务,实力居中。因此,庄钦华虽为综合性社团领袖,但实际影响力略微逊色,应排列三人之后。

因而,根据所担任社团职务情况,社团本身的影响力,以及华商个人的经济实力,并结合着他们在华社声望加以综合判断,可将黄印华、苏用发、陈明宗三位列为当今棉兰华人社团领袖的第一等级。

其他 23 位领袖则几乎没有担任 3 个或 3 个以上主要职务的现象,所以他们不可能划归重要社团领袖。担任主要职务 2 个的总计有张洪钧、徐煜权、林学华、刘淇俊;而在社团任次要职务的领袖人数统计,若以 4 个为准,则有庄钦华、廖章然、陈民生、张家础、叶志宽、郭胜昌 6 人,这 6 人中,同时在苏北华联、苏北印华总会中担任有 2 个次重要职务(主要是副主席、副理事长或秘书长)的仅有廖章然、陈民生两人,其余张家础、叶志宽和郭胜昌等,只是在上述两社团的次重要职务上居其一。本书结合以上经济实力、社会活动能力、个人声望及担任社团主要和次要职务的数量分析,可将张洪钧、徐煜权、林学华、刘淇俊、廖章然、陈民生列为社团领袖第二等级。而庄钦华任苏北印华百家姓协会主席,作为分会领袖,虽在棉兰华社号召力有限,但借助社团自身的影响力,笔者认为可将其归为第二等级领袖,并且排名靠前。刘淇俊则因棉兰留台华人群体的特殊性,以及他在该群体中所拥有的影响力,也可归为第二等级领袖。

就此来看,第二等级领袖归类也印证了我们对社团领袖个人经济实力、社会活动能力与社会声望方面的分析,只有刘淇俊是个特例。其余的如林来融、陈庆明、郭胜昌、叶志宽等共计17位领袖,可划归为第三等级。

台湾人类学家李亦园曾论述过,华人"专属于某一个社团并不是其一般的习惯,通常一个人参加几个他有资格加入的社团。事实上,正由于这些同时隶属于多个社团,拥有重叠与连锁会员身份的人,才产生了所谓'华埠政治'。这是因为华人社区典型的领袖,便是这些在好几个连锁的主要社团中拥有领导权的人"[1]。一般说来,"他们加入每一个不同的社团就扮演着不同的社会性的人,希望具有不同方式的社团能各自满足不同的利益需要"[2]。而且,"一个华侨社团的地位的重要,不能依照一般行政机构的高低而定,仍然要借执事关联关系的多寡而定,一个社团的执事如都是关联关系很多的领袖,则其影响力自然较大"[3]。虽然时代变化,华人社团因国情和地域文化有所差异,但根据"执事关联"原则来分析苏北华人社团的重要性仍具有一定的参考价值。本书对社团关系网络的分析仍将参考这一理论,并将阐述为何棉兰仍有这一现象的发生。

棉兰华人社团由于复建时间不长,社团仍处在发展、裂变、重组与再造的过程中,还远未达到像过去那样,通过社团纵横交错的编织,覆盖到整个华人社会,因而目前华社领袖产生"执事关联"主要是围绕几个"轴心式"社团展开的关联现象。笔者称其为"轴心式关联",由此表征的棉兰华社是一个横向联合的社会,各社团之间没有纵向隶属关系。当然,这也符合印尼华人社团现处于发展与竞合阶段的客观实际。但若需要团结开展活动时,各华社组织多围绕在这几个大型社团的旗帜下进行。目前,棉兰华人社会主

---

① 潘翎主编,崔贵强编译:《海外华人百科全书》,香港:三联书店(香港)有限公司,1998年,第83页。

② Maurice Freedman, The Emergence and Social Function of Chinese Religious Associations in Singapore, *Comparative Study in Society and History*,Vol. 3,No. 1,1960,p. 306.

③ 李亦园:《一个移殖的市镇:马来亚华人市镇生活的调查研究》,台北:"中央研究院"民族学研究所,1970年,第137页。

要是以苏北印华总会、苏北华联、苏北印华百家姓协会三个为社团轴心。其中，尤其是成立不久的苏北华联逐渐有取代过去苏北印华总会一呼百应的趋势。因而，华社领袖在这三个社团中若担任有某一个实际重要职务，也多在其他社团担任有相应重要的职务。如苏北印华总会主席黄印华兼任棉兰江夏公所主席、苏北佛教总会主席等；苏用发为苏氏宗亲会主席、世界苏氏宗亲会会长；陈保安为苏北华联副理事长，同时兼任颍川宗亲会副主席等；廖章然则在多个社团担任副理事长、秘书长等职务，等等。其中还有一些"执事关联"的现象存在于苏北印中商务理事会以及苏北印中经济、社会与文化合作协会等活跃度不高的综合性社团中。

因而，根据表 5-1 可以看出，所列举的 26 位领袖与苏北印华总会产生关联的人有 10 个，苏北华联的有 15 个，苏北印中经济、社会与文化合作协会的有 10 个，而既有苏北华联又有苏北印华总会的仅 2 个。这不仅反映了苏北华联和苏北印华总会的重要性，也说明了一个现象，即棉兰华人社会是以几大社团为轴心的块状分割局面，除涉及棉兰华社重大事务，或中印(尼)交流活动能团结一致地开展活动外，平时各自为政，处于分散状态。

当然，虽有"执事关联"现象存在，但不具有李亦园所描述的那种错综复杂的关联网络。这与棉兰宗亲或同乡会甚少授予荣誉职务给宗亲或同乡之外人士有关。如黄印华、苏用发、陈明宗三位标志性人物就很少在其他非综合性社团担任荣誉性职务或顾问，或者次重要的领导职位。这说明随着社会环境的日益改善，华人社会增加了独立应付外在事务的可能，也反衬出棉兰华人公认的标志性的社团领袖并未完全得到社会的普遍认可，只是各自据守一方阵地，远未达到统领棉兰华社的声望；又或与三人不愿自降身份，也不需要借助其他荣誉性职务抬升自己地位有关。相反，笔者发现在第二等级社团领袖间发生关联的现象较为频繁。如张家础、叶志宽在社团中担任荣誉性或次重要职务各有 5 个和 6 个，陈民生有 4 个。据笔者调查判断，三人在棉兰华人中的经济实力比较不突出，虽担任有多个社团职位，较为活跃，意愿也很高，但号召力有限，且多属事务性的职位。他们广泛参与社团，除了利他主义和社群精神外，间接的"利益回馈"(涉及个人声望、权力欲望、经济回报或者社会资源等)也可能是吸引他们的缘由。[①] 据笔者考察,陈民生主要从事工艺品设计和生产、销售(针对会议纪念品类较多),叶志宽则是黄金销售商(属于无店铺经营)。由此判断,在当今的华人社会,担任社团领袖职务的多寡并不像过去那样,"海外华人社会精英有了财富之后就为追求声望和权力"而参与社团[②],而是"有着多重的目的,涵盖广泛的利益领域,但主要是经济方面的较多"[③]。

除此之外,在棉兰没有如李亦园所描述的复杂关联执事现象还另有原因。据分析,一是棉兰目前的社团仍处在发展时期,社团网络衍生仍有较大空间,社团之间关系仍在分化、组合、调整,尚有合适的岗位提供给具备才能的领袖和热心社团事务的人士。二是社团组织还不完善,许多社团的组织架构、职责仍缺乏和不完善,还处在建设中,故社团也不具备扩大规模与影响的必要。三是历史上兴起的那些职业公会逐渐失去土壤,方言群体为主的地域性组织因受到印尼压制以及华人在地化身份认同的强化而数量减少,甚至渐渐消失。例如,过去存在的福建会馆、南安会馆、安溪会馆、糖业公会、木材公会、中华商会、中华总会等都不复存在,而这类团体又是最容易产生职位交叉的组织。四是本就基于"虚拟性"亲属而建的社团组织,存在着各种方言、地域、文化、等级差异,纷繁杂陈,已是求大同存小异的群体,内部异议的力量本来就很强,增加一个异己力量的话,更是增加不稳定因素。因此,目前的各社团不大愿意让组织以外人士参与内部事务。五是华人社会环境已改变,社会复杂性增加,社会事务逐渐增多,华人社会处理对外事务的水平和能力有了提升,并不需要或是无法仅仅依靠几个人处理华社事务。六是与华人对印尼现存局势仍持有一定的疑虑,不愿过分张扬或出头有关。

---

① ［澳］颜清湟著,陈瀚译:《新马早期客家方言组织(1800 至 1900 年)》,潘明智编著:《华人社会与宗乡会馆》,新加坡:玲子大众传播中心,1996 年,第 320 页。

② L. W. Crissman, The Segmentary Structure of Urban Overseas Chinese Communities, *Man*, Vol. 2, No. 2, 1967, p. 199.

③ Maurice Freedman, The Emergence and Social Function of Chinese Religious Associations in Singapore, *Comparative Study in Society and History*, Vol. 3, No. 1, 1960, p. 294.

确切说来,李亦园根据马来西亚柔佛麻坡的研究提出的根据社团"关联指数"[①]来确定社团重要性的等级,是基于众多社团领袖之间发生有"执事关联"。但棉兰目前并不具有他所描述的情形,因而,笔者认为不能将关联指数的高低作为判断棉兰社团重要与否的依据。但本书参考其方法,并结合笔者的实际观察,依此可将苏北印华总会、苏北华联和苏北印中经济、社会与文化合作协会归为重要性社团。事实上,这几个综合性社团的重要地位也基本得到棉兰华社的认可,形成事实上的"默认一致"。而且,它们因建立较早,或者能够得到本地华人认可,在实际表现中十分活跃,从而起到了带领棉兰华人团结一致的作用。这些社团在维护华人权益,促进族群融合,宣传华人文化,改善华人形象和地位的方面发挥了重要作用。

在政府与华社之间的沟通上,黄印华因其自身的政治资源丰厚,故其领导的苏北印华总会往往能发挥较大作用。如在亚齐地震引发海啸的灾害中,苏北华社团结在苏北印华总会的旗帜下,成立了苏北华社联合赈灾委员会,联合各社团组织,共同救济灾民。在 2008 年的苏北省长选举中,苏北印华总会也广为呼吁,召集华人社团领袖与省长候选人沟通见面,与未来省长候选人良性互动。在发展华文教育上,则是以新近成立不久的苏北华联为主力。苏北华联召集 65 家社团主要人员一起行动起来,创建了"亚洲友好国际学院",并以开展中文教育,传承中华文化传统,迎合华人对华语的需求,服务印尼各族群为目的。在对中国文化、艺术与经济交流方面,则由苏北印中经济、社会与文化合作协会主导,有时与其他社团合办。如在 2008 年 2 月 24 日中国政协副主席罗豪才率团访问棉兰时,则是由苏北印华总会主导,苏北印中经济、社会与文化合作协会和苏北华联一起合作负责欢迎和接待工作。

那些可归为次重要的社团组织,按照笔者分类,主要涉及创建历史悠久,组织健全,社团开展活动较多,有固定会所,在华社潜在影响力较大,参与成员较多,名称指向十分鲜明的组织。如棉兰江夏公所(黄氏宗亲会)、棉

---

① "关联指数"是评定一个社团影响力的量化手段。它由社团理监事总的关联数除以一个社团的理监事人员总数而得出,即关联总数/理监事人数。见李亦园:《一个移殖的市镇:马来亚华人市镇生活的调查研究》,台北:"中央研究院"民族学研究所,1970 年,第137 页。

兰鹅城慈善基金会(惠州会馆)、棉兰颍川宗亲会(陈氏宗亲会)和旅苏福州同乡会等,以及与中国有着互动关系的苏北印中商务理事会等。其余社团可归为一般性社团组织。而苏北印华百家姓协会,其总会印尼百家姓协会与印尼华裔总会皆是在苏哈托下台后创建较早的华人综合性组织,架构健全,有着明确使命,并是在全国影响力较大的政治压力型社团;但在棉兰,这类型社团受领导人个人社会活动能力、地域文化因素等制约,苏北印华百家姓协会的社会影响力远远落后于苏北印华总会,甚至成立不久的苏北华联重要性也逐渐超越它。因此,将其归为次重要社团较为妥当。

综上,本节可将如上 26 位领袖做一个简单的等级归类。第一等级领袖为黄印华、苏用发、陈明宗 3 人;第二等级为廖章然、徐煜权、林学华、刘淇俊、庄钦华、陈民生、张洪钧,共 7 人;第三等级则为陈保安、曾启福、林福鼎、林来融、陈慈昇、翁坤雄、陈保成、张家础、张万光、王亚辉、李金绸、叶志宽、刘奕陞、吴佳声、陈庆明、郭胜昌,共 16 人。重要的社团组织则为苏北印华总会,苏北华联,苏北印中经济、社会与文化合作协会;次重要的为棉兰鹅城慈善基金会、棉兰江夏公所(黄氏宗亲会)、棉兰颍川宗亲会、苏北印华百家姓协会、苏北印中商务理事会、旅苏福州同乡会等;其余可归类为一般性社团。

经济基础决定上层建筑。华人社团领袖经济能力的强弱,一直是其能否担任华人社团领袖的重要标准。同样,这也体现在是否担任重要社团的领袖,以及所担任社团领袖的"执事关联"数上。譬如,陈明宗、苏用发两人虽参与社团活动较晚,但具有强大的经济实力,并对社团活动能够慷慨捐赠,快速地成为华社重要领袖,与早已参与华社事务的知名领袖廖章然、黄印华平分秋色。这一观察在笔者与 LLR 的访谈中进一步得到印证。据了解,在苏北华联成立时,华社有在没有召开所有社团主席会议的情况下,就直接由几位人士联名推举了苏用发担任苏北华联主席。虽然大家对苏用发任主席并没有多大异议,但程序上有瑕疵,使得有些社团领袖对苏北华联不是很信服。同时,苏用发因对社团的使命感和责任感,多次且持续慷慨捐赠支持苏北华联的发展,故民间又有很多人议论他是用钱买来的主席职务。但据笔者另一访谈对象 CBA 所言,苏用发本人很直爽,也希望为棉兰华社发展做些事情,并没有过多考虑,舍得捐钱,但可能由于身边人的粗糙处理方式反而造成不好影响。而且,苏北华联成立后,正是得力于苏用发的经费支持,没有经济顾虑,才能不断地发展壮大,并吸引了许多社团人士参与。

结合表 5-1 可以推断,在传统华社,财富与社团领袖地位之间仍存在着较大的正相关关系。虽然,"财富固是追求社团领袖地位的重要条件,但并不是唯一的条件。一个重视乡谊、关心桑梓,并且以社团为家的人,纵使孑然一身,无多少钱财捐献,他还是有可能进入理事会,担任诸如总务或文书之类的职务"①。这与陈保安在访谈中的观点也十分契合。他认为作为社团领导人,要有那份无私的心,要有领导社团的能力,应在社团工作中乐于奉献,这样社团才能获得有益发展。反之,若想利用自己的金钱来充当社团领袖,无形中让社团成为比拼金钱的舞台,对社团吸引年轻华人参与及社团公益性地位均有害无益。② 例如黄印生与廖章然二人,相比于目前有较高声望的社团领袖来说,经济实力一般,但两人能跻身棉兰社团重要领袖地位,依靠的是自己的社会活动能力与对华社事务的热心,并在过去几年中为印尼社会赈济灾难、处理族群矛盾,发挥了较大社会作用,从而成为华社当仁不让的重要领袖。

当然,经济实力和社会活动一直是成为华人社团领袖的决定性因素,两种实力的强弱又折射在所担任社团职务的重要程度上。在棉兰,目前具有影响力和领导力的社团领袖几乎都担任重要社团或次重要社团领导之职。就社团组织的完善性、人员参与的广泛性、活动的频率与社会的认可度等方面判断,若综合影响力不够,其重要性即会略逊一筹。此类社团的领袖也不能被认为是声望最卓著的华社领袖。

二、继承与蜕变——华人社团领袖构成特质的解析

确切说来,一个有组织的社会需要有领导阶层。领导阶层的人选如何、气度如何、作风与服务精神怎样,对华人社会的影响很大。一个社会,平时大家融洽相处,守望相助,遇事时发挥齐心协力、团结合作的精神,其中的关键因素都在于社团领袖。虽然这些领袖所达成的决议对成员无法律上的强制力量,但因权威所带来的约束力仍相对存在。这就使他们能在解决就业、

---

① 谢剑:《香港的惠州社团——从人类学看客家文化的持续》,香港:香港中文大学出版社,1981 年,第 43~44 页。

② 据 2008 年 2 月 14 日于棉兰随机采访陈保安记录整理。

排解纠纷及处理其他社区事务等方面发挥切实作用。这也是新移民心理上所需要的。社团为移民提供了一种虚拟的社会和政治架构，并通过社团领袖的连接作用，华人社会建立起广泛的社会网络体系，从而为华人的发展获得源源不断的社会资本。因而，社团研究，原则上的分析焦点是放在群体的层次上，有时为了更深入地了解社团的性质和特征，必须明了华社团体领导人权力的源泉，也须在个体的层次上了解有关该类人物的社会特征，以便判断一个侨团在华社中的地位和影响。①

过去的华侨社会是一个商业社会。通常华侨社会的精英人物，不是有钱人就是有着强大间接政治资源的华侨社团领袖。在那个时候，"华侨社会有名望的人物之所以受人尊敬，是因为他们有钱，他们掌管华侨社团的活动，以及一定程度上他们与当地官场的接近"②。因此，社团往往由一小群富有的、强有力的领袖人物为核心发起组织起来，华人社区的权力机构由他们控制就不足为奇了。我们透过宗亲会的发展脉络可以看出，不少华侨华人社团是在族人中产生领袖人物或族人在工商业经营中卓有成效时创立的。这一现象的根源在于"海外华侨社会不像中国传统社会那样存在着一个士绅阶级。因而，只有财力雄厚的商人才能扮演在民间行使统治职能的角色。再者，华侨华人同乡会初创时期，东南亚还处在殖民统治之下，这些领袖人物还必须具备与殖民当局打交道的实力和能力"③。而华侨华人商业的成功即是华人权威和声望的护身符和标签，证明其领导能力的最好实例。此外，当时华侨社会中帮派林立，传统的五大帮（福建、广东、海南、潮州、客家）各据一方，矛盾和歧见重重。这些领袖人物既要立足于本帮，又要与其他帮群有广泛的联系，必须在整个华侨社会中享有一定的威望才能胜任。

因而，华侨社会有句话，侨社讲现实，重财富，只有有资产的人方能够做侨领。所谓的"侨领，或海外华人社会领袖，一般被看作是富有的人，能利用

---

① 谢剑：《试论战前新加坡华人志愿社团的发展模式及其意义》，郑赤琰、吴伦霓霞编：《两次世界大战期间在亚洲之海外华人》，香港：香港中文大学出版社，1989年，第57页。

② ［美］李·E.威廉斯著，康涛译：《东南亚华人的过去与现在》，陈碧笙选编：《华侨华人问题论文集》，南昌：江西人民出版社，1989年，第176～177页。

③ 陈衍德：《集聚与弘扬：海外的福建人社团》，长沙：湖南人民出版社，2002年，第9页。

他们的部分财富为华人社会提供公共服务"①。当然,侨领能够领导侨社,并联系居住国的政府与人民,非有相当能力的人不能胜任。作为社团的领导人,不是看他说了什么,也不是看他名气多大,关键是看他为华社团结、发展做了哪些好事、实事。因此,"海外侨社的领袖,需要具备三种条件,一为事业上有成就,有相当财富;二为出钱相当慷慨;三为肯花费一些时间为社会服务"②。因而,一个社团的工作表现如何,与其领袖阶层密不可分。如果领导人士公正而有责任心,这个社团定会有良好的表现,有助于华人社会,也有益于居住地社会;反之,如果领导人偏私,存心把持,凡事以少数私人利益为重,那这个社团的表现则可想而知。但由于私心作祟,也多有社团长期由少数人把持的现象。这使其他有心或有能力的人,不愿加入社团;已加入的人,对社团态度冷淡,导致社团活动萎靡不振。

一般说来,华侨华人社团来自社会,华人领袖来自社会的推选,所以他们必须代表着华人社会的利益,是属于社会的,所以研究社团,对社团领袖的身份背景须有了解。当代各华人社团的领袖,主要由工商企业名人、社会活动家或专业人士构成,系华社精英群体,是华人社团的核心。因而,社团领导人的胸襟有多大,社团的成就就有多大。这就需要他们以争一时不如争千秋的宽阔胸怀来执行任务。因此,社团领袖所具有的社会特质(主要是指他们的出生地、年龄、教育程度、职业、经济实力等)和个人素养(主要是指思想水平、工作能力、文化素质、人际关系、领导风格等),直接影响着他们所管辖社团的地位和兴衰。相应地,这也会对华人社会的发展方向有着重要影响。

既然社团领袖如此重要,那么他们具有什么样的背景特征和价值理念?这些特征和理念会对社团自身有什么影响?由此凸显了什么样的社会现实?就是本书需要剖析和阐述的部分。依此,本节将对洞悉华人社会的关系网络和权力结构有所铺陈,并呈现现实中华人社会的变迁与重构特质。

---

① G. William Skinner, *Chinese Society in Thailand*:*An Analytical History*,New York:Cornell University Press,1957,p.256.

② 陈烈甫:《东南亚洲的华侨、华人与华裔》,台北:正中书局,1979 年,第 607 页。

李亦园在分析马来西亚柔佛麻坡华人领袖时,着重将他们共有的 20 个特质①逐一分析。这为笔者认识麻坡镇华人领袖提供了较为全面的信息。时移世易,随着各国政治经济的变化,华人的社群特征、社会结构、内外环境都发生了质的改变,过去具有重要参考价值的指标,显然有些已经不能完全反映当今华人社团领袖的现状。如华侨社会已经基本实现了向华人社会的转型,往来中国的性质和频率以及移居年代的参考价值就变化很大。当今社会文明程度提高,妇女地位改善,过去华人妻妾成群的现象现在就极为少见。而且华人自身教育程度、语言能力都有所提升,以及华人移民所在区域与外围文化氛围的差异,都影响甚至决定着华社领袖的一些特质。因此,笔者既借鉴前人的方法,又参考实际观察,并结合华社实际变化,对前述 26 位华社领袖特质进行选择性分析,以期能对棉兰华人社团领袖特质做一简要论述。

本节主要根据笔者的访谈、深度观察、报章资料、社团会刊和间接了解,结合棉兰华人历史、现实,以及独特的发展脉络进行深度解析。表5-2 汇集了 26 位华人社团领袖的相关资料,并对可能影响这些社团领袖的主要因素,如祖籍地、出生地、年龄、教育状况、华人世代、政治倾向、行业与职业等 7个方面做一对比和归因分析说明,由此呈现棉兰华社领袖的特质,间接反映棉兰华社的承续、变迁与权力重构的潜在变化。

表5-2　棉兰华人社团领袖特质要素一览表

姓名	性别	出生时间与年龄	第几代移民	职业	祖籍地/出生地	教育情况
黄印华	男	1951 57 岁	第二代	医生、保险公司总经理(属林绍良集团企业)、社会活动家	祖籍南安,出生于棉兰市	棉华中学毕业,大学为医科

---

① 李亦园所分析的麻坡镇华人领袖特质主要有方言群的分配、社区领袖的年龄、移居马来年代、领袖之职业、领袖来马来年岁、来马来原因、回国次数、领袖教育程度、教育种类、财富等级、财富背景、语言能力、方言能力、婚姻状况、儿女教育情形、妻妾的籍贯、领袖间的亲缘关系、领袖的宗教信仰、领袖的公职、领袖在非华人社团的活动等 20 个方面。

续表

姓名	性别	出生时间与年龄	第几代移民	职业	祖籍地/出生地	教育情况
陈明宗	男	1946 62岁	第二代,父亲来自中国	企业家,主要经营镀锌钢板厂和从事旅馆服务业、房地产业	祖籍安溪,出生于棉兰市	棉华中学毕业
苏用发	男	1947 61岁	第二代	企业家,苏钢集团总裁,在中国主要投资地产,并捐建了南安玲苏中学、西安苏东中学	祖籍南安,出生于棉兰市	崇文中学毕业
庄钦华	男	1949 59岁	第二代	企业家,主要经营调味料、粮油、米面类的销售和生产,涉及少量的地产业	祖籍南安,出生于棉兰市	棉华中学毕业
曾启福	男	1951 57岁	第二代	不详	祖籍惠州,出生于巴都巴拉市	不详
张洪钧	男	1936 72岁	第三代	企业家,从事包装纸箱生产	祖籍梅县,出生于棉兰市	苏东中学高中毕业
林福鼎	男	1933 75岁	中国出生,16岁左右到棉兰	企业家,主要从事万能胶生产和保健品的开发销售	祖籍南安,中国出生	中国读书
徐煜权	男	1948 60岁	第二代	企业家,经济—电脑信息管理高等学院董事主席,并从事船运业	祖籍潮州,出生于棉兰	棉华中学毕业
廖章然	男	1939 69岁	第二代	华社活动家	祖籍惠州,出生于吧敢市	棉华中学毕业
林学华	男	1935 73岁	第一代	企业家,从事印刷业	祖籍潮州,出生于勿拉湾	勿拉湾华侨中学毕业

续表

姓名	性别	出生时间与年龄	第几代移民	职业	祖籍地/出生地	教育情况
刘淇俊	男	1945 63 岁	第二代	企业家，主要从事渔具制造业及其相关工业	祖籍同安，出生于丹绒巴莱市	苏东中学毕业后留学台湾，大学毕业
陈民生	男	1948 60 岁	第一代	企业家，从事工艺品设计与加工	祖籍福州，出生于棉兰	崇文中学毕业
张家础	男	1936 72 岁	从中国来到棉兰	企业家，从事橡胶加工原料的销售，为苏北总代理，其侄子为全国的生产销售商	祖籍潮州，出生于中国	中国读书，曾是丁宜华侨中学的数学教师
陈庆明	男	1957 51 岁	第三代	企业家，从事电梯销售与安装、空调销售	祖籍潮州，出生于棉兰	不详
陈慈昇	男	1941 67 岁	第一代	开办皇星旅游有限公司，经营有四星和五星级的酒店	祖籍福州，出生于民礼	棉华中学毕业
陈保安	男	1937 71 岁	第一代	从事眼镜生产、销售，并在中国厦门投资眼镜制造厂	祖籍同安，出生于棉兰	棉华中学毕业
吴佳声	男	1942 66 岁	第二代	主要从事复印、打印等办公用品销售	祖籍惠州，出生于火水山市	棉华中学毕业
郭胜昌	男	1949 59 岁	第二代	从事棕榈种植、生产销售	祖籍惠州，出生于棉兰	棉华中学毕业
李金绸	女	1953 55 岁	第三代	开办中医诊所	祖籍不详，出生于马达山市	棉华中学毕业，后到中国学中医

续表

姓名	性别	出生时间与年龄	第几代移民	职业	祖籍地/出生地	教育情况
王亚辉	男	1947 61岁	第三代	从事船舶运输业	祖籍不详，出生于阿比阿比市	不详
叶志宽	男	1949 59岁	第二代	从事黄金批发销售生意	祖籍梅县，出生于亚齐美乌留杜市	棉华中学毕业
张万光	男	1947 61岁	第二代	开办橡胶生产加工企业	祖籍广肇，出生于棉兰市	棉华中学毕业
刘奕陞	男	1948 60岁	第二代	印尼奥拉格食品集团董事长兼总裁	祖籍潮州，出生于棉兰	棉华中学毕业
翁坤雄	男	1953 55岁	第三代	医生	祖籍福州，出生于棉兰	苏东中学毕业，后读医科
林来融	男	1955 53岁	第一代	从事箱包销售业	祖籍同安，出生于棉兰	棉华初中毕业后，赴马来韩江中学读高中，后赴英国深造
陈保成	男	1941 67岁	第二代	企业家，从事树胶的粗加工和销售	祖籍潮州，出生于丹绒蒂浪市	先达华校初中毕业

注：表5-2根据笔者在棉兰调查时收集的资料自制，日期截至2008年4月。

（一）祖籍地

当今的华人社会已较少有方言群体存在的空间，但曾深刻影响着华人社会文化与利益分化的地域差别仍潜存着。特别是老一辈的华人群体仍有按地域区隔"他者"和"我者"的意识，从而决定感情的亲疏。在棉兰这个华人定居历史较短，中国传统仍较为浓厚的地方，此种情形有着深厚的烙印应不足为奇。据笔者观察，棉兰仍保留有以祖籍地记忆为依托的同乡会组织，甚至也出现以华人在苏北省各出生地为依据的"新同乡会"①组织，形成华人继续在内部区分"我者"与"他者"界限的趋势。棉兰华人在华人聚会的场合多以共同的语言——闽南话交流，但在祖籍地相同华人群体间的交流则以家乡话为主，如潮州话、广府话、龙岩话、客家话等，较大型、正规的场合则主要说印尼话。所以，我们在分析华人社会领袖特质时，其与中国祖籍地的渊源和他们在居住国的出生地仍是一个潜在的参考因素。因此，笔者对上述26位华社领袖的中国祖籍地和居住国出生地做一统计，试图发现其与华社权力结构的关系和人口来源构成（见表5-3）。

表 5-3　棉兰华人社团领袖的中国祖籍地和居住国出生地分布统计

祖籍地	领袖人数	百分比	出生地说明	备注
潮州	6	23%	3个棉兰，2个外埠，1个中国	潮州帮
惠州	4	15%	1个棉兰，3个外埠	惠州帮
梅州	2	7%	1个棉兰，1个外埠	客家帮
广肇	1	3%		广东帮
福州	3	11%	2个棉兰，1个外埠	福建帮
南安	4	15%	3个棉兰，1个中国	福建帮
同安	3	11%	2个棉兰，1个外埠	福建帮
安溪	1	3%		福建帮

---

①　笔者将华人依中国祖籍地为原则组建的同乡会称为旧同乡会，而以所在国出生地为基础而组建的同乡团体称为"新同乡会"。为方便起见，旧同乡会仍按习惯称为"同乡会"，新同乡会则加上"新"字以示区别。

续表

祖籍地	领袖人数	百分比	出生地说明	备注
不详	2	7％	2个外埠	其他
合计	26	100％		

第一和第二等级领袖与祖籍地的关系见表5-4[①]：

表5-4　棉兰华人社团各等级领袖中国祖籍地分布统计

领袖等级	祖籍地								合计
	潮州	惠州	梅州	广肇	安溪	同安	南安	福州	
Ⅰ					1		2		3
Ⅱ	2	1	1			1	1	1	7
百分比	20％	10％	10％		10％	10％	30％	10％	100％

从表5-3看出，属广东籍的共计13人，分别为潮州6人、惠州4人、梅州2人、广肇1人，其中潮州与惠州人数居多；福建籍共11人，分别为福州3人、南安4人、同安3人、安溪1人，其中南安人数居多；地域不详2人。若考虑闽南的地域特色，将同属地的南安、同安、安溪三地人数相加，闽南共有8人，在福建籍中占绝对多数，相比潮州帮6人、惠州帮4人来说，显然也占有优势。如单独计算，则潮州人居第一位，惠州和南安人居第二位。如果将闽南与粤东北的潮州和惠州人数之和相比较，则两者数量为8和10，基本持平。

这种领袖阶层的地域分布，反映了棉兰华人地域分布的历史与现实。历史上，棉兰属日里地区，因殖民者发展种植园经济，引进的华人劳工移民以潮州和惠州的居多，福建省劳工移民较少。今天的人员构成格局主要因后期华人经商而移居棉兰所致。其中，由于许多人是从新加坡和槟城的再移民，源自这两地的福建闽南人居多，且多数经商，形成今天棉兰市区的闽南人数情势。如果我们立足于苏北观察，福建籍的人口虽不少，在经济上优

---

①　为分析简便，笔者仅将第一、第二等级领袖中的10人所属祖籍地进行归类分析说明，下同。

势明显,但广东籍的华人移民人数仍占绝对优势。两群体的各自优势可从棉兰过去所办学校情况窥其一斑。潮州人办有韩江学校,惠州人则有养中学校,而福建人创办了福建小学和南安学校等。因为过去的华侨学校多为满足地域群体内成员子女教育之需而建,是一种内向型组织,所以能创建学校既反映该地域群体的数量可观,也是该地域群体社会地位和经济实力的象征。这种源自历史的地域群体分布格局使得棉兰华社领袖一直以来以广东、福建人为主,且重要社团领袖也多为两地人担任。因而,华社重要领袖人物身份的变迁,也反映着棉兰华社领袖标准从人口优势到经济优势的内在变化。例如祖籍梅州的张榕轩、张耀轩兄弟早年开埠有功,深孚众望,统领华社。其后代张步青被荷兰人封为玛腰,管理华人事务。继任的玛腰则为福建人邱清德[①]。自此之后,福建人在棉兰社团中居重要领袖职位的日渐多了起来。

棉兰的福建人中,闽南人占据社团领袖职位数较多,其中又以南安人更甚。如表 5-4 统计显示,在第一、第二等级社团领袖中,南安人占比 30%,再加上同安和安溪,整个闽南人在重要社团领袖中占 50% 的比例。他们所领导的社团如苏北华联和苏北印华总会等,都是棉兰重要的团体组织。而潮州人、惠州人,在第一、第二等级社团领袖中仅占 30%。虽因人数方面的优势和社团创建的历史较早,如棉兰鹅城慈善基金会总主席曾启福也能归属第二等级社团领袖,但重要社团中仍是闽南人居主导地位。其他海南人、湖北人等在人数上不占优势,经济地位较一般,故而他们所创建的苏北海南会馆和苏北湖北同乡会影响力有限,成员担任综合性社团领导职位的也不多,居边缘地位。由此,可以看出棉兰华人社区事务决策上的祖籍地因素影响。

（二）出生地

华人移民移居苏门答腊岛后,因为种植园的分散式分布,华人也多居住在周边地区。棉兰市崛起为政治、经济与文化中心后,华人因个人发展商业和改善生活需要,陆续从周边迁居棉兰,由此形成棉兰华人的"移民—再移民"格局。因而,居住地原乡记忆又成为华人若隐若现的区分界限,并在棉

---

① 祖籍福建漳州海澄,1904 年创设福建公所,于 1922 年担任棉兰玛腰。

兰华社的权力构成和关系网络上产生分化。

表 5-5 棉兰华人社团领袖的出生地分布统计

出生地	领袖人数	百分比	备注
棉兰	14	54%	
外埠(棉兰市以外)	10	38%	外埠中潮州、惠州共 6 人
中国	2	8%	
合计	26	100%	

表 5-6 棉兰华人社团领袖等级与出生地统计

领袖等级	出生地			合计
	棉兰	外埠	中国	
I	3	0		3
II	4	3	0	7

据表 5-5 统计,在 26 位华社领袖中,棉兰本市出生的共 14 人,占 54%;外埠出生者有 10 人,占 38%;中国出生的 2 人,占 8%。由此可发现棉兰城市的移居型特点,但也能透射出棉兰华人权力的分布格局。本书前面已有论述指出,棉兰是为适应近现代工业世界对种植农业资源需求而繁荣起来的城市。华人移居历史较短,主要以劳工和经商两大职业群体为主。他们最初是从国外的马来西亚、泰国、新加坡等地移入,后则以来自中国本土的华人劳工占多数。经商的华人多是从周边地域和周边国家移民而来,属"再移民"群体,因而城市的华人构成复杂,社会包容性较强,充满活力和竞争力。这也导致棉兰华人社团领袖的构成中,本地与外埠人数不相上下。可见,地域的差异并不是担任领袖的障碍,只是对可否成为第一等级领袖有所影响。

棉兰华人社团领袖中,有较多外埠出生的领袖人物。这反映出即使原先不属于本埠的华人,如果持有参与社团的热心,又具备一定的经济条件,仍是可以担任领导职位。出生地限制不是担任社团领袖的必要条件,个人能力与参与社团的热情占有较大比重,这是棉兰与印尼其他地方华人的区别所在。就笔者所了解,印尼全国性的华人社团领袖多生长、生活于首都雅加达一带,至少棉兰华人目前(截至 2008 年 4 月)还没有在全国性的社团中担任要职。担任社团领袖,需要有经济实力,但也不完全绝对。在棉兰,如果个人有为社团奉献的热情,加上个人的能力,也能成为社团领袖,并不存在是否本地出生或外埠出生的地域问题。如廖章然先生,据直观考察,经济上并不算十分成功人士,且出生于棉兰近郊的吧敢市。但他因个人能力出众,且参加社团活动较早,社会活动能力强,又热心社团活动,目前仍是棉兰华社的活跃人物,由此担任有苏北华联副理事长、苏北印华总会副主席以及印中经济、社会与文化协会秘书长等次重要的职务,并归为第二等级社团领袖。当然,我们也应看到,出生于外埠的华人在重要等级领袖数,以及所领导的重要性社团数量方面都居劣势。据表 5-6,华社领袖中,出生于外埠的仅有 3 人为第二等级领袖,其他 7 人是棉兰本市出生。这说明决定华人社团领袖位阶高低、重要与否,以及能否成为社团领袖,出生地仍是一个潜在的影响因素。由此推断,这也是外埠华人在棉兰仍需要创建"新同乡会"的原因之一。

(三)年龄

棉兰的社团领袖与所有华社领袖一样,多为老一辈人士担任。这种状况也为许多研究华人社团或社团本身人士所诟病,称其为老年俱乐部。但这种情况的发生既有历史的原因,也有现实的因由,需审慎、辩证地看待。

据表 5-7,目前棉兰华人社团领袖的年龄段分布为:50～55 岁之间有 4 人;56～60 岁为 8 人;61～70 岁之间有 9 人,71 岁及以上共 5 人。其中 60 岁以上有 14 人,以下为 12 人;且 56～60 岁之间的 8 人相比 55 岁及以下的 4 人,总共多了一倍。这说明 56 岁以上是成为社团领袖一个重要阶梯。56 岁以上的华社领袖共计有 22 位,占据绝对多数,尤其是在 56～70 岁之间就有 17 人,占比 86%。根据表 5-8,在 56～70 岁之间,又集中了 8 位重要等级领袖,其中 3 人为第一等级领袖,5 人为第二等级,占比 80%;另两位则为 70 岁以上。

表 5-7　棉兰华人社团领袖的年龄段分布统计

年龄段	55 岁及以下	56～60 岁	61～70 岁	71 岁及以上	合计
人数	4	8	9	5(其中 2 人来自中国)	26

表 5-8　棉兰华人社团领袖等级与年龄段统计

领袖等级	年龄段				合计
	55 岁及以下	56～60 岁	61～70 岁	71 岁及以上	
Ⅰ		1	2		
Ⅱ		3	2	2	
百分比		40％	40％	20％	100％

　　棉兰华人社团领袖年龄的集中性分布,应是有着历史原因。一般说来,移民"离开了传统的经济活动和聚居地会冲淡了群体的认同。某种程度上,它也弱化了和祖籍地中国的联系。而他们对中国祖籍地认同呈淡化趋势,相应地,对方言认同水平也下降了。华人在这种认同大面积呈现削减的时刻,只有较老的一辈华人还能保持某种程度上对祖籍地的认同水平"[①]。因而,他们倾力出资或有意愿组建华侨华人社团,既有某种情怀,也有对其重要性的认识。他们由此担任着许多社团领袖也就不可避免。

　　从 1965 年苏哈托上台,到表 5-7 和表 5-8 统计的 2008 年为止,共历 42年。我们用 56～70 岁的区间值减去 42 年的时间,发现在 1965 年时,共有17 位领袖的年龄居于 14～28 岁之间,他们这个年纪时生活在苏加诺总统任期,正处于人生观、价值观塑造的重要时期。此时的印尼对华侨华人政策相对宽容,华文学校教育十分盛行。他们普遍就读于华校,或初中毕业,或进入高中阶段,或已从华校中学毕业,基本上已了解或完全接受了中国传统文化的教育,对中华文化的了解和印象十分深厚,并有着浓郁的自豪感。但随

---

　　① 　Yow Cheun Hoe, Weakening Ties with the Ancestral Homeland in China: The Case Studies of Contemporary Singapore and Malaysian Chinese, *Modern Asian Studies*, Vol. 39, No. 3, 2005, p. 575.

着印尼华校被取缔，这些无书可读的毕业生，或者辗转到印尼国民学校继续读书，接受印尼文化的教育，但也无法保证上大学的机会；或者去到印尼以外的新加坡、马来西亚或台湾、中国大陆读书，继续中华文化的学习；或者进入社会谋生。

而1965年之前的棉兰华人社团，历经日占时期的禁止和取缔后，正处于全面复兴、十分活跃的阶段。这些当时还年轻的华人领袖们，已经或正在接受华人社团的各种文化和仪式洗礼。他们记忆中会留下较多社团活动的影子，以及华社的积极作用等，尤其是社团延续和传播中华文化的巨大作用也深深植入他们的心灵中。现在，他们已历经40多年的创业，事业有成，家庭稳定，正是有空闲时间或者完全可以空闲下来的时候，又有经济基础保证。这为他们参与社团活动提供了条件。随着印尼国内局势缓和，华人外在压力减弱，当今社团领袖们青少年时期耳濡目染的、潜在的中华文化传统因子也开始活跃起来。辅以充裕的时间和相当的经济基础，他们便十分热衷于参加具有延续、重构中华传统文化性质的团体活动，并积极投身到团体组织与建设之中。这种一开始自发产生的感情，逐渐演变为一种自觉的无意识行为。这也是目前华社领袖普遍为该年龄段的原因。

苏用发在接受采访时也谈到，目前华人社团领袖主要由50～65岁之间的人士构成，70岁以上华人掌握社团领导权的不多。他们这一辈人接受过华文教育，受中华传统文化影响较深。而且，当前的他们大多事业有成，又没有受过大学教育，也没有被西化，是社团的主要参加者和活动者。这两个年龄段的人因为所生活的时代不一样，奋斗的经历也不同，所以在思想观念方面有所差异，但他们仍能维持目前宗亲、同乡社团的传统特性和功能。而50岁以下华人因为工作较忙，还在为事业奋斗，参加社团事务的人不多，且参与的时间较为分散。据观察，这一年龄段的华人社团参与者大多受过较高水平的教育，受印尼文化影响较深。他们虽认同自己的华人身份，但对中华文化不甚了解，所以他们参加社团时，对社团的理念和做法不甚满意。这三代人在社团中的构成是目前棉兰华人社团产生歧见的原因。[①]

海外华人社会，由于没有中国传统士农工商的等级观念，在所在国无法

---

① 据2008年4月3日于苏钢集团办公室采访苏用发记录整理。

获取社会政治地位之后,获得社会承认的唯一途径就是商业上的成功。因而,积累财富便成为海外华人功成名就的主要道路。在印尼,华人因无法获得印尼政府的社会保障,年轻一辈的华人为了生活,需要不断奋斗,累积财富,才能实现中国传统的"幼有所养,老有所终"的生活。在年轻时,他们为了事业,没有从事社团工作的充裕时间和经济基础。等到他们事业有成,下一代也能在事业上给予支持后,有着充裕时间的他们遂开始较多介入社团工作。"只有当事业有成,欲建立名誉,而政治上又无适当通道时,人们才会投身传统那个社团,寻求支持,以获取权威。"[①]当然,有时间、有财力参与社团工作应是必备条件,但个人意愿也很重要,付出后的利益回报也需要考量。可见,传统中华文化的"商而优则仕"也是衡量华人积极参加社团的一种心理动机。对于海外华人来说,成为"仕"实无可能,而社团领袖职务可提供一种心理替代,由此而获得荣誉和社会声望就成为他们介入社团事务的驱动因素。

而且,老一辈华人通过参加社团活动与各层面华人打交道,可实现社团聚会的社交休闲功能,由此也能建立起全面而广泛的社会关系网。某种程度上,他们能从这个关系网中"获得更多的社会资本,摄取更多资源,获取实际利益,实现社会资本向现实利益、物质利益的转化"[②]。这也是他们对下一代事业的间接帮助。

由此,在分析华人社团成员老年化问题时,不能一概而论之。这种现象的产生有着深刻的现实原因。据笔者观察,印尼华人中70岁以上还在为事业奋斗、拼搏的较为普遍。例如陈保安,2003年来厦门投资眼镜制造厂后,不知疲倦地来回奔波于中印(尼)之间,每月大约有15天时间独自一人待在厦门指导生产。另有林福鼎,投资企业涉及保健品生产。为了产品的不断推广与创新,他经常往返美国、日本了解行业动态,走访各地市场,查看营销状况等,不知疲倦。自1993年开始,他风雨无阻,迄今仍然每天到工厂监督生产,努力认真,敬业乐业。其他70岁及以下的棉兰华人就更是兢兢业业,

① 谢剑:《文化融合抑或文化内衍?——以吉隆坡客家社团的发展为例》,萧新煌主编:《东南亚的变貌》,台北:"中央研究院"东南亚区域研究计划,2000年,第691页。
② 邰利亚:《西欧华人社团的现代化及其特征》,暨南大学硕士学位论文,2006年,第36页。

坚持一线监督生产，了解市场，洽谈客户，奋斗并快乐着。如陈明宗虽将于2007 年开业的 17 层的经济型旅店交给其小儿子打理，但每天早上 5 点多他都是第一个到酒店了解客人情况，检查员工工作，并常年如此。苏用发担任着苏钢集团的总裁，经济收入和财富累积已经十分可观。但他近年又在雅加达投资办厂，继续扩大生产规模等，可谓华人企业家不懈奋斗的标杆。

因而，在分析社团成员老年化问题时，应该结合当地华人社会的实际才比较客观。从事社团工作要花时间、要花钱，年轻的华人正处在累积资本阶段，需要更多的时间去经营和管理事业。只有 50 岁以上的华人，事业基本有成，经济充裕，才能够参与社团工作。而且，在长期的企业经营和人际交往中，他们积累的社会资本又使其能够利用自身条件，团结一众志同道合人士，组建社团组织或领导社团工作，甚至影响社团发展。因而，只有立足于华人社会才能深切感受到，把华人社团成员的老年化作为一个问题是不甚客观的。而且，社团成员的老年化，也与各国独立后一段时期对社团活动的禁锢有关。如新加坡为种族和谐考虑曾严格禁止带有种族性的社团活动，越南对华人活动一直有着严格限制，印尼苏哈托时期则是对华社活动采取严厉打压和禁锢政策，等等。这些都是导致华人社团传承出现断层的现实因素。当然，当今的社团领袖们也不应忽视这个问题，更应通过多元性的社会活动吸引年轻华人群体参与社团活动，提升他们对于社团的热诚，保持社团的文化传承。如此，等到条件具备时，现在还年轻的华人应能像过去的社团领袖一样，热心和延续社团活动，从而保持具有华人特色的社团组织，传播中华文化，承续族群认同。

目前棉兰的每个华人社团都成立有独立的青年组/部，有独立的理事会，可以独立举办社团活动。在社团的管理层中，各社团也有意识地吸收一些热心社团活动的青年华人。如苏北卓氏宗亲会理事会主席卓铭成约 45岁，林氏宗亲会监察会副主席林锦成约 40 岁，林来融 53 岁左右便担任林氏宗亲会副主席等，都是年轻一辈华人参与社团活动的例子。另外，各社团设立的文娱部也组织青年一代华人参加华语歌曲比赛，表演带有浓厚中华文化色彩的艺术活动等。确切说来，各社团的年轻化进程和文化传承步伐正在加快。

(四)教育状况

华人的教育状况虽然不会影响领袖职务的担任,但是,是否接受华文学校的教育却会对华人参与社团事务的意愿,及其领导华人社团的经营与管理带来影响。

表 5-9 棉兰华人社团领袖教育程度分布统计

教育程度	领袖人数	百分比	所受教育种类
中学毕业	17	65%	过去的华文学校
大学毕业	4	16%	接受中文教育后赴台 1 人,赴马后赴英 1 人,其余 2 人接受印尼大学教育
不详	5	19%	
合计	26	100%	

表 5-10 棉兰华人社团领袖教育程度与年龄段统计

教育程度	年龄段				合计
	55 岁及以下	56～60 岁	61～70 岁	71 岁及以上	
中学毕业	1	6	7	3	17
大学毕业	2	1		1	同安 2 人、南安 1 人、福州 1 人,共 4 人
不详	1	1	1	2	5
合计	4	8	9	5	26

据表 5-9 统计,26 位社团领袖之中,属中学毕业的 17 人,大学毕业 4 人,不详的 5 人。自 1965 年苏哈托上台之后,印尼所有华校转变为国民学校。这使不具有印尼国籍的华侨子女,尤其那些刚好毕业的华校学生,面临着抉择,要么入国民学校就读,但上大学可能机会较小;要么放弃学业,走入社会。由此,许多华人自华文学校关闭后,就此走向社会,专注于经济事务。据表 5-10,华社领袖中属大学毕业的有 4 人,都为福建籍,其中有 3 人为闽

南人,说明当时福建籍尤其是闽南一带华人在棉兰的经济和社会地位占优势。他们有实力或者利用社会关系保证子女要么在本地读大学,要么去国外接受大学教育。本部分选取 55 岁及以下作为一个年龄段分析华社领袖的教育状况,是因从苏哈托 1965 年上台,到表格统计的 2008 年,总共历时 42 年,55 减去 42 等于 13,这些社团领袖在此年龄段正逢小学毕业,处于少年阶段,教育和认知还处在形塑之中,可能转向印尼国民学校接受印尼文化教育,或送到国外继续接受中文学习。因而,这个年龄段的 4 人中,就有 2 人大学毕业,即翁坤雄与林来融,其余 56 岁及以上的华人多数为中学毕业生。56～60 岁之间,当时恰好是 14～18 岁,处于刚上高中或高中即将毕业阶段。因苏哈托上台后采取了强制同化政策与教育歧视措施,华校被取缔,并且限定华人子弟进入大学限额 2％～5％,后来改到 8％～10％[①],使很多华人子女无法上大学。当时的华人失去了公平竞争机会,又不愿到其他的印尼学校读书,刚上高中(或初中已经毕业)或即将高中毕业,或正在高中阶段就读的华人子弟,被迫放弃了学业,走向社会。再往上的 61～70 岁之间,以及 71 岁以上的华人,减去 42 年,在苏哈托上台时期,他们刚好在 19～28 岁之间,或 28 岁以上,在印尼独立之前已经完成中学教育,当时棉兰最高学府为苏东中学(据该校内碑记,其中学部创建于 1927 年),读完高中,就没有更高的学府可以继续深造,要么去到国外读大学,要么进入社会谋生。大部分的华人当时应该没有机会上大学,纷纷进入社会谋生。

教育为中学程度的领袖共 17 人,再加上来自中国的林福鼎(16 岁来到南洋)、张家础(13 岁来到南洋)2 位,共有 19 位领袖,他们都是中学毕业,接受过系统的华校教育,有中华文化的根基,能说流利的华语与闽南话,也能读、写华文。因为接受过中华传统教育,受到中华传统文化熏陶,所以在领导社团工作时,他们基本都能依照模糊的记忆,遵照传统社团模式开展工作。但他们年轻的时候,参与社团的具体事务较少,更多是听老一辈的言传,或者凭借感性认识。他们有组织和创建社团的热情和认知,以及责任感和使命感,但具体到成立社团的目的、社团的发展方向以及如何管理社团上,却存在缺陷。因而,如今的社团管理、运作大多以自己过去成功的企业

---

① 据 2008 年 3 月 18 日于黄印华公司办公室对其访谈记录整理。

管理经验和模式来操作,导致社团管理因认知差异而产生诸多内部矛盾。

但是,不可忽视的是,没有传统社团运作和管理的固有经验约束,也成为当今的社团领袖创新发展的一种优势。一些较为年轻的华人,尤其是接受过大学教育的黄印华、翁坤雄、林来融等人,属于年纪 60 岁以下的华社新领袖,他们有知识,有思想,又具备个人能力,热心社团工作,并善于与印尼政府打交道,渐渐开始在华社中崛起为社团领袖。他们并不完全依靠财富,属知识型的华人社团领袖,主张开放办社团,促进社团与印尼友族之间的互动,提倡社团自负盈亏的运作方式等。他们将把华社带向何方? 值得关注。

（五）华人世代

华人移民是一种跨代行为,亦即一代接一代的连续行为。一般说来,学界多数将来自中国本土的移民称为第一代移民,其在移居地出生长大的后代称为第二代移民。但本书为方便,将父亲来自中国、自身在居住国出生长大的归为第一代,以此类推则为第二代等,而中国出生长大则不计入世代数。由此统计情况见表 5-11、表 5-12。

表 5-11　棉兰华人社团领袖世代分布统计

世代	第一代	第二代	第三代	中国出生	合计
人数	5	13	6	2	26
百分比	50%	8%	11%	8%	100%

表 5-12　棉兰华人社团领袖世代与年龄段统计

年龄段	世　代				合计
	第一代	第二代	第三代	中国出生	
55 岁及以下	1	0	3		4
56～60 岁	1	6	1		8
61～70 岁	1	7	1		9
71 岁及以上	2	0	1	2	5
合计	5	13	6	2	26

据表 5-11 和表 5-12，第一代华人共 5 人，第二代 13 人，第三代 6 人，中国出生共 2 人，其中出生于苏北的第一代和第二代共计 18 人，体现出华人移居棉兰历史较短的现象。而在 55 岁及以下的苏北华人共 4 人，其中第三代就有 3 人，说明华人领袖中 55 岁以下领袖多属第三代，其中 2 人接受过大学教育，这符合目前棉兰华人领袖等级的分布现状。居于 56～70 岁之间的华人领袖共 17 人，多属华人第一、二代，他们是当今棉兰华人领袖的主要构成人员。这与苏用发采访时所说情况基本相符。年龄 71 岁及以上的共 5 人，其中 2 人来自中国，为张家础、林福鼎，其余 3 人为陈保安（属第一代）、林学华（属第一代）与张洪钧（属第三代）。26 位华社领袖中，与中国文化和历史渊源较为深厚的共有 22 人，占 84％。而第一代和第二代的 18 人中，年龄分布在 56～70 岁之间的有 15 人，多为父亲在本地出生，自己也是在本地出生。他们青少年时期处在印尼从传统社会结构向现代社会结构的转型时期，并经历过从华侨社会向华人社会的急剧转变。政治面向也从中国认同遽然转向印尼国家认同，甚至被国家强制性地用新事物覆盖掉旧的文化记忆，由此曾给他们造成巨大的心理冲击和创伤。而且，在这种转向的过程中，他们又经历了社会的动荡和不公平的政治对待，从而干扰着他们对印尼社会、政治、文化和族群的认识，也影响着他们日后对社团的领导。

经过 32 年的强迫同化政策，现在，这些社团领袖已是印尼公民，生活在正向"公民社会"转变的时代。他们曾接受过中华传统文化的教育，并对中华文化被强制消除的事件留有创伤和不公平对待的记忆。这是他们解禁后执意恢复或唤醒华人文化记忆的动机。但同时，他们在中华文化被禁锢的时期，致力于经济发展，并在印尼对外开放的经济环境中，有意或无意地接触了西方文化。他们是中华文化、印尼文化、西方文化的混合载体，与这三种文化的接触恰与他们个人成长、发展、成熟的时期相吻合，所以三种文化影响的强弱各有不同。中华文化程度较深，印尼文化次之，西方文化则影响有限。但无论怎样，这三种文化或多或少影响着他们的价值观和处事方式。

当然，中华文化的记忆尤为深刻，且压制越久，反弹的力度也越大。"他们能说一口流利的华文，认同中国和中华文化，只是因为生存的需要，以及苏哈托 32 年的同化政策，使得他们在形式上必须印尼化，但骨子里仍是有着浓厚的中国情结。"①与此同时,他们受到父辈或家庭教育的影响,加上从小铸就的文化烙印,以及过去对社团活动的感性知识和模糊记忆,使得他们对宣传和弘扬族群文化抱有责任感,愿意出来主持社团工作。他们希望以己之力,弘扬民族文化,保持族群特性,团结华人社会。

但是他们在完成从华侨社会转向华人社会后,本地化意识也在增强。受强迫同化政策,以及历次反华、排华事件的影响,他们也在反思华人现状,探求华人社会的未来。这种激烈的思想巨变必然反映到社团的建设中来。所以,作为社团领导必然是各种矛盾和需求的混合体。各种思想观念在华社的发展中碰撞:有主张社团应大力弘扬文化、联络族群的;有主张社团应带领华人参政、助政的;有主张社团从内向型、互益型转变为开放型、公益型的;也有主张社团采取"实用主义"路线,发挥社团的网络作用,从而实现成员利益;更有坚持传统社团运作模式的,等等。诸多意见和想法,导致当今棉兰社团的多元化、多样化。这给华社的团结和一体化运作带来局限。

例如,在社团的参政问题上,黄印华力主华人应该利用社团团结起来,主动、积极地参与政治活动,为华人争取相应权益。而以苏用发、陈明宗等为代表,主张华人不要参政,但可利用政治。他们主张社团应发挥公益性组织功能,所以不甚支持利用社团参政。尤其是苏用发认为苏北印华总会有向华人政党发展的意向,不利于华人在印尼的未来发展。正如林来融在采访中所言:华人若参政,在目前腐败盛行的政府中,华人能自保清廉吗?如发生华人官员腐败,则又会被印尼政客泛化为华人罪行,受伤的仍是华人。而且,参政人士因熟悉华社的各种问题和矛盾,如果当政,能公平解决这些问题吗?② 因此,在社团参与政治活动的观念上,陈明宗主张"实用主义"路线。他认为社团的主要工作就是搞好社会风气,弘扬中华文化,推动华文教育;再就是利用社团的平台,结交朋友,构建网络,了解一些生意信息,从而搞好社会经济,这才是重要的。依托社团的身份地位,成员可以进入一些社会活动圈子,从而获得较多的信息,所以社团就是要讲文化、讲经济。③ 苏用

---

① 杨启光:《雅加达华人新生代的考察分析——兼论各次文化群体在"印尼华人文化"建构中的整合》,《华侨华人历史研究》2004年第3期,第36页。
② 据2008年3月5日晚于林来融所属餐厅访谈记录整理。
③ 据2008年2月25日于陈明宗办公室访谈记录整理。

发主张以社团实现华社的大团结，促进族群融合，提倡华文教育，至于商业交流则顺其自然。

他们虽然意见不同，但仍能坚持社团发展的基本路线，即弘扬民族文化，促进族群融合。但当社团逐渐传承到其子女一辈，即主要以"印尼化—西方化—中华化教育"成长的一代后，他们对中华文化逐渐淡漠，华人特性和意识减弱，又会将社团带向何方？需要持续关注。

（六）政治倾向

华人领袖的政治倾向对华人社团建设的影响力可大可小，而它对华社的未来发展定位却有着莫大的作用。

棉兰华人社团领袖的政治倾向最重要的根源之一，就是其中学教育的背景。棉兰的社团领袖多在本地的华文学校接受教育。当时棉兰主要有苏东中学（建立于 1921 年）、棉华中学[①]、崇文中学[②]等几所中学，另外还有影响力较小的工农学校、育才中学等，其余华校多为小学，如南安小学、养中学校、韩江小学等。受当时政治影响，棉兰华校以苏东中学为亲台湾地区一方，而棉华中学和崇文中学为亲中国大陆一方，形成对立态势。苏东中学与棉华中学由于创办历史长，毕业生居多，影响力较大。而崇文中学虽创办较晚，但因与棉华中学一脉相承，影响力也挺可观。所以，本部分主要选取这三所中学进行分析。

据表 5-13，属棉华中学毕业的有 14 人，崇文中学 2 人，苏东中学毕业 3 人，其他华校 2 人，不详 3 人，中国学校 2 人。其中，黄印华既是印尼苏北伊斯兰大学医学系毕业的大学生，也曾在棉华中学就读；翁坤雄就读于苏东中学，大学也学习医学专业；林来融从棉华中学初中毕业后赴马来西亚槟城就读于韩江中学，后赴英国读大学。现有的 26 位华社领袖中，属棉华中学与崇文中学毕业的学生，共计 16 人，在棉兰华人社团领袖中占优势数量，反映出当今棉兰华人的政治倾向，即与中国的紧密联系，并对中国时局变化保持密切关注。

[①] 建立于 1945 年，由当时亲共产党的中国驻印尼棉兰领事支持创办。

[②] 于 1955 年因棉华中学人数增多而创建，属棉华中学体系，倾向新中国。

表 5-13　棉兰华人社团领袖毕业中学统计

毕业学校	棉华中学	崇文中学	苏东中学	其他华校	不详	中国学校	合计
人数	14	2	3	2	3	2	26
百分比	54％	8％	11％	8％	11％	8％	100％

在 20 世纪 50—60 年代,受新中国成立所激起的民族主义影响,又面临中国政局的现实,棉兰华人也陷入对立状态。在当时,中国驻棉兰领事馆支持的棉兰华侨总会,与亲国民党的华侨公会形成对峙,双方在棉兰展开拉锯式的争夺战。由此,棉兰华侨总会发起、倡导并力促建成了棉兰华侨中学,以便与当时倾向台湾当局的苏东中学竞争。据记载,棉兰华侨中学当时(1955 年)在校学生 3000 多人。[①] 为分流和扩大影响,崇文中学在棉兰华侨中学的支持下创建,两校一脉相承,同苏东中学形成对立两派。它们也成为当时棉兰的共产党与国民党势力斗争的代表。双方"你来我往",宣传造势,笔墨攻讦,点燃了棉兰华人的政治热情。

在双方对立的政治环境下,为与苏东中学所代表的国民党势力斗争,棉华中学在中国驻棉兰领事馆的大力支持下,组建了全面、完善的学生组织,开展了文娱宣传、思想教育、演讲会等各种各样的政治活动,表现十分活跃。学生唱中国革命歌曲,穿中国军装,表演革命舞曲等,很多人在组织能力上得到了锻炼[②],从而成为当今华社的佼佼者。而苏东中学则受限于台湾当局的偏安一隅,以及工作重心主要在爪哇岛的情形,一直处于守势。尤其是在 1958 年,苏加诺政府对亲国民党华校的取缔,使以苏东中学为代表的势力一蹶不振。这是现在其社团领袖较少的原因,仅有的 3 人为翁坤雄、刘淇俊、张洪钧。其中刘淇俊和张洪钧在社团领袖中虽尚居第二等级,但所在社团并不重要。因此,中国影响力与过去的政治倾向应是双方领袖人数差异的主要缘由。

随着中国改革开放所释放出的巨大影响力和辐射力,过去倾向新中国

---

　　①　棉华中学香港校友会编辑委员会:《棉华情》,香港:棉华中学香港校友会,2006 年,第 20 页。

　　②　据 2008 年 3 月 7 日于《印广日报》报社采访吴奕光总编辑的记录整理。

的群体不用经历心理的调整，油然而生的是自豪感。他们成为社会显性势力后，在当今的棉兰华社十分活跃。他们热衷于增进中印（尼）友谊的工作，积极开展社团活动，大力宣扬中华传统文化，开展寻根之旅，加强与中国的联系，较多人员活跃在当今的社团舞台上。而过去倾向国民党的一些华人，因过往政治立场的差异，或者仍有对台湾美好记忆的人士则是顾虑重重，处在观望与心理调整的阶段。因而，他们不愿，也不希望在华社事务上过分活跃。

在棉兰，华人不像印尼其他地区一直存在着土生华人与新客华人的矛盾。这里的华人以新客群体为主，过去的主要矛盾是殖民统治者与华人社会的外在矛盾，以及华人社会内部不同方言群体之间的次要矛盾。而且，印尼独立后至20世纪60年代中期以前的棉兰华社，又因华侨华人社会的整合，方言、地域群体面临的外在环境变化，祖籍地意识渐渐淡化，以往存在的方言、地域群体之间的矛盾逐渐失去基础，华社的对立主要表现为因中国政局变化而引发的意识形态斗争。他们以中国的政局变化为活动指向，形成倾向国民党和倾向共产党的两大华人群体，对立明显。华人社团也因政治立场不同，横向上分裂为两大阵营，纵向上表现为同一社团内部也分裂为两大对立派，华人领袖之间的分裂亦是如此。当然，此时的族群矛盾虽时有发生，但并不突出。

当然，棉兰华人两大集团的对立与海峡两岸关系不一样。它完全是赤裸裸的近距离斗争，因此对华人社会造成的裂痕和伤害更深。尤其是如今50岁以上华人曾亲身经历过，其心理伤害难以消除。这导致目前的棉兰华人社会，虽然表面上团结一致，但在潜意识中仍存在政治分歧。这种过去不同政治派别华人之间的隔阂仍隐隐约约存在，也成为当今棉兰华人判别彼此亲疏的隐性标准。如在以上列举的华人中有16位受到倾向于新中国的教育，有意或无意地透露出某种中国情结，并表现出对"台独"分裂势力的愤慨。尤其是林学华，因过去担任过勿拉湾华侨总会秘书的缘故，在与笔者交谈时，甚至不时唱出《歌唱祖国》等歌曲。而那些与台湾有着些许联系的华人，在当今华社表现十分低调，更多是担任着娱乐休闲性、校友会、宗教性质等社团的领袖。这反映了外在政治形势的变化深刻影响着华人社团领袖的构成。

据表5-14，华社领袖中属棉华中学与崇文中学毕业的共16位。其中，年龄集中在 56～70 岁之间的共有 14 位,占 16 位中的 87.5%。这说明两校毕业生不仅在年龄层次上符合参与社团要求,而且一直对中国十分关注,并接受过中华传统文化教育和训练,有意愿出来领导社团工作。而苏东中学毕业的 3 位中,翁坤雄属后起之秀,应被视为华社接班人;另两位一位正当年,一位则属于发挥余热。这印证了棉兰华社当今的权力结构为棉华中学或崇文中学毕业生所主导。他们在带领华人社团前进的道路上,不论是政治感情还是文化感情,不可避免地与中国有着千丝万缕的关系。因而,当今棉兰华人社团与中国有着积极互动也不可避免。

表 5-14   棉兰华人社团领袖毕业学校与年龄段的相关统计

年龄段	毕业学校						合计
	棉华中学	崇文中学	苏东中学	其他华校	不详	中国学校	
55 岁及以下	1	0	1		3		5
56～60 岁	6	1			1		7
61～70 岁	6	1	1	1			9
71 岁及以上	1		1	1		2	5
百分比	50%	8%	11%	8%	16%	8%	100%

表 5-15   棉兰华人社团领袖等级与毕业学校的相关统计

领袖等级	毕业学校						合计
	棉华中学	崇文中学	苏东中学	其他华校	不详	中国学校	
I	2	1					3
II	3	1	2	1			7
百分比	50%	20%	20%	10%	0	0	100%

据表 5-15,棉华中学毕业的华社领袖位列第一等级和第二级等级的共有 5 人,占据所分析的 10 个重要社团领袖中的 50%,再加上毕业于崇文中

学的 2 人,过去倾向于新中国的华人社团领袖共有 7 位,占据绝对优势。这说明过去倾向于新中国的华社领袖在当今的社团中,不仅在总数上占优,而且在涉及领袖地位的对比中,也拥有绝对优势。他们在特殊年代获得的能力锻炼,与中国潜在的联系就像社团领导力的保证书,真切地反映在社团领袖构成中。当然,华社领袖这种与中国的联系和倾向,今天多数已转化为一种文化与经济的利益,即分享中国崛起的经济红利和文化理念,谋求华社在当地发展的正当性和合理性。

(七)行业与职业

在描述华社领袖职业情况时,因他们多数跨行业经营,笔者将按照他们凸显身份的主营行业或者主要的工作内容归类。如陈明宗拥有镀锌钢板加工厂,也有旅馆业,并少量投资矿产开发,但其主要的业务为开办镀锌钢板厂,故笔者将其归为制造业;苏用发为苏钢集团总裁,其他在中国的业务只是围绕主业开展的多元化经营,所以也将他归为制造业。而另外一些华社领袖既有从事生产行业,也有商品销售,本书也将他们归为生产制造业,如橡胶加工等。职业为销售商的主要以商品买卖为主,没有从事实体性的商品生产工作。白领主要指医生、公务员、高级经理以上职位的从业者。其他的运输业、印刷业等则归为服务业。

表 5-16　棉兰华人社团领袖的职业、行业与祖籍地分布统计

祖籍地	职业与行业								
	白领	生产制造业	社会活动家	服务业					
				销售商	运输业	印刷业	酒店	礼品设计	其他
惠州		1	1	1					1
潮州		2		2	1	1			
闽南	1	6	1						
福州	1						1	1	
梅州		1							1
广肇		1							
不详	1			1					
合计	3	11	2	4	2	1	1	1	2

据表 5-16 对 26 位华社领袖的职业和行业分类分析,棉兰华人社团领袖中从事生产制造业共 11 人(投资有固定产业,从事商品生产的企业家);社会活动家 2 人;白领 3 人,其中黄印华既是社会活动家,又是高级职员,属白领职业;服务业共计 11 人,主要有销售商 4 人、物流运输 2 人、印刷 1 人、产品设计 1 人、酒店业 1 人,其他有 2 人。行业为生产制造业的领袖中,祖籍闽南一带共 6 人,占总数 11 个的 54%;而祖籍惠州和潮州两地的为 3 人,仅为闽南籍的一半。

据笔者了解,属潮州和惠州籍的华社领袖中,虽然经营的是生产制造企业,但多与其"帮权时代"从事的行业有关,如橡胶和棕榈油加工业等,为粗加工行业,技术含量较低。这是因为过去潮州和惠州移民多为劳工,到棉兰之后分布在四周的种植园(园坵)中从事橡胶等经济作物种植。因与这些行业的历史关联性,他们从事种植作物的加工制造便占有天时地利。而且,今天的棉兰周围仍有较多祖籍潮州和惠州的华人,他们与种植园区联系紧密。这也为他们从事上述相关行业提供了机遇和便利。据苏北卓氏宗亲主席卓铭成说:"我们将卓氏宗亲总会设在吧敢市(距棉兰 30 分钟车程),就是因为它接近乡亲的缘故。因为卓氏宗亲多居住在周围一带。"[1]而据卓氏宗亲会文献记载,这一带的卓氏主要是来自惠州的乡亲,附近的城镇也设有惠属会馆等。棉兰树胶商陈保成,出生于先达市(现仍是主要的树胶种植园区),移居棉兰后,一直与一些土著或华人小型种植园主保持交往,为人比较豪爽,能够在这些种植园主困难时提供有力的帮助。所以他们一直比较信任他,多数树胶原料都是优先卖给他,即使在价格高涨时,他也不会断货。

据表 5-17,在确定的 10 个重要社团领袖中,3 人从事服务业,5 人从事生产制造业,2 人为社会活动家。结合表 5-16,集中在生产制造业的重要领袖有 5 人,占总计 11 位生产制造业领袖人数 45%,近乎一半。这说明要成为华社领袖,经济实力仍是十分重要的。虽然其中也有不具备经济实力,但社会活动能力较佳的领袖,然而所占比例十分低,约 8%,其余或多或少都有自己的经济产业。另外,在 11 位从事服务业的华社领袖中,6 人属潮州和惠州籍,经济实力略逊于闽南籍人士,其在重要社团领袖的人数上也略输于闽

---

① 据 2008 年 3 月 9 日与苏北卓氏宗亲会理事主席卓铭成访谈记录整理。

南籍人士。这间接印证了财富决定社团领袖地位的格局仍是华社的主流。但是，在经济实力不占绝对优势的情况下，华人也可依靠财富以外的能力成为重要社团领袖。若经济实力一般，综合能力又较弱的话，或能担任社团领袖职位，但掌控重要社团或成为重要等级领袖概率会小很多。

表 5-17　棉兰华人社团领袖的职业、行业与领袖等级统计

等级	职业与行业								
	白领	生产制造业	社会活动家	服务业					
				销售商	运输业	印刷业	酒店	礼品设计	其他
Ⅰ		2	1						
Ⅱ		3	1		1	1		1	
百分比	0	50%	20%	0	10%	10%	0	10%	

　　华人社团能否培养、造就出具有现代性的领袖，对社团能够进一步发展至关重要。因为现在的社团领袖已与过往有很大不同，要与主流社会、当地政府以及当地的方方面面有密切联系和往来，要善于听取不同意见，这样才有可能把社团搞好。因而，成为华社领袖，一方面需要有较强的经济实力。当然，这种因财富而取得领袖地位的人士，可称为经济型领导人物。另外还有社会型领袖，主要是那些善于利用自身社会活动，逐渐获取领袖地位的人士，他们也会做一些选择性的捐助。综合此两类的领袖为双材领袖。[①] 另一方面，他们具备什么样的背景特征，也是建立权威，得到广泛支持，获得认可，并能够成功领导社团的关键。而棉兰华人社团领袖的当选，主要还要从以下特质总结原因：

　　（1）棉兰的华人领袖祖籍地以闽南和广东潮州、惠州居多。这与棉兰的移民来源地和社会发展历史是密切关联的。棉兰周边的马来西亚槟城、泰国南部的宋卡和新加坡的华人中福建人居多，其中尤以闽南人占大多数。而棉兰城市的崛起相比这几个城市较晚，许多华人从这些地方再移民到棉

---

　　①　麦留芳：《方言群认同：早期星马华人的分类法则》，台北："中央研究院"民族学研究所，1985 年，第 167 页。

兰,以经商为主,也形成棉兰市区福建闽南人占据多数的格局。而潮州和惠州籍华人多为 19 世纪下半叶后期作为劳工移民而来,经过一定时间获得自由身而后迁居到棉兰。所以,棉兰有一句话广为流传:"广肇人带着技术过来,福建人带着资本过来,海陆丰带着苦力而来。"①在棉兰市区,闽南人经济上占据优势地位,逐渐地,闽南话随经济拓展和市场活动而成为棉兰乃至苏北一带华人通用语言。因而,闽南人在棉兰当今社团地位上居主导地位就成为必然。

（2）棉兰华人领袖的年龄多处在 56～70 岁之间,属第一、二代华人。这与棉兰的城市发展较晚,以新客华人为主,受中国文化影响较深有关。棉兰华人不似爪哇、泗水、三宝垄等地华人移居历史较长,存在着土生华人与新客华人之矛盾。华社的主要矛盾为阶层融合和族群融合问题。棉兰的第一代或第二代华人领袖,多数接受过中华文化的教育,受中华传统文化影响较深,华人特性浓厚,充满竞争力。就笔者采访了解,棉兰华人去到雅加达时,瞧不起雅加达当地华人,认为他们不勤奋,不会说华语,没有中华文化根基。反之,雅加达华人则认为棉兰华人太过精明,其强烈的竞争能力使之害怕,多数不愿与他们交往。黄印华在采访中说道:全印尼华人中,棉兰华人最不受欢迎。当然,这里的不受欢迎并不是指棉兰华人品行和道德问题,而是棉兰华人的竞争力太强,导致其他地区华人太过担心而产生排他心理。按照黄印华所说,印尼爪哇的华人拥有较多大工业,而棉兰华人做不了大生意,因为棉兰华人注重薄利多销,雅加达华人则是一定要守住利润。且棉兰华人传统文化保留较多,与雅加达华人区别较大。棉兰华人在雅加达居住较为集中,勤俭节约,艰苦奋斗;雅加达华人则是没钱也要出风头,注重场面漂亮,且生活很印尼化。②

（3）棉兰华人所受教育程度不高,多为中学毕业(初中或高中)。这与棉兰处于印尼政治与社会双重边缘地位有关。在殖民统治时代,雅加达为殖民统治的优势地域,集中了更多的教育资源。而棉兰华人在人口数量与经济规模上都不具备拥有大学的条件,所以,棉兰华人领袖就读于传统华文中学的较多,若要继续升学则要到雅加达去,距离比较远。而且,棉兰距离雅

---

① 据 2008 年 3 月 17 日于棉兰鹅城慈善基金会采访董事成员卢萌德记录整理。

② 据 2008 年 2 月 24 日于黄印华家里的访谈记录整理。

加达很远,却与槟城、吉隆坡、新加坡较近,能够保持与中国文化、经济及政治的紧密互动。殖民时期,棉兰华人政治面向中国是其显著特色,因此,今天的社团领袖多为过去倾向新中国的华校中学毕业生。

(4)棉兰华人对参政议政的态度较为复杂和不统一。历史上,棉兰华人因为对中国政治的热情使他们在苏哈托上台之后受伤较深,并对现实中的华人社会造成潜在的裂痕,不利于团结。它也导致后苏哈托时代的棉兰华人对政治一直比较淡漠。一直到印尼政局改善后,印尼其他地方都有了华人参政者出现,棉兰却仍没有华人进入苏北省各级政府中参政议政。虽然棉兰作为印尼第三大城市,华人人口较为集中,但对政治的敬畏可见一斑。而且,棉兰华人对社团与政治关系的态度也是不支持、不鼓励,不愿过多涉及,多数也不愿在社团事务上太过张扬。低调、远离政治应该是棉兰华人普遍的心态。

(5)因为地理位置、文化渊源,以及亲属关系存在的缘故,棉兰华社与周边国家如马来西亚、新加坡以及泰国南部等地区华人交流较多,跨国实践更为频繁。反而,他们因与雅加达距离遥远,文化差异较大,往来较少。笔者在采访期间,发现印尼民主化改革后,很多社团都是在马来西亚等地社团的推动下恢复建立的,如苏北华联、伍氏宗亲会、许氏宗亲会、林氏宗亲会等。甚至在棉兰华社困难时,新加坡和马来西亚等都是其走出困境的直接支持者。

按照温北炎的论述,"华人社会能团结并产生自己的领袖应具备如下条件,在华人社会最困难的时候能挺身而出维护华人社会的稳定和正当权益;华人领袖具有雄厚的财力,为华人社会和当地社会举办各种慈善福利事业;华人社会和领袖与当地军政官员有良好的关系,能沟通华人社会与军政官员以及原住民阶层的关系,为民族团结和华人融入当地主流社会做出贡献;为促进中印(尼)友好合作关系起桥梁作用"[①]。这一论述体现了新时期对华人领袖的不同要求。但华人能成为社团领袖,从众多的华人个体中脱颖而出,需要具备的社会特征与个人素质仍是与华人社会的历史、现实和外在的社会环境密切关联的。这是他们取得社会认可的前置性条件。

---

① 温北炎:《印尼华人社会的发展与前景》,《八桂侨刊》2001年第4期,第4~5页。

第二节　解构和重构

——依据社团领袖个人关系的阐述

在中国的传统社会中,人与人之间交往的非正式关系起到很大的作用。它能拉近彼此的距离,增加相互的信任和了解,是人们之间接触和交流而产生的重要纽带联系,而且"关系这一无时不在的社会现象并不只是中国大陆才有,各种实地调查都有力地显示了它在其他华人社会中也是一个普遍存在的现象"①。因而,"从关系的角度来考虑问题是亚洲思想的特色"②。

一、华人的关系与关系本位的华人社会

前文对棉兰华人社团领袖特质的分析,指出了其获得社会认可并成为领袖的保障。但社团领袖若要将这种特质或社会认可转化成在社团中的实际影响力,以保障其决策权威或权力,从而实施对社团的有效管理,则需具有良好的人际关系。简单说来,它就是个人游刃有余的关系网络运作,这是领袖权威的必备要素。

社团作为一种非约束性的志愿性社会组织,担任其领袖的人员属"非正式性领导"③,既无等级结构所授予的权威,又没有政治体制赋予其行使权力的法律保障。担任社团领袖的华人处在一个松散的组织中,要实现个人意志,完成社团目标,需要有完善的组织结构以充分调动团队的力量,但更需要发挥个人的魅力。因此,良好的人际关系显得尤为重要。尤其是当今的华人社会,基于"同乡"的乡情和亲情逐渐淡化,血缘联结的基础也在削弱,

---

①　J. Bruce Jacobs, A Preliminary Model of Particularistic Ties in Chinese Political Alliance: Kang-ching and Kuan-his in a Rural Taiwanese Township, *China Quarterly*, Vol. 78, 1979, pp. 237-273.

②　何友晖、彭泗清:《方法论的关系论及其在中西文化中的应用》,《社会学研究》1998年第5期,第34页。

③　G. William Skinner, *Leadership and Power in the Chinese Community of Thailand*, New York: Cornell University Press, p. 102.

传统的凝聚纽带今不如昔，因而向心力不强。此时，吸引与凝聚成员保持团结性显得尤为重要，这就需要社团领袖具有个人威望和强大的社会互动能力。而领袖威望又是建立在个人广泛关系基础上，并利用这种"关系"达成目标而不断叠加获得。

对于个人来说，无论何时何地，每个人都有意或无意地扮演某种角色，[①]既是关系中人，也是构造关系的人。所以，在分析社团领袖的关系时，本书既要分析关系中的社团领袖，也要阐述领袖建构的个人关系。领袖的个人关系从结构上说，主要有对外的关系与在社团内部的关系两种，称之为"外关系"与"内关系"。外关系主要是指各华人社团领袖间的关系，与所在地其他族群社会的关系，以及与当地政府交往的紧密与深厚程度。某种程度上，它表现为一种个人工具性的关系。内关系主要是社团领袖与社团成员之间的关系。它主要是提供一种基于个人情感或势力依据的庇护式关系。推而广之，关系又涉及华社领袖与印尼大社会间构成的内关系与外关系。所以行文中在论述社团领袖内关系时，不同的场合适应的范围有所差异。论及华人社团内的领袖关系时，内关系则指涉领袖所立足的社团内部关系，与其他社团领袖之间的关系则是外关系；而在讨论华社与外在印尼大社会时，华社内部领袖间的关系属内关系，与印尼大社会的关系则是外关系。华社内的关系是各领袖在其任职社团内所能产生影响的直接支持因素。只有在社团中确立良好的内关系，获得成员充分支持，才能达成社团目标。而社团领袖的外关系则是他们获取社会权威与声望的来源之一。"它是一个人在一个社会群体中得到认可程度的函数"[②]，对内关系产生助力作用，并对社团内部事务决策予以支持。同时，社团内关系也是拓展外关系并赢得外部承认的基石，进而起到维持领袖在华社中权威的作用。

"所有社会实践都具有利益取向。"[③]联结关系的纽带也离不开利益的考

---

① ［美］乔纳森·特纳著，邱泽奇等译：《社会学理论的结构》（下），北京：华夏出版社，2001年，第9页。

② ［美］林南著，张磊译：《社会资本——关于社会结构与行动的理论》，上海：上海人民出版社，2005年，第154页。

③ ［美］乔纳森·特纳著，邱泽奇等译：《社会学理论的结构》（下），北京：华夏出版社，2001年，第191页。

量。然而,潜藏在关系之中的利益不纯粹是经济的,也还有社会利益的取向。对于那些已经具备一定经济基础的社团领袖来说,在关系中牟取经济利益固然是需要考虑的因素,然而,声望、权力、地位和其他一些无形的物质利益也是其所冀求的。[①] "名声代表着社会资本"[②],而地位则是"社区对个人的承认"[③]。这种使他们感受到某种"给定的和已经接收到的自然的顺从、依附、尊敬和荣誉"[④],并体会到某种满足感的东西,应是事业有成后华社领袖的一种心理倾向。据笔者观察,社团活动中若能邀请到某个著名人物的出席,便能体现该社团领袖在外关系上所拥有的社会影响力,而这种光环效应十分重要。它对社团形象提升大有帮助,能使社团成员的地位提高,成就感和自豪感更强,进而巩固与提高该社团领袖的声望和权威。间接地,它对社团的运作效率都有促进作用。排除感情因素,我们可总结如下:关系的广泛与否是领袖声望的体现;关系的深厚与否与利益交换的依存程度有关;关系的好坏则是领袖权力运作是否顺畅的关键。

关系的建立是依存于网络建构的,这是许多文化中普遍存在的一种现象,而关系网则是中国式的网络建构。[⑤] 中国的社会本就是一个关系本位的社会。梁漱溟在《中国文化要义》一文中说:"在社会与个人相互关系上,把重点放在个人者,是谓个人本位,同在此关系上,把重点放在社会者,是谓社会本位。诚然,中国之伦理只看见此一人与彼一人之相互关系,而忽视社会与个人相互间关系。……这就是,不把重点放在任何一方,而从乎其关系,彼此相交换,其重点实放在关系上了。伦理本位者,关系本位也。"[⑥] "可以毫

---

① [澳]颜清湟著,陈瀚译:《新马早期客家方言组织(1800 至 1900)》,潘明智编著:《华人社会与宗乡会馆》,新加坡:玲子大众传播中心,1996 年,第 318 页。

② [美]林南著,张磊译:《社会资本——关于社会结构与行动的理论》,上海:上海人民出版社,2005 年,第 152 页。

③ [美]乔纳森·特纳著,邱泽奇等译:《社会学理论的结构》(下),北京:华夏出版社,2001 年,第 9 页。

④ [美]乔纳森·特纳著,邱泽奇等译:《社会学理论的结构》(下),北京:华夏出版社,2001 年,第 108 页。

⑤ 金耀基:《关系和网络的建构》,《中国社会与文化》,香港:牛津大学出版社,1993 年,第 81 页。

⑥ 梁漱溟:《中国文化要义》,《梁漱溟全集》第 3 卷,济南:山东人民出版社,1990 年,第 80 页。

不夸张地说，关系、人情和面子是理解中国社会结构的关键性的'社会—文化'概念。"①相比于日本这种静态成分较多，稳固性、凝聚性较强的团体本位社会来说，中国关系本位的社会一直以来就是一个动态平衡的社会。一旦利益的交换发生变化，这种关系凝聚性就会减低，关系的平衡就会打破。按照克里斯曼的观点，海外华人社会是中国传统社会结构的"复制"。② 因而，海外华人社会也是一个关系本位的社会。社团内、外关系的系统结构即是华人领袖个人内关系与外关系情况的深刻体现，也反映着华人领袖间基于利益交换的关系网络特征。

中国人的社会关系并不局限于血缘与地缘关系，而是能够人为地运作和建构。印尼后苏哈托时代，正处在政治民主化改革的进程中，是一种弱国家形态。政府对原子化的个人既不能提供上下级的保护，而市场发展所需要的横向联系又不能依赖政府来建立，所以发展私人关系就很重要了。它既是华人慰藉亲情、乡情，实现文化共享的路径，也是个人构建社会资本的一种方式。棉兰是一个城市型华人社会，商业移民较多，除真正的血缘关系外，基于同族的个人亲情度较低。而且，棉兰华人移民多属再移民人口，原乡记忆较淡薄，华人社会内部的凝聚力较弱。这可从棉兰华人社团历史上几乎没有出现过一个统合性的领导组织看出。因而，仅依靠个人之间的关系并不能获得整体性优势，只得依靠尽可能多的"分群结构"③（Segmentary Structure）来加强联系。据1930年的统计，约7万的华人就有80多个社团组织④，而今的棉兰华人有40万～50万人，社团虽复兴较晚⑤，但也有100多个，并且仍在不断裂解和增殖。因而，华人需要通过社团的横向连接，使得华社联结成为一个整体，以满足文化记忆，实现市场对水平横向化的发展需要。美国社会学家普特南（Robert Putnam）指出，"正是人们在社团和组

---

① 金耀基：《金耀基自选集》，上海：上海教育出版社，2002年，第93页。

② L. W. Crissman, The Segmentary Structure of Urban Overseas Chinese Communities, *Man*, Vol. 2, No. 2, 1967, p. 185.

③ L. W. Crissman, The Segmentary Structure of Urban Overseas Chinese Communities, *Man*, Vol. 2, No. 2, 1967, p. 185.

④ 刘焕然主编：《荷属东印度概览》第四编，新加坡：南洋报社，1930年，第58页。

⑤ 20世纪80年代开始复兴，至1998年5月之后才逐步恢复，但华人顾虑重重，影响了华社重建，至瓦希德上台之后华人社团才真正迎来了复兴高潮。

织中的相互作用创造了公民交往的横向人际网络,从而有助于解决集体行动的困境,这些共同的人际网络支撑着政治和经济活动的运行"①。所以,社团领袖建立社团既是个人需要,也是社会发展的需要,满足了华社领袖角色的多重性。因而,社团建立中体现着个人的复杂关系就是不可避免的。

二、华人社会权力结构的解构与重构

棉兰华人社团有一种明显与众不同的地方,就是社团的建立中掺杂有太多的私人因素。社团的建立与发展依靠个人关系的作用十分明显,而社团的运作中也体现着普遍的人际关系。中国传统社会是一个关系本位的社会,而棉兰又是一个华人传统文化十分浓厚的城市,潜藏在社团网络下的领袖个人关系即是这种关系本位的突出表现。

(一)外关系推进内关系,内关系又为外关系提供了深厚基础:黄印华的案例

黄印华因其个人经历使然,具有广泛而深厚的外关系。这是他巩固与扩大内关系的基础,并成为他在棉兰华社与任职社团中获取声望与地位的有利途径。如果依据华社财富标准审视,黄印华能够成为社团领袖的可能性较低。但是黄印华却能够担任苏北印华总会主席,并成为棉兰事实上的统领性社团领袖,归列第一等级的领袖地位,应与其层层推进的外关系基础分不开。他于1982年毕业于苏北省伊斯兰大学医学系,并获得行医执照,属华人社会中的有才干者。而且,他自身也具备中文、印尼文互译能力,对时局和政治形势非常敏感并能做出精准判断,又与印尼友族同学之间建立密切互动关系。这使他能与主流族群、宗教人士保持着良好的互动。目前,他仍与伊斯兰大学的学生组织保持着联系。棉兰一些著名的伊斯兰教长老也多数是他的老师。长老们对他也比较信任,双方定期交流与互动颇多。譬如在2006年,黄印华曾出资组织苏北伊斯兰教长老团前往中国参观考察甘肃回民生活;2009年又组织伊斯兰教长老团赴中国宁夏回族自治区交流等,即是他与印尼伊斯兰宗教人士良好关系的表现。2001年,他参加"印尼国防研究院"学习,成为研究员中极少数的华人学生,并于2003年当选苏北

---

① 程民选:《社会资本:定义与内涵》,《天府新论》2004年第4期,第38页。

省国防研究院校友会会长。这一特殊的政治背景，不仅使他与印尼政府精英阶层的社会关系更为密切，也与印尼中央政府建立了良好的互动，并使其在与苏北省政府互动中有着一定的权威。此外，他还担任着林绍良家族所属保险公司苏北分公司的负责人。

以上这些外关系，在他早年争取向政府索回棉兰江夏公所的会所中发挥了重要的作用。继此，他又协助棉兰潮州公会等收回会所。自 20 世纪 80 年代他开始成为棉兰江夏公所理事长后，因其外关系声势日涨，又对棉兰江夏公所贡献较多，得以连任理事长至今。后又在 1999 年，他筹备成立了苏北印华总会，并一直担任主席。而且，他也借助苏北印华总会主席的身份，更进一步密切了与印尼华人精英阶层（主要是雅加达的一些华社领袖们）的关系。同时，黄印华任林绍良家族所属保险公司苏北分公司负责人，这应对他的外关系拓展有着不小的帮助。他与印尼中央政府上层关系的建立也是颇有益处的。当然，他所拥有的与印尼政府、华社精英的外关系，和他曾在"印尼国防研究院"学习获得的政治资源等都是互相促进、联动的。这就使得他在印尼中央与苏北地方的社会声望日益提升。

这种基于外关系的频繁互动促成了社会资源的流动与交换。"一般而言，除了掌握着资源的再分配者之外，一个人能够拥有多少以及什么样的社会资源，在很大程度上又取决于其构造这种关系的能力上。"①外关系的延展与加强，对其内关系的强化是有益的帮助。在社会交往中，关系的主要功能在于它保证了交往各阶段所需要的信任。②"社会关系可以被组织或代理人确定为个人社会信用的证明。"③黄印华因拥有的深厚外关系，创造了他与地方政府定期沟通与交流的机会，并与地方政府保持着良好的互动。他能得到苏北省长信任，并被任命为苏北省对外友好协会（属半官方性质的组织）会长便是明证。同时，他又与地方军队建立了友谊，个人声望因而在棉兰华社中得到显著加强。而且，他也的确能积极协助华社处理事情，并在沟通华

---

① 孙立平：《"关系"、社会关系与社会结构》，《社会学研究》1996 年第 5 期，第 25 页。

② 李熠煜：《关系与信任：中国乡村民间组织的实证研究》，北京：中国书籍出版社，2004年，第 176 页。

③ ［美］林南著，张磊译：《社会资本——关于社会结构与行动的理论》，上海：上海人民出版社，2005 年，第 19 页。

人和印尼各民族间的友好往来时,起着非常正面的作用。

这种深厚的外关系应该是黄印华在 1998 年五月暴乱期间被推荐为苏北华社联合总会负责人的主要原因。当然,这也体现了当时的华人社会已基本认可他在华社外关系上具有的能力与声望,并把他视作华社的引领者。而且,通过黄印华的运作及其与军方的密切联系,也的确保证了动乱时期棉兰华人免于冲击,或者说冲击最小化。这更提升了他在棉兰华社的声望。此外,通过采访黄印华也了解到,华人陈亭墅原在多巴湖附近开发度假别墅,得到当时县长的大力支持。但在换届选举中,陈亭墅的投资遭到新当选县长的百般刁难,整个工程停止近两年,损失巨大。后来陈亭墅通过黄印华协助处理,才得以重新复工。以上事例进一步证实了黄印华能够借助广泛而深厚的外关系,积极协助华社处理事务,并获得良好成效。这对他在华社层面的内关系巩固,获取华社认可有着较大的助益,也使他在华社的领袖地位日益巩固。

此外,外关系对黄印华内关系加持的事例也体现在 2008 年苏北省长竞选期间的活动安排上。在竞选期间,黄印华获印尼土著民族的五对候选人认可,都曾透过他联系或发动华社人员召开见面会。这应是对黄印华在棉兰华社领袖地位的肯定与信任,而黄印华所拥有的外关系资本也有助他召集苏北华社领袖。据笔者两次赴会观察,每次约有 1500 人到场,多为各社团的骨干代表。由此反映了他与印尼政府各界的良好社会关系,已切实反馈到华社内关系运作中。

有学者曾论述到,作为华人社团领导人,必须德才兼备,即真心实意地为广大华人群众谋利益,并具备为华人社会谋利益的才能。这些才能,就当前来说,除了组织及领导的才能外,还必须包括对华人社会的深刻认识及了解,明了华人社会发展的规律及方向,能站在时代的潮头指导华人社会前进。说得更具体点或实际点,他必须能实实在在地为华人社会办几件好事,在华人社会碰到问题或有什么困难时,能从实际出发解决这些问题和困难。此外,作为身处不十分团结的华人社会的一个特殊要求,他还必须具有广阔的胸怀,能团结并善于团结各方面的人,不计较个人得失,任劳任怨,时时事事以大局为重，以广大华人群众的利益为重。① 黄印华所拥有的外关系根基，着实为他服务华社提供了莫大帮助。他也有着为华社办事的热情和意愿，自身又具备政治与宗教的敏感性，因此他成为棉兰华社领袖就是一件自然而然的事情了。

外关系对黄印华内关系的巩固与发展帮助较大。那么他所拥有的内关系对其外关系能产生什么作用呢？二者又是怎样相互促进的？

"关系的实质就是(社会)利益的交换。"②内关系的巩固是黄印华外关系不断发展、延伸的立足平台，而外关系拓展又进一步强化了他的内关系基础。黄印华自担任棉兰江夏公所主席后，连选连任，并一直具有很强的号召力和竞争力。强大而深厚的内关系基础为他提供了扩展外关系的信心与依恃。他借助成功领导棉兰江夏公所的经验与宗亲支持，以及林绍良家族公司提供的社会网络，活跃于棉兰华社，并于1998年筹建苏北印华总会，成功当选主席至今。在印华总会的协助下，他又依靠其所拥有的外关系资本领导苏北印华总会，游刃有余，日渐确立了他的绝对领导权。黄印华在苏北印华总会与棉兰江夏公所两个社团的成功领导，使其拥有的支持力量不断扩大，被苏北华社认可为事实上的统领性领袖。当然，他于2001年参加"印尼国防研究院"学习所获得的政治资源更是他能获得棉兰华社认可的重要关系资本。在成为苏北华社领袖后，黄印华又可借此不断强化内关系基础。在华社与印尼大社会的外关系层次上，他代表华社与印尼政府互动，成为棉兰华社与印尼政府沟通的桥梁，一些政府的政策通过其传达。同时，苏北印华总会也适时表达华社的要求和利益。例如，他联同各宗教团体向美领馆递交请愿书，呼吁以黎停火活动；于2004年代表华社参选棉兰市议员；举办苏北省长竞选成员与华社沟通会；出席诸如棉兰颍川宗亲会大厦落成典礼、第六届世界六桂堂恳亲大会(棉兰，2006年)、世界惠州同乡恳亲大会(棉兰，2007年年底)并代表华社发言等，都体现了他拥有的关系与利用关系而发挥的桥梁作用。在华人社团内关系的层次上，因他拥有的华社领袖身份，不仅

---

① 李明欢：《当代海外华人社团领导层剖析》，《华侨华人历史研究》1994年第2期，第5~6页。

② 李熠煜：《关系与信任：中国乡村民间组织的实证研究》，北京：中国书籍出版社，2004年，第44页。

对苏北印华总会被认可为苏北华社统领性社团有所帮助,也使棉兰江夏公所对外界产生吸引力与影响力。如 2007 年棉兰江夏公所成立百年庆典上,他成功邀请到印尼华裔总会高层、世黄总会领导,以及印尼政府高官到场庆祝,是棉兰江夏公所地位提高的有力表现。

在棉兰传统的华社中,与中国的联系仍是强化领袖声望的一个途径。能够与中国各级领导人之间建立密切的联系,既是个人关系广泛的体现,也有助于其内、外关系的拓展。笔者在采访中观察到,中国各级地方政府若有到棉兰华社考察与交流,往来函件多是传真到黄印华处,然后由其安排接待。笔者在调研期间适逢中国政协副主席罗豪才到访棉兰,全程即由黄印华以苏北印华总会名义,联合其他华人社团接待与安排行程。黄印华与中国良好的外关系,对他个人在华社的声望助益颇多,也证明了他在外关系上拥有的广泛性。这使仍有着祖籍地情结,或是与中国在经济往来方面有着些许期待的华人,更认可了他的身份地位,也间接地为他内关系的巩固产生助力。

(二)内关系保证领袖个人在社团中的地位与权威,外关系起到强化内关系的作用:陈明宗的案例

笔者在棉兰接触到陈明宗后,经常听到的一句话是:"在棉兰没有办不成的事。"[①]这体现出他对个人实力的自信,也与其所拥有的关系资本雄厚有关。

陈明宗的父亲早年曾为印尼国籍协商会成员,被怀疑为共产党而坐牢,得到保释后离开印尼,定居新加坡。受此事件影响,陈明宗早期甚少参与华社活动,专注个人经济发展,目前他的经济实力在棉兰居前列。直到 2000 年,他获宗亲推荐正式担任棉兰颍川宗亲会主席才开始较多参加社团活动。借助自身的经济影响力,陈明宗不断改革棉兰颍川宗亲会,强化其社团的内关系基础,使宗亲会深深烙上他的印迹。他不断支持宗亲会扩大对外交流,外引内联,使宗亲会在棉兰声名鹊起。当然,这也与他参加社团奉行"结交朋友,了解信息,尤其是生意信息"的观念分不开。

思想和行为是互为作用,互相强化的。正是拥有强烈的自信和雄厚的

---

① 据 2008 年 2 月 25 日于陈明宗办公室访谈记录整理。

关系资本，陈明宗常把社会关系看作其面子或社会地位的一个指标。① 为此，他领导社团积极地开展对外交流，扩大宗亲会的内、外影响，不仅拓展了社团的活动圈，也使内关系得到了逐步巩固。借助社团领导的成绩，其外关系也得到拓展和提升，主要表现有：申请到 2005 年举办世界舜裔宗亲联谊大会的机会，并在庆祝颍川宗亲会会所新大厦落成庆典上，成功邀请到孙中山孙女孙穗芳、中国前大使陈士球、中国学者陈衍德发表演讲，甚至苏加诺的小儿子也受邀到场。同时，中国政协副主席罗豪才也发来贺信。这对陈明宗个人在社团中的声誉和威望，乃至其在棉兰华社的地位提升都有着较大的帮助。对于无强制性权力的华人社团来说，领袖个人的声威无形中就是社团内部管理的强心剂。它能保证社团的安全与有效运转，也使社团有着良好的外部形象而持续健康发展。这些外关系不断强化的事例日渐巩固着陈明宗在社团中的内关系，使他在社团中虽因某些"专断作风"（笔者认为，这种"专断作风"无所谓褒贬，有时在散漫的社团工作中又确实需要）引起异议，但也能一直担任主席至今。这种社团内关系的强势表现，可通过陈氏写给宗亲的一封私人信件反映出来：

棉兰颍川宗亲会全体总务和理事们：

大家好！为建新大厦，宗亲们捐来 67 亿盾，到今年 7 月 15 日，用于买地及打桩地基 18.5 亿盾，建筑用 50 亿盾，至今收支差不多支平。

未建好的第七层宗庙费用多少我未知，据说还有未付（还欠）建筑商 5 亿盾。

据我算，已支付买地及建筑费用共 73.5 亿盾，使整数化为 75 亿盾，其中 15 亿盾地价，总共支出建会馆费用 60 亿盾。

以经济算法，要十年收回 60 亿盾，就要每年回收 6 亿盾。

每年收的 6 亿盾，一年收为宗亲会的增加基金，一半为做慈善事。

据说第 5、6 层要修理，修理费约 6 亿盾，我为主席不反对；我要知道修理后此装修费用能否收回？还有，上述每年要收回 6 亿盾，至今未说有人要租包或承包，对此费用的收回至今我未听见。

---

① 何友晖、彭泗清：《方法论的关系论及其在中西文化中的应用》，《社会学研究》1998 年第 5 期，第 38 页。

我以主席的意见,如果我们的宗亲要承包6亿盾,若(1)也有外人要承包低于7亿盾,我意就优先让宗亲承包。

或(2)也有外人要承包7.5亿盾,因相差很大,我意就让外人承包。

以上是我个人的一些看法和意见,希望大家商议是感。

谢谢大家,祝大家健康快乐!

主席:陈明宗

2004 年 7 月 24 日[①]

笔者采访有关人士了解到,宗亲会中很多人确实对陈明宗管理上的做法有颇多议论。如不召开理事会议,不按时选举,人事安排未能得到有效执行等,尤其是对他在会所用途的安排上异议较多。棉兰颖川宗亲会于2005年落成的七层楼新会所为私立学校租用,为宗亲会创收。但财务未公开,该笔租金收支情况交代不清。[②] 而且,宗亲们指望新会所能成为娱乐、休闲、集会聊天、联络感情的场所,但事实上却成为谋利的地方,捐建新会所的希望被失望所代替,所以情绪上难以纾解。甚至宗亲会会所的标志也不明显,取而代之的是租用单位的主题图标。以上诸多情形,引起部分宗亲不满。但是目前社团中也有一部分人,认为在陈明宗领导的这几年中,社团的成绩有目共睹,社团的影响力也得到提升,社团财务运转不会捉襟见肘,推举别人也不一定能干得比他好,维持其主席地位也是不错的选择。尤其是陈明宗不断巩固内关系,使他具备较为强势的内关系基础,如得到宗亲会总务、秘书等人的大力支持,并有一群对其做法认可,且忠诚于社团工作的成员,也使他能在宗亲会中长期保持着个人的影响力。

陈明宗因拥有强大的经济基础,以及内关系所提供身份和地位保障,得以能够依托这种基础深化和拓展外关系。他因经济活动与政府往来较多缘故,及其父亲早年与军方互动建立的关系渊源,与苏北省地方政府,尤其是

---

① 　陈明宗写给宗亲会的私人信件,由陈衍德教授提供资料,未刊稿。

② 　海外华人社团财务问题普遍不清不楚,这既与社团缺乏有效管理有关,还因为有些属敏感数据不好对外公开。财务的不清楚往往会导致社团成员心中的疑虑,这又会影响成员对社团的向心力。因而,这一问题的解决既要有大环境支持,也需要社团成员共同努力。据笔者跟踪了解,此问题陈明宗后续已经在政府税收支持的条件下解决。

具有军方背景的政府人士交往密切。就笔者了解,陈明宗公司中雇用了好几个印尼空军退伍军人,并且是有一定军衔的人员。他们既是公司的保护者,也是陈明宗与军方外关系深厚的外在象征和联系渠道。陈明宗与军方互动良好的外关系,配以强势的经济地位,推动其外关系领域不断扩展,程度不断加深,从而成为巩固内关系的源源不断的社会资本。在华社领袖间的关系层面上,陈明宗与棉兰最大的超级市场所有者(现已易手)杨振忠,棉兰实力强大的椰油种植、收购与提炼商吴敬和等人往来密切。他们每天一起晨练,每周定期聚餐等,持续地密切互动。这种与华社精英阶层的互动,肯定为陈明宗维持和强化内关系提供了强有力的后援。

棉兰德教会的创建与活动,更是体现了陈氏构建内外关系的强大能力。棉兰德教会创建于 2006 年,在陈锦兴等人的大力促成下,共同推举陈明宗担任德教会阁长(理事长)。同时,陈明宗又力邀杨振忠为董事长,另有棉兰林氏宗亲会主席林福鼎、孙国静(棉兰写作家协会主席)、李远方(棉兰茶艺会主席)、陈庆明(棉兰颖川宗亲会财务部部长)、陈德贤等董事成员支持,以及林锦成等人员帮助,德教会的影响日益提高。这里特别提到林锦成,男,40 多岁,华语表达不十分流利,但能较好地说闽南话。据笔者调研了解,他似是来自棉兰周边城市,主要从事电视天线的生产与销售,还从事医药销售等,并担任林氏宗亲会的副总务。他与陈明宗发生联系的具体时间不甚清楚,但双方关系密切,这应是一种持续社会互动[①]的结果。自棉兰茶艺会活动中双方认识后,林锦成因热心参与德教会工作,依托德教会的平台与陈明宗相知相熟,从而与自马来西亚槟城来棉兰传香的拿督周荣吉[②]建立了联系渠道。据笔者推测,林锦成应是得到陈明宗的引荐,从而获得周荣吉掌控企业生产的 Pancsony 牌电视机在棉兰的总代理权。而他又将电视机销售给了陈明宗开办的 17 层经济型旅店。三人间基于陈明宗的关系,从社团间联系发展到密切的经济往来,应是利用社团实现合作共赢关系的绝佳典范。

---

① Tong Chee Kiong, Yong Pit Kee, Guanxi Bases, Xinyong and Chinese Business Networks, *British Journal of Sociology*, Vol. 49, No. 1, 1988, p. 81.

② 马来西亚槟城德教会紫云阁,创建于 1954 年,它是由中国汕头紫雄阁传香而建。紫云阁建立后,周荣吉根据"扶乱文"到棉兰传香,建立棉兰德教会紫棉阁,从而与陈明宗、陈锦兴等人相熟。

当然,过程之中,陈明宗的外关系得到延展,内关系得以加强。林锦成则受益于经济利益,槟城的周荣吉也推广了企业产品,并实现了个人的宗教理想,各自获得利益,体现了陈明宗对社团奉行实用主义的理念。由此,林锦成与陈明宗等人也建立了密切的联系,成为棉兰德教会的坚定支持者和参与者,积极活跃在德教会的活动中,并在社团活动中随叫随到,十分热心,甚至棉兰颍川宗亲会的活动有时也积极参加。因为年轻,头脑活络,为此常被陈锦兴、陈瑞忠等开玩笑称应改名为"陈锦林"(林锦成倒过来的谐音),是让他加入陈氏宗亲会的意思。

"中国人对他人的信任,虽然从外观形式上看,基本上是一种'关系本位'取向的信任——依据人与人之间先天的血缘联系与后天的归属关系而得以形成和建立。但是,实质上起作用的主要不是关系本身,而是关系中所包含的双方之间心理情感上的亲密认同。它能够增强交往双方的义务感和责任心,为双方的相互信任提供保护"①,并基于这种信任而转化为经济的利益。这种情形在陈庆明身上也体现明显。陈庆明当选棉兰茶艺会的主席,据称与陈明宗的鼎力支持分不开。因而,在德教会的事务上,陈庆明也是投桃报李,积极支持陈明宗所开展与主持的活动。双方基于社团活动建立有紧密的信任关系。同时,这种密切关系也延伸到经济交往上。据笔者调查了解,陈庆明从事电梯与空调的安装与销售,而陈明宗开办的 17 层旅店中使用的电梯与空调,应该都是由陈庆明公司供货。双方社团内、外关系的信任,反馈到两者密切的经济联系上,互相合作、互相支持。当然,两人的个人关系也十分友好。既有陈明宗的支持,也因陈庆明自己为年富力强的华人,遂为其成功接任李远方担任棉兰茶艺会②主席创造了条件。而陈庆明在棉兰颍川宗亲会与棉兰德教会中都是陈明宗内关系塑造方面的坚定支持者。由此,陈明宗能得到林锦成、陈锦兴、陈庆明等人的大力支持,恰是棉兰德教会运转良好,影响力显著提升的保证。同时,它的成功对陈明宗内关系强化大有裨益。

---

① 李伟民、梁玉成:《特殊信任与普遍信任:中国人信任的结构与特征》,《社会学研究》2002 年第 3 期,第 21 页。

② 创建于 1996 年 6 月,是目前棉兰唯一的茶艺组织,也是活动开展较好的文化性社团。

（三）构建与巩固内关系，从而推进外关系，并提高个人威望：苏用发的案例

"社会资源理论认为，地位越高，发展社会联系就越容易，摄取资源的能力也就越强。"[1]对于个人地位的构筑，广泛而深厚的联系网络十分重要。但社会关系网不是天然生成的，也不是社会自动赐予的，它是个人或群体在有意或无意间投资建构的产物。[2] 而且，构建一个成功的社会网络对于成员之间的信任，获得更多的社会资源也有着较大的帮助。当然，"通过这种人与人之间的关系网络获取社会资源的能力就是社会资本"[3]。由此推导，苏北华联的创建即是苏用发由内而外建构关系网络，从而巩固内关系，促进外关系，进而形塑棉兰华社领袖威望的成功例子。

苏用发早年受其父亲事件的影响，甚少参与华社活动。直到 2005 年，他才渐渐开始参加社团活动。由于参与社团事务较晚，要在棉兰华社树立威望，确立各种内、外关系基础，虽然经济条件具备了，但一直没有好的社会平台，而苏北华联的创建为苏用发建构华社内外关系提供了良好契机。"人际关系的建构是一定社会环境的产物。"[4]苏北华联的创建是华人社会各种内部矛盾关系的妥协产物。通过对某华人作家的采访了解到，亚齐海啸灾难后，苏北 65 个（又说 40 多个，有待考证）华人社团在苏北印华总会主席黄印华的号召下，成立了苏北华社联合赈灾委员会，设在美德村。后来马来西亚星洲媒体集团试图捐一笔款项给灾区，但不希望由印尼政府（因贪污）来接受，而是交付某个华人社团组织负责处理。为此，棉兰各个华社明争暗斗，互不相让；且在这笔款项使用上，棉兰华社也出现分歧，一部分人主张用于救灾，一部分人主张用来发展华文教育。而星洲媒体集团作为捐款方则

---

① 李明欢：《群体效应、社会资本与跨国网络——"欧华联会"的运作与功能》，《社会学研究》2002 年第 2 期，第 38 页。

② Pierre Bourdieu, The Forms of Capital, *Handbook of Theory and Research for the Sociology of Education*, edited by John G. Richardson, New York: Greenwood Press, 1985, p.249.

③ 李熠煜：《关系与信任：中国乡村民间组织的实证研究》，北京：中国书籍出版社，2004 年，第 139 页。

④ 周建国：《社会转型与人际关系的变化》，《重庆社会科学》2002 年第 5 期，第 77 页。

有意在棉兰发展华文教育。因此,华社协商后各方达成妥协方案,成立了苏北华联,既可救灾又可办教育,从而合情合理地接受这笔捐款。

而据笔者采访另一华人社团领袖得知,苏北华联的成立是源自廖章然团结了一批人,借助星洲媒体集团捐款的机会,筹划成立了苏北华联,并力举苏用发任主席,以使华社领袖权力保持平衡。而苏北华联成立之前的苏用发,虽任苏北苏氏宗亲会、崇文基金会主席职务,也拥有较强的经济实力,但在华社的名声和威望还不足。他也需要一个机会提升自己,以便能为华社做些力所能及的事情。双方心领神会,遂直接在廖章然等人的推举下出任苏北华联理事长之职。因其公司事务繁忙,苏北华联具体的工作多由副理事长廖章然主持,但苏用发对苏北华联的经济支持力度较大。他不仅为"亚洲友好国际学院"带头捐资,而且对苏北华联工作人员采取"授薪制",工资与日常费用由其全额包办,其他捐款则全部用于苏北华联的学校建设。因此,许多对社团较为热心的人士,感慨于苏用发的热心和无私奉献,在各方号召下和游说下,纷纷加入苏北华联。这不仅壮大了苏北华联的声势,也成为拥护苏用发的坚定力量。因而,在目前的苏北华联内,苏用发声威处于持续上涨的趋势。

与此同时,廖章然等热衷苏北华社事务的人也冀图将苏北华联打造成苏北华社的统领性组织,进而扩大苏北华联在地方乃至全国的知名度。当然,借此情势也能对苏用发的外关系延伸起到促进作用。间接地,它也有助于社团相关人员提高个人身份地位和威望。因而,他们以苏北华联名义积极筹办了全华社的华文教育会议,从外部树立苏北华联传承和建构中华文化的形象;积极参与和组织苏北全华社性的活动,并与苏北印华总会一起联合举办春节活动;也以苏用发个人名义邀请 2008 年 2 月到访的罗豪才参观苏北华联总部;与苏北印中商务理事会一道举办中印(尼)文化交流活动,并邀请中国驻印尼使馆参赞到访,以及不断率团参加周边城郊华社活动,扩大以苏用发为代表的苏北华联的外关系。苏北华联的活动范围和领域不断扩展,外在声誉和形象不断提升,外关系建构也不断强化,在苏北乃至全印尼的影响也逐渐加大,逐渐成为苏北华社的重要性社团,苏用发的知名度也在苏北华社迅速得到提升。当然,苏用发在中国的捐赠行为也是提高其外在声望的宣传重点。

"民间组织的存在是以社会的认可(某种程度上也可以说是一种社会授

权)为前提,没有社会的认可,民间组织就丧失了其合法存在的社会基础。社会对民间组织的认可可以表现为由一个组织/机构的社会公信力所获得的社会支持。社会公信力越强,其动员、运用社会资本、资源(包括人力资源和财政资源)的能力也会越强。"①而社会公信力的提高,除了这个组织需具备良好的监督机制外,也可以通过招募已经在社会中建立起声望的行动者的方式,来提高集体的团结度和名声,甚至组织的公信度②;同时,这也是组织外关系与内关系推进的有效途径。

苏北华联除了宣传上积极扩大影响外,在人员构成上,也是通过个人间的亲密关系实现社会资本共享,巩固内关系基础的,如陈明宗加入华联即是如此。陈明宗与苏用发有着紧密经济联系。苏用发领导的苏钢集团,所产钢铁的 50% 出售给陈明宗控制的镀锌钢板厂,而棉兰乃至整个苏北省 80% 的镀锌钢板出自陈明宗的企业(此为陈明宗于采访时亲口所言)。同时,陈明宗又经营旅馆业,各社团或生意往来的客人,以及宗亲活动人员,经常被推荐住在该旅社。外在的经济互动发展成领袖的个人外关系资本。这对陈明宗威望提升也大有裨益。作为回报,在苏北华联组织内,陈明宗对苏用发也是鼎力相助。加上围绕苏用发周边的内、外关系群体的烘托,苏用发在苏北华联内的支持者日渐增多,对其领导权威的认可度渐趋提升,形成苏北华社又一个默认的统领性领导型人物。尤其是他统领的亚洲国际友好学院,致力于中文、英文、印尼文的三语教育,开办得有声有色,蒸蒸日上。这更进一步地形塑了他在苏北华社的领导权威。

苏用发对苏北华联事务决策拥有更多权力,个人威望得到更大提升,进而促进了苏用发依托此社团进一步扩展外关系资本,从而更好地服务于华社发展。

例如,在廖章然等人谋划下,苏北华联不仅积极邀请苏北华社有名望之人士加入,以树立它作为苏北华社统领性社团的身份,也通过巧妙的内部架构,彰显理事长苏用发为苏北华社统领性领袖的外在形象。苏北华联章程

---

① 李熠煜:《关系与信任:中国乡村民间组织的实证研究》,北京:中国书籍出版社,2004年,第 213 页。

② [美]林南著,张磊译:《社会资本——关于社会结构与行动的理论》,上海:上海人民出版社,2005 年,第 156 页。

规定,理事会之上设主席团,并接受主席团的领导和监督。在 10 个主席团成员之中,黄印华居首,陈明宗其次,另外还有苏北印华百家姓协会主席庄钦华、棉兰鹅城慈善基金会理事总主席曾启福等,几乎囊括了苏北华社目前较为重要社团的主席或理事长,由此塑造了苏北华联是苏北华社统领性社团的外在形象。此外,该社团又通过人事设置,将苏北华社外关系资源丰沛,擅长社团经营与管理,且声望亦佳的廖章然纳入苏北华联的理事架构之中,担任副理事长,实际为执行理事长,从而使社团一开始就运作良好;苏用发的崇文中学校友,并与廖章然关系密切,理念相同,对华社事务意愿性强的陈民生任秘书长等。一帮精明强干之人,又熟悉社团运作管理,围绕在苏用发周围,更使他的个人威望获得加持。按照组织结构,虽规定主席团成员有制约理事长的权力,但实际的权力仍是掌控在理事会主席苏用发手中。而且,外界看到的表象则是陈明宗、黄印华、廖章然等已加入苏北华联,受苏用发统领,可见其在华社的号召力。相应地,这也拔高了苏北华联的外在声望,凸显和强化了苏用发在苏北华社统领性领袖的形象。这让苏用发在苏北华社的外关系扩展方面拥有了强大的社会基础。同时,它也起到对内部异议人士的震慑,达到加强内部团结的目的。社团领袖"与很多有声望的群体相联系,也会提高一个行动者自身的名声。因此,群体的声望与群体的激励——使个体成员参与持久的、持续的社会交换,使个体认同群体(群体认同与群体团结)——之间存在着关联"[①]。

(四)以内关系资源置换外关系,从而加持个人社会资本:陈民生、陈保安、廖章然等人的案例

"一定的人际关系结构是由一定的社会结构决定的,所以社会结构的变化也必然带来人际关系结构的变化。"[②]随着社会联结的传统文化因素减弱,情感因素的淡化,"华人的社会关系也从过去的情感为核心的人际关系结构,正向以理性为核心的人际关系结构转变。所谓理性人际关系结构是人们在建构自己的人际关系时,主要是以理性需求为导向来寻求自己的交往

---

① [美]林南著,张磊译:《社会资本——关于社会结构与行动的理论》,上海:上海人民出版社,2005 年,第 155 页。

② 周建国:《社会转型与人际关系的变化》,《重庆社会科学》2002 年第 5 期,第 78 页。

对象而建构一种人际关系结构。这些理性需求大致可以概括为权力、财富、声望等世俗目标，并进而达到所追求的目标"①。对中国人来说，建立关系网络，由关系转化为个人间的信任，从而获取社会关系网中自己所期望的资源，已有几千年潜移默化的历史，"并积淀成为'自然而然'的社会知识"②。此为人之常情，无可厚非。"天下熙熙，皆为利来；天下攘攘，皆为利往。"基于此目标，人们对关系的追求，背后潜藏的或多或少的利益追求，也随着他们的主观努力而不断扩展。

在棉兰华人社会，具有重要地位的社团领袖，可以依靠自身所具优势的资源，如财富能力或者社会活动能力，建构或者推动个人内、外关系，并达到二者互相促进的目的。而那些经济实力一般，社会活动能力不甚突出的领袖，则需要通过个人在某个社团的良好内关系，通过利益置换，或者"执事关联"的方式实现强化内关系，以此拓展外关系。每个人位阶不同，实现目标的方式肯定有所差异。本书仅仅为探究华社的内部权力结构和运作，以此解析华社的发展和变迁，对人对事并无评判对错之意。

据笔者观察，陈民生早年曾参加过棉兰狮子会，后加入苏北印华总会担任副秘书长，与廖章然关系较好；又是棉兰崇文中学毕业生，与苏用发有交集。其所领导的苏北福州中房陈氏宗亲会是福州同乡会矛盾冲突后裂变的一个社团，属棉兰影响力一般的华人团体。为巩固个人的内关系，他必须借助该社团以外关系的加持。由此，他加入了苏北华联，并大力支持和协助巩固苏用发在苏北华联的领袖地位。同时，他也凭借参加棉兰颍川宗亲会的机会，发挥自身才能，为宗亲会发展出谋划策，并得到陈明宗对福州中房陈氏的支持。因而，获得陈明宗的声望（每次的活动陈明宗都有参加并发表讲话）加持，进一步巩固了自己在福州中房陈氏宗亲会中的地位和声威。同样，在棉兰颍川宗亲会中，陈民生也是陈明宗的鼎力支持者。双方透过这种同质性互动，③实现各自社团内、外关系的巩固和提升。当然，除社会资本获

---

① 周建国：《社会转型与人际关系的变化》，《重庆社会科学》2002 年第 5 期，第 79 页。

② 李熠煜：《关系与信任：中国乡村民间组织的实证研究》，北京：中国书籍出版社，2004 年，第 43 页。

③ ［美］林南著，张磊译：《社会资本——关于社会结构与行动的理论》，上海：上海人民出版社，2005 年，第 180 页。

取外,从经济利益的角度考虑,他们内外关系的合作共赢也有必要。陈民生主要从事纪念品、工艺品等的设计、销售等,需要获取华社一定的社会认可,以拓展其经济利益。而他与华社重要社团领袖,如苏用发、陈明宗等建立的密切关系,既能推展外关系,也能加强个人的内关系基础,某种程度上,应会对其经济利益有所帮助。

除通过社团间资源的互换可以实现内、外关系的互动外,"中国人所拥有的关系网使人们也可以通过民间手段来达到自己的目的"①。对于陈保安来说,其经济实力应略强于陈民生,并担任着棉兰颍川宗亲会副主席、苏北华联副理事长、苏北印华总会理事等多项次重要社团职务。他利用苏北印华总会理事身份,透过黄印华与中国地方政府建立了密切联系,以苏北印华总会名义致力于中国与印尼的人文交流。他在印尼国内招募学员,参加厦门青少年宫主办的夏令营等文化交流活动,进而与中国厦门地方的侨办、侨联架起互动的桥梁。这又间接为他在厦门所投资的眼镜制造厂创造了外在友好环境。这对他在棉兰华社的外关系是很好的宣传和建构。此外,据他所言,他曾协助廖章然儿子开设一家眼镜销售店,由此可见二人的关系较为紧密。而且,他女儿又嫁给了苏用发弟弟的儿子,双方有着姻亲关系。这对他在华社外关系的有效推展也应有所帮助。他与苏北印华总会会长黄印华也有着紧密的关系,这对其内关系建构和外关系拓展带来的影响十分明显。

社会结构与个体行动者是互相强化的:结构对支持与承认它的资源价值的个体行动者进行回报;个体行动者为了获得结构中的地位或更好的位置,会尽力地承认与增进结构的资源。② 与陈保安交往密切的廖章然,一直是社团活动的积极分子。虽然经济基础较弱,但他长期从事社团工作,也在棉兰华社与苏北地方政府乃至中央政府构建了一些外在关系资源。据笔者观察,他在棉兰的华社中个人能力得到普遍认可,一方面自己具有突出的才能,另一方面亦能审时度势,为自身创造有利的外关系环境。因此,在20世纪80年代华人社团不甚活跃时,廖章然就参加了印尼民族统一机构,作为

① 翟学伟:《关系研究的多重立场与理论重构》,《江苏社会科学》2007年第3期,第122页。
② [美]林南著,张磊译:《社会资本——关于社会结构与行动的理论》,上海:上海人民出版社,2005年,第53页。

华社联系人，既为华人社会争取利益，也为印尼政府服务，从而使自己在华人社会与印尼政府中建构起关系网。另外，通过20世纪80年代成立的棉兰鹅城慈善基金会，他也找到了自己参与社团活动的主要立足点。透过这个平台，发挥自己的特长，继而成为苏北印华总会副会长，又获任苏北省对外友好协会副会长，得以与苏北政府乃至中国政府建立互动平台。在2004年年底棉兰华社救助海啸灾难的行动中，他又被推举为苏北华社联合赈灾委员统筹委员长，获得华社广泛支持。梳理其活动的轨迹可以发现，他是典型的以内关系为基础，不断地一环推动一环，螺旋式正向延伸外关系的代表。他凭借担任印尼民族统一机构华社负责人，活跃在社团中，进而成为棉兰鹅城慈善基金会重要的理事成员，并为社团的恢复重建、会所财产的索回立下功劳。因此，他也在棉兰鹅城慈善基金会获得一定的声望，引领社团良性运作，并获得成功。由于关系网络的层层拓展，他获任苏北印华总会任副主席，并随苏北印华总会的崛起而声望日增，进而成为苏北省对外友好协会副会长。但他后来因在苏北华社联合赈灾委员会的事务上与人产生罅隙，也丧失了部分外关系资源。他于是转而顺势借助星洲媒体集团支持策划成立了苏北华联，又获任副理事长，并实际担任执行理事长。他利用自身的内外关系，不断加强苏北华联的影响力和领导力，扩大社团的外关系网，使得苏北华联在苏北省乃至全印尼的影响与日俱增。当然，这对他建构和重塑个人外关系也颇有助益。如他以苏北华联副理事长的身份，频繁参与周边县市的华人活动，并作为代表发言，既宣传了苏北华联，也间接地展示了个人形象和声威，是一种典型的以内关系置换外关系，并依托内外关系互动构建声威的实例。

如上所述，"所有复杂社会的一个重要特征是人们普遍都卷入多重角色"①。每一个社团领袖需要依托一定的复杂关系，扮演多重角色，才能在华人社团的权力结构中获得威望和决策地位。为保证这种权力，社团领袖需要构建与维持一定的关系网，通过外关系强化个人在社团中的内关系，或通过个人在社团中的内关系延伸外关系，或者以内、外关系随时随地互动赢得社会声威，从而实现利益所需。作为社团领袖的华人，他们必然也充当着华

---

① ［美］T.帕森斯著，梁向阳译：《现代社会的结构与过程》，北京：光明日报出版社，1988年，第30页。

社与政府及主流社会的桥梁,成为华社的代言人。他们之间所构成的华社内关系,直接或间接影响着他们与所在国主流社会的外关系。

(五)分裂而又统一中的棉兰华社领袖关系

基于棉兰华人社团领袖内关系与外关系的阐述,为我们呈现了棉兰华人领袖间的关系网络现状与联结过程。那么,在这个关系网中,各种结点之间有无矛盾?他们对华社集体事务决策,以及对华社发展产生如何影响?这是接下来需要阐述的内容。

作为苏北棉兰华社的重要领袖,黄印华与陈明宗各自有其活动的社会场域,二人发生交集的情形较少。在苏北华联成立后,他们才有形式上的"共事"机会(即同为苏北华联主席团成员,分列第一和第二位)。陈明宗并未参加黄印华任职的苏北印华总会等社团,而陈明宗所在社团主要为棉兰颍川宗亲会和苏北印中商务理事会,由于社团事务的局限性,黄印华也较少参与。表面看似两人因社团联系较少而建立外关系的可能性不存在,实则二人有潜在隔阂和较劲意味。据笔者观察,双方或有意或无意地回避同时出现在一个场合,但两人暗中较劲的情况时有发生。笔者在棉兰调研期间,适逢苏北省省长竞选造势阶段,候选人为拉近与华社的关系,屡屡透过黄印华以苏北印华总会的名义邀请华社人士与五对候选人见面沟通。与此同时,陈明宗也有着同样的行动,召集华社人士与候选人见面,凸显双方的竞争态势。当然,这显现华社精英阶层之间的分裂,不统一;而这又会使得华社人士不愿得罪任何一方而互相赶场,对候选人不好表态。两人之间罅隙的源头无从考证,但这种不协调必然会影响着华人社团领袖间的内关系,对华社外在统一形象建构将带来负面影响。笔者走访时经常听到一些华社人士发出的担忧:两人在棉兰华社所具有的社会影响力和号召力较大,公开显示不协调行为肯定会为印尼政客所利用,受伤害的仍是华社整体利益。而且两人在社团领袖中的地位和身份,也导致了华社资源的分散,不能在行动中集中力量争取华人的整体权益。这对华社更是一种潜在的伤害。

当然,华社领袖之间的不协调、不团结,互相较劲已经是固有通病,但关键时刻,各方普遍还是能放下歧见,致力于华社共同事业。上述二人虽然矛盾与不协调现象明显,但在涉及华社共同的事务,以及代表华社的外在形象上,合作与和谐还是更甚于矛盾与竞争。例如,在针对2004年发生的海啸灾难救灾行动中,有感于灾情严重,棉兰华社救灾热情很高,但苦于没有统一行动,导致救灾力量分散、资源不集中而救灾效果不佳的情形。两人便联合其他社团领袖共同前往棉兰美德(达)救济站了解灾情,商议如何救灾。当看到现场情形后,两人都感到需要救援的人员很多,救济时间可能会很长,而且往后灾民重建家园,都要加以考虑。因此,两人共同协商,决定以苏北印华总会与苏北印中商务理事会名义发出联合邀请函,请棉兰全市华人团体于 2005 年 1 月 3 日到鹅城慈善基金会议事厅集中商谈救灾事宜。会议最后达成救灾与援建亚齐灾区三阶段的决议,并倡导成立了苏北华社联合赈灾委员会,共同推举廖章然任统筹委员长,全面负责救灾工作。① 两人在救灾等重大公益事业上的合作,体现了棉兰华社领袖在维护与改善华人外在形象、促进民族融合的理念上具有高度的一致性。此外,在接待 2008 年 2 月 24 日到棉兰访问的中国政协副主席罗豪才的活动中,两人也以各自社团名义联合招待了罗豪才,并在晚宴上分别由黄印华与陈明宗作为代表致辞。在第二天的参观中,陈明宗也主动安排车辆接送罗豪才一行。在 2005 年 11 月召开的棉兰颍川宗亲会大厦落成典礼上,黄印华也主动发出贺信并到场讲话,等等,由此显示合作仍是两人外关系的主流。

就苏用发与黄印华来说,二人并无私人的矛盾,只是在社团建设的理念上有所差异,或者是双方领导权力解构与建构过程中的情绪化表现,由此导致互相不服而产生隔阂。苏用发认为,社团不在于多和少,而在于其功能能否完全发挥,能否在救灾、慈善、教育和联络乡亲方面达致最大效用。社团不一定要囊括所有人,经济稍差的华人不参加也不要强求,尽管呼吁他们加入。他对苏北印华总会的理念不认同,认为该组织想变成一个具有种族性政党的趋势,会导致华人的孤立,且与国家种族和谐建设政策也不符。他也觉得苏北乃至全国的印华总会领导人是由各县市支部层层推选,对圈外人有所排斥。苏北印华总会欲成为统领性的中心社团,但又不经全体华社选举,领导地位不具正当性和合理性。因而,黄印华成为苏北华社总领导人可能难以服众。另外,目前苏北印华总会倾向于提拔年轻一辈的华人领袖,他们在华社事务上的激进做法让老一辈华人难以接受。且黄印华个人的领袖

---

① [印尼]《棉兰早报》2005 年 1 月 3 日。

魅力有所不足,领导地位的认可度不高,领导力不强,在社团活动赞助方面也不是很慷慨。所以,苏北华人不能接受其作为华社统领性的领袖。

同样,对于心气甚高,已然成为华社事实领袖的黄印华来说,他也不愿接受、不太认可苏用发意图成为棉兰华社总领袖。而笔者从与黄印华的交谈中发现,黄印华对陈明宗的能力流露出不信任的语气,并对苏用发靠钱"砸"出来的声誉不认同。因而,他本人虽为苏北华联主席团主席,但较少参加苏北华联的活动。若有苏用发、陈明宗主持的社团活动,多半也不会出席。同样,黄印华发起和举行的华社公益性活动,陈明宗和苏用发也甚少出席。黄、苏二人外表上没有出现像黄、陈那样公开化的不协调,但也甚少交流。据笔者判断,苏用发为尊重黄印华在苏北社会的影响,但囿于棉兰华社现实,也不得不为他在苏北华联中设置一个合情合理的职位,即 10 人主席团成员主席,并在章程中也规定主席团成员有监督理事长工作的权力。确切地说,这一职位的荣誉性更大于实际作用。

黄印华作为苏北印华总会主席,依靠自身才能和社会活动能力,打破传统华社财富决定一切的旧格局,早早奠定了在华社的领袖地位,并与印尼中央和地方政府、苏北华社与全国华社、中国政府以及印尼伊斯兰教精英等有着良好的外关系,建立了多重关系网络。但随着印尼民主化改革进度加快,华社领袖的全面崛起,他们不满足于一人独大的格局,纷纷谋求自身的社会场域,华社领袖的竞争加剧。在华社内关系上,可能由于经济实力不足等原因,黄印华的领导地位日渐削弱,影响力渐趋弱化,内关系的立足点在缩小。苏北华社领袖也出现多极局面,由此证明了关系背后种种因素对华社网络的建构和权力结构产生的潜在影响。

事实上,黄、苏二人虽因种种缘故而滋生歧见,但由于二人性格的因素,并没有产生冲突性的矛盾。两人在更多场合维持着一种表面和谐与合作的状态,这种领袖间外关系的维持使他们各自获得一种安全和满足感。尤其是在印尼政治不稳定的转型时期,基于华社利益考虑,两人的共同点应是大于分歧。为响应苏西洛总统号召统一庆祝春节,苏北华联理事长苏用发努力使 2007 年苏北华社庆祝春节文娱晚会举办成功,于 2 月 24 日邀请苏北华联全体创会人员、主席团、名誉主席、监察会及理事会举行座谈会,会上由黄印华阐明举办苏北华社统一庆祝春节文娱晚会的缘由和意义,获得与会华社精英的认可。同时,为提升大家的积极性,苏用发还积极动员参加会议的华社精英,要求大力支持苏北华社统一庆祝春节文娱晚会委员会,并踊跃认购参观券。[①] 在棉兰崇文华文学苑的开学典礼上,黄印华受苏用发邀请出席并致辞,表达了对崇文华文学苑推广华文教育的期望和祝贺;[②] 在苏北华联成立典礼暨迎春联欢晚会上,黄印华作为主席团成员代表出席并讲话等,[③] 都体现了二人基于华社领袖合作共赢的想法,维持着华社合作分工、共赢共利的局面。在笔者采访苏用发时,他也表达了两人合作的想法。他表示,其实苏北华联可以与苏北印华总会分工合作,在需要出钱方面由他出面,在需要疏通关系方面则由黄印华代表,二者既能在苏北华社中很好合作,又能推动两人所领导社团各有侧重地发展,出发点则是共同维护华社利益。[④]

关系是人们获取利益的一种手段,也是资源的一种配置方式。在竞争不充分、信息不完全、规则不完善的条件下,关系就会发生作用。随着社会的发展,人们在运用关系的原则中,坚持理性选择更甚于情感因素。从上述黄印华、陈明宗、苏用发的关系可以发现,三人间虽存在不协调的行动,但受文化价值模式与印尼社会现状影响,较少把感情因素掺杂进来,更多地体现了他们三人间建立理性关系的追求。在代表苏北华社的共同利益上,三人能够通过直接或间接的互动,合作多于对立。如在1998年成立的棉兰华社联合总会,各方认可黄印华代表华社去"建构"外关系的行为,并没有因其获益而试图放弃;又如在接待贵宾、代表华社发出呼声等问题上,三人还是能协调一致,维护大局,并没有公开拒绝合作的行为;而且,即使是在三人观点相左时,也没有发生公开的对立和攻讦。不管这种合作是真心诚意还是利益选择的考量,他们的合作将山头林立的华社统一于和谐的情境中,仍是值得嘉许的行为。其他的棉兰华人社团领袖,与陈明宗、苏用发经济上发生联系情况较少,意图使其所领导社团保持相对独立性,各自也相安无事。在政治不稳定,外在形势仍不明朗的情形下,他们需要借助三人所建构的内外关系以维护个人或群体利益。他们或多或少,或浅或深地都与三人发生着"关系",并以个人或组织利益(不仅仅是经济的,还有社会的利益)来决定与三

---

① ［印尼］《国际日报》2007年2月27日。
② ［印尼］《棉兰早报》2007年2月16日。
③ ［印尼］《棉兰早报》2007年2月17日。
④ 据2008年4月3日于苏钢集团办公室采访苏用发记录整理。

人间关系的亲疏,即他们以能否从拥有某一群体成员的身份中获益的标准来决定其选择,这也事关群体凝聚力的强弱。反之,群体的凝聚力越强,他们成为该群体成员获益的可能性也越大,群体也越能吸引他们加入。[1] 而且,"相当一部分人加入某一社团的原因主要并非在意于组织所提供的服务,而是想象征性地与某一事业联系起来(即名义上与某一拥有声望、地位的组织保持外在的联系,借此提升自身形象的目的)"。[2]

总之,通过以上领袖间内、外关系的描述可知,存在于棉兰华社领袖间的关系,一方面是他们各自出于利益的考虑,以传统的"关系本位"为出发点建构和延伸的。另一方面,他们也将利己的动机与公益心结合起来,不断稳固和强化这种内外关系,型构自身声威。当然,不管是以外关系巩固内关系,还是以内关系推展外关系,抑或内外关系兼修,他们始终都离不开与黄印华、苏用发、陈明宗三个"领袖核心"的关系。这与棉兰华社仍处于不成熟状态有关。印尼华人与其他国家相比,文化断层有 30 多年。作为华社领袖,他们缺失的不是个别人,而应是一群人。这对现有华社领袖的综合素质有更高的要求。他们既要继承传统,又要面对快速变化的复杂社会需求。对于领导经验缺乏的棉兰华社领袖来说,任务尤为艰巨。因此,他们成为当今社团的领袖,需要面对方方面面的问题,需要具备各种内外关系的基础,非一己之力所能应付。棉兰华社领袖群体尚在成长当中,领袖群体的壮大已成为一种必然。

棉兰的华人社会依靠社团纵横交织的社会网络,以黄印华、陈明宗、苏用发三个主要领袖为核心,基于领袖个人的内外关系,以及个人之间的关系,加强了凝聚力与合作性,锻造出当地华人赖以生存的社会结构,从而使棉兰华社在面对复杂多变的形势时维持着一个群体或社区的存在与持续,并在积极进行融合再造。这是棉兰华社进一步完善并使领袖群体化的必由之路。

---

① Pierre Bourdieu, The Forms of Capital, *Handbook of Theory and Research for the Sociology of Education*, edited by John G. Richardson, New York: Greenwood Press, 1985, pp. 248-249.

② 李明欢:《群体效应、社会资本与跨国网络——"欧华联会"的运作与功能》,《社会学研究》2002 年第 2 期,第 38 页。

第六章

当代印尼棉兰华人社会的新发展与新态势

——基于社团与社团领袖的综合考察

第一节　社团、社团领袖与棉兰华人社会

一、社团、社团领袖与棉兰华人社会的概况

在人类历史发展的长河中，社会与个人始终处于一种动态的平衡过程。"社会的变迁经常被看作外部社会结构变化对个人的影响。"反过来，个人存在的不同诉求也往往反映在社会的各种关系与结构上。这种个人与社会的互动，并不是建立在直接的渠道上，而是通过一个联络性的中介体，即社会组织或社会团体来完成双方信息传导的。"它以社群利益为导向，发掘和运用分散的社会资源，为其成员谋发展，主动地（非被动地）、自觉地（非强迫地）参与社会事务。它不握有公权力，但可在社群协调、沟通、整合等方面发挥积极作用，并在一定范围内形成一种非正式的社会管理。"①

荷属殖民时代，印尼华侨处于不平等的社会地位。因无法通过外交渠道打破被殖民统治的身份，无论是作为个体的华人，还是作为一个群体的华族，各种社会需求都不能得到有效表达和伸张。因而，他们建立各种各样的

---

① 于海：《行业协会与社会中间结构》，范丽珠主编：《全球化下的社会变迁与非政府组织》，上海：上海人民出版社，2003年，第307页。

社会团体,加强横向间的联系,试图以群体力量对抗外在社会的压力,实现自我保护,同时满足部分群体的文化需求。各种地缘、血缘、业缘等团体组织广泛兴起于华侨社会,它们有着自成体系的内部结构,起到了促进和加强华人个体间信息往来和信任感的作用,进而联结各地区华人社会成为一个整体,并以此维系华人社会的正常运作。这种"内部的联系纽带被视为移民获得成功的工具"①。

印尼独立后,华人虽为少数族群,但经济上处于比较突出的位置,且文化上保有完全异样的特性,属十分敏感和特殊的一个族群。加上历史形成的隔阂和歧见,华人个体在印尼始终被视为异类,唯有借助团体的力量,个体才能获得心理的安全感,进而达致个体的需求。尤其是独立后不利于华人的外在环境,使华人对组织的依赖更为强烈。依据传统文化的精神纽带,华人社会积极联结而成各种团体性组织,并以带领华社尽快融入所在国社会为新使命。虽出现过面向中国大陆、面向台湾,或面向印尼的政治争论和分化,但不管怎样争论、激辩、分化、争斗,华社精英通过社团来协助华人适应所在地社会转型与变迁的主流趋势未变,并发挥着积极而重要的影响。而不同时期存在的各种看法和争论,只是华人社会多元途径整合的表现。

苏加诺时期对华人采取了限制与利用政策,但保留了华人族群的文化和身份地位。苏哈托时期对华人实行强制同化政策,则是试图扼杀华人作为一个族群的生存空间。然而,华人社会仍能顽强存在,强大的文化根基与经济地位是主因,但发挥重要作用的仍是那些危机中持续存在的社会组织。它们基于共同文化的精神纽带,以宗教、慈善名义而活动在特定华人群体中,虽然数量较少,活动频率较低,但一定程度上起到了联系华人个体、维系华人群体特性、保存华人意识的作用。如棉兰狮子会,属特殊年代源自国外的公益性团体,自创设起便汇聚了棉兰华社精英的大多数,虽有土著民族参与,但近乎80%～90%为华人(依据笔者现场参与观察),既满足了华人社会对组织的需求,也促进了华人间的互动与联系,使华社精英在社团的组织与领导能力方面得到锤炼。其他一些华人非公开性的群体组织,如苏北华社联合总会等,它们在维护华社利益,保持华人社会的整体性与华族意识方

---

① 〔澳〕王赓武著,王望波译:《社会纽带与自由:移民社会的选择问题》,《南洋问题研究》2001年第1期,第4页。

面,也起到了重要而积极的作用。

自 20 世纪 80 年代开始,随着全球化、一体化的发展,印尼融入全球趋势的进程加快,社会民主化程度有所提升,华人政策趋向缓和。棉兰华社的各种团体组织也开始复兴,并在苏哈托下台之后进入一个快速发展的阶段。这是因为,全球化进程中,"个人对政治传统和阶级的认同越来越淡漠,越来越归附于亚团体或者重归个人。实际上也就是政治生活的个人化和分散化,表明了个人和团体对替代传统政治价值观念和实践行为的探索,是认同贴附对象的转移"。① 华人社团既能保存中华文化传统,满足个人或团体的组织需要,也是印尼华人适应全球化趋势下发展经济、扩大商贸合作的要求。如华人学者廖建裕所说,当今世界都存在着族群恢复的趋势,印尼人民对差异性族群的存在逐渐有所理解。华人保有华人认同意识,能带来经济回报。因而,华人经常使用族群联系以提升经济利益,进而满足各种社会需要。②

经过长期的反华、排华骚乱冲击,1998 年五月暴乱后的印尼华人也开始反思华人在印尼的出路。棉兰华社作为印尼华社的组成部分,必然会受此影响。部分棉兰华社人士认为华人应该积极投身政治活动,公开表达政治诉求,才不致扮演替罪羔羊角色;另一部分华人则坚持通过政治压力型社团以助政角色出现。两相权衡后,棉兰华人多选择了以政治压力型社团参与政治的方式。因而,具有政治压力功能,又不会涉入政治较深的苏北印华总会自诞生之日起,便获得棉兰华社多数群体的认可。当然,这种广泛认可与支持也是与黄印华的领导分不开的。黄印华曾在五月暴乱时期利用自身拥有的政治资源,对棉兰华社帮助较大。作为棉兰华社积极参与政治活动的华社领袖,黄印华也对华社形象改善,维护华社权益贡献较多。在他的领导下,苏北印华总会迅速发展壮大起来,成为棉兰华社公认的领导性社团,囊括了棉兰华社较为重要的社会活动家,使其担任领袖,如廖章然、徐煜权、陈民生等。可以说,苏北印华总会的发展壮大,既是黄印华等政治参与型领袖与政治压力型社团两相契合,积极推动的结果,也反映了棉兰华社在五月暴

---

① 杨雪冬:《全球化:西方理论的前沿》,北京:社会科学文献出版社,2002 年,第 77 页。

② Leo Suryadinata, *The Culture of the Chinese Minority in Indonesia*, Singapore: Marshall Cavendish International Private Limited, 2004, pp. 13-14.

乱之后的政治诉求,是当前华社的主流趋势。

随着印尼民主化进程的加快,华人少数民族意识高涨。尤其瓦希德上台后,在政府全面改善华人境遇的政策影响下,恢复与建构华人文化,提升华族意识,保持华人特性进而团结华人为一体,逐渐在华社取得共识。各类同乡会、宗亲会、文化休闲类等团体,纷纷以基金会名义注册成立。这种以弘扬中华传统文化,同时又力图融入主流社会为主旨的华人社团之兴盛局面,既是棉兰华社多元化趋势的表现,也包含着棉兰华社内关于政治融入还是文化融入的路线之争。虽然政治参与作为充分融入印尼社会的方式能够获得认可,但对有别于雅加达等地的棉兰华人来说,对政治的态度较为矛盾。一方面害怕因参与政治而惹火上身;另一方面又担心因未参与政治而使自身权益不能得到保障,因而,一部分华人群体试图选择另外的替代方式,即以文化的力量整合华人社会,对外能够以"一个声音""一个组织"的方式,显示自身的力量并参与社会事务。而政府长期的文化同化政策,以及全球化所带来的快速变化造成身份界限的模糊,使人们加强了对身份归属的紧迫要求①,所以具有文化诉求的社团应时而兴。它既能团结华人,又可满足华人综合需求。因救助海啸灾难而走向合作的苏北华社,顺势而创建了苏北华联,并以慈善与华文教育为宗旨,体现了棉兰华社在全球化进程中恢复族群意识,并在文化上有所诉求。同时,一批具有工商背景,传统上一直弘扬文化,联系族群,建构商贸网络,从而实现经济需求的华人社团领导人也随之出现,如苏用发、陈明宗、林福鼎等。他们以商业成就而活跃于华社,并进入社团领袖阶层,成为融入主流社会的另一种代表。

二、当代棉兰华人社会的特点分析

"任何团体都是镶嵌在一个大的制度之下,并受其所处社会结构位置的左右。"②当今的棉兰华人社会已是所在国的一个族群社会,是印尼社会的一部分。但是华人由于在印尼独特的境遇和历史,一直是印尼社会的一个特

---

① 陈衍德、彭慧等:《全球化进程中的东南亚民族问题研究——以少数民族的边缘化和分离主义运动为中心》,厦门:厦门大学出版社,2008 年,第 312 页。
② 林万亿:《团体工作理论与技巧》,台北:五南图书出版股份有限公司,2007 年,第 55 页。

殊部分。要了解和研究华人社会，就必须深入群体内部，社团因而成为我们研究的切入点。而了解社团又必须洞悉社团领袖的结构与特征，才能理解社团的精髓。华社与社团、社团领袖好比船与桨、舵手的关系。舵手操控着桨，但二者都依附于船体，才能发挥自身效用。而引领船的航向，又必须依靠舵手挥动着桨，根据水流和风向而前进，才能驶向正确目标。

就地理位置来说，棉兰虽为苏北省的首府，但却是一个远离印尼首都雅加达的中心城市，处于边缘地带。由于独特的地理位置和资源优势，它历来就是一个商业经济发达的移居型城市，其政治、经济、文化与社会结构自成体系。因远离中央，棉兰华人与雅加达华人社会的交流甚少，属印尼华人社会的边缘群体。这种双重边缘性决定了棉兰华人的独特性。通过社团、社团领袖的多层面考察，为我们把握棉兰华人社会提供了有益参考，进而总结其社会特点如下：

（一）政治参与较为谨慎，间接涉及为主

历经苏哈托时期残酷压制的棉兰华人，普遍对政治噤若寒蝉，参政热情不高。相比于雅加达等地华人政治参与的广泛性，西加里曼丹山口洋出现华人当选市长的现象来说，棉兰华人至今在政治领域确实没有更好的表现。仅有的一次华人参与议员选举的行为，也因内耗而以失败告终。笔者观察发现，棉兰华人更加热衷于传统华社对政治施加间接影响的方式，即华社领袖通过个人与政治人物的密切关系，以幕后交易的形式，间接地对政府政策施加一定的影响。尤其是老一辈的华人使用此方式的较多。

历史上的棉兰华人，面向中国的政治十分活跃。但也正是因为如此，使棉兰华人深受伤害。一位棉兰华人告诉笔者，印尼华人曾经介入政治，参加政党，有的挤上前头，成为政治宠儿，甚至当了部长。曾几何时，又因帮派之事而失宠。过去曾被苏哈托指为同情印共，切不断中国联系，遭受政治迫害；后来投向执政集团，又因派系和党派之争，弄得两头不到岸。这说明了少数民族要在政治场争一片天，极其困难，暂时还是或最好永远不要与政治挂钩，站错边或情势有变，又是霉运当头。由此，对政治的畏惧使得笔者在采访时，所听到的第一句话就是，"我们的社团不参与政治活动，也不隶属任何政治势力"。

根据廖章然的说法，20 世纪 50 年代末到 1965 年前是华人社会的左右派思想发展的黄金时期,双方的分裂较为明显。双方思想的调和从 20 世纪 70 年代末期开始,1998 年的冲击是一个里程碑式的影响,华人社会认识到必须放弃思想争论,既因为新中国的强大,对华人的影响力逐渐增强;又因为华人落地生根意识的提升;还因为华人受到印尼政府的冲击导致华人认识到双方必须团结共谋才能避免对华族的压制政策,最起码表面上团结起来了。[①]

(二)延续和保留中华文化意识强烈,但也受到西方化、印尼化冲击

棉兰是一个新客华人为主的社会,过去一直受到中国文化的宣传教育,并与中国政治联系紧密,这对保留华文教育、延续华人传统都产生重要的影响。受苏哈托同化政策影响,棉兰华人文化也出现了断层危机,并受到西方化与印尼化的冲击。尤其是年轻一代的华人,屡受歧视而滋生对印尼化的抗拒,但又不被允许接受中华文化,因而,年轻华人表现出接受西方文化更甚于印尼文化的倾向。面对此情景,棉兰华社领袖利用地缘优势,持续开展与周边华人地区的文化互动,顽强地延续着中华文化的传统。

"决定文化适应速度的一个重要因素就是居住地。倘若某个人住在自己人中间或附近,而在这地区中国生活方式盛行并永恒不变,那他就会保留或受到中国传统及观念的影响。"[②]对棉兰的华人来说,雅加达是遥远和缺少联系的,与他们频繁发生联系的是新加坡、马来西亚与中国等。如隔着马六甲海峡的槟城,华人占 75%,[③]是华人传统文化保存较好的城市。尤其新加坡是一个以华人为主的国家,它们对棉兰的文化、经济影响甚深。另外,许多棉兰华人后代,因不能在印尼接受高等教育,又不愿接受同化,纷纷去到香港、台湾、大陆与新加坡、马来西亚等地留学,学习中华文化,接受"中国人"(意指中国文化)的教育,并建立了与这些地方的经济联系。所以,棉兰华人对中华文化认同较深,甚至在苏哈托高压时期,也能坚持利用各种机会

---

① 据 2008 年 3 月 4 日于棉兰鹅城慈善基金会会所采访廖章然记录整理。

② [美]宋瑞芳著,朱永涛译:《美国华人的历史和现状》,北京:商务印书馆,1984 年,第 257 页。

③ 据 2008 年 2 月 17 日拜访棉兰茶艺社与马来西亚槟城紫云阁阁长、拿督斯里周荣吉时随机访谈记录整理。

学习华文知识，接受华文教育。廖章然提到，本地华人 50％以上能说普通话，而印尼其他地区则没有此种优势。①

笔者在采访中了解到，在雅加达生活的棉兰华人甚少与雅加达华人交往，一是双方的观念隔阂，二是语言文化的障碍。在棉兰生活过的华人，50岁以上的可以说中文，保留华人最初移民南洋的精神较多，勤劳，物质追求较少，生活以赚钱和创业为主。他们在雅加达的生意经常是早上 7 点开门，晚上 9 点多关门。而雅加达当地华人则已经入乡随俗，每天在早上 9 点多开门，下午 5 点多就关门。因棉兰华人十分勤劳、精明，竞争力强，雅加达华人多数不愿与棉兰华人交往；而棉兰华人也瞧不起雅加达华人，认为他们不能说华语，没有华人文化传统，受印尼化影响太深，失去了华族特性。② 据此，棉兰华人提出了带着中华文化融入印尼的口号。

当然，保留传统华人文化与精神的棉兰华人，也在印尼华人群体中取得许多杰出成就。许多杰出华商中，就笔者观察，隶属棉兰籍的比例特别高。这也从侧面证实了文化对经济的反哺。

(三)华语使用十分普遍

"语言是文化适应的重要标志。"③棉兰华人因对传统文化的坚持，决定了其在语言使用上具有一定的独特性。在棉兰，华人以闽南话为华社通行的语言，但 50％以上华人也都能用普通话交流。尤其是青少年一代，他们的华语水平更好于其父辈(因出生、成长于苏哈托统治最严厉的时期)，学习华文的热情也十分浓厚。笔者在棉兰也主要是以普通话进行采访；并且，在公开的场合，用闽南话或者普通话交谈十分普遍。

在笔者所接触的华人中，他们一般都能使用普通话或闽南话交流，而且 50 岁以上华人基本能说着一口流利的普通话。"来自祖国的语言成为他们之间相互交往的工具，不论是在家里，在商店里，在学校里，在市场上，总之

---

① 据 2008 年 3 月 4 日于棉兰鹅城慈善基金会会所时采访廖章然记录整理。

② 据 2008 年 2 月 24 日于黄印华家访谈记录整理。

③ [美]宋瑞芳著，朱永涛译：《美国华人的历史和现状》，北京：商务印书馆，1984 年，第261 页。

在一切场所,他们都使用上述语言。"①这在印尼华人社会构成一个独有的现象。这种语言延续的现象,亦可透过印尼民主化改革以来华文报纸在棉兰的发展见证。苏哈托下台之后,华语禁忌完全解除,印尼棉兰华文报刊发展十分迅速,早期有《棉兰日报》(后改为《棉兰早报》)、《印广日报》、《讯报》,一直到 2015 年形成《讯报》《好报》《正报》并存的格局。同时,属雅加达的《国际日报》也在棉兰有着广大消费市场。

(四)华人经济以中小企业为主,处于印尼经济的边缘

印尼经济可以分为三个层次。国家经济命脉掌握在官僚资本和外国资本手中,一些重要行业,如银行、钢铁、三合板、面粉等,大都由国家或私人大财团控制,这是第一个层次。华人经济大部分属第二个层次,是中间阶层,然后才是最低的第三个层次。但是印尼下层人民只看得到中间层次(他们接触不到最高层次),所以总是向华人发泄不满。棉兰的社会结构是典型的金字塔形,顶层为一部分富裕的印尼原住民,但他们不爱露富;而中层则是华人,但爱摆阔;下层则是广大失业,因为政府管理缺失而穷困的原住民,无形中又使华人成为社会的夹心层,成为下层人民反对的直接目标,再加上历史上的民族矛盾,从而助长了民族对立情绪。②

棉兰的华人经济就像其政治与社会地位一样,一直处在边缘性位置。历史以来,苏北省的经济就是以资源出口导向为主,畸形的经济结构导致经济活动的脆弱。依赖于资源出口的棉兰华人经济,既没有雅加达的人口、政策优势,也没有纵深的腹地,并且也面临着周边区域上更有优势的新加坡、吉隆坡等的竞争,走向边缘化便是必然。根据笔者在棉兰的采访观察,棉兰的华人多从事服务、贸易和销售类行业,以及一些简单的资源粗加工行业,如树胶、棕榈油、木材加工等,技术含量低,容易复制,在面临危机冲击时,十分脆弱。在所采访的人群中,仅有林氏宗亲会主席林福鼎的保健品生产稍有技术含量。棉兰华人经济普遍为中小企业。黄印华在访谈中说,印尼大工业集中在爪哇,那里华人较多,而棉兰华人做不了大生意。截至笔者采访

---

① 周南京、陈文献等编:《印度尼西亚华人同化问题资料汇编》,北京:北京大学亚太研究中心,1996 年,第 719 页。

② 据 2008 年 3 月 4 日于棉兰鹅城慈善基金会会所采访廖章然记录整理。

结束所了解的信息,棉兰还没有出现在印尼国内知名的大企业。

（五）民族关系较为和谐,互动较多

历史以来,华侨华人就特别注重与其他族群的关系建设。早期棉兰华商张榕轩、张耀轩兄弟,为友族建清真寺、修桥、盖学校,使华侨华人与各族群融洽相处。就目前情况看,苏北省华族与其他各族的关系比印尼别的省份要好些,原住民各族之间的关系也较其他地方好。"例如,一位华裔与原住民用亚齐语而不用印度尼西亚语交谈,在亚齐是不足为奇的,在爪哇尤其如此。然而,在棉兰,情况则不同。即使有第三者在场,他们还是讲华语而不感到不好意思。然而,在棉兰,人们不愿对此提出异议,因为很有可能人们把他说成'种族主义'的偏见。"[①]由此可反映出苏北省民族关系的相对缓和。当代棉兰华人也为印尼各民族的和平相处做了许多工作。例如苏北印华总会曾邀请北苏门答腊省的伊斯兰各教派长老访问中国,就是一种友好的表示。亚洲友好国际学院亦积极促进友族群体参与华语学习,并特别设计一套资助体系,帮助友族贫困子弟接受三语教育。

不仅如此,华人在苏北的经济发展贡献也逐渐得到印尼各族的公认,亚齐叛乱中,华人既未受到政府军也未受到叛军的太多干扰,即为明证。华社举办各种国际化社团活动,苏北省的政治精英亦经常出席并致辞,肯定华人对棉兰乃至苏北省经济的贡献。

（六）社会结构上以横向分化为主,但纵向差距有拉大趋势

棉兰华人社会是一个以横向分层为主,边界较为模糊的社会。由于移民历史较短,只有约100年的时间,新客华人社会的传统与现代分野不甚明显,传统中夹杂着现代性,现代中则保有浓郁的传统特性;世代之间差异也不甚明显,目前较为活跃的华人群体仍是受过华文教育,对中国传统文化保存较好的人群,并占据社会经济的主导地位。而具有明显差异的一代（主要是华人第三、四代）没有取得主导的政治和经济地位,还不能成为棉兰华人社会的主流。而且,地域群体差异一直不是分化的主导因素,政治才是棉兰

[①] 周南京、陈文献等编:《印度尼西亚华人同化问题资料汇编》,北京:北京大学亚太研究中心,1996年,第727页。

华人横向分层的主因。按政治群体划分后的棉兰华人,再以各自需要而结成功能各异的组织,仅有的社团联合组织也是一种松散的毫无隶属关系的结合。而面向中国的政治既是华人在抗日时期的整合因素,也是 20 世纪50—60 年代导致华人横向分化的主要因素,这种对立分化在今天的社会中仍有意或无意地成为群体区隔的因素。

综上所述,由于棉兰华人是以新客华人为主的社会群体,华人特征性明显。这些特征既是印尼多元化社会环境因素使然,也是华人移民群体的复杂结构所决定的。要了解这个富有独特性、复杂性的社会群体的发展趋势,则要从棉兰华人的社会基础——社团入手分析。

三、当代棉兰华人社会的新发展与新态势

纵观棉兰华人社团的复兴、成长、发展过程,可以发现,华人社团之间与社团领袖之间的合作,始终适应着棉兰华社不同时期的不同诉求,引领华社前进。同时,在华社的发展进程中,社团与社团领袖始终都是扮演着"上下沟通,左右联结"的中心角色,并与华社一起历经风雨考验。在当今,这种关系在棉兰华社发展的新趋势中仍得以体现。

(一)次区域城市交流圈互动频繁

处于印尼政治、地理边缘的棉兰,在与印尼华人中心区域交流受限的情况下,转而主动、积极寻求发展与周边相邻国家华人社会的关系,后者成为棉兰华人寻求支持、获取信息、扩大交流的侧重点。这客观上促进了东盟框架内华人社会的发展,形成一个华人城市交流圈,笔者称之为次区域交流圈。棉兰华人与马来西亚的槟城、新加坡之间的文化交流、社团往来较多,甚至医疗、购物等生活方面往来也十分频繁。此外,该区域具有福建人(主要为闽南人)居多的特点,文化相近的氛围也是促使次区域间交流甚多的原因。最后则是区域内华人团结以寻求力量支持之故。这种交流不仅存在于个体之间,更多的发生于团体之间,既推动了各方文化上的交融,也在经济上达到了互益。

这种次区域交流的活跃,部分得益于棉兰华人领袖借助社团间互动的方式。主要表现如下:

据颍川宗亲会人士反映,"1998 年的五月排华事件,对宗亲来说心有余

悸，心灰意冷。此时正好马来西亚陈清发宗长来棉处理商务，建议组团到外地参观交流，一来旅游，二来取经，三来可交朋友，可说是一举数得。理事们对陈清发宗长的建议，都一致认同，并开始筹划到马六甲参加宗亲会庆典，1999年成功地组团抵达马六甲，得到多方面收获。其中和世界舜裔宗亲联谊会接轨是大大收获，更可喜的是诸宗亲回棉之后，又再恢复以往热情"。① 又如在印尼海啸地震灾难中，马来西亚华社以星洲媒体集团为倡导，发动"海啸无情，人间有义"的赈灾活动②，体现区域华人团结互助的精神，棉兰华社也积极参与。其他还有通过宗亲团体间的交流访问，如马来西亚雪隆庄严宗亲会访问团通过拜访棉兰庄氏宗亲会，进行亲切的交流，顺此推动印尼庄严宗亲会的成立③等。这对加强两地宗亲联系，进而达致商业合作起到有效推动。

区域间文化交流也甚多。2007年1月6日，苏北文艺促进会赴泰国参加首届马、印、泰慈善歌唱比赛，能加强彼此的华语交流，增进各国华侨友谊，携手为华语的国际化推动发展做出力所能及的贡献。④ 苏北印华百家姓协会庄钦华鼎力支持，并与苏北省发展旅游促进会联合主办"印马歌王歌后卡拉OK争霸慈善晚会"，推动两国文化互动，进而实现宣传本省旅游资源的目的。⑤ 不仅有民间层次自发的文化互动，政府也出于促进经济发展需要，有意识地利用华人文化推动区域交流。

这种频繁的次区域互动，作者透过苏北作家晓星的言辞得到确证。他说华人去到槟城就如同自己家一样，一是槟城华人多数为福建籍，语言相通，就像自己周边市区一样。交通也比较方便，坐飞机半个小时，坐船一个半小时就可以到达。二是槟城社会管理较好，尤其是医疗水平比印尼高，所以棉兰华人大多数去到槟城看病或游玩，其次就是去新加坡或吉隆坡。⑥ 印

---

① 2008年2月27日笔者拜访棉兰颍川宗亲会会所时由陈其仁提供的资料。

② 《马来西亚"海啸无情，人间有义"筹委会捐50万元予苏北华社联合赈灾委员会》，[印尼]《棉兰早报》2005年1月20日。

③ 《马来西亚雪隆庄严宗亲会访问棉兰，推动成立印尼庄严宗亲会》，[印尼]《棉兰早报》2004年12月7日，

④ [印尼]《棉兰早报》2007年1月6日。

⑤ [印尼]《棉兰早报》2004年6月19日。

⑥ 据2008年3月20日于民礼晓星家访谈资料整理。

尼医生协会资料显示,在国外寻求医疗服务的印尼人中,75%选择去新加坡求医。许多印尼富商甚至每年定期到新加坡住院一个星期,接受健康检查,演变成医疗度假的形态。[①] 笔者在印尼调查了解到,印尼华人多数在新加坡有产业。他们日常的生活、工作多数时间仍在印尼,一般休假或有时间则前往新加坡放松。良好的秩序和丰富的机遇,是印尼华人在新加坡与印尼跨国互动的重要因素。譬如吴和敬先生[②],主要从事棕榈油种植、提炼制成品销售,其公司生产制造在印尼,而因新加坡为国际金融中心,公司的主要贸易业务则是在新加坡进行,所以吴和敬一半的时间待在印尼,一半的时间在新加坡,公司具体的业务打理交给其 30 岁左右的儿子。另外,印尼棉兰王氏宗亲会主席王亚辉[③]在采访中说道,新加坡配套齐全,所以他经常去新加坡找船舶的零配件,顺便去他在新加坡的姐姐家住。其他印尼华人也多数与新加坡有着深入的联系。如陈民生儿子在新加坡工作、定居;陈明宗女儿女婿在新加坡工作、定居;林来荣在新加坡买有房子等。印尼华人在新加坡大多有置业,这在笔者赴雅加达吉祥山基金会采访中进一步得到证实。可以说,新加坡已成为印尼华人比较认可,可以接受或者经常往来的一个国家。另外,马来西亚也是印尼华人跨国联系的主要国家。笔者通过采访曾启福[④]了解到,惠州会馆与其他地区会馆有做交流,马来西亚较多,泰国也很多,每三年都有世界恳亲大会。社团之间交流,也会促进生意往来。过去棉兰的生意靠新加坡人,后来和马来西亚槟城、中国的市场联系增多。棉兰与槟城的华人口音接近,两地的认同度较高。

　　基于共同的文化渊源与族群特性,棉兰的华人社团转变为定居型社团后,因应着本土化、区域化与全球化的发展态势,不再固守于一国华人的内部事务。在具有国际化、知识化背景的社团领袖推动下,它们不断地保持着社团间的联系与交流,这种联系发展到跨地域,甚至越国境,逐步实现区域

---

① 《新加坡 T32 植牙中心积极开拓印尼市场》,中国—印尼经贸合作网,2011 年 11 月 3 日,http://www.cic.mofcom.gov.cn/ciweb/cic/info/Article.jsp? a_no＝276874&col_no＝459.

② 据 2012 年 8 月 1 日于吴和敬公司办公室访谈资料整理。

③ 据 2012 年 7 月 31 日于王亚辉在咖啡馆采访王亚辉资料整理。

④ 据 2012 年 7 月 30 日于咖啡馆采访曾启福资料整理。

化或跨国化，呈现更高的发展层次，形成一个次区域城市华人交流圈，从而走向跨国化网络的发展进程。针对这种现象，著名学者王赓武早已指出：现在海外有一个新的发展趋势，就是在这三四十年间，中国沿海跟东亚——不管是日本、韩国，还是新加坡、马来西亚——这些华人之间的文化关系越来越近，交往的机会越来越多，而且文化的共同点比较显明，互相影响，彼此接受。不管是马来西亚华人也好，还是中国沿海大城市的这些市民也好，尤其是年轻一代之间的文化交流似乎越来越广，越来越深。[①]

（二）华社参政、议政与助政升温

从历史的发展来看，印尼华人就有参政的传统。他们依靠社团参与政治，维护自身利益，并发挥着重要的桥梁作用。殖民时期成立有中华会馆以团结华人，反对荷兰殖民者的不平等对待。苏加诺时期则以印尼国籍协商会引领华人融入印尼主流社会等。但在苏哈托的政治限制政策下，华人逐渐从国家政治生活中走向边缘化，处于政治上彻底无权的局面。尤其是因政治动乱而引发的反华、排华骚乱，使华人对政治表现得漠然和胆怯。苏哈托下台后，印尼从"建立国家"转向"建立社会"时代[②]，华人权益有所扩大，政治活力重新得以释放，他们抛开历史包袱，慢慢放弃幕后政治金主的传统角色，而开始进入政治主流[③]，试图在现有体制内为本族群争取权益，正在成为居住国政治、文化及商业的显性力量。

政治上觉醒的华人精英们，不甘做二等公民，积极推动华人争取公民权活动，需要借助团体的力量。同时，华人社团作为华社与印尼社会的联络性组织，适应社会变迁需要，功能也开始转向社会服务。它们不仅为华社服务，也为国家、社会及其他族群利益而出力，还通过直接或间接的方式，适时向政府反映华社诉求，争取合法权益，从而"成为从政华人为华社服务的窗

---

① ［澳］王赓武：《中国情结：华化、同化与异化》，《北京大学学报（哲学社会科学版）》2011 年第 5 期，第 152 页。

② 项飙：《跨国华人》，《读书》杂志编：《亚洲的病理》，北京：三联书店，2007 年，第233 页。

③ Michael R. J. Vatikiotis 著，林若雩译：《东南亚政治与发展》，台北：韦伯文化事业出版社，1999 年，第 251 页。

口"。① 因为,"社团组织一般既能深入到社会基层的民众中间,又能同政府保持较密切的关系。它们可以宣传和普及国家的法律和政策,教育和动员民众,使他们认识自己的权利和义务;同时,又可作为传达民情的渠道,反映民众的愿望和意见,去影响政府政策和计划以使其更适合民众的需要"②,从而形成一种官民之间的制衡与良性互动。

华人团体成为推动华人参政的重要力量。通过举办研讨会、论坛、签名运动等,上书总统和政府要求废除歧视华人的政策法令,并取得初步成效。同时,作为满足政府和民间整合的需要,它又在沟通华人之间、华人社团之间、华社与政府、华社与印尼土著民族之间发挥着较多作用。例如,自2008年3月开始,由苏北印华总会黄印华发起,陆续组织华社主要负责人参加省长候选人对话讨论会。这说明苏北印华总会得到印尼政界人士认可,能作为华人与印尼政府沟通的桥梁。又如棉兰印华百家姓协会主席李金杰就日里昔梨冷县地方政府歧视性的政策条例表示,希望社会各界人士特别是华族人士和机构及宗教教会,如印尼孔教协会、印尼佛教总会等能团结一致,拒绝日里昔梨冷县2000年第26号地方条例有关坟墓面积与豪华税务的内容。并强调,条例充满针对华族的不公平对待,棉兰印华百家姓协会拒绝该条例并要求内政部长废除该条例。③ 在直接参政方面,印尼棉兰华人除积极参选市长、省长、议员外,也有陈金扬当选国会议员,莫粧量当选市议员及其他县议员当选的不俗成绩。

"一个族群的精英进入主流政治,比如参选议员、政府官员等,也可以视为潜在的政治影响力。"④他们多数取得所在国国籍,成为该国的公民后,以少数民族(新加坡除外)的资格参与所在国的社会生活,一方面作为一个族群,它有自身的特殊利益,如争取政治、经济与文化的合法权益、平等地位等,并随着民族意识的提升,华社的团结力与组织力也随之增强;另一方面

---

① 吕伟雄主编:《海外华人社会新透视》,广州:岭南美术出版社,2005年,第230页。

② 毕监武:《社团革命:中国社团发展的经济学分析》,济南:山东人民出版社,2003年,第44页。

③ 《日里昔梨冷豪华坟墓课税条例不公平,望华族各界人士拒绝》,[印尼]《棉兰早报》2007年2月13日。

④ 周聿峨、刘建林:《区域合作背景下的东南亚华人结构性权力》,《暨南学报(哲学社会科学版)》2005年第2期,第2页。

作为所在国公民，依法承担的对居住国国家、社会的责任也随之增强。随着参与意识的提高，同各界联系的扩大，融入社会的步伐也将加快。[①] 这对促进国家与社会的良性互动、改变华人的公共形象、提高华人社会地位，产生着积极的影响。可以说，适宜于民主的政治文化，发达的草根民主，众多的社群组织，国家与社会关系的演变以及市民社会的视野，为解读后苏哈托时代华人社会的变化提供了新思路。

（三）传承和构建华人文化，提升华族意识成为华社共识

"华人一向把中华文化视为其社群存在的第一命题，文化的式微即等于民族的式微。"[②]"无论是对华人族群而言，还是对华人所从事的社会行业来说，中华传统文化都是至关重要的、必不可少的。"[③]在全球化与本地化的推动下，以及社会民主化进程中，华人拥有越来越多的权力，也敢于要求保留并发扬宗亲、乡谊社团等承载的传统文化，如汉字汉文、汉人姓名、祖先崇拜、宗教信仰等。但也受到新的挑战和冲击，必须进行改革，吸收新的在地文化养分，[④]亦即面临传承与重构的双重使命。

各种各样的华人社团是存在于自身特色的民族文化之中的，除了文化、教育、学术类社团的直接性文化活动之外，即使是非文化性社团活动，其背后总是存在着一定的文化价值取向，因而，在承载和传播文化方面，团体更具有优越性。正是这样一些具有文化价值理念的社团，不断将自身活动与弘扬传统联系起来，才会有生命力。[⑤] 棉兰华人社会在"西方文化与当地文化同时扩大其影响，而华人又与中国的联系被切断，导致中华文化主流地位

---

① 林其锬：《论文化认同与华人社会》，《华侨华人历史》编辑部：《中国华侨历史学会成立十周年纪念论文集》，北京：东方出版社，1993年，第23页。

② 姚新光主编：《马来西亚华人文化节资料集》，吉隆坡：马来西亚华总——全国华团文化咨询委员会，2001年，第8页。

③ ［澳］王赓武著，钱江译：《从历史中寻求未来的海外华人》，《华侨华人历史研究》1999年第4期，第3页。

④ 黄枝连：《全球化中的"世界潮汕体系"：探索新千年—新世纪华人宗乡社团的"跨越时空—跨越产业—跨越文化"发展方向》，李志贤主编：《海外潮人的移民经验》，新加坡：潮州八邑会馆八方文化企业公司，2003年，第547页。

⑤ 陈衍德：《集聚与弘扬：海外的福建人社团》，长沙：湖南人民出版社，2002年，第154页。

受到严重冲击"①的局面下,文化危机虽未导致族群的混乱,但也凸显族群的困境。因而在华人社团领袖的积极号召下,发挥同乡、宗亲等社团的传统,开始关注并试图保护他们的社会文化遗产。例如在棉兰颍川堂的祖祠壁上,刻有二十四孝图,并将此类故事编成文本分发给宗亲子弟,以此教导宗亲重视孝道;棉兰茶艺社在李远方、陈庆明、陈锦兴等人的热心发展下,着力推行茶艺文化,宣扬中华茶道,并筹办了棉兰书画社,开办书画培训班,免费鼓励华人青少年参加;其他如开办华文补习学校,筹建苏北棉兰青少年夏令营,定期到中国厦门、泉州等地交流、学习,以加深华人青少年对中华文化的了解等;各社团每年春秋两次的祭祖仪式隆重而庄严,都是保留及传承中华文化的表现。

然而,坚持传承与保护的前提下,"维持群体的文化并不是静态的,而是要不断变化的"②。面临新的挑战和冲击,从挽救民族文化的立场出发,华人的文化传承活动也不得不进行改革。他们试图"以理性的观点吸收外来文化的因素以重整传统文化"③。在此趋势下,棉兰华人也开始在提取中华传统文化精华的基础上,融合当地文化、西方文化,从而建构具有自己民族特色的中华文化。笔者观察到一户信奉基督教的华人家庭,儿子曾去欧洲留学,回到印尼后娶了信仰伊斯兰教的女子为妻,该女从事着具有中国传统的中医行业,即中医针灸。而女主人曾留学台湾,并以教授英语为职业。家里是西方装饰风格,简约而洋气。但在交谈时,笔者发现女主人仍像所有老华人一样,在清明节烧纸钱以祭奠先人,体现了华人包容印尼文化,学习西方文化并坚持中华文化的开放姿态。此外,笔者前面所描述的洪志通所建休闲、度假式的佛教朝拜地,也是一个文化调适的典型之处。

苏哈托上台以来,华人社会基本陷入一种分散、各自为政的状态。华人特性丧失、华人意识淡薄,社会凝聚性减弱,华人面临着族群特性丧失的危机。苏哈托下台后,政府对华人文化的解禁,本身即是对华族群体存在的认

---

① 《印尼焦点》2006 年第 19 期,第 4 页。

② Moli Soiw, The Problems of Ethnic Cohesion among the Chinese in Peninsular Malaysia: Intraethnic Divisions and Interethnic Accommodation, edited by L. A. Peter Gosling & Linda Y. C. Lim, *The Chinese in Southeast Asia*, Vol. 2, *Identity, Cultural & Politics*, Singapore: Koon Wah Printing Pte. Ltd., 1983, p.170.

③ 李亦园:《李亦园自选集》,上海:上海教育出版社,2002 年,第 137 页。

可,而华族本身整体性族群概念的塑造,则成为华人社会需要大力宣扬和不断建构的过程。"除了政治外,能凝聚华人社群的力量非文化莫属了。"①因而,具有文化功能的华人社团又被赋予时代使命,起着传承或构造华人文化的重任。可以说,华人这种在文化上的自我定位和重新构建的要求,"已经是一个世界现象,并正在构成全球化和世界体系的一个组成部分"②。

（四）原乡意识淡化,新同乡会出现

随着社会民主化进程的推进,华人融入社会主流的程度加深,华人的文化认同也已发生深刻变化,"对方言群体的忠诚度有所减少,与之同时的则是属地区域联系的加深。因文化和语言差异而导致群体分隔不再是考虑的重点,取代个人间产生分化或整合的情形,是不同方言群体相异的知识背景,已变成华人谈论或分享复杂的华人文化遗产的一种途径,在某种程度上,显然,华人忠诚的结构仍然没变,但面对新的环境也做出了调整。华人对中国祖先地区的忠诚已经转变为对所属居住地的忠诚,且信任的基础仍是持续未变"③。

实现从华侨向华人社会的转变后,华人在地属性加深,传统文化影响力日渐削减,华人间的乡情与亲情日淡。特别是对出生于居住国的华人,对中国祖籍地的记忆只是停留在口头上的模糊印象,让他们保有同乡情谊,拥有传统中国人"老乡见老乡,两眼泪汪汪"这种感情已十分困难。所以,这种以中国祖籍地为基础的旧式同乡会组织的重要性下降就成为必然。但是,在印尼,各地华人社会因移居历史、文化传统和族群构成的差异而处于多中心分立状态,地域差异性明显,往往被贴上了棉兰华人、爪哇华人、邦加华人、

---

① ［马来西亚］林开忠:《建构中的"华人文化":族群属性、国家与华教运动》,马来西亚华社研究中心,1999 年,第 145 页。

② 黄枝连:《全球化中的"世界潮汕体系":探索新千年——新世纪华人宗乡社团的"跨越时空·跨越产业·跨越文化"发展方向》,李志贤主编:《海外潮人的移民经验》,新加坡:潮州八邑会馆八方文化企业公司,2003 年,第 536 页。

③ Sharon A. Carstens, Pulai, Hakka, Chinese Malaysian: A Labyrinth of Cultural Identities, edited by L. A. Peter Gosling & Linda Y. C. Lim, The Chinese in Southeast Asia, Vol. 2, Identity, Cultural & Politics, Singapore: Koon Wah Printing Pte. Ltd., 1983, pp. 93-94.

坤甸华人等地域标签。受在地属性分化的影响,华人为保护各自群体利益的新同乡会组织诞生了。它们虽不具有原乡记忆的文化象征和族群属性,但在维护团体成员利益方面却是一致的。

棉兰华人处于印尼政治和文化双重边缘的地位。在持有华人共性的基础上,棉兰华人也保有了所属居住地的独特性,是一种混合了苏北地方特有文化的华人文化群体。他们基于华族的传统、边缘社会的心理情结,在移出居住地迁至棉兰后,或移出棉兰迁至新的居住地后,易于组织类似的新同乡会组织。它们为联络乡谊,满足个体各种利益需求而创建。如棉兰有洛江①旅棉联谊会、冷吉(属亚齐省管辖的一个县)旅棉同乡会、火水山(属苏北省与亚齐省交界的一个市)思思旅棉同乡会,甚至距离棉兰仅1小时车程的丁宜也组建有丁宜旅棉同乡会等。此外,生活在雅加达等地的苏北华人,也基于各自出生地而组建了新同乡会组织。如苏北西利勿老湾(勿拉湾)旅椰同乡联谊会、苏北实林泮旅雅同乡会等,都是华人对居住地认同感增强的表现。

这种新同乡会组织的发展趋势,既是华人互帮互助的社会需要,也是源自华人过去按地域帮派区分我者和他者界限的文化传统。这种新同乡组织进一步打碎了过去依中国祖籍地而分化的观念,是华人在地社会属性增加、邻里亲情加深的表现,也是华人注重乡情与亲情的适应性变化,成为印华两族团结融合的重要标志。就如火水山思思旅棉同乡会主席曾礼桦所说,火水山思思同乡,不分贫富,不分宗教信仰,团结友爱,并继承老一辈的优良传统,发扬中华优秀文化传统精神,搞好友族之间文化交流合作,搞好福利工作,促进旅棉乡亲获得成就。②

(五)华人内部分化趋势加强,华人社团活动精英化

族群和阶级从来都是相互交织的。③ 在一个社会中,不仅是原住民会有

---

① 在印尼苏门答腊岛的廖内省辖内,流经巴眼牙比市的一条河流。分为上游和下游,华人主要集中居住在下游出海口,二战前这里是世界第二大渔港,为闽南同安人聚集地,流行闽南话。

② 《火水山思思旅棉同乡暨师生逾800人春节联欢》,[印尼]《讯报》2008年3月11日。

③ 陈祥水:《纽约皇后区新华侨的社会结构》,台北:"中央研究院"民族学研究所,1995年,第9页。

不同的阶级分化，即使是一个移民族群在经过一段时间后，也都可能产生不同的阶级，尽管他们可能同时持有本族群的认同意识。海外华人社会不仅在外部，在群体内部也因行业不同、机会不等而形成阶级分化。但在过去，华人社会存在的"阶级剥削为基于血缘和方言派别的复杂社会关系所掩盖了"①，华人对阶级的意识十分缺乏。因为，在去殖民化的过程中，那些族群的政客或社团领袖通过强调自己是族群利益的守护者，从而使他们特定的社会经济利益被那些受压迫的非精英大众接受为族群的整体利益，族群内阶级差异的事实因而被掩盖起来。② 这种阶级的迷思因社团组织的中和作用，更是使那些来源于中国相同阶层移民的华人缺乏辨别力，他们"固有的自我想象即是，强调超越阶级的共同特征，跨越阶级的社会经济、政治、文化组织的网络联系，他们所居住社区的和谐，以及华人社会怎样有效运转的观点"③。而且，"在宗亲、方言纽带和秘密会社兄弟关系基础之上，雇主和雇员之间的关系不能以阶级尺度来衡量，而常常被视为这些关系的延伸"④，社会组织成为精英维护自身利益的工具。

在苏哈托统治时代，日益发展的经济水平拉大了社会贫富差距。但在政治的诱导下，社会把激化的阶级矛盾转化为种族矛盾。因种族矛盾造成的巨大压力，华人内部的阶级矛盾潜藏起来。因为在面对危机时，种族矛盾不分穷人和富人，只要是华人都是攻击的对象。苏哈托下台后，因政治变化和经济发展导致的不稳定因素增加，已引起了华人层级界限的流变。华人社会的内部张力得以释放，阶级矛盾逐渐开始浮出台面，渐渐取代种族矛

---

① ［澳］颜清湟著，栗明鲜等译：《新马华人社会史》，北京：中国华侨出版公司，1991年，第299页。

② ［马来西亚］林开忠：《建构中的"华人文化"：族群属性、国家与华教运动》，马来西亚华社研究中心，1999年，第27页。

③ L. A. Peter Gosling, Changing Chinese Identities in Southeast Asia: An Introductory Review, edited by L. A. Peter Gosling & Linda Y. C. Lim, *The Chinese in Southeast Asia*, *Vol. 2*, *Identity*, *Cultural & Politics*, Singapore: Koon Wah Printing Pte. Ltd. ,1983, p. 9.

④ Moli Soiw, The Problems of Ethnic Cohesion among the Chinese in Peninsular Malaysia: Intraethnic Divisions and Interethnic Accommodation, edited by L. A. Peter Gosling & Linda Y. C. Lim, *The Chinese in Southeast Asia*, *Vol. 2*, *Identity*, *Cultural & Politics*, Singapore: Koon Wah Printing Pte. Ltd. ,1983, p. 182.

盾。一方面,"贫穷华人因经常不能公平获得政府对穷人的资助,诸如土地定居和其他的发展计划,从而导致他们向上流动的机会被剥夺了"[①]。另一方面,华人社会传统联系的中断,过去华人社会自身调节阶级结构的机制逐渐丧失,贫穷的华人因而失去了帮助和工作,变得更加贫穷,华人社会的纵向差距加大了。笔者发现,棉兰街头许多与印尼土著一样以三轮车揽客为生的华人青年,一些不能得到政府救济、定期来基金会讨钱的华人,以及许多踩着食品小车、走街串巷叫卖的华人等,都是棉兰华社贫富分化拉大的明证。

苏哈托后期开始复兴的华人社团,不再具有过去的全部功能。"这些新社团一般依据西方的组织模式创建,而且它们基本上都是中产阶级的社团。这些社团的会员有外来移民,也有土生的本地人,但都是中产阶级的华族人士。和传统会馆以祖籍和行业来限定会员资格不同的是,这些新社团依据的是申请人教育水平、专业和商业成就。……新社团可以说是专属于事业成功人士的协会。"[②]潜存于社团中的等级界线,以及社团活动的精英化,限制了下层华人参与的积极性。而这些华社精英受限于自身的立场和利益,以及过去反华、排华的遭遇,不敢亦不愿出面伸张正义,代表整个华社利益而行事,导致下层华人民众十分失望,怨恨情绪增加。据棉兰六桂堂主席洪志通讲,他发现有些华人与印尼当地人结婚后(在棉兰,与印尼土著结婚的华人中绝大多数经济较为窘迫),反而加入印尼人一方进行反华、排华活动。华人中贫富差距的扩大,阶级流变的频率降低,逐渐使华人内部阶级差距结构化,阶级矛盾成为主要矛盾,并有不断加剧的趋势。

在棉兰期间,笔者经常与一位小食店华人女老板交谈。言谈中她提到,虽然经常收到参加同学会的邀请,但感觉自身经济条件不好,参加这些活动

---

① L. A. Peter Gosling, Changing Chinese Identities in Southeast Asia: An Introductory Review, edited by L. A. Peter Gosling & Linda Y. C. Lim, *The Chinese in Southeast Asia*, *Vol. 2*, *Identity*, *Cultural & Politics*, Singapore: Koon Wah Printing Pte. Ltd., 1983, p. 11.

② 潘翎主编,崔贵强编译:《海外华人百科全书》,香港:三联书店(香港)有限公司,1998年,第86页。

没意义。而她对竞选市议员的华人精英黄印华与陈金扬①两人都不熟悉，在当时的投票取舍上，也只是受朋友影响后决定。她认为，反华事件的一再发生，主要是那些有钱华人的一些不良行为导致的。但一有风吹草动，有钱的华人便纷纷出逃，而贫穷的华人则替他们受罪。"富人做错事，穷人来受罪。"其言语中透露出无奈和不满的情绪。华人上、下层之间由于逐次的反华、排华事件，隔阂加深了，矛盾也加剧了。学者方金英也论述道："这些年来，由于各国经济发展的不平衡，与权势阶层有着千丝万缕联系的上层华商的经济实力大大增强，普通百姓未能同步受益，贫富差距扩大。一旦当地社会政治动荡，或华人企业集团与原住民企业集团的经济矛盾深化，都会导致阶级矛盾与民族矛盾的激化，造成局部地区发生反华骚乱，而受害者大多数往往是中下层华人。"②

社团的活动只是中上层华人为获取社会资本，进而实现经济利益的手段，并不完全代表广大华人的权益。笔者在棉兰期间从《棉兰早报》的刊载内容中发现，报纸上报道下层华人社会生活状况的非常少，更多是关于上层华人的经济、文化、慈善捐赠，以及华人社团的文化活动等，报纸的受众量当然也受影响。③ 另外，在采访吴奕光时，他谈到，目前的华人社团有70多个，来来去去就是这几百号人的活动，根本没有得到下层华人百姓的认同。最典型的例子就是，在一些宗亲的庆典中采用请帖的形式，那本身就是排斥下层华人参与的行为。

"华人内部的差距增加了华人自身的不平衡。富裕的华人为缓和华族本身及与其他民族的矛盾，就倡议建立华人社团，进行慈善、教育、医疗或救济贫困者等活动，并把其服务对象扩大到当地社会。"④但是，社团活动中缺

---

① 属陈氏宗亲成员，40多岁，不能用普通话交流，能说闽南话。自己创办有私立学校，亲任校长。主张华人积极参政、议政，他于2004年与黄印华一道参与了棉兰市议员竞选，因互相竞争而失败。2008年还积极造势要参加苏北省省长竞选，但因未能找到搭档而作罢。

② 方金英：《东南亚"华人问题"的形成与发展——泰国、菲律宾、马来西亚、印度尼西亚案例研究》，北京：时事出版社，2001年，第132页。

③ 据了解，《棉兰早报》有5000多份的发行量，《印广日报》则为3000多份，《讯报》也是5000多份。

④ 李兴、刘权：《东南亚华人社团的复兴与重新定位》，《东南亚纵横》2002年第5期，第53页。

乏族群联系的广泛性,使得活动成为精英游戏,拉大了华人群体内部的纵向距离。过去,华人的阶级性因居住地的各种团体组织和中国宗法制度文化影响,受到了掩盖,今天则因传统的破坏,贫富差距的拉大,阶级问题逐渐成为华人内在矛盾的显性现象。可以说,"在现代经济社会,阶级关系并未消失,而是构成了经济社会的基础"①。

(六)棉兰华人的全球认同(世界公民的趋势显现)

全球化不仅空前地增强了散布在全球各大洲的各民族国家和地区间的横向联系,而且或多或少地改变了人们的生活方式、社会情境和时空观念。许多人不得不承认这样一个事实:在民族国家的文化认同之外,一种新的认同方式即现代性认同、全球认同、世界认同悄然而生。②

同样,华人自身的全球认同也在全球化的快速跨界进程中不断得到提升。吴前进指出,移民频繁的跨国实践,其根本特点在于认同的多元化状态与世界主义倾向。一方面,他们"无以为家",尽管拥有基本的族群价值观和身份意识,但缺少精神的根源感;另一方面,他们"处处为家",属于拥有世界主义新身份的一群人,时时与这个世界的新发展取得协调,保持同步。在这种不断的跨国实践历程中,华人建构的认同对象既有可能是处于同一阶级的别国华人,也有可能是非华人。资本打通了民族国家的边界,大多数国家都出现了主权缺失现象。③ 华人必须随着外在的局势而起舞,进而调整自我的认同。华人移民由于受到本国的歧视,对国家认同和民族认同有抵触,缺乏社会对认同的承认,进而产生一种全球性的公民认同。

对于棉兰华人来说,他们虽说地理上距离印尼政治、经济、文化中心较远,但得益于与槟城、吉隆坡、新加坡的紧密联系,一直也与世界华社互动频繁,不断地实践着跨国主义。一种全球认同或世界公民认同也在印尼棉兰华人中若隐若现。而且,印尼华人自身命运的多舛,助长了他们追求平等、

① [日]星野昭吉著,刘小林、梁云祥译:《全球化时代的世界政治——世界政治的行为主体与结构》,北京:社会科学文献出版社,2004 年,第 143 页。

② 傅华:《全球认同与民族国家文化认同》,《光明日报》2006 年 4 月 18 日。

③ 柴玲:《论海外华人的中国认同》,《国际社会科学杂志(中文版)》2010 年第 1 期,第72 页。

和谐的世界情怀。而自身发展与世界发展又紧密相连，在跨国实践和旅行中，对个人、国家与世界的认知也在升华，使印尼华人愈来愈具有了全球性认同的倾向。

上述这点可以从印尼棉兰华人社团的活动中看出。2013 年 10 月 27日，在棉兰举办的第 13 届世界海南乡团联谊会提出"四海和谐发展，五洲合作共赢"的主题，体现了海外海南人世界认同的价值观。陈金扬先生（现为印尼国会议员，属斗争民主党成员）不仅积极推进民族融合，设立民族融合学校，同时，还成立了从事环保和保护大猩猩的保护生态系统基金会，并加入马来西亚国民大学的地区论坛等，也是印尼华人个体全球认同观的体现。[①]

印尼菩提心曼荼罗基金会[②]更是具有世界公民认同的意识。基金会强调社区教育，以及自然环境与人类产业和谐发展。其环保基金的宗旨是，恢复印尼森林原生态，唤醒更多人了解环保的重要性，带动更多人自觉地投入环保事业，与政府和当地人民合作共同保护森林。随着环境问题的日趋严峻，环保问题逐渐成为社会关注的重点。佛教本身即是尊重自然的哲学，利用它的社会化组织倡导环保应是一种使命和必然。两者共同作用推动了环保基金会的成立。基金会成立后，在华人社团领袖陈明宗的带领下，成立"树苗银行"，支持有机农业在印尼的发展等。除此之外，基金会还计划在台湾有关大学及苏北省、市政府支持下，围绕雨林保育、生态旅游发展、环境质量改善、有机农业辅导、雨林保护、咖啡种植、农村银行、乡村再生能源发展、灾区重建人才培训与全球治理等方面展开工作。这些目标的推进和达成，既凸显了华人非政府组织职能的转向，也是联结不同代际华人专注于印尼本土公共事务的重要平台。目前，基金会拥有 6000 公顷的森林保护区，在潘朱巴都（Pancur Batu）有一个树苗培育场，并且积极推广有机农业，提倡绿色食品。同时，据笔者 2012 年采访，基金会目前在印尼推广"雨林共生，协作生产"的咖啡种植计划。笔者采访时，适逢印尼棉兰德教会会所建成，《棉兰早报》"德化人间，世界和平；德教就是道德教育，道德之中环宇称首；德化人间，教育四方"等贺词，既是德教会的伦理观写照，也是印尼华人的一种理

---

① 据 2012 年 8 月 1 日于陈金扬所办小学办公室访谈资料整理。
② 据 2008 年 3 月 18 日于陈明宗所属酒店与释学源访谈资料整理。

想期待。陈明宗在采访中说道,他认为保护环境不仅对印尼,而且对世界都是很有意义的事业,比纯粹地靠金钱资助穷人更能持久有效。

事实上,生活于跨国空间中的人们倾向于认为自己有不止一个家园,比如,他们经常居住的家、他们移民的地方以及他们的直系亲属仍然生活的地方,这种现象越来越常见。① 当今各种便捷、低廉的通讯交通手段,足以使一般人过起跨国的生活:移民海外者可以时时与国内的亲朋故旧保持联系,还可以把他们的生活分别安排在不同的国家。无论跨国主义是否真如亨廷顿(Samuel P. Huntington)所说的那样——消解或者弱化国家认同,也无论跨国主义者是否都是世界主义者,无可置疑的是,跨国主义催生了华人移民全球认同。印尼华人与全球华人拥有共同的血统,因此可以在适当的情境之下,认同全球华人文化,或与世界各地的华人联系,这成为当代印尼棉兰华人社会的重要趋势。

第二节　当代棉兰华人社会发展趋势的具体实例
——印尼(棉兰)菩提心曼荼罗基金会

苏哈托下台后,印尼政府推进的民主化改革,为公民结社与发表意见提供了更多机会。在此形势下,"各种新的资源整合和社会资本创新形式在各地自发出现"②。一系列围绕华人、印尼国家乃至全球公共事务而开展工作的华人非政府组织获得了快速发展。它们改变了过去家族式、政治色彩极浓的华人社团模式,适应着社会变动,行业分化,新思想、信仰的需要。它们不仅关注自身族群建设,也参与印尼公共事务,甚至立足于印尼本土,关注着全球事务,逐步形成华人社会的主导力量。这是当代棉兰华社发展的新

---

① [马来西亚]陈志明著,段颖、巫达译:《迁徙、家乡与认同——文化比较视野下的海外华人研究》,北京:商务印书馆,2012 年,第 25 页。

② Judith Nagata, Local and Transnational Initiatives Towards Improving Chinese-Indigenous Relations in Post-Suharto Indonesia:The Role of the Voluntary Sector, *Asian Ethnicity*, Vol. 4, No. 3, 2003, p. 369.

动态,为我们观察棉兰乃至印尼华社提供了参考。其中华人宗教社团组织的崛起,既是华人对印尼国内限制和排斥的一种逆向反应,也是在民主化进程中华人提升公共影响力的一种策略,体现了华人的适应性转变。本节即透过印尼(棉兰)菩提心曼荼罗基金会具体案例进一步探析棉兰华人社会的新态势。

一、菩提心曼荼罗基金会的成立及其简介

1997年,释学源(Bhikshu Sthavira Nyanaprathama)从亚沙汗(印尼苏北省的一个县城,距棉兰约4小时车程)来到了棉兰。在和当地华人居民接触中,他遇到了几位华人小女孩,便问她们为什么在上课时间却没去读书。女孩们回答说:"我们是女孩子,是不用读书的。"他十分惊讶于当代的华人竟然还会有如此落伍的思想。在他看来,一个成功男人背后靠的就是两个女人:母亲与妻子。如果她们不受教育,那这个社会肯定要出问题。这触发了他对教育问题的关注。此外,他也从华社了解到,政府教育支持和补贴的都是非华人,华社团体关注与帮助对象也多是非华人。他由此产生了帮助穷困华人儿童接受教育的心愿。这是他成立基金会的原动力。

综合笔者与释学源的访谈了解到,他也希望通过基金会弘扬佛法,实现佛教导师的理想。另外他还谈道,华人在子女教育方面,不太注重中华优良传统文化的教授。当今的华人青少年,虽然教育环境很好,但只是机械地获取知识,导致华人传统素养降低、竞争力下降,令人担忧。综合判断,基金会成立的动因更多是对华人儿童教育的资助。按照释学源所说,教育之本在于发展人与神具有的佛性。知识教育不仅是功利性的职业准备教育,更是立德树人的人格教育;佛法教育不仅是诵佛念经,更是生活教育、全人教育。基金会宗旨也宣称,要协助贫困家庭孩童建立自信与发掘自己的潜力,给予他们爱心、家庭温暖,帮助他们树立崇高的理想,使他们成为聪慧与负责任的青年,让他们拥有与其他孩童同等的发展机遇。随着组织的发展,基金会教育资助对象不再限于华人,较多印尼土著也受惠其中。

随着环境问题的日趋严峻,环保问题逐渐成为社会关注的重点。佛教本身即是尊重自然的哲学,利用它的社会化组织倡导环保应是一种使命和必然。两者共同作用推动了环保基金会的成立。

1998年,一个印尼环保组织邀请五大宗教代表参加一场环保会议。释

学源作为佛教代表与会。在会上,该环保组织提出的第一个要求就是要赶走华人,理由是华人乱砍伐印尼森林,是环保的敌人。释学源遂站起发言说:"我觉得所谓华人破坏地球的观点,值得商榷。据我所知,1970—1980年间,许多地方政府曾要求商人去开发森林。政府发出邀请,商人看到获利机会,双方互利,开发森林也就必然。因而,我们需明白的是:第一,商人是获政府邀请参与开发森林的,而参与者中也仅部分华人,非全部。第二,实际参与砍伐森林的都是当地居民。他们为什么要参与这种现在被认为是破坏环境的工作呢?原因就是他们要填饱肚子。第三,我国教育也有责任,因为当时的多数民众还不了解什么叫环保,也不知道砍伐森林的恶果。在此情形下,我们又怎能单纯责怪华人不注重环保呢?所以,我认为这是一个全方位的问题,要从方方面面来思考,而不是赶走了华人就了事。我们应坐下来沟通与交流,寻求真正的解决途径。现在我们讲地球村,佛教也讲大自然主义,释迦牟尼的出生、成道与涅槃都和森林有关。因而,无论是佛教徒还是华人都很重视环保。砍伐森林的只是少数华人,但真正保护森林的华人却不知有几万、几十万人。我们绝不能够以偏概全。"释学源的言论让那些提议赶走华人者无话可说。此后,只要有环保的议题,他都积极参与,也渐渐博得了印尼土著的信任与好感;同时,他也酝酿成立环保基金会。2005年,获台湾地区佛教非政府组织启发和资助,在华社精英鼎力支持下,菩提心曼荼罗基金会(Konservasi Bodhicitta Mandala)得以成立。总部设在棉兰,会长由棉兰颍川宗亲会主席陈明宗担任。其目标是延缓印尼森林的消失,增进人们对森林保育价值的认识,并在政府及民间推广森林保育的观念。

由此,基金会从一个宗教性的团体,逐步扩大为教育、慈善、环保与灵修四大主题架构,重点关注教育与环保的华人宗教非政府组织。按照释学源所言,目前印尼人民受教育水平低,对环保议题认识不足,或因改善生活手段缺乏,导致以破坏环境而求生存的现象十分普遍。因而,环保与教育水平提高需互补联动。

二、作为棉兰华社镜像的菩提心曼荼罗基金会发展趋势

（一）实现跨界、跨地区合作与交流

像其他华人社团组织一样，广泛跨界、跨地区合作与交流是基金会特征的一部分。

佛教因应社会发展需要，采取了一种积极入世的态度，提倡"入世"或"人间佛教"，并将慈善与社会公益事业紧密结合，发挥着广泛而积极的社会作用。其中，台湾地区的佛教非政府组织尤为成功。印尼华人因与台湾的渊源，推动了台湾佛教非政府组织与印尼华社的互动。释学源曾赴台湾接受教育，这既是他认识环保重要性并关注印尼环保的缘起，也是他建立环保基金会，投身印尼环保事业的依恃。

基金会获得台湾地区高校与非政府组织如台湾大学、台湾环球技术学院、朝阳科技大学、云林县野鸟学会等的专业技术支持，也获得了国际生态旅游协会等机构的帮助。基金会与苏北省巴丹（Padangsi）市政府一道，创建了一个由专家、学者、官员、志愿者组成的跨界与跨地区合作团队，并对巴丹6个自然村开展了现场调查、资源搜集和小区访谈；同时，基金会也与国际保育组织印尼支部（Profauna Indonesia）合作，在善迪安（Shandian）地区建立了6000公顷的森林保护区；在得到华社资金与人员的资助下，基金会在潘朱巴都开辟了一个树苗培育场，为植树造林提供树苗。此外，基金会团队还与商人合作，在冬冬岸（Tongtongan）地区开发有机农业，将环保理念扩展到农业领域，并积极推广生态旅游。

对基金会来说，棉兰只是一个符号，或是一个实施对象，其更广泛的意义在于外向联结，将环保理念扩展到整个印尼，以弥补国家发展与生态保育协调并进的失衡。但环保问题极具专业性与复杂性，需多渠道多领域协力合作。基金会所拥有的宗教性、族群性，无疑有助于实现跨界、跨地区合作。

（二）推动族群融合

在印尼，大多数人对华人的遭遇抱有同情心，但这没有推动族群融合的

明显意图和实效。基金会作为华人宗教非政府组织,通过多方合作的经济可持续发展措施,跨越族群与宗教边界,成为融合族群、服务印尼大众的平台。

首先,在慈善救济方面,基金会针对亚齐海啸灾难组织了募捐,并购买物资赈灾,提供菩提学校作为灾民临时收容所,促成台湾医疗队赴灾区推行义诊与消毒等。1997年成立的医疗所,不仅服务于贫穷华人,也服务于更多印尼土著贫困人士。其次,教育资助也是基金会推进族群融合的重要手段。基金会所开办的各级学校中,学生不分种族、不分宗教都能获得资助。在基金会慈胜助养学童培训中心,大约400名学童中,华族学生占六成,印尼土著学生占四成。另外,培训中心还前后赞助了60多名毕业生到台湾继续深造,其中20名来自亚齐土著民族。如今,他们都回到了亚齐为社会服务。其中一些还在各自的家乡成立小型的培训中心,继续资助当地贫困孩童。最后,基金会在印尼土著民族中推行的环保持续发展计划,不仅改善了印尼百姓的生活,赢得了印尼土著人民的好评,实践了基金会环境保育目的;一定程度上,也增强了华人与印尼土著民族的互动,融洽了族群关系。此外,释学源常常深入农村,以入世佛教的理念去了解华人与土著民族的观点、生活和过去的历史,与他们沟通,让他们明白华人也热爱环保,支持环保,并在环保方面做出了有目共睹的贡献。

在一个排华氛围十分浓厚的国家,华人的一切社会活动,包括建立非政府组织的行动都可能招来"争议"或陷入"双重困境"(double bind)[1],易引起某些政治家不同的解读。华人宗教非政府组织由于其宗教的特殊性,既发挥了凝聚华社的功能,又以宗教名义聚拢一批志同道合人员,着眼于持续、有计划地推进族群融合工作。它不仅成为华社与印尼土著民族交流互动的有效平台,也增强了华人在社会公共事务上的影响力。

(三)增强华人公民意识

民主政治在法律上保障了公民意识的增长与实践,而它又与公民参与公共事务积极性密切相关。

---

[1] Susan Giblin, Overcoming Stereotypes? Chinese Indonesian Civil Society Groups in Post-Suharto Indonesia, *Asian Ethnicity*, Vol. 4, No. 3, 2003, p. 354.

随着全球化及印尼民主化的发展，华人认识到，要改变他们在印尼的社会形象，就不应对公共事务漠不关心，而应积极参与其中。同时，年轻华人接受过高等教育的比例大为提高，许多还在西方接受过教育。从国外回来后，他们引进和推广了许多具有全球性质的新价值观，唤醒并提高了华人民众的公民意识，进而寻求更公平、更好的社会和政治制度。政治的民主化也为他们有系统、有组织地表达个人和集体需求提供了保证。

"为了展示他们是真正的印尼人，也想在印尼国家的未来发展中扮演一个全面的角色"[①]，华人开始组建各类型的非政府组织。许多华族青年也开始公开表达想法，积极广泛地参加学生民主运动。一些华人非政府组织，如印华百家姓协会、印尼华裔总会等，也逐步改变了它们初始的目标和方向，转而专注于新兴的社会关怀，试图消弭因政府失灵而造成的公共职能缺失。

菩提心曼荼罗基金会作为跨越族群的宗教非政府组织，在坚持慈善的同时，亦致力于教育与环保等社会公益事业，并赢得了广泛认可。基金会成立了环境保育学习中心，规划了 200 公顷生态维护示范基地；栽培了面积大约 40 公顷的油棕榈种植园；开辟了大约 1.7 公顷的育苗样品农业区；捐献了 25000 棵树给苏北省；在多巴湖区域创设水土保持、森林、有机农业与生态旅游区。此外，释学源还利用赴台的机会，积极推动台湾专家与基金会开展进一步的环保合作，同时甄选优秀学生赴台学习生态旅游、环境管理、农业等。未来几年，基金会还计划在台湾有关大学及苏北省、市政府支持下，围绕雨林保育、生态旅游发展、环境质量改善、有机农业辅导、雨林保护、咖啡种植、农村银行、乡村再生能源发展、灾区重建人才培训与全球治理等方面开展工作。这些目标的推进和达成，既凸显了华人非政府组织职能的转向，也是联结不同代际华人专注于印尼本土公共事务的重要平台。

拥有华人人数达 40 万～50 万的苏北省，维护好自身发展所依赖的环境问题，既能驳斥印尼土著指责华人破坏环境的说法，亦能协助地方政府实现环保与经济的协调推进。这也是华人本地化认同、积极参与公共事务的表现。

---

① Susan Giblin, Overcoming Stereotypes? Chinese Indonesian Civil Society Groups in Post-Suharto Indonesia, *Asian Ethnicity*, Vol. 4, No. 3, 2003, p. 354.

（四）创造和强化华人社会资本

美国宗教社会学家伍德（Richard Wood）曾表示："信仰性社群组织活动能够强化社会资本、让人与人、组织与组织之间建立网络，并透过联系互相受惠。"[①]华人参与各种非政府组织，既能发展出人与人的信任，亦增强了公共信任。借着参与和互相信任，他们得以建立起纵横的网络，强化个人社会资本。而华人宗教非政府组织因其能联系来自不同背景的人和团体，例如不同种族、宗教信仰、社会阶层和政治取向的人，又紧扣时代主题，并能实现跨界、跨地区互动，遂获不同代际华人支持。

根据笔者对基金会"助孤献爱心"活动的观察，活动参与者多为30～40岁的年轻华人。其间还有几个年轻华人在现场积极派送红包。笔者与现场一位年轻华人（35～40岁）随机交谈了解到，他参加这个基金会主要是受朋友影响，觉得这是一种爱心行为，挺有意义，也与自己信仰有关。他让自己小孩（5～6岁）学中文，主要考虑是去中国旅游及未来在华社生活交流需要。他平时的朋友也主要是华人。他们经常在一起聊天、旅游，过着西式的华人生活。而且，他也认为，年轻华人较为喜欢参加这种慈善、公益兼具的宗教联谊活动。其中缘由，笔者研判，应与该类组织新颖、较少论资排辈的氛围有关。年轻华人积极参与其中，既能密切关系，也能扩大他们在华社与印尼民间的社会影响，巩固与创造个人社会资本。

对老一辈华人来说，信仰是他们参与社会活动的一个原因。参与以信仰为基础的非政府组织，有助于他们叠加社会资本。就笔者观察，颍川陈氏宗亲会主席陈明宗，60岁左右，目前经济实力在棉兰居前列。但因其父曾被怀疑为共产党，陈明宗过去甚少参与华社活动。直到2000年担任宗亲会主席后，他才较多出席华社活动，后又接任苏北印中商务理事会主席、棉兰德教会阁长（会长）等社团领导职务。陈明宗因雄厚的经济实力，且与印尼军方政治人物的长期来往，在苏北具有一定的政治影响力。不过，因参与华社事务较晚，在华社号召力有限。在2008年成立的苏北华联中，陈明宗仅为

---

① Richard L. Wood，Religion，Faith-based Community Organizing，and the Struggle for Justice，*Handbook of the Sociology of Religion*，edited by Michele Dillon，Cambridge：Cambridge University Press，2003，p. 395.

10 人主席团成员,还不具决定权。

或许因扩大自身影响需要,抑或对环保等公共事务的热心,陈明宗尝试参与了菩提心曼荼罗基金会。采访中他说道,个人觉得保护环境是很有意义的事业,比纯粹地靠金钱资助穷人更能持久有效。但就笔者判断,基金会所从事的环保持续发展计划能架设起华人与印尼土著官方、民间的互动桥梁,不仅可以让他在印尼土著中获得"良好公民"的称号,亦能为他赢取印尼土著官员的支持增添说服力。当然,在以中青年华人为主体的基金会中,他也能树立榜样效应,从而增添在华社的声望。此外,棉兰六桂堂会长洪志通①加入基金会并担任教育基金会会长一职,也是一个多重增益的结果。这既有助于巩固他与台湾的原有社会联系,也能扩大其在华社的影响力,而且他亦能借此开展与印尼官方、民间的互动,从而与印尼土著上下层搞好关系,扩展其生意往来。总之,华人参加基金会,可以起到创造和强化社会资本的作用。

组织是一个将不断流动的成员排列组合、相互联系起来的系统,这一系统镶嵌在它所运行的环境中,由环境塑造,并依赖与环境的互动而生存。苏哈托下台后的印尼民主化进程中,"宗教在新情况下的宗教性和社会性表达方式、组织特征的变化,在很大程度上是总体性社会结构松动以及社会转型在宗教领域的体现"②。在此过程中,华侨华人传统宗教一方面以自己特有的方式对世俗社会的发展产生影响,从而在社会发展变迁的进程中留下了自己的明显印记;另一方面又受到世俗社会政治、经济、文化变迁的作用,为了继续生存发展,不得不进行调整,以适应社会变迁的要求。③

菩提心曼荼罗基金会是华人适应全球化、本土化发展的新生组织。它利用自身的宗教特性,跨越族群界限,积极开展族群融合、教育与环保工作,展现了新时代印尼华人参与社会公共事务的意识。同时,基金会也利用华

---

① 印尼棉兰六桂堂会长,又担任菩提心曼荼罗教育基金会会长,主要从事棕榈油进出口生意。此外,洪志通借助基金会提倡环保可持续发展的契机,在棉兰郊县筹建了集朝佛、环保、旅游于一体的佛堂,颇具经济潜力。

② 李峰:《宗教社会学研究的新视角:宗教组织研究》,《宗教学研究》2005 年第 1 期,第110 页。

③ 张旭东:《华侨华人传统宗教的世俗化和非世俗化——以东南亚华侨华人为例的研究》,《宗教学研究》2004 年第 4 期,第 119 页。

人的跨国、跨地区网络,将合作与发展视域积极向外扩展,这又可说是特殊的华人非政府组织经验,与全球化发展相向并行。

通过对印尼菩提心曼荼罗基金会的个案分析,我们能从以下层面了解华人与印尼社会发展的契合性:社会层面,透过该组织与印尼外在社会的互动关系,反馈了印尼民主转型过程的社会结构特征;组织层面,了解华人如何借助该组织服务于华社,又在印尼公共事务中扮演积极角色;个体层面,通过该组织主要领导人员的分析,获悉华人如何实现个体传统需求,又能增进本土认同意识,并立足于本土,关注全球化的宏大情怀。

在过渡时期,社会的进步将取决于各种不可预期的,但可想象的并逐步增多的社会实验。华人社团与政府之间的新权力和利益关系目前仍在形塑之中,而此一新关系将成为印尼民主治理、族群关系、华人未来发展的一个新课题,值得进一步探究。

第七章

结　　论

　　纵横交错的世界华人网络，其构成得力于各条连接线的交叉，而居于网络结点的每个华人社区中心，因"共同的历史记忆"而拥有一定的共性。但由于地缘等方面差异，以及历史、文化渊源不尽相同，它们又各自拥有一定的特性。在世界华人网络中，新马华人处于重要而又特殊的地位，而印尼棉兰华人因地理位置的缘故，既拥有印尼华人社会所造就的文化共性，又因处于新马华人文化圈的影响范围中，具有一定特殊性，亦即保持传统文化较多、华人土生化不明显、受中国影响较深等，进而决定了它在世界华人网络中所具有的地位。这可从过去的发展经历中得到体现。自民国初年一直到到新中国成立前夕，中国政府都在棉兰设有领事馆；[①]太平洋战争爆发之前许多中国的文化与文艺人士也纷纷前往棉兰所在的苏门答腊避难；新中国成立前后，倾向中国大陆与倾向台湾的两大群体对立分化明显，这些事例都体现了棉兰华人拥有的独特地位。世界林氏宗亲会副理事长拿督林家全曾评价说："在过去，棉兰是东南亚其中一个华文教育发达的地区，也是南洋的中华文化摇篮。"[②]从而肯定了棉兰华人的历史地位。

　　今天的棉兰华人，既要面对印尼现代化进程中新旧交替而导致的政治

---

　　① 陈衍德：《印尼棉兰华人社会考察记》，刘钊、王日根等主编：《厦大史学》第一辑，厦门：厦门大学出版社，2005 年，第 339 页。

　　② 《印尼苏北西河九龙堂林氏宗亲会世纪纪念特刊》，第 22 页。

不稳定和社会矛盾激化的局面，又要面对全球化与本土化的双重夹击，乃至自身的文化断层与西方化、印尼化的冲击。在这种情况下，印尼华人力图通过弘扬中华民族传统文化的手段，达到重构文化认同意识，寻找失落的文化根基。这就需要借助具有文化象征意义的社团组织来完成。通过社团而弘扬文化，提升华人文化认同意识；借助社团的联结而加强华人社会的整体性意识；发挥社团的中介作用实现华人的权益保护；扩大社团的网络优势以带领华人适应全球化进程，这些都是华人社团在印尼现代化民主进程中所要达到的多重目标。可以说，华人社团过去是华人社会的支柱之一，今天在带领华人文化寻根、适应全球华人族群重构当中，也具有重要意义。棉兰华人社团也不例外。

正是由于社团所具有的重要性，以及时势变化的复杂性，从而对华人社团领袖提出了新的要求，并赋予了新的使命。在新的形势下，这些社团领袖既要与土著民族协调关系，又要与居住国政府协调关系，同时还要面对全球化的激烈竞争等。多重压力使得社团领导人的素质必须要有飞跃性的提升，否则社团就会走向内化和自闭，成为华人自身的游戏。棉兰华人社团目前需要解决的主要问题，一是社团领导人的素质和能力提升，适应国际化、经济化需求；二是改变社团的自闭和内化行为以适应外部环境的需要，如宗亲、宗乡社团是否要接纳外姓、外乡或者外族参加，避免社团成为聚餐娱乐的俱乐部；三是社团之间的矛盾和资源竞争的问题，如对各种华人人才的竞相争取；四是社团中年轻人和老年人之间的协调和传承问题；五是社团内懂中文、接受过华文教育的人与不懂中文，不会说华语，但有华人民族意识的参与者，二者如何团结起来并接受共同理念的问题；六是面对华人社团的精英化与社会阶层流变的新趋势，社团领袖如何避免它们成为华社分化的主导因素问题。以上种种，皆是棉兰华人社团领袖需运用智慧，结合实际而解决的难题。

苏哈托下台后，华社吸取了历史教训，在华人社团领袖的带领和协调下，发挥社团的联结与中介作用，经历了从政治诉求到文化需求的转变，华人社会重新走向团结、整合，并积极参政助政，发挥政治压力型集团的作用，从而达到保障和维护华人利益的目的。随着外部压力的减轻，内部结构的调整，华人社团的目标和性质发生变化；相应地，社团的功能也产生变化，其本土性动力上升，并成为推动棉兰社团发展的主导力量。可以说华人社团的重新发展是在全球化形势下的一种地方化运动,也是全球化压力下免于个人、集体的权利丧失而做出的一种逆全球化行动。正如同全球化并存的区域化一样,国家整合反而更加促成了各民族的凝聚力,形成了文化认同的地方化,以避免自身民族特性的丧失。所以,华人社团的发展也是国家推行同质化、一体化反向促成的。华人社团起到重构华人身份的作用。其各种规定和约束,发挥着社会管理的作用,使华人社会秩序得以和谐维持,官民相得益彰,保证了基层社会的稳定。华人社团起到国家所不能及的作用,从而维护国家稳定。大量的事实也说明,海外华人所展现出的各种聪明才智不仅能为全人类的福祉做出卓越贡献,而且可以裨益于其所在国家的发展。①

综上所述,可以看出,华人作为印尼的一个独特的少数民族,在印尼的生存发展有着长期的历史。政治上弱势、经济上强势(相对而言)的他们,因缺乏政治参与机会,作为一个群体的社会地位和权益得不到保证,社团组织就因联络华人感情,满足华人社会生活需要而繁荣发展起来。借助社团组织,不仅可以敦睦乡谊,团结族群,也可以使华人的政治情感、社会心理在其中得到满足和升华。最初,它们局限于华人社会内部事务,但到了一定程度,它们就与国家发生关系了。所以研究华人社会的结构与形态,就必须研究华人社团的方方面面,而社团作为华人社会关系纠结的缩影,又经由社团领袖之间的关系折射出来。社团成为领袖个人与外部交流的媒介和工具,使个人和更大的社会机构之间建立富有意义的联系,这种权力秩序在社会扩展中保持了一定的自律性和延展性。这样,以社会自治为契机,华人社会中形成了以华人精英(领袖)为中心的新的权力结构和经济网络。

就印尼全国而言,华人社团的历史因苏哈托的统治而出现了断层,之后的华人社团并不是被禁以前社团之简单延续,而是新形势下的产物。然而,"目前已经成立的华人政党和 400 多个华人社团之间,缺乏相互联系,未能形成强大的合力以有效争取和保障印尼华人的合法权益。今后的任务是通过有效的形式能够把这些政党和社团以及华人中的精英力量整合起来,更

---

① [澳]王赓武著,钱江译:《从历史中寻求未来的海外华人》,《华侨华人历史研究》1999年第 4 期,第 9 页。

好地为华人社会服务"①。在这方面,棉兰华人与印尼其他地方的华人基本上是一致的。棉兰华人的独特之处在于,他们与土著民族的关系较好,与周边国家华人的联系较紧密等。如何利用棉兰华人的传统优势,通过华社内部的协调,主要是通过社团与社团领袖之间的协调,内联外接,并利用其与新马华人相邻的特殊区位优势,整合本地华人社会,重新成为印尼华人网络上的一个重要节点,从而为印尼华人社会的多样性树立一个典范。凡此种种,都是任重而道远的任务。

因而,笔者通过在印尼棉兰的田野调查,将理性认识与感性认识结合起来,力图走出一条研究华人社会的新思路。本书独特之处在于对华人社团领袖内关系与外关系的分析,希望通过这一特殊途径,剖析华人社团领袖的心路历程,进而达到解析华人社团内、外部的那些令人难以深入探讨的关系,以此加深对海外华人社会变迁与重构的认识。

---

① 《日本中文媒体:海外华人迎来横向互动新时代》,福建侨联网,2002 年 5 月 13 日,www.fjql.org.

参考文献

一、中文论著(含译著)

1. [美]阿瑟·S.雷伯著,李伯黍等译:《心理学词典》,上海:上海译文出版社,1996年。

2. [美]奥尔森著,董安琪译:《集体行动的逻辑》,台北:允晨文化实业有限公司,1984年。

3. [美]彼得·邝著,杨立信、寿进文等译:《新唐人街:当代美国华人社区》,北京:世界知识出版社,2002年。

4. [荷]包乐史著,庄国土等译:《巴达维亚华人与中荷贸易》,南宁:广西人民出版社,1997年。

5. [英]巴素著,郭湘章译:《东南亚之华侨》,台北:正中书局,1974年。

6. 别必亮:《传承与创新:近代华侨教育研究》,石家庄:河北教育出版社,2001年。

7. 毕监武:《社团革命:中国社团发展的经济学分析》,济南:山东人民出版社,2003年。

8. 蔡宏进:《社会组织原理》,台北:五南图书出版股份有限公司,2006年。

9. 蔡仁龙:《印尼华侨华人概论》,香港:南岛出版社,2000年。

10. 曹云华:《变异与保持——东南亚华人的文化适应》,北京:中国华侨出版社,2001年。

11. 曹云华:《东南亚华人的政治参与》,北京:中国华侨出版社,2004年。

12. 陈碧笙选编:《华侨华人问题论文集》,南昌:江西人民出版社,

1989 年。

13.陈烈甫：《东南亚洲的华侨、华人与华裔》,台北:正中书局,1979 年。

14.陈祥水：《纽约皇后区新华侨的社会结构》,台北:"中央研究院"民族学研究所,1995 年。

15.陈衍德、彭慧等：《全球化进程中的东南亚民族问题研究——以少数民族的边缘化和分离主义运动为中心》,厦门:厦门大学出版社,2008 年。

16.陈衍德：《集聚与弘扬:海外的福建人社团》,长沙:湖南人民出版社,2002 年。

17.[马来西亚]陈志明著,段颖、巫达译：《迁徙、家乡与认同——文化比较视野下的海外华人研究》,北京:商务印书馆,2012 年。

18.[美]丁荷生、郑振满编纂：《福建宗教碑铭汇编(泉州府分册)》(下),福州:福建人民出版社,2003 年。

19.《读书》杂志编：《亚洲的病理》,北京:三联书店,2007 年。

20.杜季良：《同乡组织之研究》,成都:正中书局,1943 年。

21.范丽珠主编：《全球化下的社会变迁与非政府组织》,上海:上海人民出版社,2003 年。

22.方金英：《东南亚"华人问题"的形成与发展:泰国、菲律宾、马来西亚、印度尼西亚案例研究》,北京:时事出版社,2001 年。

23.龚咏梅：《社团与政府的关系:苏州个案研究》,北京:社会科学文献出版社,2007 年。

24.顾长永：《印度尼西亚——政治经济与社会》,高雄:高雄复文图书出版社,2002 年。

25.广东海外交流协会编：《第二届世界广东同乡联谊大会侨情交流文集》,广州:广东旅游出版社,2002 年。

26.郝时远主编：《海外华人研究论集》,北京:中国社会科学出版社,2002 年。

27.[日]横山宁夫著,毛良鸿、朱阿根、曹俊德译：《社会学概念》,上海:上海译文出版社,1983 年。

28.[宋]洪迈：《夷坚丁志》第 2 册,北京:中华书局,1981 年。

29.黄昆章：《印尼华侨华人史(1950 至 2004 年)》,广州:广东高等教育出版社,2005 年。

30. 黄书海主编：《忘不了的岁月》，北京：世界知识出版社，2003 年。

31. 黄枝连：《东南亚华族社会发展论——探索二十一世纪的中国和东南亚的关系》，上海：上海社会科学院出版社，1992 年。

32. ［澳］J. D. 莱格（J. D. Legge）著，上海外国语学院英语系翻译组译：《苏加诺——政治传记》，上海：上海人民出版社，1977 年。

33. 暨南大学东南亚研究所、广州华侨研究会编著：《战后东南亚国家的华侨华人政策》，广州：暨南大学出版社，1989 年。

34. 金耀基：《金耀基自选集》，上海：上海教育出版社，2002 年。

35. 金耀基：《中国社会与文化》，香港：牛津大学出版社，1993 年。

36. 康晓光：《权力的转移——转型时期中国权力格局的变迁》，杭州：浙江人民出版社，1999 年。

37. 柯木林、吴振强编：《新加坡华族史论集》，新加坡：南洋大学毕业生协会，1972 年。

38. 李春辉、杨生茂主编：《美洲华侨华人史》，北京：东方出版社，1990 年。

39. 李恩涵：《东南亚华侨华人史》，台北：五南图书出版股份有限公司，2003 年。

40. 李明欢：《当代海外华人社团研究》，厦门：厦门大学出版社，1995 年。

41. 李明欢主编：《福建侨乡调查：侨乡认同、侨乡网络与侨乡文化》，厦门：厦门大学出版社，2005 年。

42. 李威宜：《新加坡华人游移变异的我群观：语群、国家社群与族群》，台北：唐山出版社，1999 年。

43. 李文主编：《东亚社会的结构与变革》，北京：中国社会科学出版社，2005 年。

44. 李学民、黄昆章：《印尼华侨史（古代至 1949 年）》，广州：广东高等教育出版社，2005 年。

45. 李亦园、郭振羽主编：《东南亚华人社会研究》（上、下册），台北：正中书局，1985 年。

46. 李亦园：《李亦园自选集》，上海：上海教育出版社，2002 年。

47. 李亦园：《人类的视野》，上海：上海文艺出版社，1996 年。

48. 李亦园：《一个移殖的市镇：马来亚华人市镇生活的调查研究》，台北："中央研究院"民族学研究所,1970年。

49.李熠煜:《关系与信任:中国乡村民间组织的实证研究》,北京:中国书籍出版社,2004年。

50.李长傅:《中国殖民史》,北京:商务印书馆,1998年。

51.李志贤主编:《海外潮人的移民经验》,新加坡:潮州八邑会馆八方文化企业公司,2003年。

52.[印尼]李卓辉编著:《坚强奋起百年复兴》,雅加达:联通华文书业有限公司,2009年。

53.[印尼]李卓辉编著:《七代联辉》,雅加达:PT. Menaravisi Commerce,2010年。

54.梁丽平:《中国人的宗教心理——宗教认同的理论分析与实证研究》,北京:社会科学文献出版社,2004年。

55.梁敏和、孔远志编著:《印度尼西亚文化与社会》,北京:北京大学出版社,2002年。

56.梁漱溟:《中国文化要义》,济南:山东人民出版社,1990年。

57.梁英明:《战后东南亚华人社会变化研究》,北京:昆仑出版社,2001年。

58.廖赤阳、刘宏主编:《错综于市场、社会与国家之间:东亚口岸城市的华商与亚洲局域网络》,新加坡:南洋理工大学中华语言文化中心,2008年。

59.[新加坡]廖建裕著,崔贵强译:《爪哇土生华人的政治活动:1917—1942》,台北:正中书局,1985年。

60.[马来西亚]林开忠:《建构中的"华人文化":族群属性、国家与华教运动》,马来西亚华社研究中心,1999年。

61.[美]林南著,张磊译:《社会资本——关于社会结构与行动的理论》,上海:上海人民出版社,2005年。

62.林水檺、何启良、何国忠、赖观福合编:《马来西亚华人史新编》第三册,马来西亚中华大会堂总会,1998年。

63.林万亿:《团体工作理论与技巧》,台北:五南图书出版股份有限公司,2007年。

64.[新加坡]刘宏:《跨界亚洲的理念与实践——中国模式·华人网络·国家关系》,南京:南京大学出版社,2013年。

65.［新加坡］刘宏：《战后新加坡华人社会的嬗变：本土情怀·区域网络·全球视野》，厦门：厦门大学出版社 2003 年。

66.［新加坡］刘宏：《中国—东南亚学：理论建构·互动模式·个案分析》，北京：中国社会科学出版社，2000 年。

67. 刘焕然：《荷属东印度概览》，新加坡：南洋报社，1930 年。

68. 刘权：《广东华侨华人史》，广州：广东人民出版社，2002 年。

69. 刘少杰主编：《国外社会学理论》，北京：高等教育出版社，2006 年。

70. 刘钊、王日根等主编：《厦大史学》第一辑，厦门：厦门大学出版社，2005 年。

71. 娄胜华：《转型时期澳门社团研究——多元社会中法团主义体制解析》，广州：广东人民出版社，2004 年。

72.［英］罗宾·科恩等著，文军等译：《全球社会学》，北京：社会科学文献出版社，2001 年。

73. 吕伟雄：《龙腾四海：侨团百年》，香港：香港社会科学出版社，2007 年。

74. 吕伟雄主编：《海外华人社会新透视》，广州：岭南美术出版社，2005 年。

75. Michael R. J. Vatikiotis 著，林若雩译：《东南亚政治与发展》，台北：台北韦伯文化事业出版社，1999 年。

76. 麦留芳：《方言群认同：早期星马华人的分类法则》，台北："中央研究院"民族学研究所，1985 年。

77.［美］曼纽尔·卡斯特著，曹荣湘译：《认同的力量》，北京：社会科学文献出版社，2006 年。

78. 毛起雄主编：《华侨华人百科全书·法律条例政策卷》，北京：中国华侨出版社，2000 年。

79.［澳］梅·加·李克莱弗斯著，周南京译：《印度尼西亚历史》，北京：商务印书馆，1993 年。

80.《明太祖实录》卷二五四。

81. 潘翎主编，崔贵强编译：《海外华人百科全书》，香港：三联书店（香港）有限公司，1998 年。

82. 潘明智编著：《华人社会与宗乡会馆》，新加坡：玲子大众传播中心，

1996 年。

83.［美］乔尔·科特金著，王旭等译：《全球族：新全球经济中的种族、宗教与文化认同》，北京：社会科学文献出版社，2010 年。

84.［美］乔纳森·特纳著，邱泽奇等译：《社会学理论的结构》（下），北京：华夏出版社，2001 年。

85.世界知识年鉴编辑委员会：《世界知识年鉴 2003—2004》，北京：世界知识出版社，2003 年。

86.宋平：《承继与嬗变：当代菲律宾华人社团比较研究》，厦门：厦门大学出版社，1995 年。

87.［美］宋瑞芳著，朱永涛译：《美国华人的历史和现状》，北京：商务印书馆，1984 年。

88.［美］T.帕森斯，梁向阳译：《现代社会的结构与过程》，北京：光明日报出版社，1988 年。

89.唐慧：《印度尼西亚历届政府华侨华人政策的形成与演变》，北京：世界知识出版社，2006 年。

90.［英］W.J.凯特著，王云翔、蔡寿康译：《荷属东印度华人的经济地位》，厦门：厦门大学出版社，1988 年。

91.汪大渊著，苏继顾校释：《岛夷志略校释》，北京：中华书局，1981 年。

92.［澳］王赓武：《移民及其敌人——王赓武自选集》，上海：上海教育出版社，2002 年。

93.王建芹：《从自愿到自由：近现代社团组织的发展演进》，北京：群言出版社，2007 年。

94.王明珂：《华夏边缘：历史记忆与族群认同》，北京：社会科学文献出版社 2006 年。

95.王日根：《中国会馆史》，上海：东方出版中心，2007 年。

96.王望波：《改革开放以来东南亚华商对中国大陆的投资研究》，厦门：厦门大学出版社，2004 年。

97.王颖、折晓叶、孙炳耀：《社会中间层：改革与中国的社团组织》，北京：中国发展出版社，1993 年。

98.温北炎：《印度尼西亚经济与社会》，广州：暨南大学出版社，1997 年。

99.温广益、蔡仁龙等编著：《印度尼西亚华侨史》，北京：海洋出版社，

1985 年。

100. 温广益、郑一省：《后苏哈托时代的印度尼西亚》，北京：世界知识出版社，2006 年。

101. 温雄飞：《南洋华侨通史》，上海：东方印书馆，1929 年。

102. 吴凤斌主编：《东南亚华侨通史》，福州：福建人民出版社，1994 年。

103. ［美］吴元黎等著，汪慕恒、薛学了等译：《华人在东南亚经济发展中的作用》，厦门：厦门大学出版社，1989 年。

104. 吴泽霖总纂：《人类学词典》，上海：上海辞书出版社，1991 年。

105. 萧新煌主编：《东南亚的变貌》，台北：“中央研究院”东南亚区域研究计划，2000 年。

106. ［印尼］萧玉灿：《殊途同归》，香港：香港地平线出版社，1981 年。

107. 谢成佳主编：《华侨华人百科全书·社团政党卷》，北京：中国华侨出版社，1999 年。

108. 谢剑：《香港的惠州社团——从人类学看客家文化的持续》，香港：香港中文大学出版社，1981 年。

109. 新加坡南洋商报编：《南洋年鉴》，新加坡：南洋商报社有限公司，1939 年。

110. ［日］星野昭吉著，刘小林、梁云祥译：《全球化时代的世界政治——世界政治的行为主体与结构》，北京：社会科学文献出版社，2004 年。

111. ［清］徐继畬撰：《瀛环志略》，卷二，对峙阁藏本。

112. ［印尼］许天堂著，周南京译：《政治漩涡中的华人》，香港：香港社会科学出版社有限公司，2004 年。

113. ［澳］颜清湟著，栗明鲜等译：《新马华人社会史》，北京：中国华侨出版公司，1991 年。

114. 杨宏云：《印尼棉兰华侨华人史》，厦门：厦门大学出版社，2016 年。

115. 杨建成主编：《侨汇流通之研究》，中华学术院南洋研究所，1914 年。

116. 杨雪冬：《全球化：西方理论的前沿》，北京：社会科学文献出版社，2002 年。

117. 姚新光主编：《马来西亚华人文化节资料集》，马来西亚吉隆坡：马来西亚华总——全国华团文化咨询委员会，2001 年。

118.［印尼］游禄中：《印尼华人之命运》，香港：香港时代图书有限公司，2002年。

119.［印尼］云昌耀著，邱炫元等译：《当代印尼华人的认同：文化、政略与媒体》，台北：群学出版有限公司，2012年。

120.曾少聪：《漂泊与根植：当代东南亚华人族群关系研究》，北京：中国社会科学出版社，2004年。

121.［美］詹姆斯・M.米特尔曼著，刘得手译：《全球化综合征》，北京：新华出版社，2002年。

122.赵和曼主编：《东南亚手册》，南宁：广西人民出版社，2000年。

123.郑赤琰、吴伦霓霞编：《两次世界大战期间在亚洲之海外华人》，香港：香港大学出版社，1989年。

124.中国大百科全书出版社编辑部：《中国大百科全书・政治学》，北京：中国大百科全书出版社，1992年。

125.［美］周敏著，郭南译：《美国华人社会的变迁》，上海：上海三联书店，2006年。

126.周南京、陈文献等编著：《印度尼西亚华人同化问题资料汇编》，北京：北京大学亚太研究中心，1996年。

127.周南京：《印度尼西亚华侨华人研究》，香港：香港社会科学出版社有限公司，2006年。

128.朱东芹：《冲突与融合：菲华商联总会与战后菲华社会的发展》，厦门：厦门大学出版社，2005年。

129.朱杰勤：《东南亚华侨史（外一种）》，北京：中华书局，2008年。

130.朱英：《辛亥革命时期新式商人社团研究》，北京：中国人民大学出版社，1991年。

131.庄国土等：《二战后东南亚华族社会地位的变化》，厦门：厦门大学出版社，2003年。

二、中文论文(含译文)

(一)期刊论文

1.［印尼］巴拉达斯・戈沙尔著，詹向明译：《苏哈托后时期印度尼西亚的民主转变和政治发展》，《南洋资料译丛》2005年第4期。

2.柴玲：《论海外华人的中国认同》，《国际社会科学杂志（中文版）》2010年第1期。

3.潮龙起：《跨国华人研究的理论和实践——对海外跨国主义华人研究的评述》，《史学理论研究》2009年第1期。

4.[日]陈燕南著，乔云编译：《印度尼西亚华人及其经济地位》，《南洋资料译丛》2013年第3期。

5.陈永升：《"跨国移民理论与华侨华人研究"座谈会综述》，《华侨华人历史研究》2007年第4期。

6.程民选：《社会资本：定义与内涵》，《天府新论》2004年第4期。

7.程希：《关于目前华侨华人研究若干问题的观察与思考——中国社会科学院"海外华人研究国际学术研讨会"述评》，《华侨华人历史研究》2002年第4期。

8.丁月牙：《论跨国主义及其理论贡献》，《民族研究》2012年第3期。

9.董小燕：《试论欧洲认同及其与民族意识的张力》，《世界经济与政治》2004年第1期。

10.[印尼]甫榕·沙勒著，廖崐殿译：《在荷兰东印度公司以前居住印度尼西亚的中国人》，《南洋问题资料译丛》1957年第2期。

11.傅义强：《当代西方国际移民理论述略》，《世界民族》2007年第3期。

12.傅义强：《欧洲的中国大陆新移民研究述评》，《八桂侨刊》2006年第1期。

13.高崇：《族群与族群性：两个概念的再认识》，《中南民族学院学报（人文社会科学版）》2001年5月第21卷第3期。

14.葛雷士：《印尼华裔政党自救自强》，《华侨华人资料报刊剪辑》1998年第4期。

15.郭婕妤：《印尼族际关系中华人的文化困境》，厦门大学硕士学位论文，2007年。

16.郭忠华：《动态匹配·多元认同·双向建构——再论公民身份与国家认同的关系》，《中山大学学报（社会科学版）》2011年第2期。

17.韩震：《论国家认同、民族认同及文化认同——一种基于历史哲学的分析与思考》，《北京师范大学学报（社会科学版）》2010年第1期。

18.韩震：《全球化时代的华侨华人文化认同问题研究》，《华侨大学学报（哲学社会科学版）》2007年第3期。

19.何友晖、彭泗清：《方法论的关系论及其在中西文化中的应用》，《社会学研究》1998年第5期。

20.贺圣达：《17—18世纪的荷兰—印尼—中国贸易与多元文化交流》，《广西师范大学学报（哲学社会科学版）》2015年第4期。

21.［菲］洪玉华：《菲律宾华人的参政、融合和认同》，《融合》，1995年。

22.胡庆亮：《全球化与东南亚华人经济的互动与影响》，《东南亚》2005年第2期。

23.黄昆章：《印度尼西亚华人社团的现状和前景》，《世界民族》2003年第6期。

24.黄清海：《闽帮侨批业网络发展初探》，《华侨大学学报（哲学社会科学版）》2012年第4期。

25.黄英湖：《血缘地缘文化与华侨华人及其社团》，《八桂侨刊》2004年第6期。

26.焦建华：《近代跨国商业网络的构建与运作——以福建侨批网络为中心》，《学术月刊》2010年第11期。

27.李峰：《宗教社会学研究的新视角：宗教组织研究》，《宗教学研究》2005年第1期。

28.［法］里瓦·卡斯托里亚诺著，刘北成译：《移居、跨国社群和公民身份》，《国际社会科学杂志（中文版）》2001年第3期。

29.林金枝：《两次世界大战期间东南亚华侨投资对中国经济发展的作用》，《南洋问题研究》1987年第4期。

30.李明欢：《Diaspora：定义、分化、聚合与重构》，《世界民族》2010年第5期。

31.李明欢：《当代海外华人社团领导层剖析》，《华侨华人历史研究》1994年第2期。

32.李明欢：《群体效应、社会资本与跨国网络——"欧华联会"的运作与功能》，《社会学研究》2002年第2期。

33.李明欢：《国际移民学研究：范畴、框架及意义》，《厦门大学学报（哲学社会科学版）》2005年第3期。

34. 李元瑾：《是历史巧合抑或是互动模式？——中国两次社会变革与新加坡华人的回应》，《世界民族》2009 年第 3 期。

35. 林小宇：《尤权苏树林会见世界福州十邑同乡总会访问团》，《福建侨务》2013 年第 2 期。

36. 李伟民、梁玉成：《特殊信任与普遍信任：中国人信任的结构与特征》，《社会学研究》2002 年第 3 期。

37. 李兴、刘权：《东南亚华人社团的复兴与重新定位》，《东南亚纵横》2002 年第 5 期。

38. 刘志玲：《社团－重塑国家和社会关系的枢纽》，《怀化学院学报》2006 年第 9 期。

39. 刘镇强：《关于社会主义市场经济体制下社团制度的思考》，《社会科学》1999 年第 4 期。

40. 刘宏：《跨国华人社会场域的动力与变迁新加坡的个案分析》，《东南亚研究》2013 年第 4 期。

41. 刘宏：《跨国华人：实证分析与理论思考》，《二十一世纪》2002 年第 3 期。

42. 刘宏：《中国崛起时代的东南亚华侨华人社会：变迁与挑战》，《东南亚研究》2012 年第 6 期。

43. 刘宏：《当代华人新移民的跨国实践与人才环流——英国与新加坡的比较研究》，《中山大学学报（社会科学版）》2009 年第 6 期。

44. 梁纯菁：《客属会馆是创业者的温床》，《东南亚区域研究通讯》1999 年 4 月第 7 期。

45. 骆莉：《国族塑造与族群认同——二战后东南亚民族国家建构中的华族身份认同变化》，《东南亚研究》2010 年第 4 期。

46. 麻国庆：《全球化：文化的生产与文化认同——族群、地方社会与跨国文化圈》，《北京大学学报（哲学社会科学版）》2000 年第 4 期。

47. 玛格丽特·E.凯克、凯思琳·西金克著，黄语生译：《国际和地区政治中的跨国促进网络》，《国际社会科学杂志（中文版）》2000 年 1 期。

48. ［丹］迈克尔·雅各布森著，薛学了译：《论东南亚华人的可商议身份及其国际联系》，《厦门大学学报（哲学社会科学版）》2006 年第 5 期。

49. ［美］迈克尔·舒德森著，李贝贝译：《文化与民族社会的整合》，《国际社会科学杂志(中文版)》1995年第1期。

50.钱江:《从马来文〈三宝垄纪年〉与〈井里汶纪年〉看郑和下西洋与印尼华人穆斯林社会》,《华侨华人历史研究》2005年第3期。

51.丘立本:《从历史的角度看东南亚华人网络》,《南方华裔研究杂志》2009年第3卷。

52.任娜、陈衍德:《一个华族社团的结构与功能演变——新加坡福建会馆的历史轨迹》,《南洋问题研究》2002年第2期。

53.[美]沈己尧:《爱国华侨实业家张弼士》,《印尼焦点》2011第31期。

54.[日]松浦章著,郑振满译:《清代福建的海外贸易》,《中国社会经济史研究》1986年第1期。

55.[新加坡]苏秉苓:《会馆中的叶氏父女》,《源》2000年第2期。

56.孙立平:《"关系"、社会关系与社会结构》,《社会学研究》1996年第5期。

57.邰利亚:《西欧华人社团的现代化及其特征》,暨南大学硕士学位论文,2006年。

58.王苍柏:《也谈华人》,《读书》2004年第10期。

59.[马来西亚]王琛发:《槟城闽侨的晚清记忆——从林德水的生前死后说起》,《闽台文化交流》2011年第2期。

60.[澳]王赓武:《中国情结:华化、同化与异化》,《北京大学学报(哲学社会科学版)》2011年第5期。

61.[澳]王赓武著,林金枝译:《东南亚华人认同问题的研究》,《南洋资料译丛》1986年第4期。

62.[澳]王赓武著,钱江译:《从历史中寻求未来的海外华人》,《华侨华人历史研究》1999年第4期。

63.[澳]王赓武著,王望波译:《社会纽带与自由:移民社会的选择问题》,《南洋问题研究》2001年第1期。

64.王元林:《海外华侨华人与侨乡关系演变的特点》,《暨南学报(哲学社会科学版)》2001年第4期。

65.温北炎:《试比较印尼与马来西亚华人融入当地主流社会的程度》,《东南亚纵横》2003年第1期。

66.温北炎:《印尼华人社会的发展与前景》,《八桂侨刊》2001年第4期。

67. 温北炎:《印尼问题国内外近期研究述评》,《东南亚研究》2002 年第 2 期。

68. 吴前进:《当代移民的本土性与全球化——跨国主义视角的分析》,《现代国际关系》2004 年第 8 期。

69. 吴前进:《跨国主义的移民研究——欧美学者的观点和贡献》,《华侨华人历史研究》2007 年第 4 期。

70. 谢剑:《东南亚华人认同问题:对 J. R. Coughling 双重认同理论的再思考》,《台湾东南亚学刊》2006 年 3 卷 2 期。

71. 辛翠玲、杨媛甯:《一种本土化跨国华人的中国观:以廖建裕为例》,《台湾东南亚学刊》2011 年第 2 期。

72. [印尼]许天堂著,龙力译:《华人参政与印尼政治文化革新》,《东南亚研究》2004 年第 2 期。

73. [新加坡]许云樵点校:《开吧历代史记》,[新加坡]《南洋学报》1953 年第 9 卷第 1 辑。

74. 杨连峰:《转型期以来美国华人社团嬗变》,暨南大学硕士学位论文,2006 年。

75. 杨启光:《后苏哈托时代的印尼华人新型社团》,《华侨华人历史研究》2003 年第 1 期。

76. 杨启光:《后苏哈托时代印尼华人窥探——世纪之交印尼华人发展、演变的微观分析与宏观把握》,《华侨华人历史研究》2000 年第 2 期。

77. 杨启光:《路在何方:21 世纪的印尼华人——对当今印尼华人分离分治的一种文化学思考》,《东南亚研究》2003 年第 2 期。

78. 杨启光:《雅加达华人新生代的考察分析——兼论各次文化群体在"印尼华人文化"建构中的整合》,《华侨华人历史研究》2004 年第 3 期。

79. 叶江:《解读安东尼·D. 史密斯相关著述中的几个关键性术语》,《世界民族》2006 年第 5 期。

80. 翟学伟:《关系研究的多重立场与理论重构》,《江苏社会科学》2007 年第 3 期。

81. 张慧梅、刘宏:《20 世纪中叶新马华人社会与华南互动之探讨》,《南洋问题研究》2006 年第 2 期。

82. 张全义:《全球认同生成路径及其困境分析——世界国家还是国家

世界?》,《国际政治研究》2011年第2期。

83. 张新华:《菲律宾华裔慈善家李逢梧》,《中华儿女(海外版)》1998年第11期。

84. 张旭东:《华侨华人传统宗教的世俗化和非世俗化——以东南亚华侨华人为例的研究》,《宗教学研究》2004年第4期。

85. 郑一钧、蒋铁民:《郑和下西洋时期伊斯兰文化的传播对海上丝绸之路的贡献》,《中国海洋大学学报(社会科学版)》1997年第2期。

86. 郑振满:《国际化与地方化:近代闽南侨乡的社会文化变迁》,《近代史研究》2010年第2期。

87. 周大鸣:《论族群与族群关系》,《广西民族学院学报(哲学社会科学版)》2001年第2期。

88. 周建国:《社会转型与人际关系结构的变化》,《重庆社会科学》2002年第5期。

89. 周建新、覃美娟:《边界、跨国民族与爱尔兰现象》,《思想战线》2009年第5期。

90. 周敏、刘宏:《海外华人跨国主义实践的模式及其差异——基于美国与新加坡的比较分析》,《华侨华人历史研究》2013年第1期。

91. 周聿峨、余彬:《东南亚华人地域认同的历史和未来》,《暨南学报(哲学社会科学版)》2009年第2期。

92. 周聿峨、刘建林:《区域合作背景下的东南亚华人结构性权力》,《暨南学报(哲学社会科学版)》2005年第2期。

(二)论文集论文

1. [荷]包乐史著,邓海琪、冯洁莹等译:《荷兰在亚洲海权的升降》,《海洋史研究(第七辑)》,北京:社会科学文献出版社,2015年。

2. 蔡永兼:《西山杂志》,《安海志》,安海:安海方志办,内部印行,1983年。

3. 陈庆德:《海外华人经济与传统社会组织》,《华侨华人历史》编辑部:《中国华侨历史学会成立十周年纪念论文集》,北京:东方出版社,1993年。

4. 陈衍德:《印尼棉兰华人社会考察记》,刘钊、王日根等主编:《厦大史学》第一辑,厦门:厦门大学出版社,2005 年。

5.黄枝连:《全球化中的"世界潮汕体系":探索新千年——新世纪华人宗乡社团的"跨越时空·跨越产业·跨越文化"发展方向》,李志贤主编:《海外潮人的移民经验》,新加坡:潮州八邑会馆八方文化企业公司,2003 年。

6.贾都强:《印度尼西亚华人社会转型与发展面临的重大挑战》,李文主编:《东亚社会的结构与变革》,北京:中国社会科学出版社,2005 年。

7.金耀基:《关系和网络的建构》,金耀基:《中国社会与文化》,香港:牛津大学出版社,1993 年。

8.[美]李·E.威廉斯著,康涛译:《东南亚华人的过去与现在》,陈碧笙选编:《华侨华人问题论文集》,南昌:江西人民出版社,1989 年。

9.李亦园:《马来西亚华人社区领袖之研究》,李亦园、郭振羽主编:《东南亚华人社会研究》(下册),台北:正中书局,1985 年。

10.[印尼]廖健裕:《有关萧玉灿的印尼民族观"华人部族"的一些反思》,《萧玉灿百年诞辰纪念文集》编委会:《萧玉灿——百年诞辰纪念文集》,香港:生活文化基金会有限公司出版,2014 年。

11.[印尼]廖章然:《扎根当地创基业 情系母邦作桥梁》,广东海外交流协会编:《第二届世界广东同乡联谊大会侨情交流文集》,广州:广东旅游出版社,2002 年。

12.林满红:《印度尼西亚华商、台商与日本政府之间:台茶东南亚贸易网的拓展(1895—1919)》,汤熙勇主编:《中国海洋发展史论文集》(第七辑下册),台北:"中央研究院"中山人文社会科学研究所,1997 年。

13.林其锬:《论文化认同与华人社会》,《华侨华人历史》编辑部:《中国华侨历史学会成立十周年纪念论文集》,北京:东方出版社,1993 年。

14.刘崇汉:《独立前华人乡团组织》,林水檺、何启良、何国忠、赖观福合编:《马来西亚华人史新编》第三册,吉隆坡:马来西亚中华大会堂总会,1998 年。

15.戎抚天:《泰国华人同化问题研究》,李亦园、郭振羽主编:《东南亚华人社会研究》(下册),台北:正中书局,1985 年。

16.[菲]施振民:《菲律宾华人文化的持续——宗亲与同乡组织在海外的演变》,李亦园、郭振羽主编:《东南亚华人社会研究》(上册),台北:正中书局,1985 年。

17.谭天星:《战后东南亚华人文化的保持与族群关系的演进》,《华侨华人历史》编辑部:《中国华侨历史学会成立十周年纪念论文集》,北京:东方出版社,1993 年。

18.文崇一:《新加坡华人社会的变迁》,李亦园、郭振羽主编:《东南亚华人社会研究》(上册),台北:正中书局,1985 年。

19.吴文华:《试论战后印度尼西亚华人社会的变迁》,郭梁主编:《战后海外华人变化:国际学术研讨会论文集》,北京:中国华侨出版公司,1990 年。

20.[菲]吴文焕:《华人文化的二重性和发展》,世界华商经济年鉴编辑委员会编:《世界华商经济年鉴:1998—1999》,北京:世界知识出版社,1999 年。

21.项飙:《跨国华人》,《读书》杂志编:《亚洲的病理》,北京:三联书店,2007 年。

22.谢剑:《试论战前新加坡华人志愿社团的发展模式及其意义》,郑赤琰、吴伦霓霞编:《两次世界大战期间在亚洲之海外华人》,香港:香港中文大学出版社,1989 年。

23.谢剑:《文化融合抑或文化内衍? ——以吉隆坡客家社团的发展为例》,萧新煌主编:《东南亚的变貌》,台北:"中央研究院"东南亚区域研究计划,2000 年。

24.谢剑:《志愿社团的组织原则:新加坡华人社团的个案研究》,郭振羽、李亦园主编:《东南亚华人社会研究》(下册),台北:正中书局,1985 年。

25.[澳]颜清湟著,陈瀚译:《新马早期客家方言组织(1800 至 1900)》,潘明智编著:《华人社会与宗乡会馆》,新加坡:玲子大众传播中心,1996 年。

26.杨进发著,陈万发译:《19 世纪新加坡华族领导层》,柯木林、吴振强编:《新加坡华族史论集》,新加坡:南洋大学毕业生协会,1972 年。

27.印尼雅加达中华学校、巴城中学广州校友会:《印尼华人社团的复兴及其前景》,广东海外交流协会编:《第二届世界广东同乡联谊大会侨情交流文集》,广州:广东旅游出版社,2002 年。

28.于海:《行业协会与社会中间结构》,范丽珠主编:《全球化下的社会变迁与非政府组织》,上海:上海人民出版社,2003 年。

29.朱浤源:《印尼华人社团与文化活动》,朱浤源主编:《东南亚华人社团与文化研究》,台北:中华文化复兴运动总会,1994 年。

三、中文报刊、社团刊物、访谈资料、网络资源和其他未刊稿资料

（一）报纸类

1.［印尼］《棉兰早报》2004 年 6 月 19 日。

2.［印尼］《棉兰早报》2004 年 10 月 20 日。

3.《马来西亚雪隆庄严宗亲会访问棉兰，推动成立印尼庄严宗亲会》，《棉兰早报》2004 年 12 月 7 日。

4.［印尼］《棉兰早报》2005 年 1 月 3 日。

5.《马来西亚"海啸无情，人间有义"筹委会捐 50 万元予苏北华社联合赈灾委员会》，［印尼］《棉兰早报》2005 年 1 月 20 日。

6.［印尼］《棉兰早报》2005 年 2 月 21 日。

7.《苏北印华百家姓协会主席希望政府地方议会应有代表华社心声的位置》，［印尼］《棉兰早报》2005 年 3 月 20 日。

8.［印尼］《棉兰早报》2005 年 3 月 23 日。

9.《棉兰印华百家姓协会声明敦请政府市长热爱人民》，［印尼］《棉兰早报》2005 年 7 月 22 日。

10.［印尼］《棉兰早报》2005 年 11 月 1 日。

11.［印尼］《棉兰早报》2005 年 11 月 17 日。

12.［印尼］《棉兰早报》2005 年 11 月 21 日。

13.［印尼］《棉兰早报》2006 年 2 月 5 日。

14.［印尼］《棉兰早报》2006 年 6 月 29 日。

15.［印尼］《棉兰早报》2006 年 8 月 5 日。

16.［印尼］《棉兰早报》2006 年 8 月 8 日。

17.《苏岛福州中房陈氏宗亲会庆祝杨太公节度使暨周与柳两将军千秋寿诞联谊晚会》，《棉兰早报》2006 年 9 月 21 日。

18.《澳门红十字会捐建亚齐孤儿院 2007 年初竣工，苏北华赈全程监助受人信赖》，［印尼］《棉兰早报》2006 年 11 月 11 日、17 日。

19.［印尼］《棉兰早报》2006 年 11 月 20 日。

20.［印尼］《棉兰早报》2006 年 11 月 21 日。

21.《印尼电视台的大众话题:华族社团对本省建设贡献显著》,[印尼]《棉兰早报》2006年11月22日。

22.[印尼]《棉兰早报》2006年12月6日。

23.[印尼]《棉兰早报》2007年1月6日。

24.黄蜂:《苏北华联的成立是苏北北华社天大的喜讯》,[印尼]《棉兰早报》2007年2月9日。

25.《日里昔梨冷豪华坟墓课税条例不公平,望华族各界人士拒绝》,[印尼]《棉兰早报》2007年2月13日。

26.[印尼]《棉兰早报》2007年2月16日。

27.[印尼]《棉兰早报》2007年2月17日。

28.《棉华社组成"联合委员",协助民事局完成国籍登记工作》,[印尼]《棉兰早报》2007年9月20日。

29.《华族理念,入乡随俗,千岛族情,共谋幸福——苏北印华百家姓协会》,[印尼]《棉兰早报》2007年9月25日。

30.椰成:《异国的精神家园——苏北华社》,[印尼]《棉兰早报》2007年10月5日。

31.何成:《"服务社会,爱国爱群"的福州精神——棉兰福州三德慈善基金会》,[印尼]《棉兰早报》2007年10月5日。

32.[印尼]《棉兰早报》2007年10月6日。

33.唐仔:《应正确看待印尼华社的崛起和成长》,[印尼]《棉兰早报》2007年11月1日。

34.[印尼]《棉兰早报》2008年1月9日。

35.[印尼]《棉兰早报》2008年2月19日。

36.《印华总会与波罗岭区民众感谢市府听取民意修复通道》,[印尼]《棉兰早报》2008年2月28日。

37.《亚齐冷沙印华百家姓协会举行补习班开班典礼》,[印尼]《棉兰早报》2008年3月27日。

38.《百家姓协会:未来苏北省长应具招揽投资能力》,[印尼]《讯报》2008年3月8日。

39.《火水山思思旅棉同乡暨师生逾800人春节联欢》,[印尼]《讯报》2008年3月11日。

40. 林毓明：《第五届世界莆商大会及世界兴安同乡恳亲会暨莆田市东南亚经贸活动周隆重举行》，[印尼]《讯报》2009 年 10 月 18 日。

41. 《关爱非洲儿童 普及华文教育，非洲知性之旅分享会在棉举办》，[印尼]《讯报》2011 年 12 月 4 日。

42. 《第四届世界惠州同乡恳亲会在合艾举行，棉兰接办 2007 年下届世界恳亲大会》，[印尼]《国际日报》2004 年 10 月 5 日。

43. 《印尼华人要塑造怎样的后代？》，[印尼]《国际日报》2006 年 5 月 19 日。

44. [印尼]《国际日报》2006 年 6 月 1 日。

45. 《苏北与棉兰百家姓协会举行国庆升旗爱国主义教育行动》，[印尼]《国际日报》2006 年 6 月 19 日。

46. [印尼]《国际日报》2006 年 8 月 14 日。

47. [印尼]《国际日报》2006 年 8 月 19 日。

48. 意如香：《华族的事华族办》，[印尼]《国际日报》2006 年 10 月 10 日。

49. [印尼]《国际日报》2007 年 2 月 27 日。

50. 《苏北实林泮旅雅同乡会欢庆两周年，团结乡亲开展福利活动》，[印尼]《国际日报》2007 年 7 月 16 日。

51. 《吉祥山基金会和福州乡亲欢度春节》，[印尼]《国际日报》2012 年 2 月 6 日。

52. 鲁斯里：《棉兰回忆录——1965 年前的棉兰华文书店》，[印尼]《国际日报》2012 年 2 月 10 日。

53. 沈明信：《印尼华人生机重现之三——政治前景亟待突破》，[马来西亚]《星洲日报》2000 年 3 月 15 日。

54. 沈明信：《文教社团——印尼华人寻根处》，[马来西亚]《星洲日报》2000 年 3 月 18 日。

55. 沈明信：《印尼华族华语的迷思 印尼人眼中的"负面"华人》，[马来西亚]《星洲日报》2000 年 3 月 18 日。

56. [印尼]李卓辉：《积极参政反排华 印尼华人推动希望工程》，[马来西亚]《星洲日报》2001 年 3 月 17 日。

57. [马来西亚]《星洲日报》2007 年 3 月 13 日。

58. [印尼]《印度尼西亚日报》1986 年 3 月 17 日。

59. ［新加坡］《联合早报》［新加坡］1999 年 5 月 15 日。

60. ［新加坡］《联合早报》1999 年 10 月 25 日。

61. 郑明杉：《翁俊民：财富是工具 成功是人因我存在而受益》，［新加坡］《联合早报》2013 年 11 月 3 日。

62. 沈泽玮：《重叠身份》，［新加坡］《联合早报》2012 年 7 月 20 日。

63. ［印尼］陈贤伟，赖松溪译：《全球化与印华社团的态度》，［印尼］《印华双周刊》2008 年 3 月 15 日。

64. 傅华：《全球认同与民族国家文化认同》，《光明日报》2006 年 4 月 18 日。

65. 《一座道观，藏住半部莆田史》，《莆田晚报》2016 年 10 月 11 日。

66. 张少凌：《荷属概观及华侨实况（下）》，《侨务月报》1936 年第 9 号。

67. ［印尼］《苏门答腊民报》1952 年 1 月 1 日。

（二）网络文章

1.《东南亚社交网络渗透率达 90％ 超全球平均水平》，http：//net. chinabyte. com/466/11852966. shtml.

2.《"海洋亚洲"构成中国移民走向世界的关键性桥梁》，中国侨网，2008 年 8 月 4 日，www. chinaqw. com. cn.

3.《海外华人迎来横向互动新时代》，福建侨联网，2002 年 5 月 13 日，www. fjql. org。

4.《新加坡 T32 植牙中心积极开拓印尼市场》，中国—印尼经贸合作网，2011 年 11 月 3 日，http：//www. cic. mofcom. gov. cn/ciweb/cic/info/Article. jsp？a_no＝276874&col_no＝459.

5.《印尼华社举办"热爱印度尼西亚夸文化"艺术活动》，中国新闻网，2014 年 5 月 6 日，http：//www. chinanews. com/hr/2014/05-06/6138369. shtml.

6.《印尼闽南同乡联谊会成立 许世经任首届总主席》，中国新闻网，2013 年 11 月 8 日，http：//www. chinanews. com/hr/2013/11-08/5481871. sht-ml.

7.《印尼中华总商会理监事就职 引华商成模范企业家》，中国新闻网，2009 年 12 月 20 日，http：//www. chinanews. com/hr/hr-st-yz/news/2009/

12-20/2027743. shtml.

8.《中华文化重回印度尼西亚》,《中国日报》2011 年 2 月 18 日,http://www. chinadaily. com. cn/zgrbjx/2011-02/18/content_12035858. htm.

9. 陈国贲著,白续辉译:《审视身份认同、种族划分和海外散居:关于华人的三大个案研究》,《南方国际关系在线》2008 年 4 月 21 日,http://www. sciso. org/Article/Scholar/Youth/BaiXuhui/200804/3423. html.

10. 冯尔康:《晚清南洋华侨与中国近代化》,《近代中国研究》2007 年 12 月 14 日,http://jds. cass. cn/Item/6755. aspx.

11. 林文光先生在第三次世界华人论坛上的发言,http://2008. vodvv. com/07/t5_2. htm.

12. 刘为义:《半世沧桑印华路:印尼华人思考异国他乡生存之道》,中国侨网,2008 年 2 月 5 日,www. chinaqw. com. cn。

13. 朴光星:《中国的跨国移民研究》,《东亚社会学》(日本)2009 年 6 月第 2 号,http://www. sociology2010. cass. cn/upload/2010/11/d20101126151725660. pdf.

14. 丘濂、刘畅:《穿越马六甲海峡,有船只,还有历史》,《三联生活周刊》2015 年第 30 期,http://www. dooland. com/magazine/article_710508. html.

15. 吴前进:《"侨乡"探询跨国主义的分析视角——李明欢教授"福建侨乡调查"述评》,《二十一世纪(网络版)》2006 年第 57 期,http://www. cuhk. edu. hk/ics/21c/m_supplem_c. htm.

16. 肖文评:《客家华侨推动中国经济近代化进程》,《中国社会科学网》2013 年 11 月 20 日,http://www. cssn. cn/lsx/zwbl/201311/t20131120_852648. shtml.

17. 印尼先达人社区网站,http://www. siantarpeople. org/portal. php? mod=view& aid=362.

18. 赵霭源:《华商黄双安:别样的"木材大王"》《人民日报海外版》2014 年 8 月 11 日,http://paper. people. com. cn/rmrbhwb/html/2014-08/11/content_1463853. htm.

19. 郑和祥:《南暹和吉兰丹古今纵横谈》,《孝恩杂志》,http://www. xiao-en. org/cultural/magazine. asp? cat=34& loc=zh-cn& id=557.

（三）访谈资料

1. 2008 年 2 月 13 日对陈保安随机访谈。

2. 2008 年 2 月 14 日于棉兰随机采访陈保安。

3. 2008 年 2 月 17 日拜访棉兰茶艺社与马来西亚槟城紫云阁阁长、拿督斯里周荣吉时随机访谈。

4. 2008 年 2 月 20 日于原棉兰茶艺会主席李远方先生公司办公室访谈。

5. 2008 年 2 月 24 日于黄印华家里访谈。

6. 2008 年 2 月 23 日于棉兰《讯报》报社采访叶选雄编辑。

7. 2008 年 2 月 23 日于棉兰《讯报》报社采访林荣胜社长。

8. 2008 年 2 月 25 日于陈明宗办公室访谈。

9. 2008 年 2 月 26 日笔者拜访棉兰江夏公所由副主席黄宗南提供资料。

10. 2008 年 2 月 27 日笔者拜访棉兰颍川宗亲会会所时由陈其仁提供的资料。

11. 2008 年 2 月 28 日笔者采访棉兰张洪钧及拜访苏北客属联谊会会所时，由张洪钧提供的资料。

12. 2008 年 3 月 4 日于棉兰鹅城慈善基金会会所采访廖章然。

13. 2008 年 3 月 5 日晚于林来融所属餐厅访谈。

14. 2008 年 3 月 7 日于《印广日报》报社采访吴奕光总编辑。

15. 2008 年 3 月 9 日与苏北卓氏宗亲会理事主席卓铭成访谈。

16. 2008 年 3 月 17 日于棉兰鹅城慈善基金会采访董事成员卢萌德。

17. 2008 年 3 月 18 日于黄印华公司办公室对其访谈。

18. 2008 年 3 月 19 日于庄钦华公司办公室采访时由其所提供的资料。

19. 2008 年 3 月 20 日于民礼晓星家访谈。

20. 2008 年 3 月 21 日笔者拜访棉华中学校友会会所时由其秘书提供的资料。

21. 2008 年 3 月 21 日笔者拜访棉兰龙岩公会时由邓中联秘书提供的资料。

22. 2008 年 3 月 21 日笔者拜访棉兰夕阳红剧艺社练习场所时收集的资料。

23. 2008 年 3 月 26 日笔者与苏北潮州公会人员座谈时由吴福胜提供的

资料。

24.2008 年 3 月 27 日对棉兰陈瑞忠的随机采访。

25.2008 年 3 月 27 日于徐煜权先生办公室访谈。

26.2008 年 3 月 29 日于苏北苏氏宗亲会会所时的访谈。

27.2008 年 4 月 1 日笔者拜访苏北王氏宗亲会会所时由王亚辉、王金亮提供的资料。

28.2008 年 4 月 3 日于苏钢集团办公室采访苏用发。

29.2008 年 4 月 4 日于黄印华公司办公室采访时由其所提供的资料。

30.2012 年 7 月 30 日于咖啡馆采访曾启福。

31.2012 年 7 月 31 日于咖啡馆采访王亚辉。

32.2012 年 8 月 1 日于吴和敬公司办公室访谈。

（四）未刊稿

1.陈明宗写给宗亲会的私人信件，由陈衍德教授提供资料，未刊稿。

2.《慈善福利部 2003 年到 2006 年会务报告》，由棉兰鹅城慈善基金会秘书林文裕提供，未刊稿。

3.《鹅城慈善基金会奖助学金发放情况》，由棉兰鹅城慈善基金会秘书林文裕提供，未刊稿。

4.《江夏公所章程》，由棉兰鹅城慈善基金会秘书林文裕提供，未刊稿。

5.《旅苏瀛洲同乡会章程》，由印尼苏北民礼市作家晓星于 2008 年提供，未刊稿。

6.《苏北华联》，由苏北华联秘书长陈民生提供，未刊稿。

7.［印尼］戈樱：《芒果树下》，未刊稿。

8.谢则直：《当代事业大家张公鸿南传略》，《张耀轩博士拓殖南洋三十年纪念册》，未刊稿。

9.许君口述，苏平笔录：《崇文五十周年纪念有感》，叶选雄：《青松文集》，2006 年，未刊稿。

10.郑原心：《苏北华族文化五十年》，《苏岛文友》2005 年 9 月，未刊稿。

（五）纪念特刊类

1.《第九届世界六桂堂恳亲大会纪念特刊》。

2.《第六届世界惠州同乡恳亲大会纪念特刊》。

3.《第十三届亚洲象棋个人锦标赛纪念特刊》。

4.《第四届东南亚加中国大陆、台湾、香港、澳门、新西兰、澳大利亚各姓氏宗亲联谊大会会刊》,2010 年。

5.《第五届世界广东同乡联谊大会庆典纪念刊》,2009 年。

6.《江夏公所百年庆典纪念特刊》。

7.《棉兰茶艺社纪念特刊》。

8.《新加坡应和会馆 165 周年纪念特刊(1822—1987)》,1987 年。

9.《印尼客属联谊总会成立七周年纪念特刊》,2006 年。

10.《印尼苏北西河九龙堂林氏宗亲会世纪纪念特刊》。

11.《走过光辉二十年——棉兰鹅城慈善基金会》。

12.棉华香港校友会编辑委员会:《情怀集》,香港:棉华香港校友会,2006 年。

(六)其他

1.《厦门市政府公报》1937 年 4 月第 24 期。

2.《旧档案行政报告稿》,《侨务廿五年》1957 年 4 月。

3.[印尼]廖章然主编:《光辉岁月、岁月如歌——1945 年二战后苏北印华文艺活动概况》,2007 年,出版社不详。

四、英文论著

1. Aihwa Ong, Donald M. Nonini, *Ungrounded Empires: The Cultural Politics of Modern Chinese Transnationalism*, New York: Routledge, 1997.

2. Alejandro Portes, "Globalization from Below: The Rise of Transnational Communities", Princeton University, September 1997.

3. Anthony Reid, Early Chinese Migration into North Sumatra, in *Studies in the Social History of China and Southeast Asia: Essays in Memory of Victor Purcell*, edited by Jerome Chen, Cambridge: Cambridge University Press, 1970.

4. Arjun Appadurai, *Modernity at Large: Cultural Dimensions of Globalization*, Minneapolis, Minn: University of Minnesota Press, 1996.

5. Bryna Goodman, *Native Place，City and Nation：Regional Networks and Identities in Shanghai*，1853-1937，Oakland：University of California Press，1996.

6. David Bourchier, Vedi R. Hadiz, *Indonesian Politics and Society：A Reader*，London：Routledge，2003.

7. Edgar Wickberg, Notes on Some Contemporary Social Organizations in Manila Chinese Society，China，Across the Seas/The Chinese as Filipino，Philippine Association for Chinese Studies，Manila，1992.

8. G. William Skinner, *Chinese Society in Thailand：An Analytical History*，New York：Cornell University Press，1957.

9. G. William Skinner, *Leadership and Power in the Chinese Community of Thailand*，New York：Cornell University Press，1958.

10. John Clammer, *Diaspora and Identity：The Sociology of Culture in Southeast Asia*，Selangor：Pelanduk Publications (M) Sdn Bhd，2002，

11. Leo Suryadinata, *Chinese and Nation-Building in Southeast Asia*，Singapore：Marshall Cavendish International Private Limited，2004.

12. Leo Suryadinata，Chinese Politics in Post-Suharto's Indonesia：Beyond the Ethnic Approach?，*Asian Survey*，Vol. 41，No. 3，2001.

13. Leo Suryadinata, *The Culture of the Chinese Minority in Indonesia*，Singapore：Marshall Cavendish International Private Limited，2004.

14. Linda G. Basch, Nina Glick Schillier, Christina Blanc-Szanton, *Nation Unbound：Transnational Projects，Post-colonial Predicaments，and De-territorialized Nation-States*，Langhorne，PA：Gordon and Breach，1994.

15. Milton M. Gordon, *Assimilation in America*，Oxford：Oxford University Press，1964.

16. Mona Lohanda, *Growing Pains：The Chinese and the Dutch in Colonial Java*，1890—1942，Jakarta：Yayasan Cipta Loka Caraka，2002.

17. Nikos Papastergiadis, *The Turbulence of Migration：Globalization，Deterritorialization and Hybridity*，Cambridge：Polity

Press，2000.

18. Pierre Bourdieu，The Forms of Capital，in *Handbook of Theory and Research for the Sociology of Education*，edited by John G. Richardson，New York：Greenwood Press，1985.

19. R. J. Coughling，*Double Identify：The Chinese in Modern Thailand*，Hong Kong：Hong Kong University Press，1960.

20. Richard L. Wood，Religion，Faith-based Community Organizing，and the Struggle for Justice，*Handbook of the Sociology of Religion*，edited by Michele Dillon，Cambridge：Cambridge University Press，2003.

21. S. Sassen，*The Mobility of Labor and Capital：A Study in International Investment and Labor Flow*，Cambridge：Cambridge University Press，1988.

22. Tengku Luckman Sinar SH，*The History of Medan in the Olden Time*，Medan：Percetakan PERWIRA，2005.

23. Twang Peck Yang，*The Chinese Business Elite in Indonesia and the Transition to Independence* 1940-1950，Oxford：Oxford University Press，1998.

24. Yen Ching-hwang，Ethnic Chinese Culture in Southeast Asia：Continuity and Change，edited by Yu Chunghsun，*Ethnic Chinese：Their Economy，Politics and Culture*，Tokyo：The Japan Times，Ltd. ，2000.

五、英文论文

1. Alejandro Portes，Luis E. Guarnizo，Patricia Landolt，The Study of Transnationalism：Pitfalls and Promise of an Emergent Research Field. ，*Ethnic and Racial Studies*，Vol. 22，No. 2，1999.

2. Christopher A. Airriess，Global Economy and Port Morphology in Belawan，Indonesia，*The Geographical Review*，Vol. 81，No. 2，1991.

3. Christopher Airriess，Port-Centered Transport Development in Colonial North Sumatra，*Indonesia*，Vol. 59，No. 59，1995.

4. Diane de Terra，The Effects of Language Planning on a Penang Hokkien Kampong：People Separated by a Blade of Grass Cloud Not

Understand Each Other, edited by L. A. Peter Gosling & Linda Y. C. Lim, *The Chinese in Southeast Asia*, Vol. 2, *Identity*, *Cultural & Politics*, Singapore: Koon Wah Printing Pte. Ltd. , 1983.

5. Edward M. Bruner, Urbanization and Ethnic in North Sumatra, *American Anthropologist*, Vol. 63, 1961.

6. Gordon C. K. Cheung, Chinese Diaspora as a Virtual Nation: Interactive Roles Between Economic and Social Capital, *Political Studies*, Vol. 52, 2004.

7. Guobin Yang, The Internet and the Rise of a Transitional Chinese Cultural Sphere, *Media*, *Culture & Society*, Vol. 25, 2003.

8. J. Bruce Jacobs, A Preliminary Model of Particularistic Ties in Chinese Political Alliance: Kang-ching and Kuan-his in a Rural Taiwanese Township, *China Quarterly*, Vol. 78, 1979.

9. Jeremy Hein, Ethnic Organizations and the Welfare State: The Impact of Social Welfare Programs on the Formation of Indochinese Refugee Associations, *Sociological Forum*, Vol. 12, No. 2, 1997.

10. Judith Nagata, Local and Transnational Initiatives Towards Improving Chinese-Indigenous Relations in Post-Suharto Indonesia: The Role of the Voluntary Sector, *Asian Ethnicity*, Vol. 4, No. 3, 2003.

11. Kuah Kun Eng, As Local and Global Cultural Brokers: A Fujianese Territorial-based Association (Fujian Tongxiang Hui) in Hong Kong, edited by Teresitia Ang See, *Intercultural Relations*, *Cultural Transformation*, *and Identity: The Ethnic Chinese*, Manila: Kaisa Para Sa Kaunlaran, Inc. , 2000.

12. L. A. Peter Gosling, Changing Chinese Identities in Southeast Asia: An Introductory Review, edited by L. A. Peter Gosling & Linda Y. C. Lim, *The Chinese in Southeast Asia*, Vol. 2, *Identity*, *Cultural & Politics*, Singapore: Koon Wah Printing Pte. Ltd. , 1983.

13. L. W. Crissman, The Segmentary Structure of Urban Overseas Chinese Communities, *Man*, Vol. 2, No. 2, 1967.

14. Leonard Blusse, The Role of Indonesian Chinese in Shaping Modern

Indonesian Life: A Conference in Retrospect, *Indonesia*, Vol. 51, 1991.

15. Maurice Freedman, Immigrants and Association: Chinese in Nineteenth Singapore, *Comparative Study in Society and History*, Vol. 3, No. 1, 1960.

16. Maurice Freedman, The Emergence and Social Function of Chinese Religious Associations in Singapore, *Comparative Study in Society and History*, Vol. 3, No. 1, 1960.

17. Michael Peter Smith, Luis Eduardo Guarnizo, Transnationalism From Below, *Comparative Urban and Community*, Vol. 6, 1998.

18. Moli Soiw, The Problems of Ethnic Cohesion among the Chinese in Peninsular Malaysia: Intraethnic Divisions and Interethnic Accommodation, edited by L. A. Peter Gosling & Linda Y. C. Lim, *The Chinese in Southeast Asia*, Vol. 2, *Identity, Cultural & Politics*, Singapore: Koon Wah Printing Pte. Ltd. , 1983.

19. Nina Glick Schiller, Linda Basch, C. Szanton Blanc, From Immigrant to Transmigrant: Theorizing Transnational Migration, *Anthropological Quarterly*, Vol. 68, No. 1, 1995.

20. Nina Glick Schiller, Linda Basch, Cristina Blanc-Szanton, "Towards a Transnational Perspective on Migration: Race, Class, Ethnicity, and Nationalism Reconsidered", New York: New York Academy of Sciences, 1992.

21. Peggy Levitt, "Transnational Migrants: When 'Home' Means More Than One Country", October 1, 2004, http://www. migrationinformation. org.

22. Peter Kivisto, Theorizing Transnational Immigration: A Critical Review of Current Efforts, *Ethnic and Racial Studies*, No. 4, 2001.

23. R. William Liddle, Indonesia's Democratic Past and Future, *Comparative Politics*, Vol. 24, No. 4, 1992.

24. Raymond Breton, Institutional Completeness of Ethnic Communities and the Personal Relations of Immigrations, *American Journal of Sociology*, Vol. 70, 1964.

25. Robert T. Anderson, Voluntary Associations in History, *American Anthropologist*, Vol. 73, No. 1, 1971.

26. Sarah Turner, Pamela Allent, Chinese Indonesians in a Rapidly Changing Nations: Pressures of Ethnicity and Identity, *Asia Pacific Viewpoint*, Vol. 48, No. 1, 2007.

27. Sharon A. Carstens, Pulai Hakka Chinese Malaysian: A Labyrinth of Cultural Identities, edited by L. A. Peter Gosling & Linda Y. C. Lim, *The Chinese in Southeast Asia*, Vol. 2, *Identity*, *Cultural & Politics*, Singapore: Koon Wah Printing Pte. Ltd., 1983.

28. Stephanie Po-yin Chung, The Transformation of an Overseas Chinese Family-Three Generations of the Eu Tong Sen Family, 1882—1941, *Modern Asian Studies*, Vol. 39, No. 3, 2005.

29. Steven Vertovec, Conceiving and researching transnationalism, *Ethnic and Racial Studies*, Vol. 22, No. 2, 1999.

30. Susan Giblin, Overcoming Stereotypes? Chinese Indonesian Civil Society Groups in Post-Suharto Indonesia, *Asian Ethnicity*, Vol. 4, No. 3, 2003.

31. Tan Chee Beng, "Comments", Leo Suryadinata, *Ethnic Chinese as Southeast Asians*, Singapore: Institute of Southeast Asian Studies, 1997.

32. Thee Kian Wee, Plantation Agriculture and Export Growth: an Economic History of East Sumatra, 1863—1942, Ph. D. dissertation, University of Wisconsin, 1969.

33. Tim Lindsey, Reconstituting the Ethnic Chinese in Post-Suharto Indonesia: Law, Racial Discrimination and Reform, in *Chinese Indonesians: Remembering, Distorting, Forgetting*, edited by Tim Lindsey & Helen Pausacker, Singapore: Institute of Southeast Asian Studies, 2005.

34. W. E. Willmott, Congregations and Associations: The Political Structure of the Chinese Community in the Phnom-Penh, Cambodia, *Comparative Studies in Society & History*, Vol. 11, No. 3, 1969.

35. Wing Chung Ng, Urban Chinese Social Organization: Some

Unexplored Aspects in Huiguan Development in Singapore，1900—1941，*Modern Asian Studies*，Vol. 26，No. 3，1992.

36. Yow Cheun Hoe，Weakening Ties with the Ancestral Homeland in China：The Case Studies of Contemporary Singapore and Malaysian Chinese，*Modern Asian Studies*，Vol. 39，No. 3，2005.

后　记

2006年，当我带着周围质疑的眼光走进校园时，很多人都怀疑我疯狂的举动，也担心我从"社会人"到"学生"角色的适应问题，说实话，我也曾有过瞬间的质疑。然而，随遇而安的心境使我逐渐适应了学生时代清贫、安静的生活。三年后的今天，我又带着满腹的疑问走向社会。自己能否适应学术生涯？能否抵御众多的叹息？一切的一切，唯有时间才能解答。

回顾博士三年的时光，发觉自己也能够摒弃浮躁，安心读书，享受自由自在的日子，并乐在书中，真正感受到辛苦的是在论文写作阶段。唯有此时，才真正体会到获得博士学位的确是一个不容易的过程，其中甘苦恐怕只有切身经历过的人才知道。或许是天资并不聪慧的缘故吧，只好以勤补拙的精神，终于2009年将博士论文"凑合"出来，重担得以放下，当时的心情唯有"感谢"二字才能形容。

首先需要感谢的是我的导师陈衍德教授。先生治学严谨，孜孜以求于学术，方厘之间颇能感受其大家风范。对学生也是关怀备至，殷殷之情常流露于点滴。虽不能悟其学问真谛，但望不辱师门。当然，更要感谢师母的关心与问候，让漂泊的我时时处处体会到家的温暖。

此外要感谢的是厦大李国梁教授、蔡仁龙教授、王旭教授、王日根教授、曾玲教授、盛嘉教授、廖大珂教授、林璧属教授、林枫教授、胡锦山副教授，广东商学院的吴建华教授等，虽未亲聆教诲，但不管是工作，还是学业上，他们曾给予的关怀与启发使我为人为文获益良多，在此一并致谢。另有亦师亦友的王虎老师、刘勇老师、刘雪峰老师、冯立军老师、张彩霞老师、焦建华老师等，他们为我在求学与生活之路上提供了许多帮助，也将是我不断前进的榜样。

当然，本著作的最终完成，更要感谢赴棉兰期间给予我考察和生活帮助的黄印华先生、陈明宗先生、廖章然先生、徐煜权先生、陈保安先生、陈民生先生、张家础先生、林来融先生等人,对他们的情谊只能感激、再感激!

　　还要感谢曾和我一起学习和工作过的朋友们,如陈越、王芗娜夫妇,刘宏林、董俊夫妇,王良生、陈文、封安波、余清良、苏波,以及2006级博士班同学吴静、杨长云、孙健、晏雪平等,他们的关心与问候,是鞭策我不断前进的动力。其他还有彭慧、许振政、陈瑶、胡越云、刘为胜、周燕玲等同门,以及南洋院、篮球场上的一帮朋友们,他们在我的博士生涯中留下了浓墨重彩的一笔。这种友情必将伴随于我以后的人生旅程中,风雨无阻。

　　最后要感谢家乡的亲人们,他们提供家的理解与包容,让我这个农村子弟得以登上高等学问的殿堂,专注于个人事业而心无旁骛。此种亲情实难用言语表达,唯望日后回报。

　　诸多需要感谢的人,在此无法一一罗列,唯愿他们好人有好报!

　　如今,在犹豫踟蹰、不知不觉之中,博士求学的岁月已过去十年。十年光阴荏苒,印尼棉兰华社也已经历许多变化和发展。而且,一些变化恰恰与本著作的观点互相印证,由此体现出本著作面世的必要性和正当性。因此,借助博士毕业十年的东风,诚惶诚恐重拾记忆,梳理资料,终于将论文修改、完善,并付厦大出版社出版。这既是对自己求学人生的一个总结,也是对笔者赴棉兰调研期间诸多华社人士襄助的一种纪念。

　　本书是笔者在博士学位论文的基础上修订、增补完成的。因各种机缘,笔者博士学位论文写作得到陈衍德教授鼎力支持,于2008年2—4月期间得以赴印尼棉兰调研,写作时结合了调研期间的访谈、深度观察及文献资料,故本书具有一定的时间性和实践性。但是,本书中许多内容涉及当代华社人士,具有一定的敏感性。因此,笔者此前一直不敢冒昧付诸出版。

　　一晃之间,匆匆已过十年。人生恍若白驹过隙,回望前程,无以铭记。故以此书志之,继往开来,纪念芳华岁月。

杨宏云

2018 年 8 月 30 日

于福大怡园